梶川敏夫

ビジュアル再現 平安京

地中に息づく都の栄華

吉川弘文館

刊行にあたって

京都が史料にあらわれる最初の例として、『古事記《こじき》』や『日本書紀《にほんしょき》』に、五世紀代前後とされる応神《おうじん》天皇が、近江《おうみ》国（滋賀県）へ行かれた時、宇遅野《うぢの》（宇治市）の上で詠まれた「千葉《ちば》の　葛野《かづぬ》を見れば　百千足《ももちだ》る　家庭《やにわ》も見ゆ　国の秀《ほ》も見ゆ」の歌が載せられています。現代語訳では、「葛野川《かどのがわ》（現在の桂川）周辺の地を見渡すと沢山の家庭が見え、国の優れたところも見えるようだ」とする国土讃歌（国誉め歌）だといわれています。

現在の宇治市の北方（あるいは山）から眺めたとすれば、東山丘陵南端の木幡山《こはたやま》（桃山）と、その南方にかつて存在した巨椋池《おぐらいけ》を通して、長岡（向日《むこう》市、長岡京市）から葛野（京都市の桂川上流方面）の辺りを眺めて詠まれたものかと想像されます。この沢山の家庭があって優れた場所とされた山背《やましろ》国（後の山城国）葛野郡宇太村に、延暦十三年（七九四）に遷都されたのが平安京であり、その前の約一〇年間、山背国乙訓《おとくに》郡長岡村に都が置かれたのが長岡京です。本書は、桓武《かんむ》天皇により、平城京から長岡京を経て京都盆地の中央に遷都された平安京をテーマとしています。

筆者が、一九七四年に京都市の文化財保護課で業務に就き始めた三年前の一九七二年、田中角栄が内閣総理大臣となり、彼がそれまでに発表していた『日本列島改造論』がきっかけとなって、全国各地で開発ブームが巻き起こることとなりました。当時は都道府県においても全国的に遺跡調査を担当できる専門職員が少なかった頃で、開発にともなって多くの遺跡が十分な調査もされずに破壊されてしまうという、文化財保護の立場からすれば誠に残念な時代でもありました。

その反省から、都道府県や一部の市などの地方公共団体でも、遺跡調査を担当できる専門職員が置かれるようになり、筆者もそのうちの一人ということになります。その当時、京都市内でも、例にもれず開発の波が押し寄せ、遺跡（埋蔵文化財包蔵地という）のある場所でも多くの開発工事や建築、土木工事が計画されるようになりました。それにともなって、発掘調査や試掘・立会調査などが多くの場所で行われることになり、結果、検出される遺構や出土遺物を通して、これまでに膨大な過去の情報が我々にもたらされることになりました。このように、土を掘って歴史を解き明かしていくという考古学上での成果は、それまでの文献史料からでしかわからなかった史実を補完するだけでなく、現在では考古学の成果無しでは歴史を語れなくなっています。

しかし、遺跡は一度破壊されると二度と元には戻らず、たとえ発掘調査をしても記録保存するのが精いっぱいで、保存して残すことのできる遺跡はきわめて少なく、昭和、平成、令和の時代を通して多くの遺跡が消え去ってしまいました。筆者は、全国的に最も多くの文化財を抱える京都市の文化財保護技師の一人として、そのような時代の流れの中で、実際に多くの埋蔵文化財の調査を担当し、また指導しながら、これまで半世紀以上にわたって数多くの調査現場を見てきました。

本書は、京都市内に残る平安京跡を中心とした平安時代の遺跡調査で明らかになった成果を主題とし、その遺跡に関する歴史のほか、遺跡の保存、保護などについての経緯や経験、感想などを交えながら、復原イラストを通して、わかりやすく読者の皆様にご紹介するもので、決して学術目的だけで書いたわけではありません。なお、本書に掲載している遺跡復元イラストの多くは、実際に現場を担当された調査員の方々からの情報や意見、発掘調査の実測図などを参考にし、また、現存する古建築のほか、文献史料や古絵図などの絵画資料を活用しながら、当時の姿を立体的に想像し復元して描いたもので、一九八八年頃から個人的に趣味で描き始めたものの中から、平安時代の風景を描いたものを選んで掲載しています。

遺跡は、調査で作成された平面的な図を見たり、直接現地を見学しても、なかなか理解しにくいものですが、当時あった風景を立体的にビジュアルな形で表現することによって、わかりやすくその実態や歴史を理解することができます。平安時代の平安京のほか、周辺にあった寺院や天皇の離宮などの復元イラストを通して、その時代を想像して楽しみながら歴史を学んでいただければ幸いです。

目　次

プロローグ——平安京とその保護

読者の皆さんは、現在の京都市の市街地中心部にあった平安京という古代都市について、どのようなイメージを持っておられるのでしょうか。

新幹線や在来線でJR京都駅から入洛される方は、車窓から東寺《とうじ》の五重塔を眺められたときなど、かつてこの場所に平安京という都があったことを思い起こされるのかもしれません。また、京都駅を北へ出て少し北東に歩くと現在「羅城門《らじょうもん》」の模型が屋外に展示されているのを見かけられた方も、ここが平安京のあったところだと認識されるかもしれません。あるいは、市街地中心部に残る碁盤目状の街並みや、東寺、神泉苑《しんせんえん》などの歴史的な場所を訪れたとき、また、天皇の居住空間と政治の場であった内裏《だいり》の面影を今に伝える京都御苑内の御所の建物を見学したときのほか、平安宮内にあった朝堂院《ちょうどういん》を八分の五の大きさで復元した平安神宮《へいあんじんぐう》などを訪れたときなど、平安京があった場所と認識されるかもしれません。

この平安京がかつて存在した平安時代とは、一般的に八世紀末から十二世紀まで約四〇〇年間を指しますが、政治的な時代区分では、天皇が律令《りつりょう》国家として直接政治を行った親政の時代から、藤原《ふじわら》氏など有力貴族による摂関《せっかん》政治が行われた時代、さらに上皇が治天《ちてん》の君《きみ》として政治の実権を握った院政《いんせい》期の時代へと続き、一二世紀末の鎌倉幕府の成立頃までに分ける区分もあります。ここでは八世紀末から十世紀初頭を平安時代前期、十世紀初頭から十一世紀後半までを中期、十一世紀後半から十二世紀までを後期（あるいは院政期）に分けて話を進めていきます。

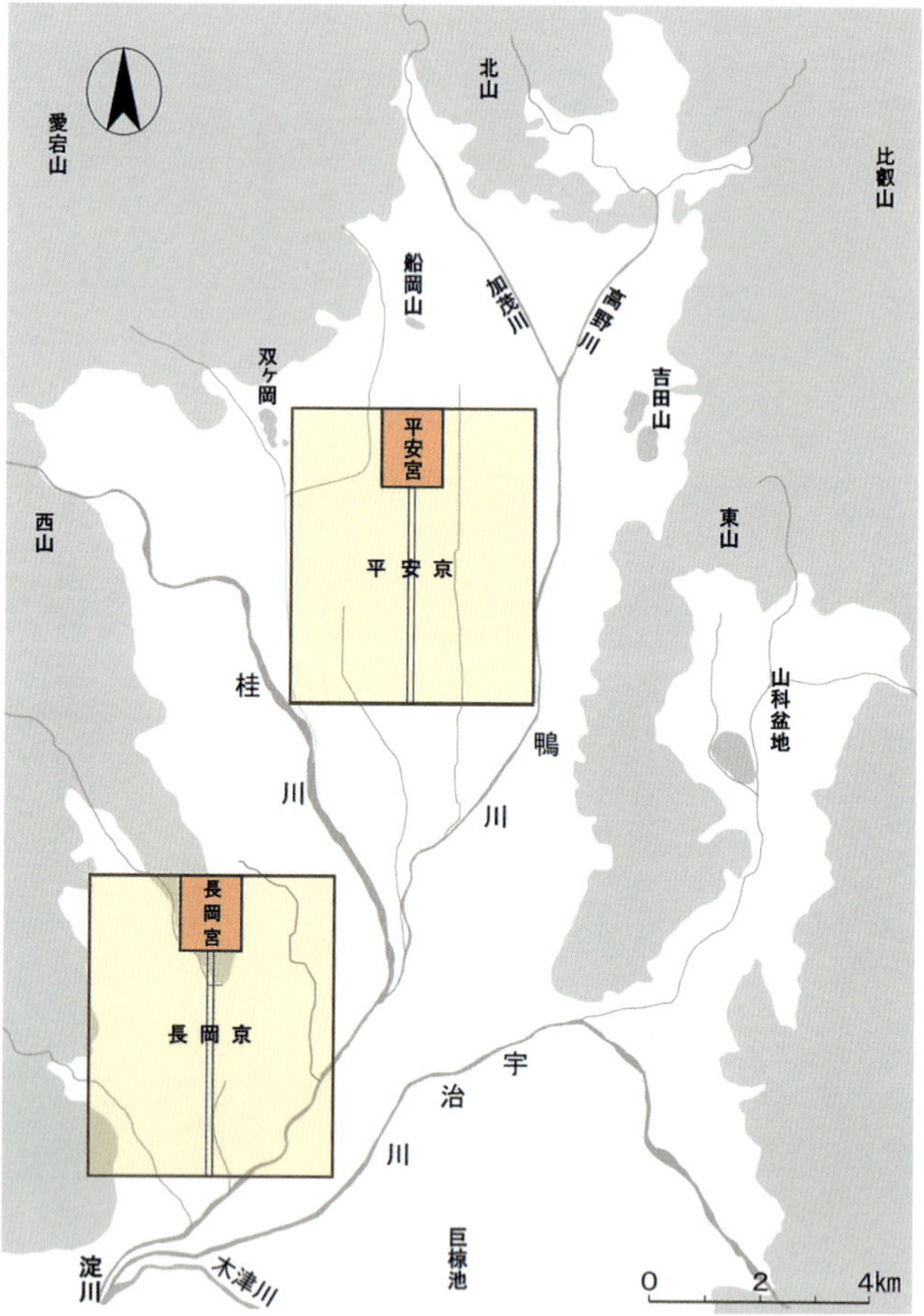

図１　平安京と長岡京の位置

西暦七九四年、長岡京から京都盆地の中心部に遷都《せんと》された平安京は、古代国家の首都として発展し、それを中心に多彩な文化が咲き誇り、市内の数多くの場所が歴史上の舞台となって、天皇や貴族、庶民らの住居、国家政治に関する建物などが数多く造られ、それらは、やがて時代の流れとともに地上から消えていきました。

　では、京都市内で平安京を現在に伝えるものはどれほどあるのでしょうか。碁盤の目といわれる京都市街地の道路のいくつかは、現在でも平安時代からの通り名が踏襲《とうしゅう》されているところもありますが、これまでの長い年月で、通り名の多くは変更され、位置や道路幅が変わっているところもあります。たとえば、市街地の東西メインストリートである現在の市役所前の御池通《おいけどお》りや、牛若丸《うしわかまる》と弁慶《べんけい》の像が置かれた五条通りは、第二次世界大戦時に空襲による火災の延焼を防ぐ目的で、強制的に立ち退きを余儀なくされて拡幅されたものです。この二つの平安京の通り名である御池通り（道幅五〇メートル前後）は、通りの北側が三条坊門小路《さんじょうぼうもんこうじ》（道幅一二メートル）で、五条通り（五〇メートル前後）は、五条大路と六条大路の中間にある六条坊門小路（道路幅一二メートル）でした。

それから十条通りは、平安京九条大路の南に近代になってできた東西の道路で平安京とは関係ありません。西暦七九四年の平安京遷都にともない、九条大路に面して創建された東寺（教王《きょうおう》護国寺《ごこくじ》）は、現在まで場所を動かず存在し、平安時代から伝わる仏像のほか、古文書類や絵画資料など数多くの貴重な什宝《じゅうほう》を今に伝える寺院であることは広く知られています。しかし、五重塔や金堂《こんどう》、講堂など主要な建造物は、創建以後、戦乱や火災などで当初の建物は焼失しており、残っているのは、数多くの寺宝を納めていた校倉造《あぜくらづく》りの宝蔵（平安時代後期）を除いて、鎌倉時代以後に再建された建物です。そして、現在の東寺主要伽藍《がらん》は元の境内地の南半分ですが、かつては北側の八条大路（八条通り）まで境内地が広がっていました。

図 2　JR 京都駅北東に屋外展示されている羅城門模型

図 3　東寺東側の大宮通り

平安京の大宮大路とほぼ同じ道路幅（12 丈 = 約 36 m）を踏襲しています。

図４　唐橋羅城門公園の羅城門の石碑と説明板

図５　史跡西寺跡の石碑と講堂跡の土壇（南西から）
礎石は元の位置から動かされたもの。

東寺の西、約三〇〇メートルにあった平安京の正門である羅城門は、これまで推定地の発掘調査がたびたび行われていますが、その痕跡はいまだに見つかっていません。さらに、その西に東寺と対称に創建された西寺《さいじ》も、鎌倉時代には廃絶し、現在では旧境内地の一部が史跡に指定されているものの、地上には講堂跡の基壇が埋まり土壇となって残るのみとなっています。

そのほか、現在の二条城《にじょうじょう》の南側にある禁苑《きんえん》（天皇の私的な庭園）であった神泉苑は、当初は南北四町（五一六メートル）、東西二町（二五二メートル）の八町規模を有する広大な敷地（面積約一三万平方メートル）を占めていました。しかし、現在の神泉苑境内は、元の神泉苑の中央やや東寄りにあたりますが、史跡指定面積は六九四五平方メートルしかなく、当初の規模からすればわずか五・三％しか残っていないことになります。さらに、現在の神泉苑の池を中心とした風景が平安時代の姿をどの程度伝えているかも定かではありません。

このように、平安京の北中央部を占めていた平安宮（大内裏）跡を含めて、平安京跡には、平安時代後期を除いて、遺構《いこう》は地上には現存しないというのが正直な答えです。この「遺構」というワードは、発掘調査などでよく使います。その意味は、地面を掘っていくと建物跡や道路、溝跡、井戸跡など過去に人類が地中に残したさまざまな構造物が検出されますが、それらをまとめて遺構（不動産的なモノ）といい、一方、取り上げ可能な土器や瓦などは「遺物」、あるいは出土遺物（動産的なモノ）などと呼んでいます。

では、京都市内の平安京跡以外で、平安時代までさかのぼれる遺構（建造物）が残るところがどこにあるかといいますと、伏見区にある醍醐寺《だいごじ》の国宝五重塔が天暦五年（九五一）建立で平安時代中期の建造物です。さらに醍醐山にある上伽藍（上醍醐）の国宝薬師堂が保安二年（一一二一）の建立ですから平安時代後期の建物です。また、同寺の国宝金堂は、豊臣秀吉《とよとみひでよし》が紀州（和歌山）の湯浅《ゆあさ》から移築させたもので、平安時代末期の建物とされています。

図６　御池通りに面した神泉苑（南から）

そのほか、右京区の太秦《うずまさ》にある広隆寺《こうりゅうじ》の赤堂《あかどう》と呼ばれている重要文化財の講堂は、永万元年（一一六五）の再建で平安時代後期の建物です。

左京区大原にある三千院《さんぜんいん》の重要文化財の往生極楽院《おうじょうごくらくいん》阿弥陀堂《あみだどう》は、久安四年（一一四八）で平安時代後期の建物です。また、洛中（安土桃山時代に豊臣秀吉が造らせた御土居《おどい》の内側）で最古の建造物とされる上京区の国宝大報恩寺本堂《だいほうおんじほんどう》（千本釈迦堂）は安貞元年（一二二七）に上棟、洛北の遙か北方にある峰定寺《ぶじょうじ》の懸崖造《けんがいづく》りで重要文化財の本堂は、貞和六年（一三五〇）ですからこの二つの建造物は鎌倉時代と室町時代の建物ということになります。

このように、平安時代にさかのぼれる建造物は、国宝や重要文化財に指定され、保護の対象となっていますが、歴史都市といわれる京都市内でも数はきわめて少なく、醍醐寺五重塔を除いて、大半が平安時代後期の建造物であり、平安時代前期にさかのぼれる建造物は残っていないということになります。これは、十五世紀後半の応仁・文明の乱に代表される相次ぐ戦乱による火災や自然災害、放火のほか、建物が老朽化して朽ち果ててしまったものや、維持管理が困難となって再建できず、地上から姿を消してしまったことなどが主な原因ですが、木造建造物が長い年月を経て残ることがいかに難しいことであるかを物語っています。

では、京都市内を除く京都府下ではどうでしょうか。宇治市にある国宝平等院鳳凰堂《びょうどういんほうおうどう》は天喜元年（一〇五三）の創建で平安時代中期、平等院の東を流れる宇治川の対岸にある国宝宇治上神社本殿《うじがみじんじゃほんでん》は平安時代後期の建物です。木津川市にある国宝浄瑠璃寺《じょうるりじ》本堂（九体阿弥陀堂《くたいあみだどう》）と三重塔は平安時代後期の建物で、そのほかに京都府下には平安時代にさかのぼる木造建造物はありません。

建造物以外ではどうかというと、寺社や博物館などが所蔵する仏像などの彫刻や絵画資料のほか、書籍・典籍・古文書など平安時代にさかのぼる美術工芸品は数多くあります。しかし、建造物と同様に平安時代から伝えられた多くの美術工芸品は、応仁・文明の乱に代表される幾度かの戦乱などにより、大半が失われてしまっています。それでも、現在の京都市と国全体の文化財指定数とを比較すると、二〇二二年度段階では、京都市内にある建造物で国宝は四三件で全国の一八・八％、重要文化財は二一九件で全国の八・六％、また美術工芸品では国宝が一七三件で全国の一九・二％、重要文化財は一六七九件で全国の一五・五％を占めており、合わせて国宝の一九・一％、重要文化財の一四・二％が京都市にあることがわかります。

以上に述べてきたとおり、京都市内の地上には、平安時代から伝わる建造物などの遺構がきわめて少ないことはおわかりいただけたかと思います。そのような現状の中で、平安京の実態を知ることができるのが、土の中に残された過去の遺構や出土する遺物、つまり遺跡ということになります。

現在の京都市内中心部にあった平安京跡には、多くの場所で平安時代以前からの人々の生活の痕跡である遺構や遺物が地中に厚く堆積しており、それらは、過去を知ることのできる貴重な遺構と遺物であることから埋蔵文化財（遺跡）と呼ばれ、平安時代以前からの歴史を紐解くうえできわめて重要な役割を持っています。

平安京跡の発掘調査では、各時代に造られた建物や庭園などの遺構、条坊《じょうぼう》と呼ぶ平安京を区画する大路や小路などの道路遺構、築地塀《ついじべい》や側溝、井戸跡、土坑《どこう》（廃棄物の捨て穴）、排水溝、石垣のほか、それにともなう遺物により、平安京という古代都市で過去に生活していた人々の実態を、地面を掘ることにより直接見ることができるのです。

平安京跡を含めて、京都市内に広範囲に分布する遺跡は、考古学的な手法で行われる埋蔵文化財の発掘調査により検出されますが、地面を直接掘っていく発掘調査だけではなく、遺跡範囲や深度、残存状況を調べるために行われる試掘調査、掘削工事中に工事現場に立ち会い、遺構や遺物の有無を確認する立会調査、遺跡の存在や範囲などを幅広く調査する分布調査など、さまざまな方法を駆使しながら調査が進められています。

本書では、京都市内に残る平安時代の遺跡調査の成果を活かして、遺跡が存在していた元の姿を想像して復元したイラストを多く掲載し、平安京の風景を鳥瞰《ちょうかん》しながら、視覚を通して歴史を学んでいただけるように工夫しています。掲載図につきましては、国土地理院地図や京都市都市計画図をベースとし、遺跡復元イラストを含む図版は筆者が作成したものを主に掲載しております。

そのほか、本文中に出てきます難解な漢字には、できるだけルビをふって読みやすくしています。

なお、京都市内で数多く発掘調査を担当し、本書でも多く名称が出てまいります京都市埋蔵文化財研究所につきましては、本文中には「埋文研」と略して表記し、同研究所提供の写真につきましても同様に略記しています。また、その他の調査関係機関の「財団法人」や「公益財団法人」の名称（法人名の種類など）は省略させていただきます。

一 長岡京跡

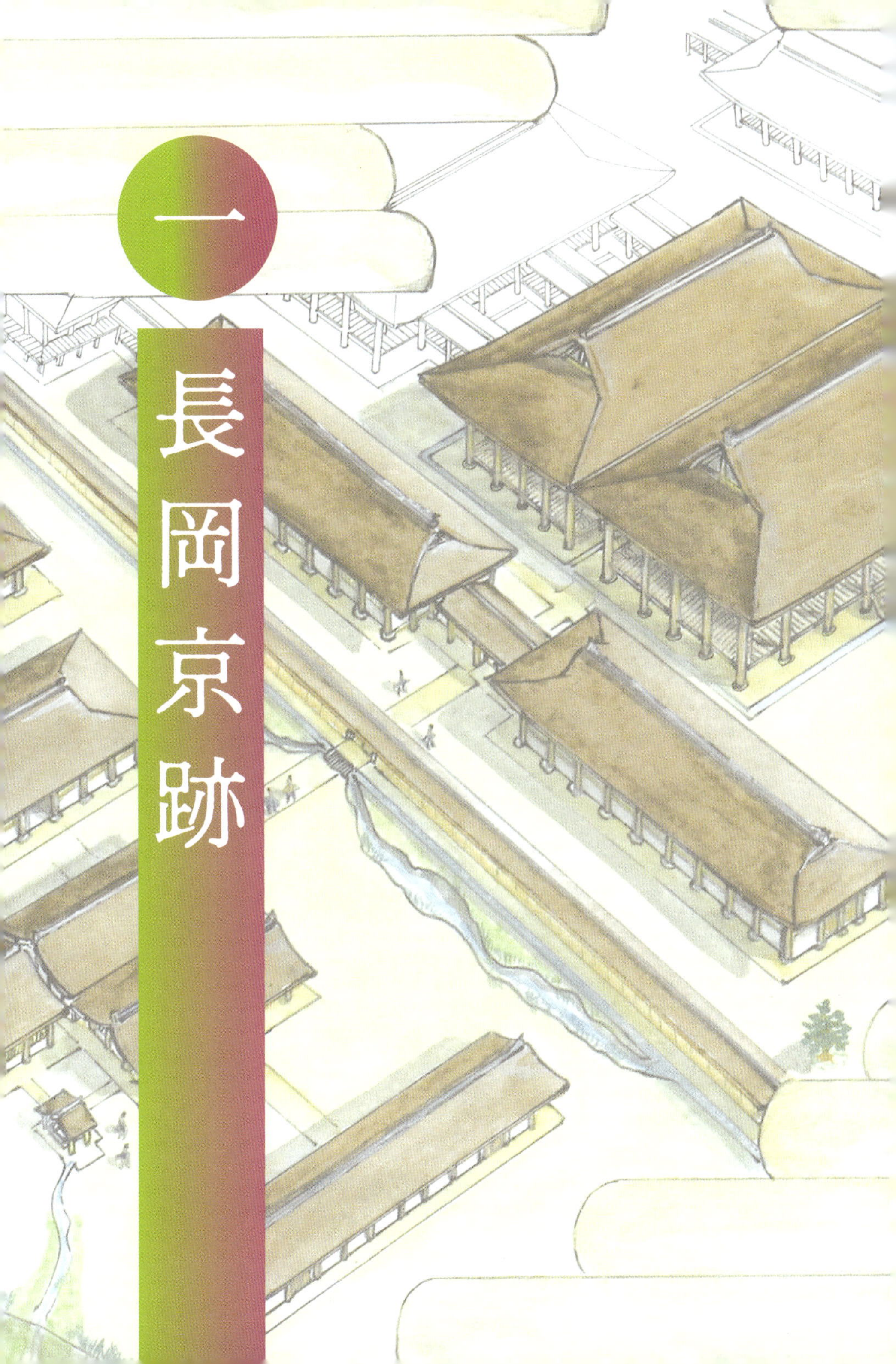

1 東院跡

京都市南区久世殿城町・向日市森本町戌亥

平安京へ都が遷都される前の約一〇年間（七八四〜七九四）、都が置かれた長岡京《ながおかきょう》は、第二次大戦以前は、まだよくわかっていない遺跡の一つでした。(1) 長岡京跡は、三市一町（向日《むこう》市・京都市・長岡京市・大山崎町）にまたがる大規模な都城遺跡で、長岡宮（大内裏《だいだいり》）は向日市内にあり、京域の多くは長岡京市で、その内、左京の約半分と、右京の西北部分が京都市内に入り、京域の南端の一部が大山崎町に含まれると推定されています。(2)

長岡京跡では、京都府教育委員会や京都府埋蔵文化財調査研究センターのほか、向日市や長岡京市、京都市など、それぞれの行政区域での行政指導と調査がこれまで行われてきました。

第二次大戦後、京都市立西京商業高校（現、西京高校）の教員であった中山修一氏（後の京都文教短期大学名誉教授）が中心となって、一九五四年（昭和二十九）頃より、長岡宮・長岡京跡の調査と解明が進められ、それを引き継いだ調査関係者の努力により、現在では長岡宮跡の宮殿官衙《かんが》跡、京跡内の大路や小路、側溝、築地《ついじ》などの条坊関連遺構のほか建物跡など多くの場所で遺構・遺物が検出されており、都としての体裁がある程度整えられていたことも判明し、その復元が進められています。

筆者は、かつて長岡京跡を訪れる度に、発掘調査現場で指導をされていた中山先生から、よく遺跡の説明をしてもらっていました。先生はいつも温厚で、誰にでもわかる平易な言葉で長岡京跡の説明をしてくださいました。そんなとき、当時、所属していた鳥羽離宮跡《とばりきゅうあと》調査研究所の安楽寿院《あんらくじゅいん》境内に建てていたプレハブの調査事務所を、規模を大きくして建て替える際、杉山信三所長と相談して、長岡京跡の調査事務所に使ってもらってはどうかということで、プレハブを長岡京跡の現場に移設しました。基地ができると調査がおおいに助かると、中山先生には大変喜んでいただいたことを今でも覚えています。

この長岡京跡で一九九九年（平成十一）に見つかったのが東院《とういん》跡で、場所は長岡宮の東方、条坊では長岡京左京北一条三坊二・三町跡で、国道一七一号線西側の土地でした。

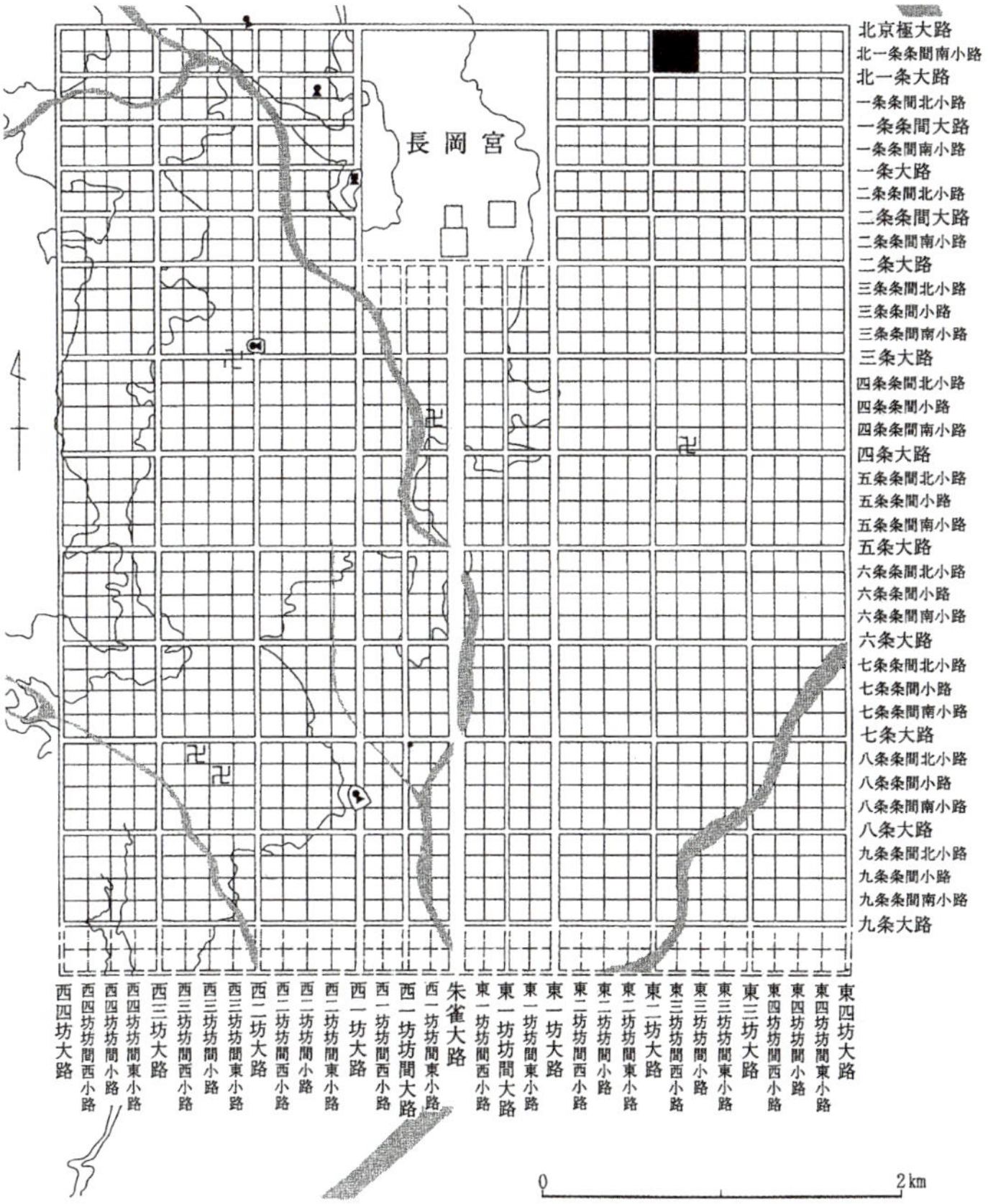

図1　長岡京条坊復元図と東院の位置図
（『日中古代都城図録』〈奈良文化財研究所、2002年〉より転載）

長岡京東院は、『日本紀略《にほんきりゃく》』や『類聚国史《るいじゅこくし》』などの史料に「宮を壊すため東院に遷御《せんぎょ》す」とあり、平安京遷都の前段階で長岡宮内裏（天皇の居所）を新しい都である平安宮へ解体して移築するために、桓武《かんむ》天皇がここへ遷御して使用された内裏相当施設で、延暦十二年（七九三）正月二十一日から延暦十三年十月二十二日までの約一年九ヵ月間、天皇は、ここを内裏として使用したと考えられています。その後、桓武天皇が平安京へ遷御したことにより、この東院は解体を余儀なくされ、跡地はやがて忘れられ

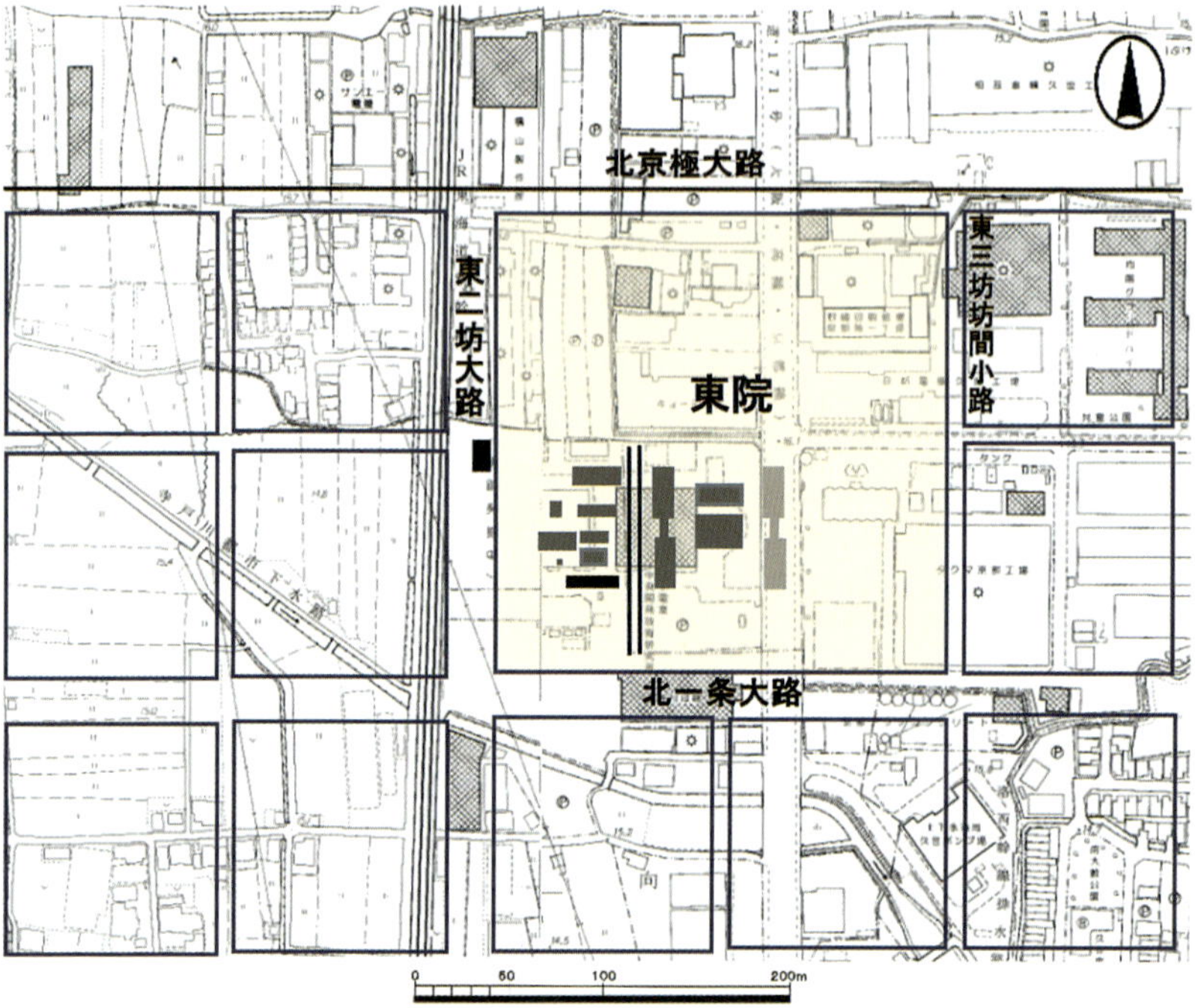

図２　長岡京条坊復元図と東院跡の位置図

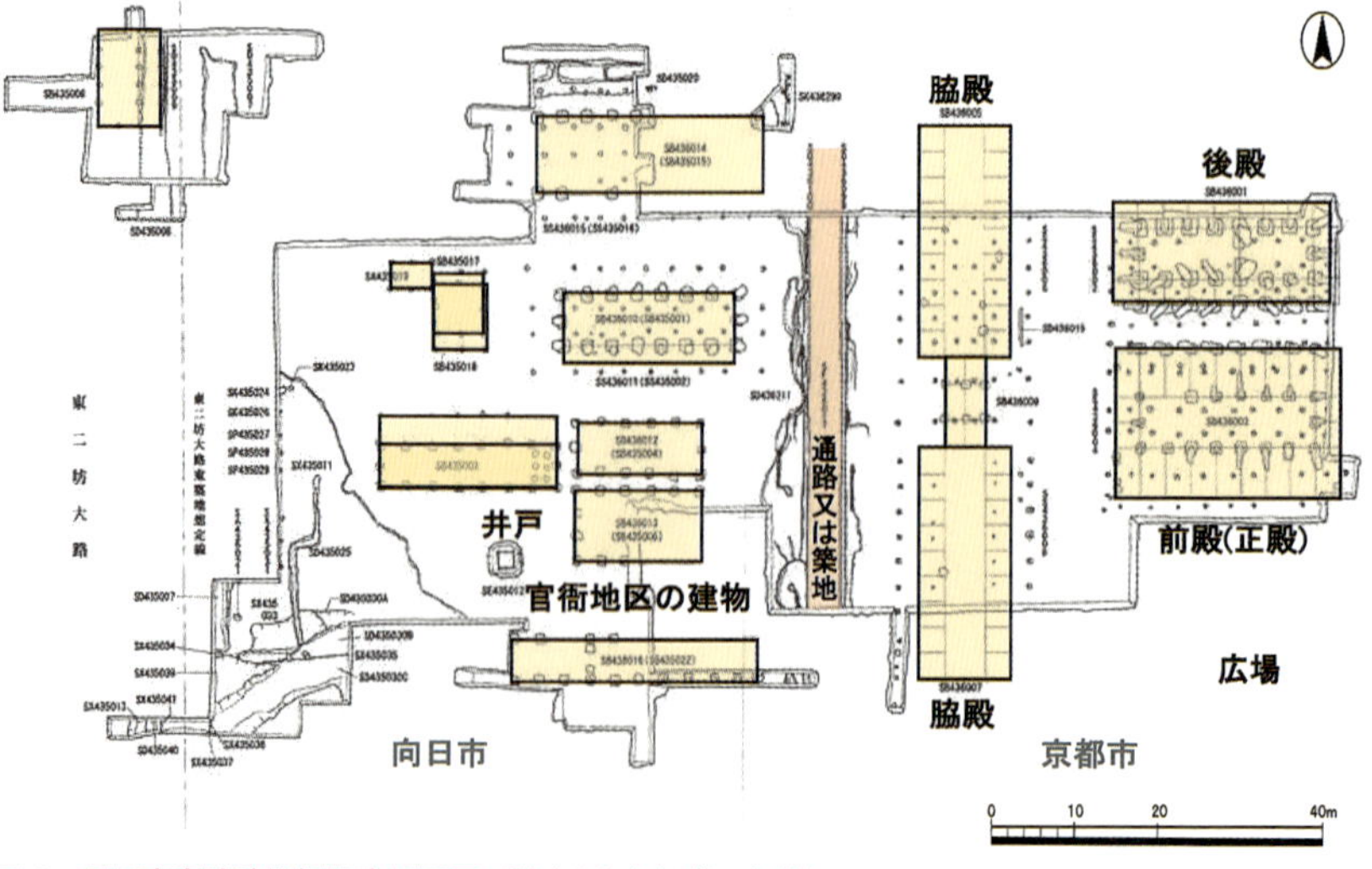

図３　長岡京東院跡発掘調査平面図（註(3)より転載、加筆）

て地上から姿を消し、遺跡と化してしまったと考えられます。
この遺跡は長岡宮の東方で、一九九九〜二〇〇〇年に、日本電産株式会社（現在のニデック株式会社）本社ビル建設にともなって事前に発掘調査を行うことになり、敷地の西側が向日市であったことから向日市埋蔵文化財センターが担当、東側は京都市であることから、古代学協会がそれぞれ担当して発掘調査が行われました。[3] 調査では、京都市側から大規模な前殿と北側の後殿を中核とし、西側には南北に長い二棟の脇殿《わきでん》（東側は不明）を配置した推定左右対称形の建物配置の内郭を構成する建物群跡（図3）が検出されました。

前殿は、礎石《そせき》と掘立柱《ほったてばしら》を併用した構造で、正殿《せいでん》に相当する建物とみられ、その配置から平安宮の紫宸殿《ししんでん》に相当する建物と考えられました。その前面（南側）には広場があり、儀式などのセレモニーの場として使用する空間とみられます。正殿北側の後殿は、平安宮内裏の紫宸殿背後にある仁寿殿《じじゅうでん》に相当する建物と考えられています。

正殿地区西方には、内郭と外郭を分けるとみられる南北の通路状の遺構があり、外郭と内郭を仕切る築地、あるいは通路が設けられていた可能性があります。その西側の向日市側からは、大型を含む掘立柱建物跡が七棟以上見つかり、長岡京最大級の井戸跡も検出されています。これら正殿地区西側の建物配置から、平安宮内裏の西側にあった校《きょう》書殿《しょでん》や進物所《しんもつどころ》などに相当する西外郭を構成する施設があったと推定され（図4）、天皇に近侍《きんじ》するための官衙《かんが》施設（関連諸機関）が配置されていたと思われます。

また、この西側調査地南西の水路からは、「東院」銘墨書土器《ぼくしょどき》（図5）や「東院内候所《ないこうしょ》」と書かれた木簡などの文字資料が出土し、ここが史料に出てくる東院跡であることが明らかとなりました。

調査の結果、井戸跡から出土した多量の軒先瓦《のきさきがわら》は、長岡京後半期の基準資料となり、また、注目すべきは、墨書土器から、当地が平安京へ遷御される直前まで天皇の内裏として使用された「東院」であることが裏づけられただけでなく、平安宮へ至るまでの内裏の変遷過程を知る上からも、多くの情報をもたらすことになりました。

2 東院跡の保存と復元図

この東院跡の発掘調査では、京都市側の調査を担当されていた古代学協会の堀内明博氏から、現場から長岡京期の大規模な建物跡が見つかったことを事前に知らされ、何度も現場に足を運びました。また、古代学協会理事長の角田文衞氏らとも現地視察し、その後は、保存について京都市・向日市と京都府の文化財保護課、さらに文化庁記念物課

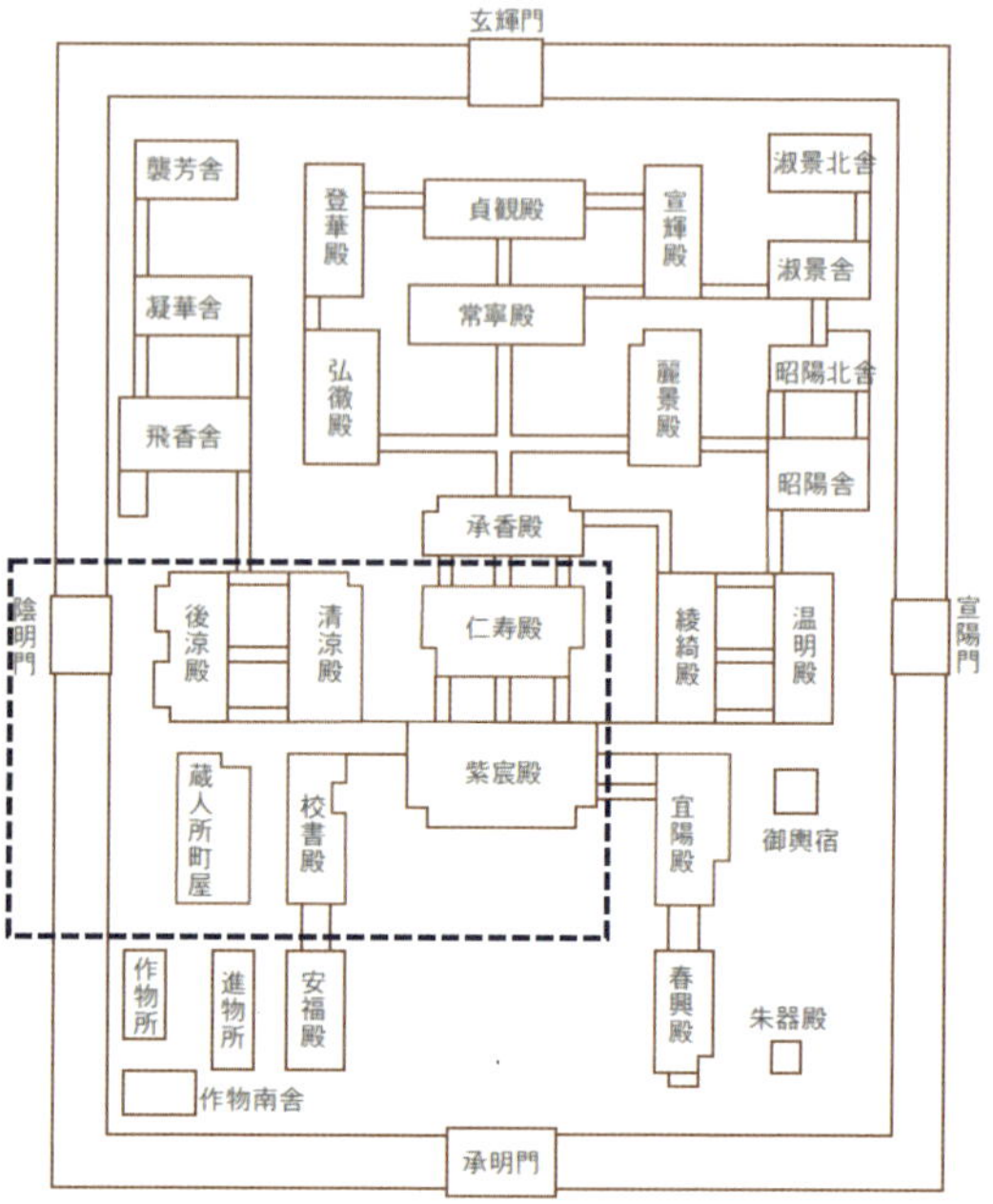

図4　平安宮内裏復元図での東院建物推定位置（点線部分）

図5　東院跡を決定づけた「東院」と書かれた墨書土器
（向日市埋蔵文化財センター提供）

とも再三協議を行いました。その経過の中で、建物設計を担当した事務所とも何回かにわたって遺跡保存について協議を重ねましたが、施主側からは、東海道新幹線からもよく見える高層の本社ビル建設計画であって、土地の公有化や史跡指定には応じられないとの固い決意を示されました。また行政側も敷地が京都市・向日市に分かれ、広範囲な

図６　東院の正殿地区と官衙推定地区を築地で区画した図

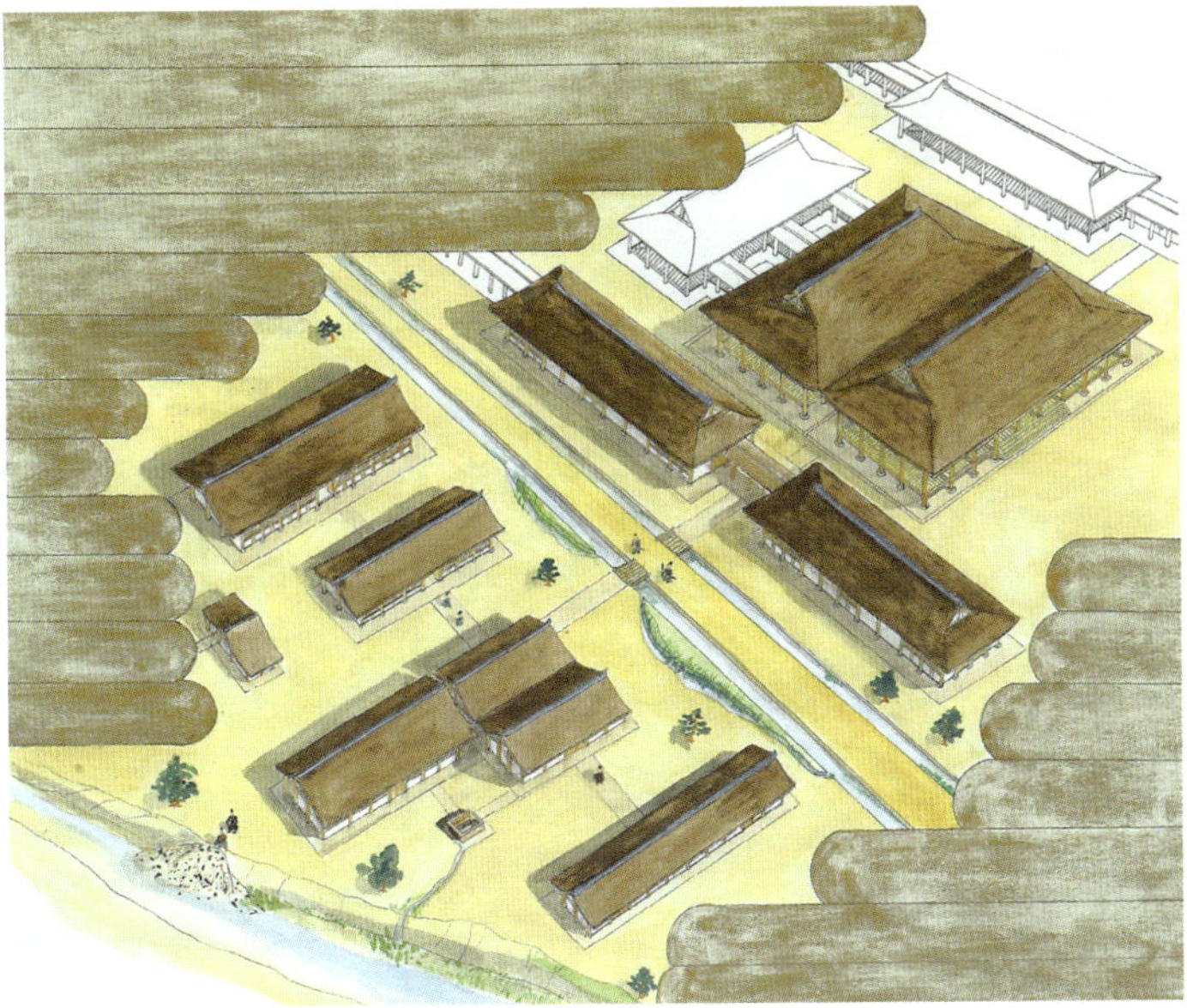

図７　東院の正殿地区と官衙推定地区を通路で区画した図

土地の公有化となれば、かなりの財政負担が生じることになるなど困難な問題が山積し、この東院跡の保存問題はNHK総合の午後七時台の番組でも取り上げられました。

その後、京都市側にある東院の正殿と後殿、西脇殿跡は、設計者と何度も協議を重ね、お互いにさまざまな意見や提案を出し合った結果、本社ビルを西側へ数《メートル》ずらすことによって正殿跡（前殿）と後殿跡の遺構の保存が可能となり、本社ビル東側駐車場の下に遺跡が保存できることになりました。

また、向日市側でも、設計者や施主側との協議が行われ、本社ビルの一階に長岡京東院跡に関する展示施設を設けてもらうことで話し合いがまとまり、須恵器に「東院」と書かれた墨書土器もレプリカを作って展示に供されることになりました。

東院跡の史跡指定公有化は、さまざまな経過や事情により実現しなかったことは誠に残念でなりませんが、国家の最高権力者である天皇が一時的に居住し、ここで政治が行われていたことが判明したことは歴史上大きな発見と成果であるといってもいいでしょう。

東院の復元イラストは、調査を担当された堀内明博氏と協議して二枚作成しました。正殿地区と、それに付属する西側の関連諸施設とを分けている南北の通路状の遺構を、一つは築地（図6）で、今一つは通路（図7）として復元し描いたものです。

註

（1）『長岡京発掘』NHKブックス二七四、日本放送出版協会、一九六八年。ほかに『新版　長岡京発掘』NHKブックス四六四、日本放送出版協会、一九八四年。

（2）京都市遺跡地図参照（京都市HPにて公開）。

（3）　堀内明博ほか『長岡京左京東院跡の調査研究　正殿地区』古代学協会・古代学研究所、二〇〇二年。『長岡京「東院」跡』向日市埋蔵文化財センター、二〇〇〇年。

二 平安京とその構造

1 平安京遷都前の風景

京都市では、西暦七九四年に平安京が遷都されてから一二〇〇年目にあたる一九九四年（平成六）に、それを記念して、京都市美術館（現・京都市京セラ美術館）を会場に「甦る平安京展」が開催されました。その時に制作・展示されていたのが平安京を一〇〇〇分の一の縮尺で復元した大型模型で、展示会終了後に写真集として出版されたのが『よみがえる平安京』(1)です。平安京復元模型は現在、京都市中京区にある京都アスニーの平安京創生館に展示されています。その図書に掲載するために、歴史学者の村井康彦、人文地理学者の金田章裕両氏の指導で、平安京が遷都される前の京都盆地の風景を描くことになり、盆地を南方上空から俯瞰した図（図1）として想像し描きました。

仕事で平安京跡の発掘調査にかかわっていたこともあり、平安京が遷都される以前の京都盆地は、どのような風景が広がっていたのかという疑問や興味が常にありました。平安京が遷都される直前の京都盆地は、都城を造るときの条坊制《じょうぼうせい》と呼ばれる方形の区画整理がまだ施工されていない時期で、盆地の中央部には、開発できる土地を利用して部分的に道や畔を作って耕作地（条里制と呼ばれる区画）とし、いくつかの集落が営まれる程度で大半が原野でした。鴨川上流や高野川から盆地内に流れ込んだ河川は、古くは盆地の北東から南西に向かって大小の河川となって流れており、池や沼なども存在する起伏に富んだ土地であったようです。当時の鴨川や桂川（大堰川《おおいがわ》）は、現在と違って治水対策は施工されておらず、氾濫原を含めて自然流路となって幅広く流れていました。

京都盆地内では、縄文時代から弥生時代にかけて人々の生活が営まれるようになり、集落が形成され、それらの遺跡は市内各所で見つかっています。その後、古墳時代には前方後円墳や方墳・円墳、さらには群集墳などが造られました。飛鳥・白鳳時代から奈良時代にかけては、北区の北野廃寺《きたのはいじ》、右京区の広隆寺《こうりゅうじ》、西京区の樫原《かたぎはら》廃寺、左京区の北

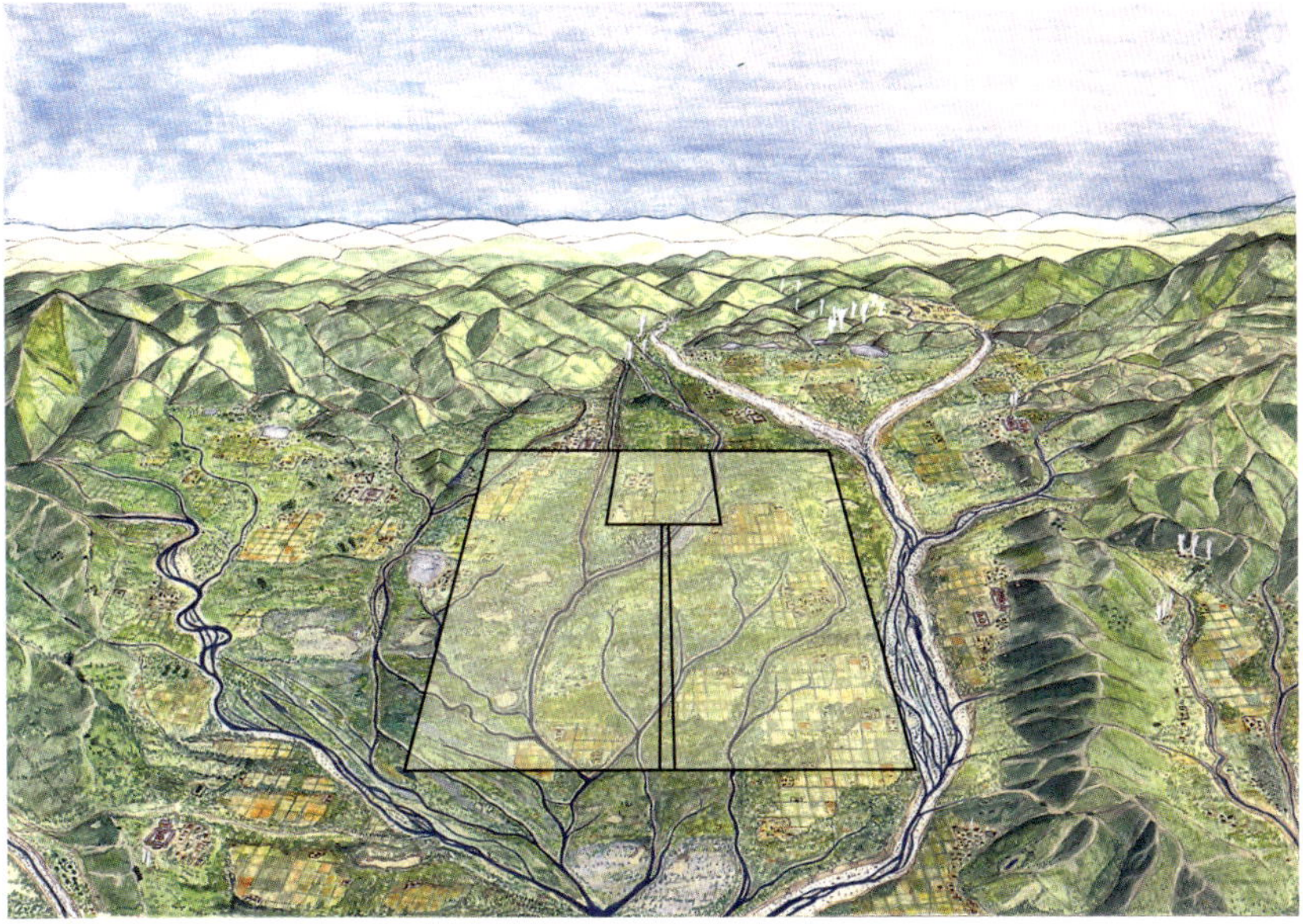

図１　平安京遷都前の京都盆地と平安京の位置（南から）

白川廃寺、山科区の大宅《おおやけ》廃寺、東山区の旧法観寺などの古代寺院が建立され、それを中心として集落が広がっていました。この当時は、京都盆地の東方の山科区には天《てん》智《じ》天皇の陵墓があり、後の藤原氏の祖となる中臣鎌足《なかとみのかまたり》の邸宅（陶原館《すえはらやかた》）や、山裾の周辺には、古代の製鉄所であるタタラのほか須恵器《すえき》を焼いた窯などが設けられ、先進的な地域でもありました。そのほか、左京区の岩倉盆地でも須恵器や瓦、木炭を焼成した炭窯、タタラによる鉄の生産などが行われていました。盆地の西方では、桂川が盆地内に流れ込み、その河川の水を利用して、朝鮮半島から五～六世紀頃に渡来したとされる先進的な技術を持った渡来系氏族である秦《はた》氏が、葛野《かどの》の大堰を築いて灌《かん》漑《がい》に努め、嵯峨野から松尾にかけて開発が進められ、この付近には数多くの古墳が築かれました。

　このような原野に近い盆地の中央に延暦十三年（七九四）十月二十二日に平安京が遷都されたのです。

2 平安京の位置と構造

平安京は、大陸にあった唐の首都である長安城《ちょうあんじょう》をモデルにして造られたといわれています。当時の大国である唐とは、遣唐使や民間の貿易船の交易などを通して交流が盛んな時代であり、わが国でも長安城の詳しい情報が知られていたと考えられます。

平安京は、延暦十三年（七九四）から一八六九年（明治二）までの約一〇〇〇年間、わが国の首都であり続けた世界的にも稀な古代都市であり、現在においても京都市は、人口約一四四万人を抱える政令指定都市として存在し続けています。現在もそうですが、古代より日本の首都とは、在位する最高権力者（天皇）の居する場所、つまり皇居が置かれている都（みやこ）を指します。平安京は、治承四年（一一八〇）の平氏政権のとき、平清盛《たいらのきよもり》の福原京遷都により、安徳天皇や高倉上皇、後白河法皇が京都に一時不在になったこともありましたが、それでも都として存続しました。しかし、一八六八年とその翌年、明治天皇の東京への東遷以降、江戸城が皇居となり、その後、遷都の詔《みことのり》もないまま、わが国の首都は東京となりました。

平安京の南西には、延暦三年から延暦十三年まで約一〇年間続いた長岡京があり、長岡京北限から平安京南限までの距離は、桂川を越えてわずか三キロしか離れておらず、遷都といっても実際は、都を約八キロ北方へ移動させたにすぎません（プロローグ図1参照）。平安京があった京都盆地は、南方を除き三方を低級な山に囲まれ、北東には比叡山《ひえいざん》（八四八メートル）、北西には愛宕山《あたごやま》（九二四メートル）が鎮座し、その間を屏風状に低級な北山の峰々がつながり、平安京の東には鴨川、西に桂川が流れ、それぞれの背後には東山と西山の峰々が連なっています。盆地内は北が高く南へ向かって低くなる地形で、平安京北限の一条通り付近では標高が五五メートル前後、南限の九条通り付近では二三メートル前後で、南北の高低差は

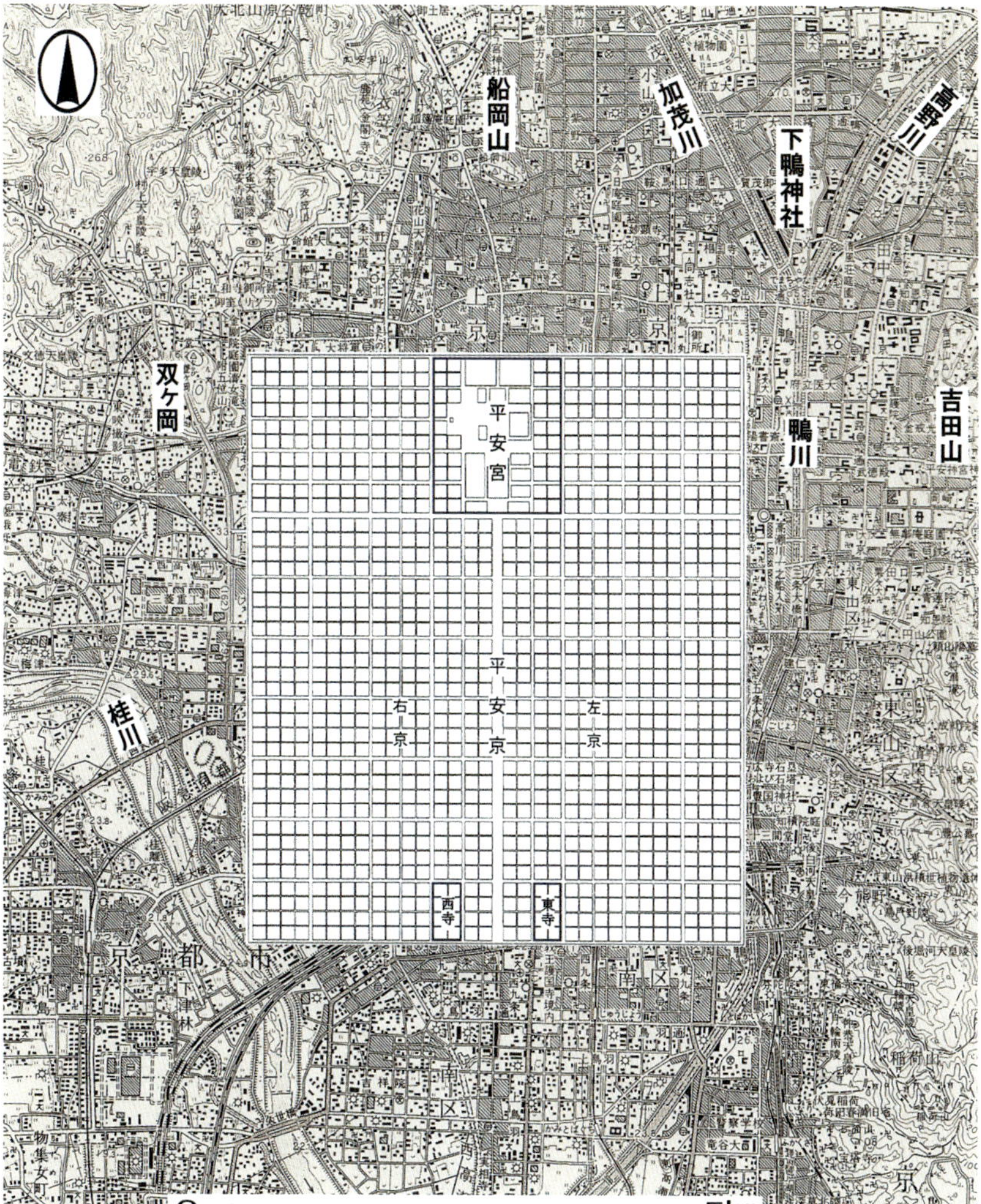

図２　現在の京都市と平安京の位置図

約三〇メートルとなり、平安京の南北が五・二キロほどの距離があることから、かなり緩やかな南下がりの地形であることがわかります。

平安京の北中央部には平安宮が設けられ、ここには天皇の住まいである内裏《だいり》があって、国家の政治機構が集中するエリアです。この宮都が置かれた地形は、中国の思想にある「天子南面」、つまり天子（皇帝）は北の高位から南面して臣下に接し、政治を掌《つかさど》るという理想に叶った場所といえます。

奈良市にあった平城京は、『続日本紀《しょくにほんぎ》』によると、藤原京から遷都された和銅元年（七〇八）二月十五日に、元明《げんめい》天皇により詔が出され「平城の地、四禽図《しきんと》（青龍《せいりゅう》、白虎《びゃくこ》、玄武《げんぶ》、朱雀《すざく》）に叶い、三山（春日山・奈良山・生駒山）鎮をなし、亀《き》筮《ぜい》（亀の甲や筮竹《ぜいちく》を用いる卜占《ぼくせん》のこと）並び従ふ」とされ、また、「日を揆《はか》り、星を瞻《み》て、宮室の基《もと》を起し、世を相《み》て卜《うらな》い、土を相て、帝皇の邑《ゆう》（みやこ）を建つ」と書かれています。そのことから、都城の地は、四神相応《しじんそうおう》に叶った場所で、それぞれの方角に山があって鎮まり、占いに従って決めるとされ、さらに宮室の基を起こすには、太陽や星を見て、世を占い、土地を見て天皇の皇居が置かれる都を建てるとされています。したがって平安京や平安宮もそのような方法で都城の地相が定められたと考えられます。

その前提で、平安京は風水でいう四神相応に叶った地とされ、北の玄武（北方の北山）、東の青龍（鴨川）、西の白虎（山陰街道あるは西国街道）、南の朱雀（旧巨椋池《おぐらいけ》）が、それぞれの方角を司る四神に対応するとされています。平安京の北方には、平安京造営時に南北の基準となったと考えられる船岡山（約一一一メートル）が鎮座してその背後には北山が連なり、西方には双《ならび》ヶ《が》岡《おか》（一一六メートル）、そして東方には神楽岡《かぐらおか》とも呼ばれる吉田山（一〇五メートル）があって、鴨川・桂川の両河川とともに、それぞれ平安京の遷都場所を決定するうえで重要な基準になった場所と考えられます。このような平安京を取り巻く地理的な環境は、『日本紀略』延暦十三年十一月に出された平安京遷都の詔の中に「此国山河襟帯《きんたい》、自然作城……」とあり、この国（平安京）は、着物の襟《えり》と帯のように山と川が取り巻く地形は自然の城のようであると書かれ、

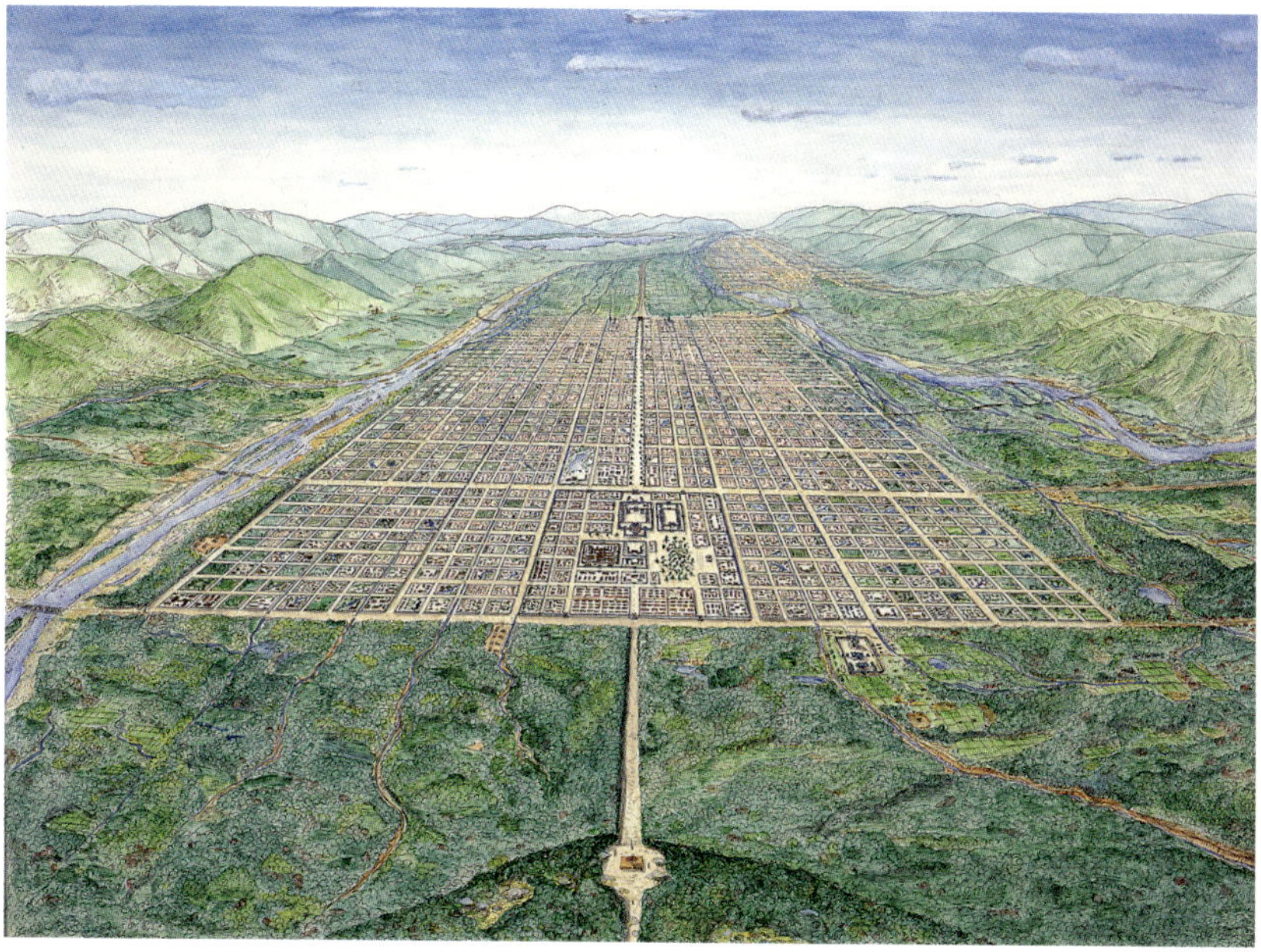

図3　平安京復元図（北から）

このイラストは北方から平安京を見た図です。平安京の南西には廃都された長岡京跡がうっすらと見えています。図の手前には船岡山があって平安京を建都する際、この山の上に測量の基準点が置かれて都の主軸となる南北方向を決定し、測量しながら樹木を伐採して南北の朱雀大路を造成して平安宮の位置を決定。さらに南へ延ばした朱雀大路から直角の東西方向を視準して方向を決め、大路・小路を造成して条坊制による平安京が形づくられたと考えられます。平安京は、北方の北山を玄武、東（左）の鴨川を青龍、西（右）の街道を白虎、そして遙か南（上）にあった巨椋池を朱雀とした四神相応の地とされ、1000年以上もわが国の都（首都）であり続けました。

この京都盆地の地形を意味しています。現在でも京都へ入ることを入洛と呼んでいますが、これは平安京を古代中国の都である洛陽城《らくようじょう》に準《なぞら》えて洛陽と呼ばれるようになった、あるいは漢詩文には左京を洛陽、右京を長安と呼ぶ例があり、右京が十世紀代以降には廃れて左京が繁栄したことから洛陽が京都を指す意味になったとされています。

そのほか、京都では現在でも北へ行くことを「上る」、南へ行くことを「下る」といい、東へは「東入る」、西へは「西入る」など、市内に住む人々独特の言い方で住所を表現しています。かつて、大学のフィールドワークの授業で、大勢の学生を連れて平安宮跡を見学していたときに、途中で京都市以外から来ている学生が道に迷ってしまいました。携帯電話による応答で、集合場所がわからないということなので、学生が居る場所を聞いてから「その道を東に入って一本目の道を上ってから少し歩いた所を西に入ったところに居ますよ」と説明しました。学生からは「先生、上るような階段はどこにも有りません」といわれ、あわてて説明し直したことがありました。また、筆者のように京都市内で生まれ育ち生活をしていると、碁盤目状の街中で同じ方向に三度曲がれば必ず同じ場所に戻れるのが常識ですが、地方へ旅行をしたときなど、この方法で角を曲がるととんでもない大回りをさせられることがあります。これは京都の礎である平安京を造った桓武天皇の呪縛が、現在でも京都に住む人々に影響を与えていることを示しています。

平安京の構造については、十世紀代に成立した法典である『延喜式《えんぎしき》』「左右京職《きょうしき》・京程」に、条坊制による大路・小路の名称や寸法などが詳しく書かれてあり、我々は平安京の情報をある程度知ることができます。この条坊制とは、都城を造営する際の土地区画制度のことを指します。平安京の条坊制というのは、一辺一〇九^{メートル}の方形で区画する条里制の町《ちょう》とは違って、平安京では図4の中の一番小さな方形を一町とした一辺一二〇^{メートル}の方形の土地を基準にして、その間に大路と小路を通して土地を区画する方法で造られ、中央南北に朱雀大路を通し、南北路を「坊」、東西路を「条」として、碁盤の目状に配置する方法のことを意味します。平安京は、北中央の平安宮から、南に延びる幅二八丈（八四^{メートル}）の朱雀大路を中心に左右対称形の都市として造られ、内裏の天皇の玉座から南を見て左（東）を左京、右（西）を右京と呼んでいます。

ここからは、平安京の中にあった主な施設について見ていくことにしましょう。

平安京の南端に、正門である羅城門《らじょうもん》を置き、その左右には東寺《とうじ》と西寺《さいじ》が配置され、羅城門から左右に延びる九条大路南側に沿って、羅城と呼ぶ築地塀《ついじべい》があったことが『延喜式』に「南極大路十二丈、羅城外二丈、垣基半三尺、犬行七尺、溝広一丈、路広十丈」と書かれています。羅城とは都城を囲む城壁のことを意味しますが、その存在は、長ら

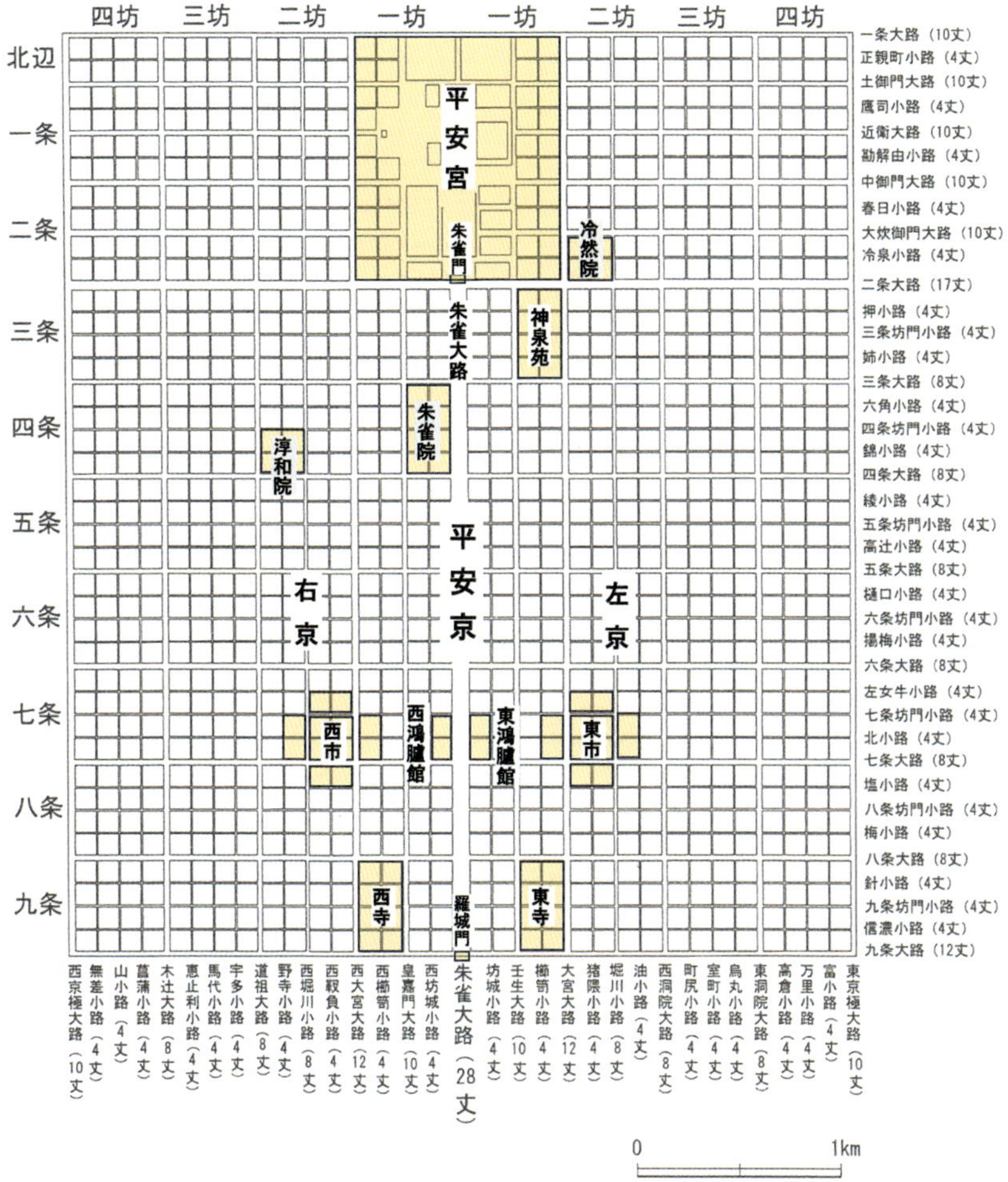

図４　平安京と主な施設の位置図

く不明で、羅城門の左右に少しだけ羅城が設けられていたのではないかと考えられていました。この九条大路南側にあったとされる羅城は、二〇一八年（平成三十）～二〇年（令和二）に京都市埋蔵文化財研究所（以下「埋文研」）による西寺跡の西南で行われた九条大路跡の発掘調査で、西靫負《にしゆげい》小路の西側、右京九条二坊五町付近まで九条大路が施工されていたことが判明し、その南側にあった羅城の推定場所から、後世の削平を受けながらも羅城の基底部の痕跡とみられる東西三〇メートル以上、幅約三メートル、高さ六〜一八センチの高まりが検出されています。この調査成果は後で詳しくふれますが、その結果、少なくとも羅城門から西へ西寺を超えた辺りまで、高さは不明ですが羅城が存在していた可能性があることが判明しています。(2)

次に、羅城門から京内に入ると、平安京のメインストリートである幅二八丈（八四メートル）の朱雀大路が、北方約三・八キロ先にある平安宮の正門である朱雀門まで続いていました。この羅城門からは、朱雀大路の幅が広いことから北方の朱雀門までは十分見通せたと思われます。『延喜式』「左右京職・京程」に書かれた朱雀大路の幅（図6）は、道路両側にある築地の中心間距離で書かれていることから、道の両側にあった幅一五尺（四・五メートル）の犬行《いぬいき》（犬走《いぬばしり》）と、五尺（一・五メートル）の側溝を除いた七〇・二一メートルが実際の道路幅で、その広い大路の両側には柳の木が植えられ並木道となっていました。

朱雀大路を北へ進むと、七条大路北側の東と西には、東西一町（一二〇メートル）、南北二町（約二五二メートル）規模の鴻臚館《こうろかん》が設けられていました。鴻臚館とは、外国からの使節や賓客を宿泊接遇するために設けられた施設で、平安京では主に渤海《ぼっかい》国から来朝した渤海使のために多く使用され、平安京以外の難波《なにわ》（大阪市）や筑紫《つくし》（福岡市）にも鴻臚館が設けられていました。この東・西鴻臚館の東と西側には、東・西の市《いち》（官営市場）が設けられ、中央の四町とその四方に二町の外町がありました。

市は『日本紀略』によると、平安京が遷都される少し前の延暦十三年七月一日に長岡京から新京へ移されており、都城では生活につながる重要な施設であったことがわかります。市の管理は市司《いちのつかさ》が行い、財貨の交易、器物の真偽、度量の軽重、売買価格などの取り締まりを行っていました。この市では毎月十五日までは東市、十六日以降は西市が開かれることになっていました。

さらに朱雀大路を北へ進むと平安宮に至りますが、その周辺（図5）には教育施設である大学寮や、それに付属し

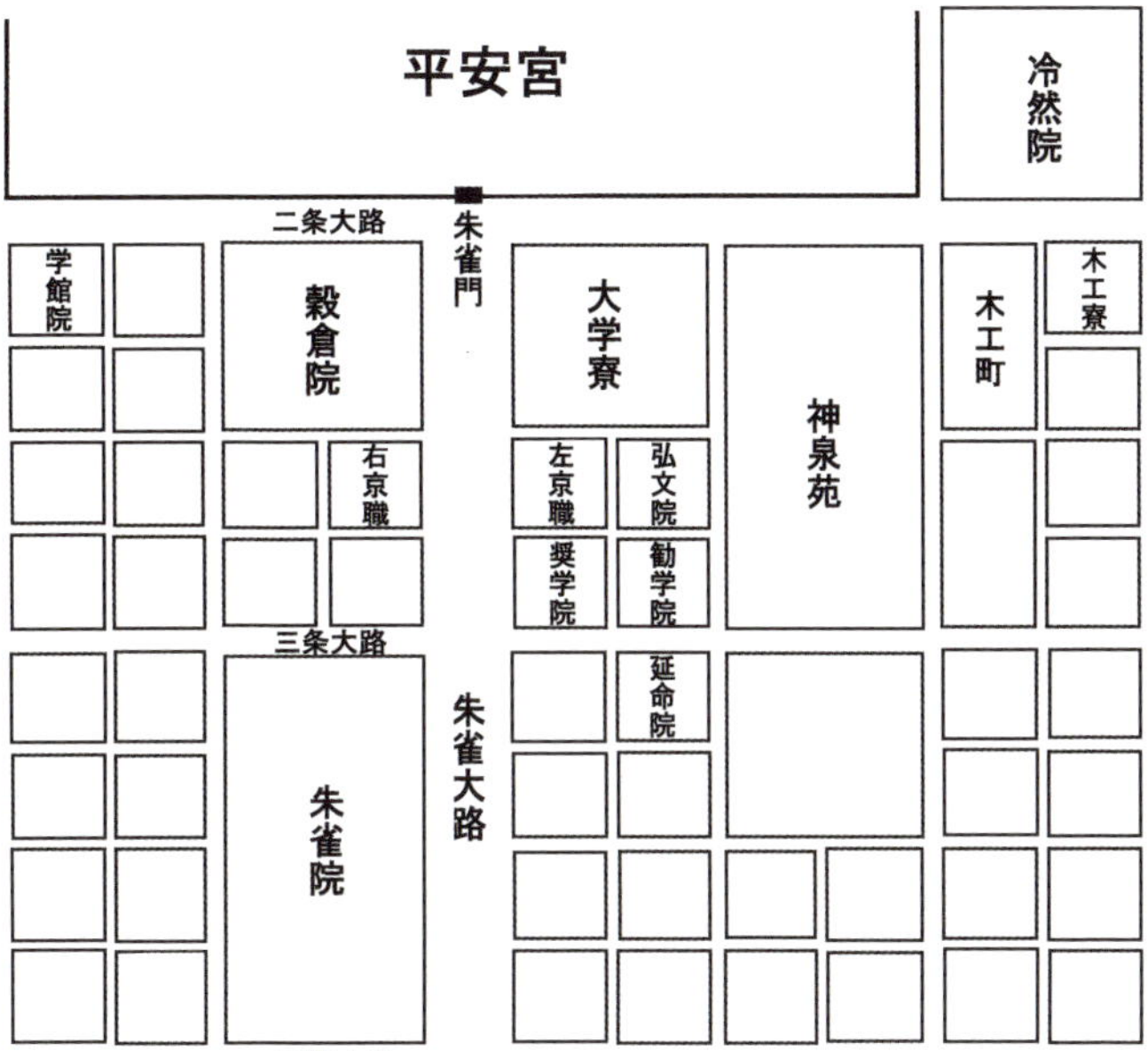

図5　朱雀大路と二条大路交差点周辺にあった主な施設
平安宮の南には、朱雀大路を挟んで穀倉院、大学寮やそれにともなう貴族の寄宿舎、神泉苑、朱雀院などがあった。

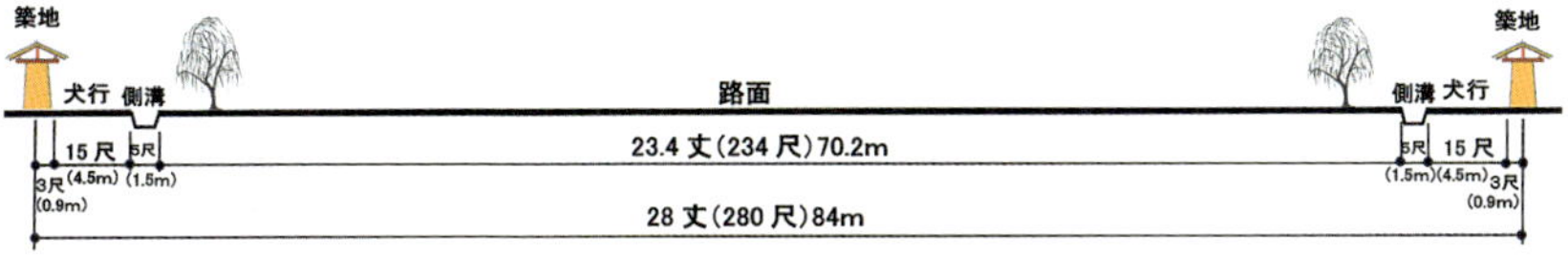

図6　朱雀大路（東西）断面図

有力氏族が経営する弘文院や勧学院などの学生《がくしょう》たちのための寄宿舎のほか、左・右両京の行政や司法、警察を統括する左右京職が朱雀大路を挟んで両側に設けられていました。朱雀大路の西側には米穀や物品を納めるための倉庫やそれを管理する役所である穀倉院《こくそういん》があり、東側の大学寮の東隣には、東西二町（二五二メートル）、南北四町（五一六メートル）の規模を有する神泉苑があり、これは天皇や廷臣《ていしん》の宴遊のための場として設けられたものです。

　そのほか、平安宮内の建築や修理、京内の公共施設などの建築や修理を担当する木工寮《もくりょう》があり、付近には天皇の退位後の住まい（後院という）である朱雀院《すざくいん》や冷然院《れいぜんいん》、淳和院《じゅんないん》など大規模な邸宅が存在していました。

3 平安京跡の測量

かつては、平安京のような大規模な遺跡を発掘調査する場合、同じ平安京跡の遠く離れた場所で行われる発掘調査の成果（図面など）を統一してまとめることはきわめて困難でした。そこで、一九七五年（昭和五十）に田中琢《みがく》、田辺昭三両氏により「平安京を中心とした京都市域の埋蔵文化財発掘調査の記録方法の改善について」と題した報告書が出されました。(3) 提案内容は、平安京跡など大規模な遺跡の測量は、それぞれ別々の場所で発掘調査して測量していたものを、基準になる正確な測量点を設置することにより、そこから測量することによって座標の数値で相互間の正確な位置関係を明らかにしようというものでした。

その提言を受け、発掘調査現場で行われる測量は、国土平面直角座標系（新座標系Ⅵ、図7）からのX（南北基準線）とY（東西基準線）の数値で表すこと、つまり地球上の絶対位置で表記することを意味します。市内各所に基準点網を巡らすために、測量基準点を建物屋上や地上に設置、そこを既知点として、発掘調査現場に設けた測量杭まで正確に測量して座標を求め、発掘現場では、その測量杭を座標の原点として測量するというものです。

一九七七・七八年には、全国に先駆けて、文化庁国庫補助事業として基準点設置事業予算が認められ、筆者がその事業担当責任者となって、平安京跡以外を含めた市内一円に地上点三六ヵ所、屋上点三五ヵ所の合計七一ヵ所の「京都市遺跡発掘調査基準点」を設置して基準点網を完成させました(4)（図8・9）。それ以降は、京都市域内の調査現場で作成される測量図面は、すべて近くに設けた基準点から測量して、近畿座標原点からの距離で表すことになりました。

その結果、それまでは複数の調査機関が単独で測量していたものが、統一した座標からの数値で測量図面を作成することが可能となり、お互いに離れた場所の調査図面の位置関係も掌握できるようになったのです。この基準点は、その後も測量が困難な郊外にも設置を進めていき、とくに平安京の実態解明に大いに役立つことになりました。その後は、測量方法が改善され、埋文研では、一九九〇年からはGPS受信用アンテナを屋上と他に一ヵ所設置して測量を開始、現在もGPS（図10）による精度の高い測量が行われています。

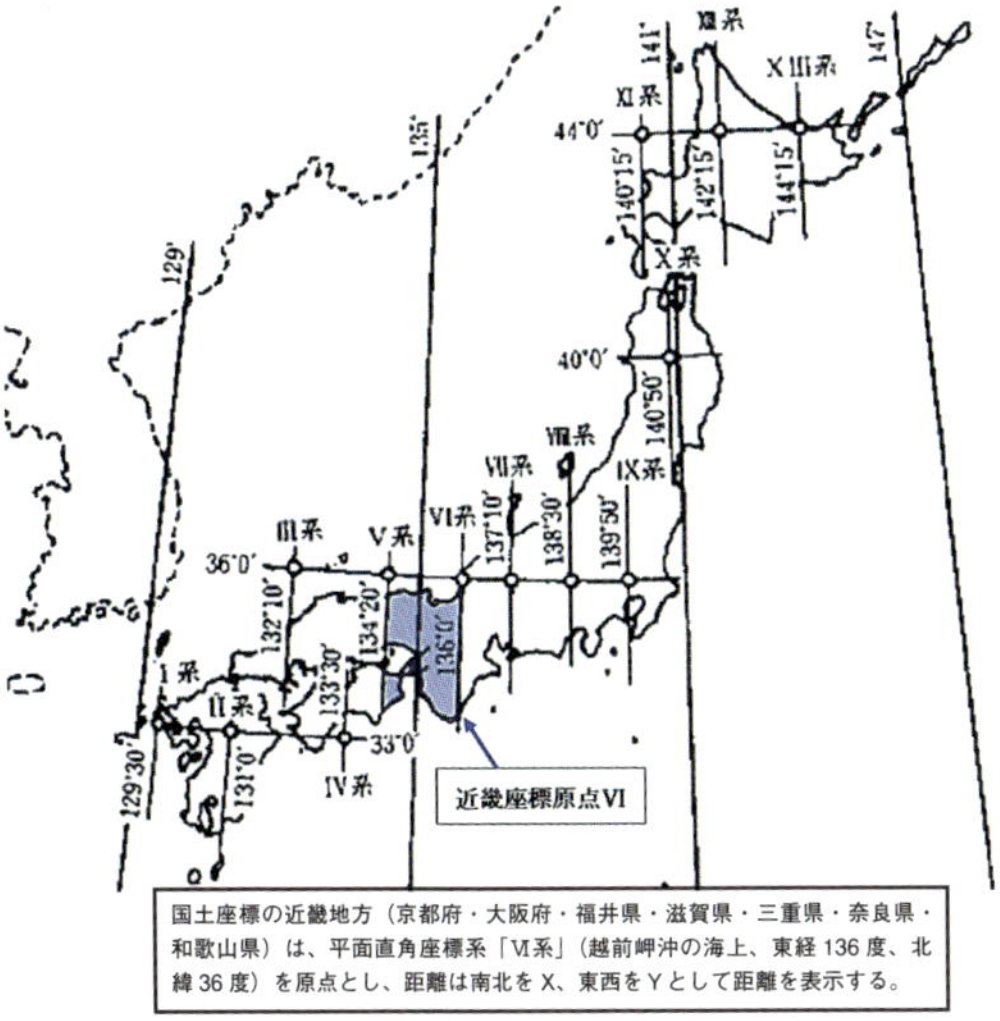

図7　平面直角座標系（19地区）
同じ原点からのX・Yで距離を表示。

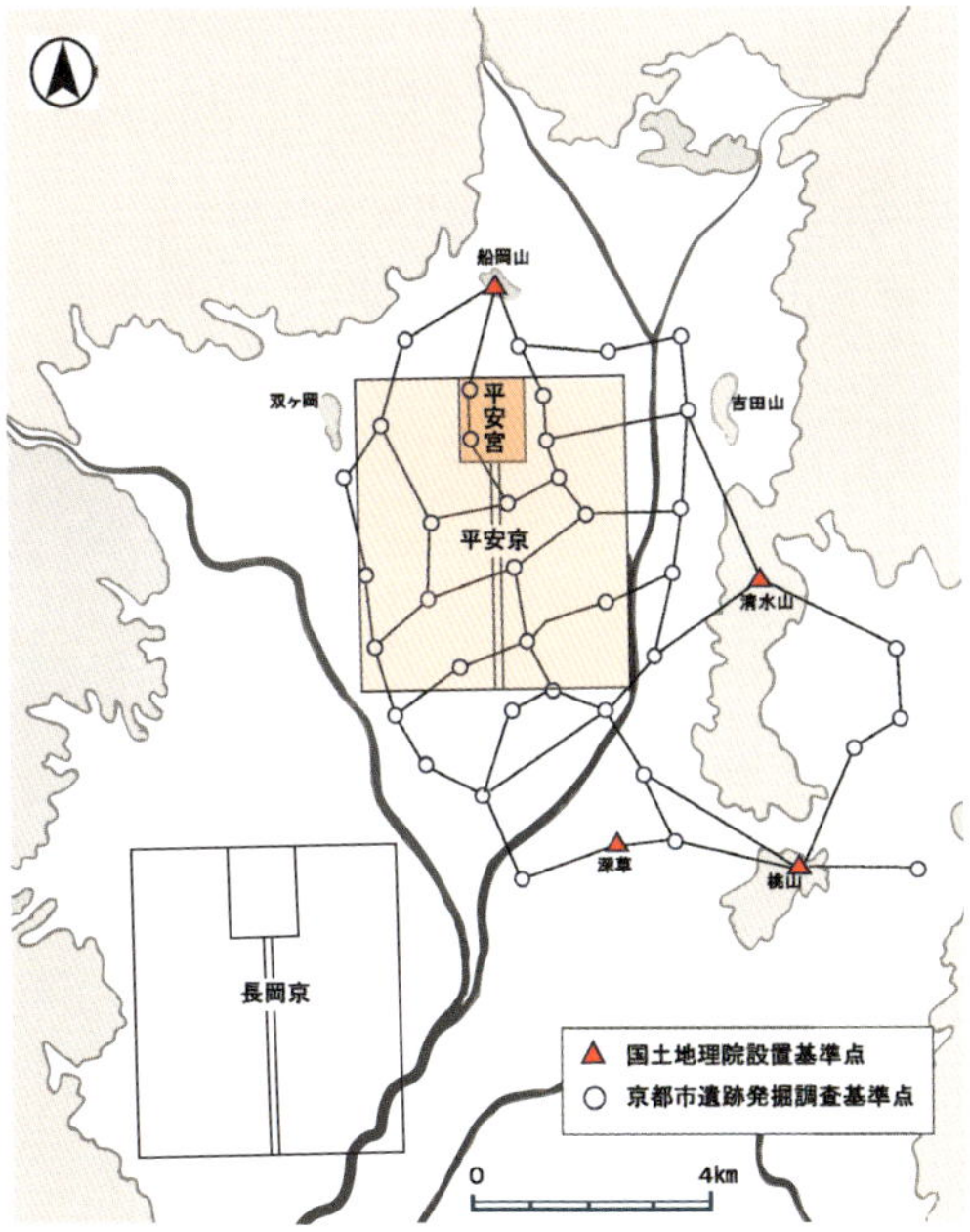

図8　平安京跡を中心に設けられた京都市遺跡発掘調査基準点網図

では、基準点測量による成果で平安京について何がわかったのでしょうか。平安京跡の発掘調査では、条坊制により造られた築地や犬行（犬走）の跡、溝跡、大路・小路の跡など、多くの場所で検出された遺構の位置を正確に基準点測量して記録します。そのデータをコンピューター処理して平均値を求め、『延喜式』「左右京職・京程」に書かれた平安京の大路・小路の寸法から、平安京の規模や造営尺《ぞうえいしゃく》を導き出して平安京復元モデルを作成します。平安京のような大規模な土地を区画整理して直角に交わる道路を造成する場合や、建築工事をする場合、作業に従事する複数の人々が、お互いに同じ正確な定規（巻き尺などの測量器具）を持っていないと都城を造ることはできません。その基準となるのが造営尺です。

　この成果により、平安京の規模は、東西四四七七・四五メートル、南北五二二六・七四メートル、周囲は一万九四〇八・三八メートル、面積二三・四平方キロ、造営尺は二九・八四七センチ、真北より〇度一四分三秒西に傾くことなど、詳しい平安京の情報を知ることができるようになりました。この成果を使って調査場所を事前に測量しておけば、平安京のどの場所（築地・犬行、

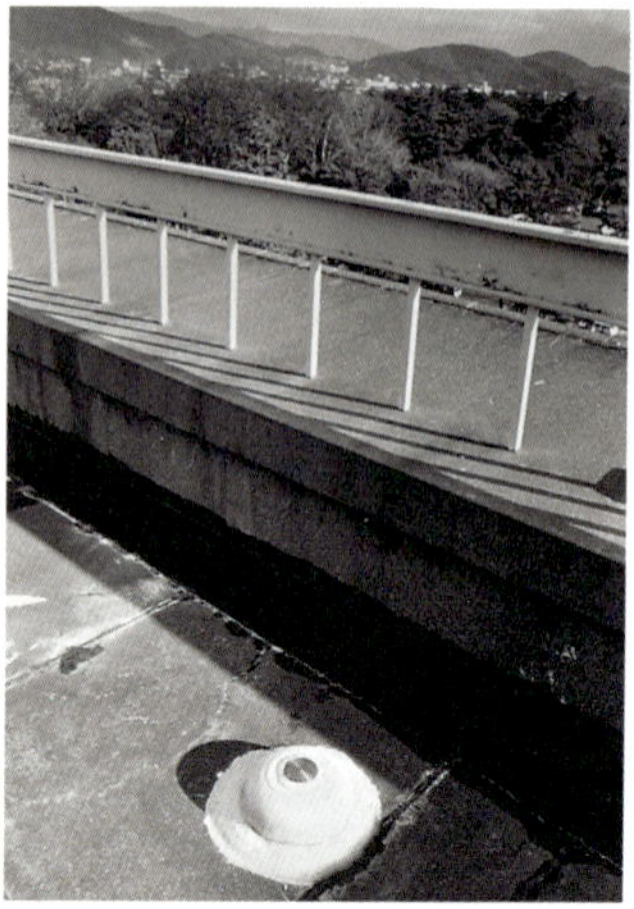

図９　屋上に設けた発掘測量基準点

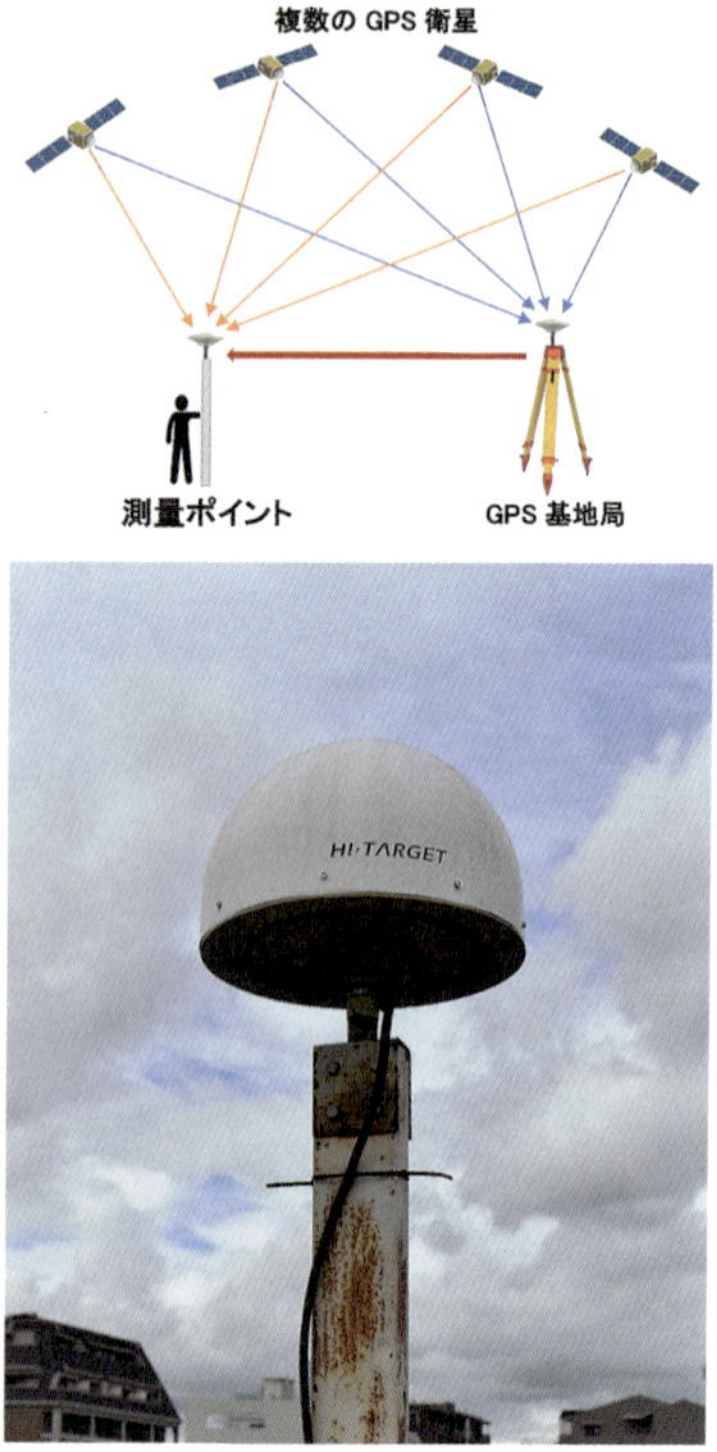

図 10　屋上の GPS アンテナと測量の仕組み

側溝や大路・小路）を調査するのかを予測することができますし、とくに平安宮や平安京にとって重要な遺構があると予想される場所などでは、最初から慎重な発掘調査の対応も可能となります。

話を元に戻して、平安京を測量して正確な区画を持つ都城を造ろうとすると、南北の朱雀大路から東・西京極大路まで、直角（九〇度）に振って正確な東西方向を定めて道路を造る必要があります。もしそのときに、振る角度を一度だけ間違えて測量したと仮定した場合、東西道路の長さを平安京東西幅の半分の二二三八メートルとして計算し、朱雀大路から東・西京極大路までを測ると、北か南に約四〇メートル前後のズレが生じることになり、長い距離の測量では正確な精度で測量しなければ大きな誤差が生じ、正確な碁盤の目のような都城は造れません。

平安京の南北基準線は、推定では船岡山の頂上付近に基準点を置いて決定されたと考えられ、そこから北極星や太陽の時間差による光の角度から真北を求めて、朱雀大路の計画線を設けることは可能です。しかし、平安京内において南北の基準ラインから東西方向に直角を求めるためには、ロープを使って各辺を三：四：五の三角形にしても簡単に直角が求められますが、長距離の測量では誤差が大きすぎて使えません。また長い距離を測るための物差し（現在の巻き尺のようなもの）は何を使って測ったのか、これは湿気や温度変化による延び縮みがある材質のものは誤差が出て使えません。さらに、距離は測量の基本である水平距離で測るのが原則ですが、高低差のある地形でどのようにして水平距離を求めたかなど、大規模な条坊制による区画整理の施工をどのようにして行ったのかは謎だらけです。

このように、大規模な平安京を、どのように測量して造営したのかはよくわかっていませんが、基準点測量の成果から、平安京は一部を除いて一・二メートルほどの誤差の範囲で築地や溝跡などの遺構が検出されており、相当レベルの高い測量技術を使って困難を克服し、都城の造営が行われたと考えられています。

4 平安京の条坊の数え方

平安京は条坊制と呼ばれる一辺四〇丈（一二〇メートル）四方の一町を基本単位として都市計画（図4）が行われ、北中央の平安宮の正門である朱雀門から、南の九条大路にある羅城門まで続く朱雀大路を南北の中央道路として左京（東）と右京（西）に分け、東西方向は「条」として大路と小路を北端の一条から南端の九条まで三九本通し、南北方向は、「坊」として東京極大路から西京極大路までの間に大路・小路を三三本設けて道路が造られました。

それぞれの道路幅（道路両側の築地中心間距離）は、十世紀代の法典である『延喜式』に寸法が書かれています。一町は四〇丈（一二〇メートル）四方で、その内部に小径を設けて、東西四行、南北を八門の三二ブロックに分けた最少単位が東西一〇丈（三〇メートル）と南北五丈（一五メートル）の面積四五〇平方メートルの土地となり、それを一戸主《へぬし》と呼びます。

それぞれ区画された土地は、高級貴族から庶民まで、官（国家）から班給《はんきゅう》されることになっており、法定宅地班給は、地位が三位以上は一町（一万六〇〇〇平方メートル）以下、四～五位は二分の一町（八〇〇〇平方メートル）、六位下は四分の一町（四〇〇〇平方メートル）、庶民クラスでは最少単位の一戸主（四五〇平方メートル）とされていました。しかし、天皇家や高級貴族などは、二町や四町の大規模な邸宅を所有するものもありました。

次に少々長くなりますが、『延喜式』「左右京職」の京程に記述されている平安京の大路・小路の大きさを『国史大系』をつかってご紹介しておきます（附や校正、後の書き込み等を小文字で表記）。単位は一丈（約三メートル）、一尺（約三〇センチ）、一寸（約三センチ）です。

『延喜式』巻第四十二　左右京職　京程

南北一千七百五十三丈今勘千七百五十一丈、今二丈可尋之、四位大外記中原師重之本云除大路小路各見式文定残卅八町一町卌丈

北極幷次四大路、広各十丈
宮城南大路十七丈
次六大路各八丈
南極大路十二丈
羅城外二丈垣基半三尺、犬行七尺、溝広一丈
路広十丈今案大路北畔垣基半三尺犬行五尺溝広四尺者両溝間八丈八尺
小路廿六、広各四丈
町卅八、各卌丈

東西一千五百八丈通計東西両京
自朱雀大路中央、至東極外畔七百五十四丈
朱雀大路半広十四丈
次一大路十丈
次一大路十二丈大宮
次二大路各八丈東西洞院也
東極大路十丈
小路十二、各四丈一路加堀川東西辺各二丈
町十六、各卌丈
右京准此
朱雀路広廿八丈

自垣半至溝辺、各一丈八尺垣基三尺、犬行一丈五尺
溝広各五尺
両溝間廿三丈四尺
大路広十丈
自垣半至溝辺各八尺垣基三尺、犬行五尺
溝広各四尺
両溝間七丈六尺
宮城東西大路広十二丈
自宮垣半至隍外畔、三丈八尺
自傍町垣半至溝外畔、一丈二尺
隍溝間七丈
大路広各八丈今案宮城以南東西畔垣基犬行溝広間等両溝間九丈六尺
自垣半至溝辺、各八尺垣基三尺、犬行五尺
溝広各四尺
両溝間五丈六尺
小路広四丈
自垣半至溝辺各五尺五寸垣基二尺五寸、犬行三尺
溝広各三尺
両溝間二丈三尺

宮城四面、自垣半至隍辺三丈垣基三尺五寸、壖地広二丈六尺五寸

宮城南大路、広十七丈宮垣半三尺五寸、壖地広二丈六尺五寸

隍広八尺

南垣半三尺

犬行五尺

溝広四尺

隍溝間十二丈今案傍町無壖地及湟然則垣基犬行溝広南北等同両溝間十四丈六尺

凡町内開小径者、大路辺町二広一丈五尺、市人町三広一丈、自余町一広一丈五尺

凡築垣功程牓示条坊、莫令違越其法見木工式

以上のとおり『延喜式』に書かれてあり、平安京全体の規模や大路・小路の幅や築地、犬行、溝などを含めて細かく寸法が記載され、私たちは現在でもこれを使って平安京の構造や大きさを知ることができます。この『延喜式』五〇巻は、平安時代中期の律令の施行細則で、原本は残っていませんが、後世の写しが何本か現存しています。延喜五年（九〇五）に菅原道真《すがわらのみちざね》を左遷したことで知られる藤原時平《ふじわらのときひら》らが、醍醐《だいご》天皇の勅命によって編纂を開始し、時平の死後は藤原忠平《ただひら》らにより延長五年（九二七）に完成し、施行は康保四年（九六七）からとされています。

次に条坊の構造について説明します。『延喜式』の大路や小路の寸法は、道路両側の築地の中心からの距離で表され、道路両側にある築地（半分）と犬行、溝を除いた寸法が実際の道路幅になります。

南北大路は、最大二八丈の幅を持つ朱雀大路をメインストリートとして、その東西にある南北の大宮大路と西大宮大路は道路幅が一二丈で、東・西の京極大路は一〇丈です。他の大路はいずれも八丈で、小路はすべて四丈幅ですが、東・西堀川小路は、小路の中央に二丈の堀川があるため道幅が大路幅の八丈となっています。

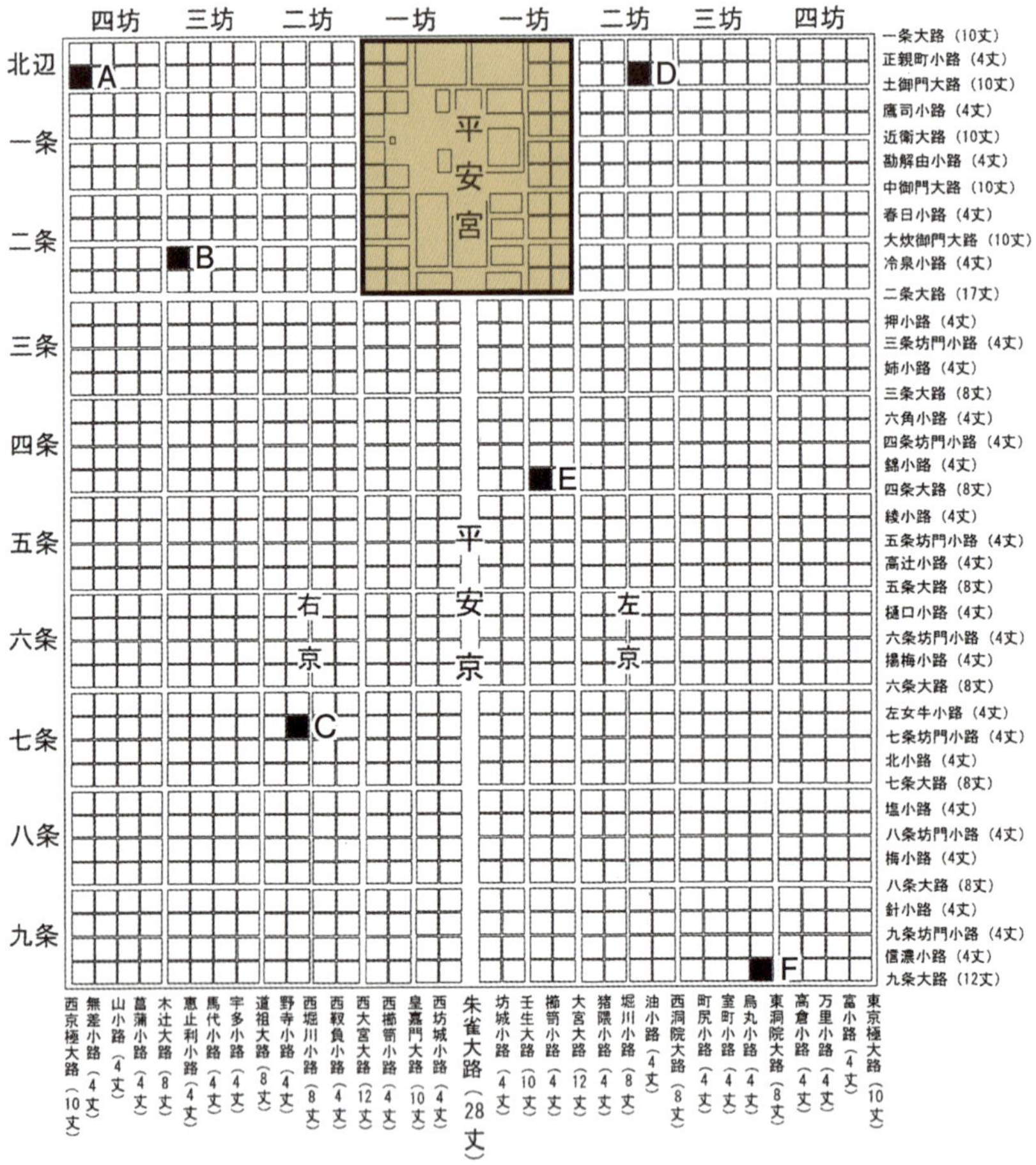

A　平安京右京北辺四坊七町
B　平安京右京二条三坊十四町
C　平安京右京七条二坊十町
D　平安京左京北辺二坊六町
E　平安京左京四条一坊十二町
F　平安京左京九条三坊十三町

図 11　平安京条坊復元図と各条坊の呼称

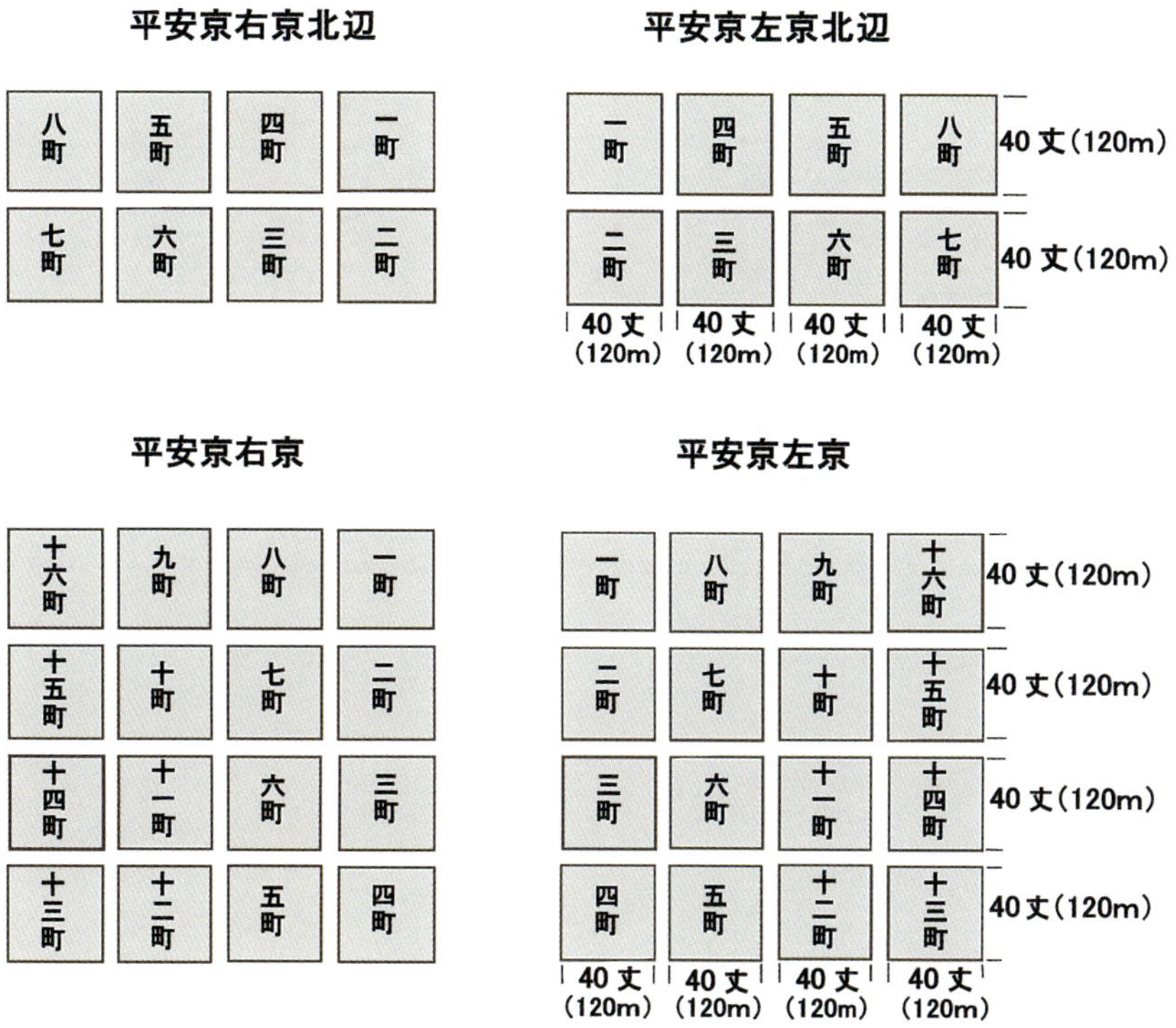

図12　条坊の構造（町の読み方）

条坊制による地点表示は、平安京□京□条（または北辺□坊）□坊□町で、それ以下の単位は東・西□行・北□門で表現されます。

平安京条坊図（図11）を見ながら説明しますと、朱雀大路の左右で「右京」と「左京」に分け、次に条は大路から一つ上の大路までの四町を指します。たとえば八条は八条大路から七条大路までを指します。北は北辺と呼ばれる南北二町の北辺坊があり、朱雀大路から左右に北辺□坊と数えます。「坊」は、朱雀大路を中心に東・西方向に四町を単位として四坊で分けます。「町」は、上の図のように朱雀大路に面したところから、上（北）から下（南）へ順に一から四町、左京の場合は東へ、さらに上（北）へと上下しながら町を数えます。右京の場合は西に移動しながら上下して町を数えます。

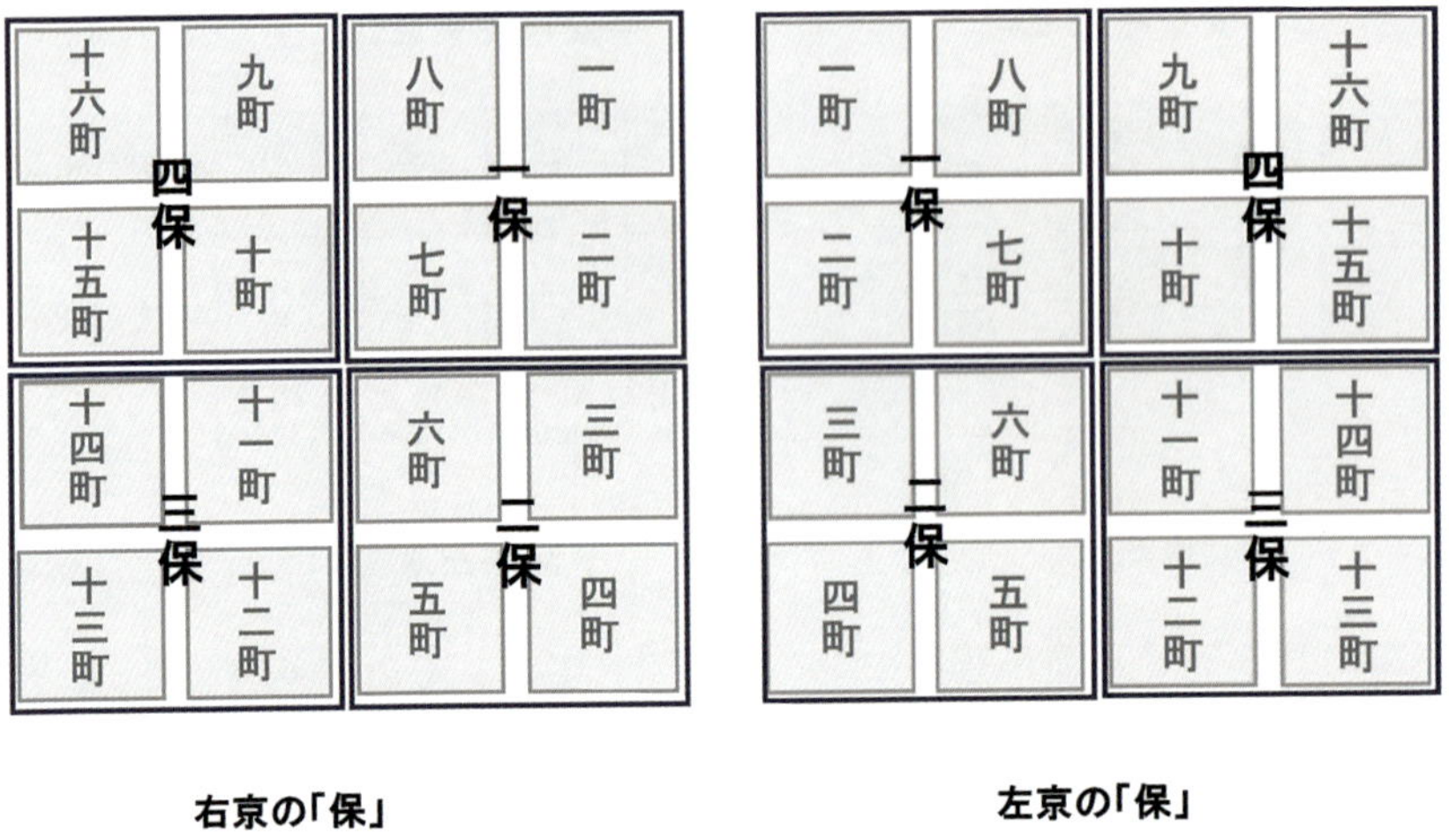

図 13　条坊の構造（保の単位）
条坊制により区画された一町を、上記の図のように四町を一つの単位として区画する場合もありました。これを「保」と呼びます。

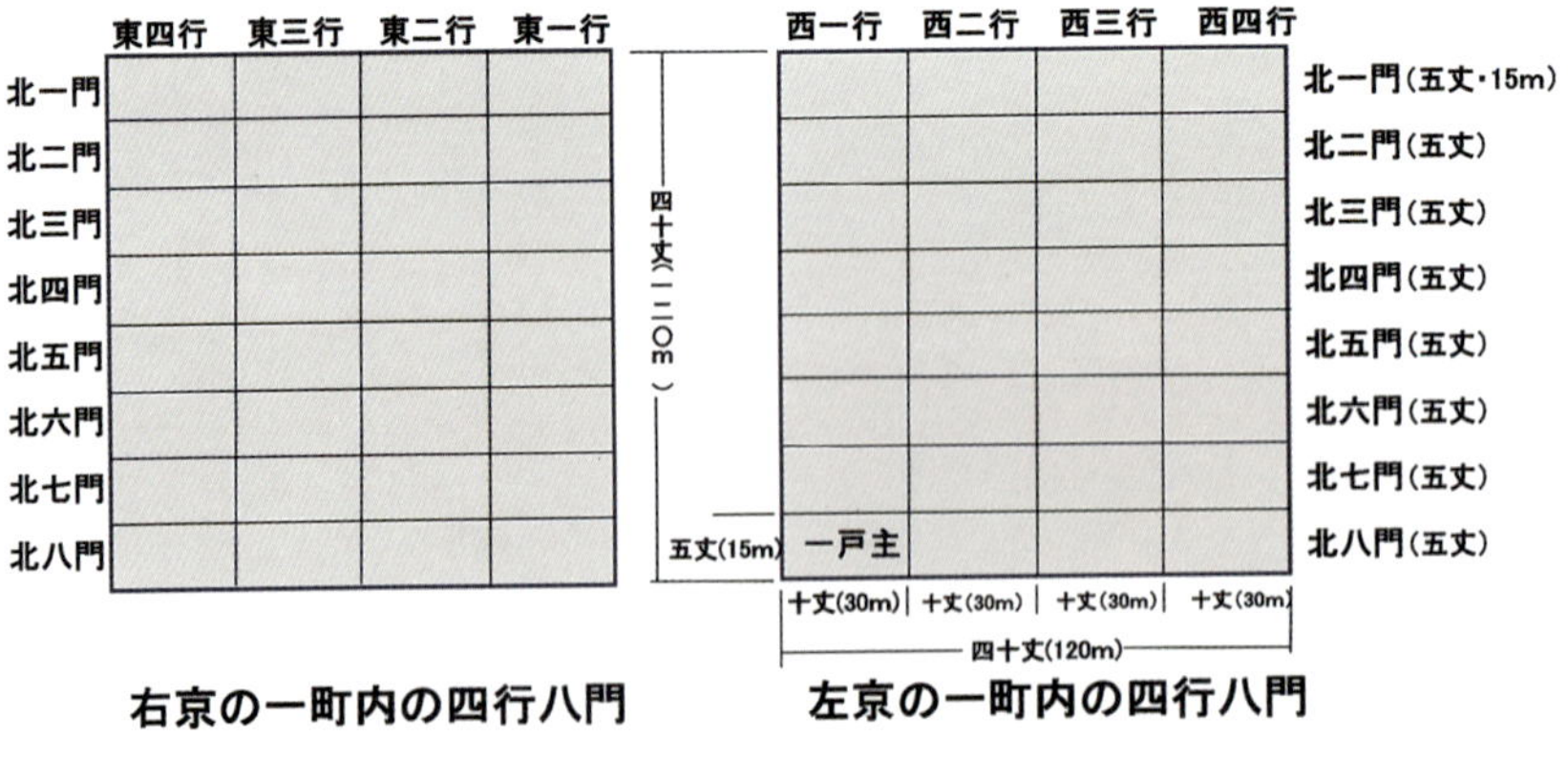

図 14　条坊の構造（四行八門制）
条坊制による一町は 40 丈（120 m）四方ですが、その中を四行八門制と呼ばれる畔状の小径（道）によって東西四行、南北八門で区画する場合があり、その最少単位が一戸主と呼ばれ 15 m × 30 m の面積 450㎡で、庶民が宅地班給される最も小さな土地です。
数え方は、朱雀大路側を中心に町の北から左京の場合は西□行北□門、右京の場合は東□行北□門として数えます。

東西の大路は、一条大路を含む二条大路（幅一七丈）までは、二町毎に幅一〇丈の大路が設けられ、二条大路から南は四町毎に八条大路までが八丈幅、南端の九条大路は幅が一二丈となっています。また、一番北にある一条大路は、本来であれば二町下（南）の土御門《つちみかど》大路が一条大路となるはずですが、南北二町の北辺坊が付くため、北極大路を一条大路と呼んでいます。

京域の周囲の東・西・北面の京極大路は幅が一〇丈、そのほか、朱雀大路の左右一坊を坊城《ぼうじょう》と呼び、坊門が設置されて常に二名の衛士《えじ》が置かれていたとされます。

註

（1）村井康彦編『よみがえる平安京』淡交社、一九九五年。
（2）李銀眞・松永修平・末次由紀恵・布川豊治ほか『平安京右京九条二坊四・五町跡、唐橋遺跡　京都市埋蔵文化財研究所発掘調査報告二〇二〇―二』京都市埋蔵文化財研究所、二〇二〇年。
（3）田中琢・田辺昭三「平安京を中心とした京都市域の埋蔵文化財発掘調査の記録方法の改善について」『京都市文化観光資源調査会報告書』京都市文化観光局文化財保護課、一九七五年。
（4）梶川敏夫『京都市遺跡発掘調査基準点　成果表・点の記』京都市文化観光局文化財保護課、一九七九年。

三　平安宮（大内裏）

1 平安宮跡の現状

ここでは、平安京の北中央部に設けられた平安宮（大内裏《だいだいり》）についての説明から始めたいと思います。平安宮跡では、これまでに発掘調査や試掘調査、立会調査など、数多くの考古学的な調査が実施されてきており、そのすべてをここで取り上げるのは困難ですので、調査成果がある程度あったものについて取り上げ、ご紹介していきます。

平安宮跡は、一九七二年（昭和四十七）に『京都市遺跡地図』が発行されてからは、筆者が遺跡の調査、保存、保護などに最も多く関わり、また周知に努めてきた遺跡の一つです。平安時代に国家政治の中心舞台であった平安宮は、長い年月を経る中でいつしか姿を消し、現在の地上に遺構は何一つ残っておらず、わずかに残る中務町《なかつかさちょう》や式部町《しきぶちょう》などの町名に、その名残を留めるにすぎません。平安宮跡は、平安時代後期以後に衰退し、内野《うちの》と呼ぶ荒れ地となり、安土桃山時代には平安宮跡北東部に豊臣秀吉《とよとみひでよし》による聚楽第《じゅらくだい》の築城や大名屋敷の建設、さらに江戸時代初めには平安宮跡南東部に徳川家康《とくがわいえやす》による二条城《にじょうじょう》の築城や所司代《しょしだい》の建設など再開発が行われた結果、わずかに残っていた平安宮跡の遺構の多くが破壊されてしまいました（図1）。

その後、平安宮跡からは聚楽土と呼ばれる良質な茶褐色粘質土が取れることから、江戸時代以降、聚楽壁などと呼ばれる茶室の壁や、住宅の上塗土などに珍重されて採掘が行われ、発掘調査でも土取りのために遺構が壊されている場所がよく見つかることがあり（図2）、その名残とみられる土屋町通りが内裏跡西側南北に現在も通っています。

二条城北方から西陣にかけての平安宮跡は、江戸時代以降も寺や住宅が密集し、西陣織などの地場産業が盛んなエリアであり、明治以降も多くの人々が生活する市街地で空閑地も少なく、現在においても住宅やビルが建て込む場所

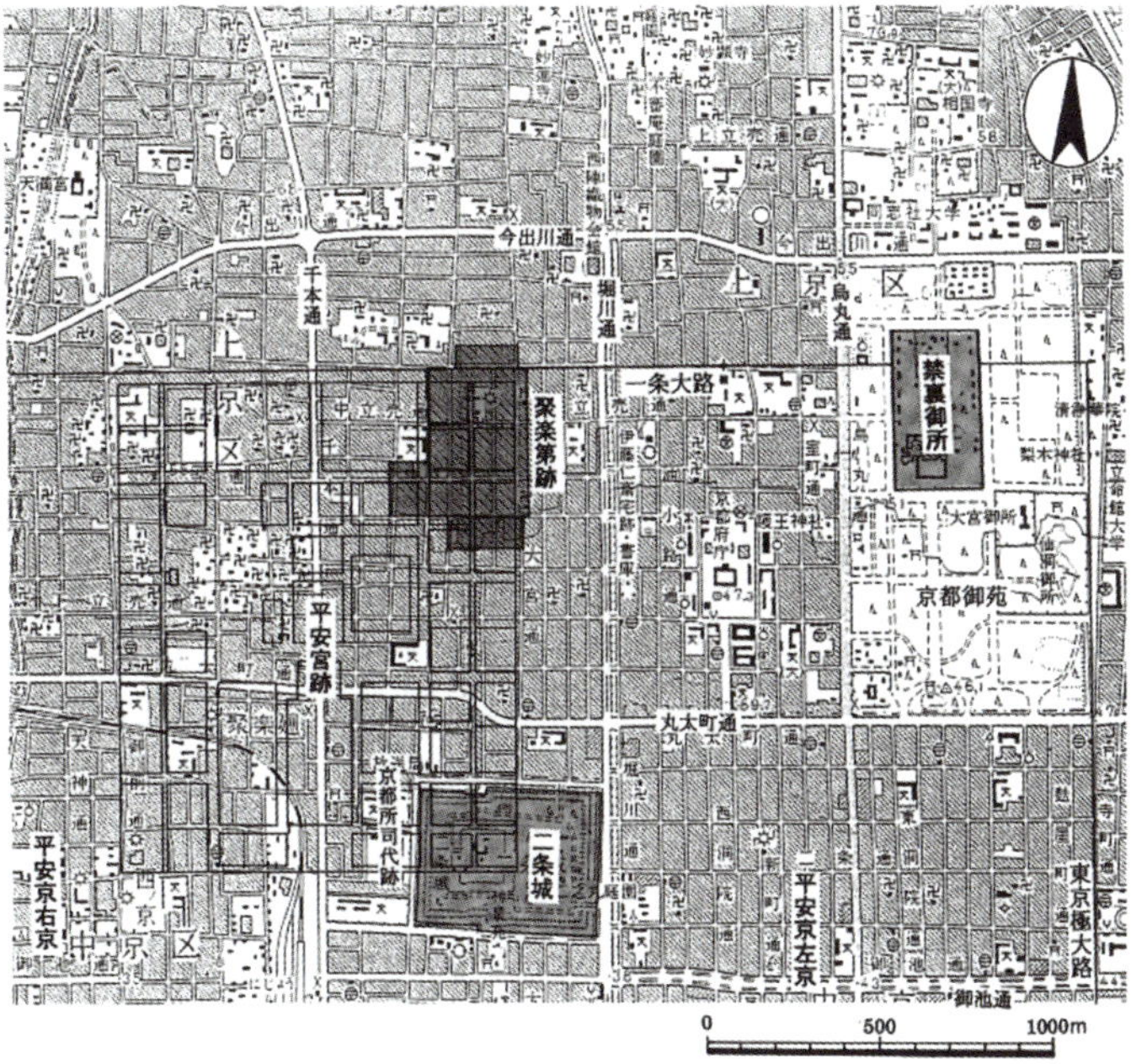

図１　平安宮跡・聚楽第跡・二条城・禁裏御所の位置関係図

図２　朝堂院跡の土取り穴（中央から右下が土取り跡）

となっており、埋蔵文化財調査が最も進めにくい場所でもあります。

そのような場所で、太平洋戦争時の一九四五年六月二十六日、内裏跡の北方一帯が連合軍による爆撃（西陣空襲）を受け、死者五〇名、重軽傷者六六名の大被害を被っています。意外と思われるかもしれませんが、京都市内でも東山

図3　山中油店の店先に置かれた空襲時の爆弾の破片

区の馬町や右京区の太秦《うずまさ》で空襲の被害が出ており、西陣空襲では、近くにある文政年間創業の山中油店のショーウインドには、店まで飛んできたという爆弾の破片が展示されています（図3）。

このようなことから、戦時中、付近では空襲に備えて各家庭でも床下に防空壕が掘られた場所が多く、浅い場所にわずかに残っていた平安宮跡の遺構が壊された場所もいくつかあります。

このように平安宮跡は、後世に多くの場所が破壊を被り遺構の残りは決して良好とはいえませんが、遺跡地図の発行後に行政指導を開始してからは、周知の埋蔵文化財包蔵地の重要遺跡として指導を徹底するとともに、小規模な工事であっても、発掘調査のほか試掘調査や立会調査を駆使しながら埋蔵文化財の調査を進めてきました。また、国庫補助事業による公費負担の発掘調査を増やしながら、小規模な土地でも調査を進めていく中で、多くの場所で遺構や遺物が見つかるようになりました。

その結果、平安宮内の宮殿官衙《かんが》があった場所については、十一世紀頃の九条家本《くじょうけぼん》『延喜式《えんぎしき》』の宮城図や、十四世紀前半の陽明文庫本『宮城図』などの古図を頼りに、調査などで検出された建物跡や築地、溝跡などの位置を基準点測量し、あるいはＧＰＳ測量を利用することで、現在の地図上におおよその位置を復元することが可能となっています(1)。

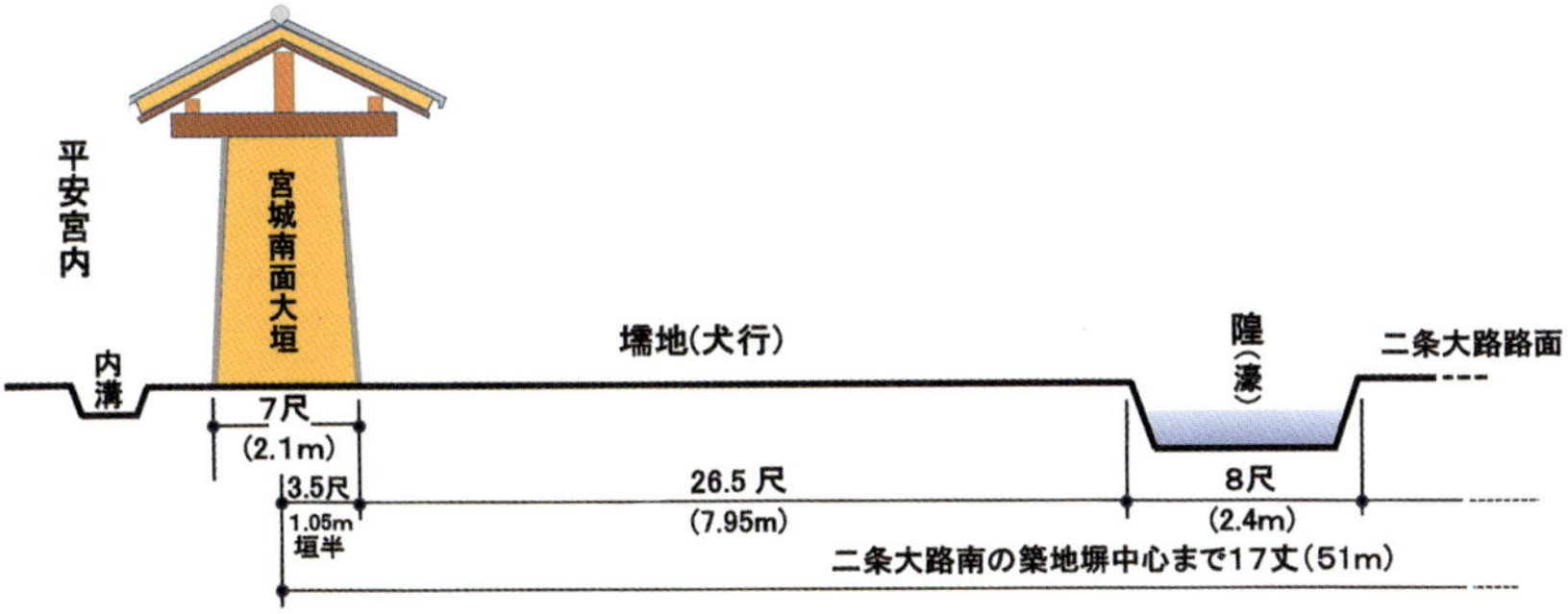

図4　平安宮南面大垣の断面図

2 平安宮の構造

平安京二条大路の北側に設けられた平安宮の範囲は、北が一条大路（現在の一条通り）、南は二条大路（現在の二条通り）、東は大宮大路（現在の大宮通り）、西は西大宮大路（現在の御前《おんまえ》通り）に囲まれた東西一一四六メートル、南北一三九二メートルの規模を有していました。平安宮の周囲は高い築地塀（大垣）で囲まれ（図4）、その外側に隍《ほり》（濠）と壖地《ぜんち》（犬行《いぬいき》、犬走《いぬばしり》）を巡らし、周囲に一四の宮城門（南面は皇嘉門《こうかもん》・朱雀《すざく》門・美福《びふく》門、北面は安嘉《あんか》門・偉鑒《いかん》門・達智《たっち》門、東面は郁芳《いくほう》門・待賢《たいけん》門・陽明《ようめい》門・上東《じょうとう》門、西面は談天《だんてん》門・藻壁《そうへき》門・殷富《いんぷ》門・上西《じょうさい》門）が設けられていました（図5）。

平安宮内は、天皇の居所と政治の場を兼ねた内裏《だいり》を中心として、宮殿や官衙（官庁のこと）が建ち並ぶ国家政治の場で、十四世紀頃からは平安宮全体を大内裏と呼ぶようになりました。宮内中心部には、国家の重要な儀式が行われる大規模な朝堂院《ちょうどういん》（八省院《はっしょういん》）があり、現在の国会議事堂にも相当する政治的権威を象徴する施設とされます。その西隣には朝堂院に次ぐ規模を有する国家の饗宴場である豊楽院《ぶらくいん》がありました。この二つの施設を取り囲むように、現在の国の省庁にあたる二官八省（神祇官・太政官《だじょうかん》の二官と、中務省《なかつかさしょう》・式部省・治部省・民部省・兵部省・刑部省・大蔵省・宮内省の八省）など、国家政治を掌る重要な官衙が建ち並んでいました。

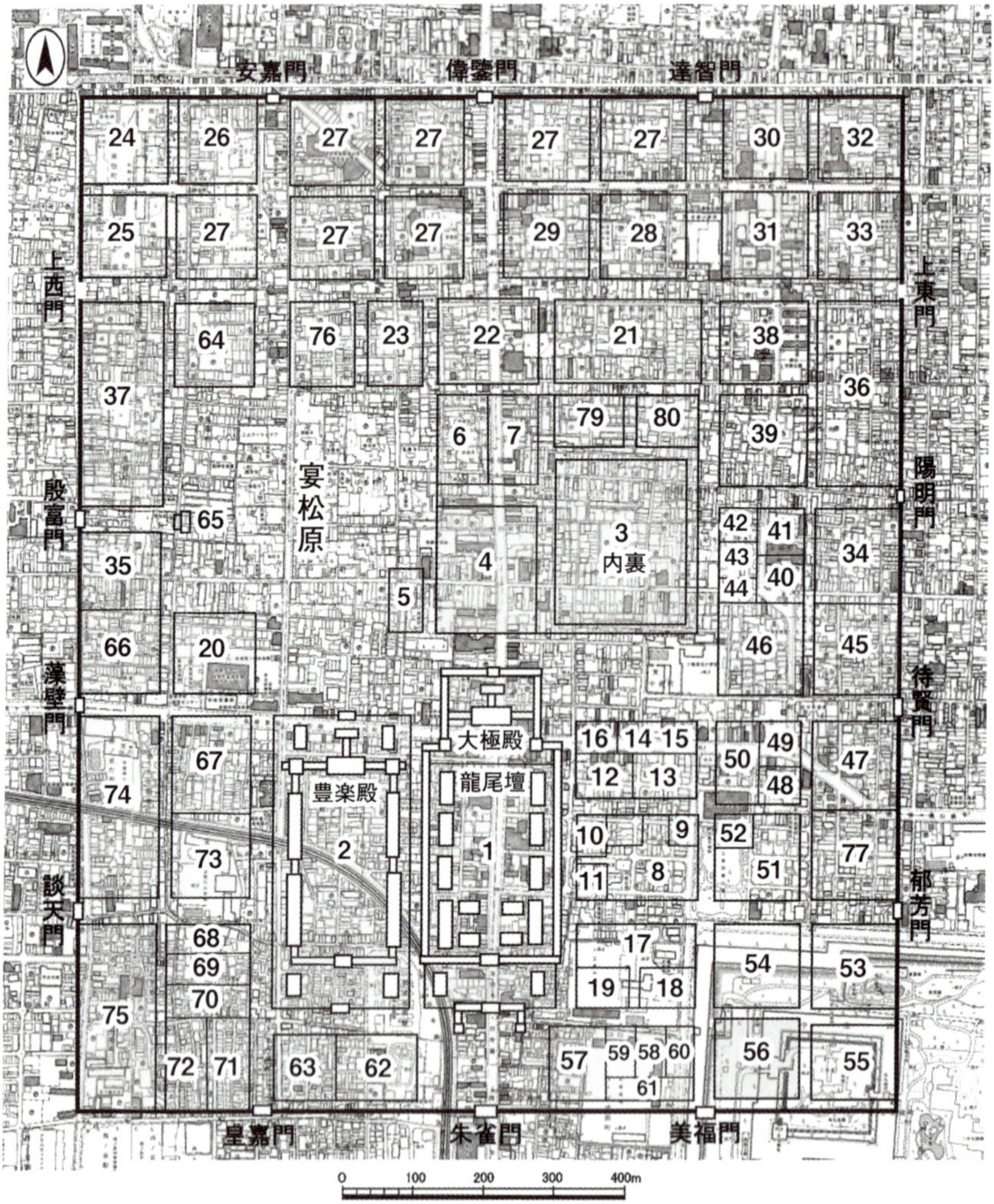

図５　平安宮（大内裏）の復元位置図と宮殿官衙（施設名と読み方は表参照）

また、内裏の北方には、諸国からの調庸《ちょうよう》や銭などの貢納物を納めるための大蔵省の倉庫群が建ち並び、内裏の西側には宴松原《えんのまつばら》と呼ばれる謎の広い空閑地がありました。この宴松原は、伊勢神宮の正宮が二〇年毎に位置を変えて社殿を建て替える式年遷宮と同様に、内裏を西側に建て替えるために準備された空閑地とも考えられますが、用途ははっきりとはわからず、調査でも目立った遺構は見つかっていません。

『三代実録《さんだいじつろく》』仁和三年（八八七）八月十七日条に、美しい婦人三人が宴松原を東に歩いていると、松の木の下から容姿端麗な男が出てきて、一人の婦人の手を取って樹下へ連れ込みました。しばらくしても音もせず戻って来ないので、怪しんで見に行くと、手足が折れて落ちており、身体や首が無かったとされ、人が忽然と消えたのは鬼の仕業であると、噂になったことが書かれています。

そのほか、『大鏡《おおかがみ》』巻五には、藤原兼家《ふじわらのかねいえ》の長男藤原道隆《みちたか》が若い頃、夜に弟の道兼《みちかね》と道長《みちなが》の三人で肝試しをしようと、道隆は豊楽殿へ、道兼は仁寿殿《じじゅうでん》の塗籠《ぬりごめ》へ、道長は大極殿《だいごくでん》へそれどれ行く途中、長男の道隆は宴松原あたりから聞こえてくる得体のしれないものの声に驚いて一目散に逃げ帰り、道兼は途中で人影を恐れて退散、道長は悠然と証拠の品まで持ち帰ったというエピソードを伝えており、平安宮内にあった宴松原は、夜は道隆が恐れるような寂しいところであったようです。

なお、宴松原跡には、地元の石材店の方が自主的に石柱を立てておられたので、お願いしてその背後に説明板を設置させていただきました（図7）。

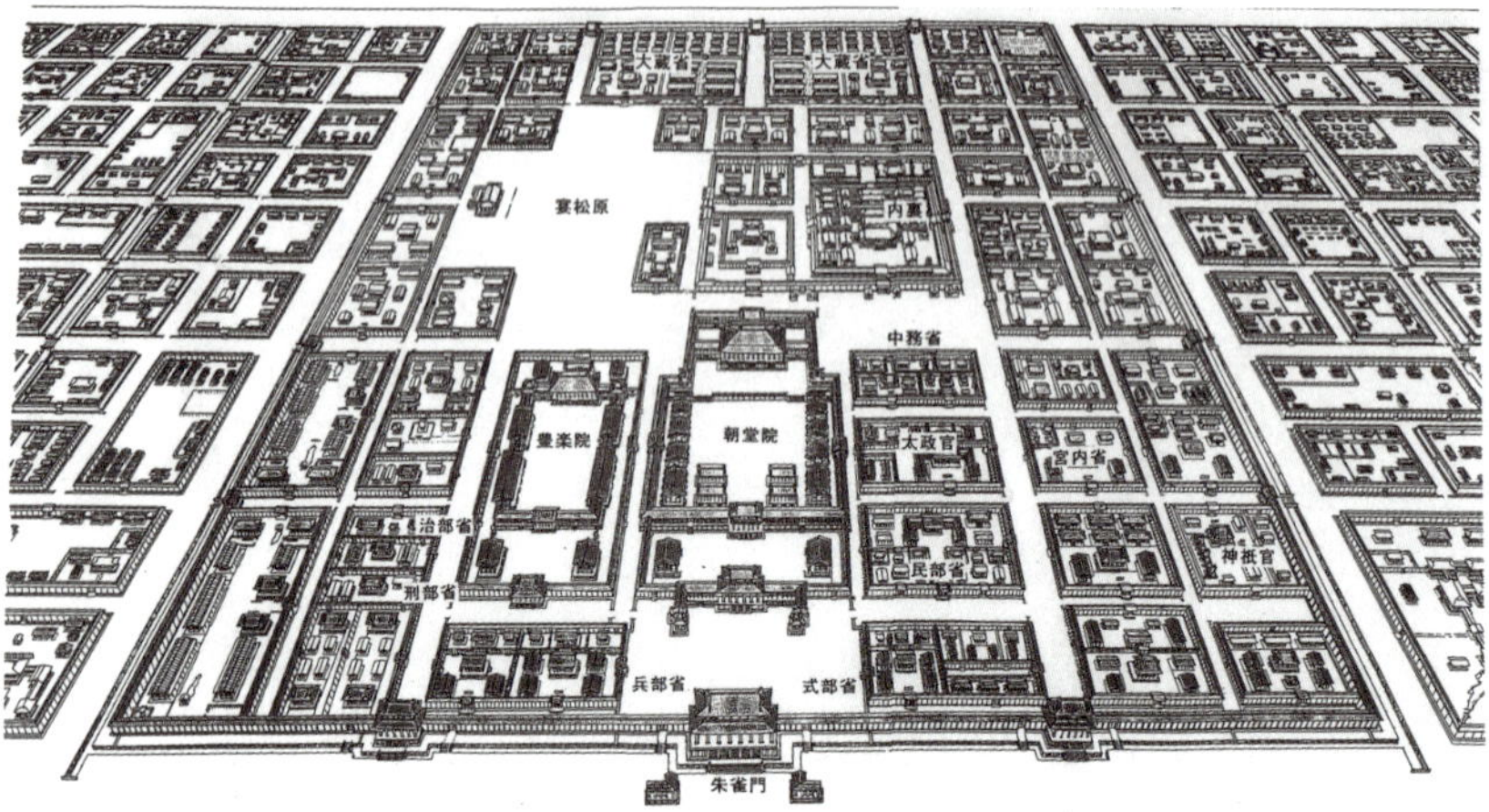

図６　平安宮鳥瞰図（南から）

図７　宴松原の石柱と説明板

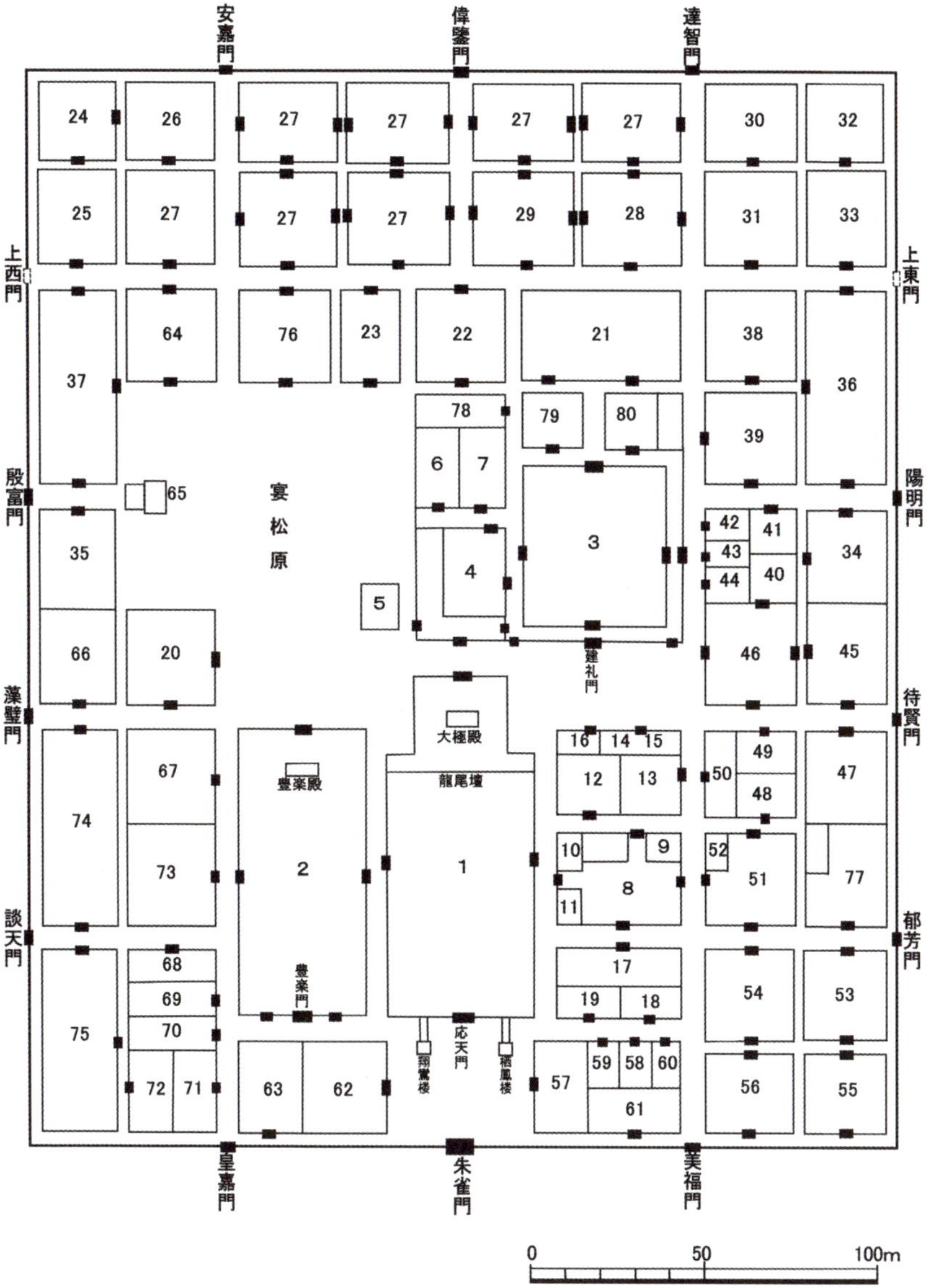

図8　平安宮の主な施設と門の名称（施設名と読み方は表参照）

番号	名　称	読み方	職　　掌
41	釜所(釜殿)	かなえどころ	釜殿の官人の詰所
42	外記	げき	少納言の下で詔書の検討、奏文の作成、公事・儀式への奉仕などをつかさどる
43	南所(結政所)	なんしょ	弁官・少納言・外記などが集まって政務を行ったところ
44	一本御書所	いっぽんごしょどころ	宮中の書物を管理するところ
45	東前房(東雅院)	とうがいん	皇太子の御座所
46	西前房(西雅院)	さいがいん	東前房と同じ
47	大膳職	だいぜんしき	神仏事や節会などの食料供給、親王以下官人の１ヵ月分ずつ支給する食料をつかさどる
48	主水司	しゅすいし・ もんどのつかさ	宮廷の飲料水や氷室、粥をつくることをつかさどる
49	醤司	しょうし	味噌の一種の醤などを保管するところ
50	西院	さいいん	予備の建物
51	宮内省	くないしょう	天皇や皇族の衣食住に関することのほとんどをつかさどる
52	園韓神(神社)	そのからかみ	宮中の宮内省にある園神と韓神の祀られた神社
53	神祇官	じんぎかん	神祇の祭祀関係をつかさどる
54	廩院	りんいん	民部省に付属する倉庫。諸国から貢進された庸米を収納
55	雅楽寮	ががくりょう	在来や外来の歌舞・演奏・演舞と後継者育成の教習をつかさどる
56	侍従厨	じじゅうのくりや	侍従所で行われる饗膳の準備を行うところ
57	式部省	しきぶしょう	文官全般の人事関係をつかさどる
58	主税厨	しゅぜいのくりや	主税寮に付属する厨
59	民部厨	みんぶのくりや	民部省に付属する厨
60	主計厨	しゅけいのくりや	主計寮に付属する厨
61	式町	しきまち	式部省に付属する厨か？
62	兵部省	ひょうぶしょう	内外武官の人事、軍事一般をつかさどる
63	弾正台	だんじょうだい	京内の犯罪取り締まりや官人の網紀粛正をつかさどる
64	図書寮	ずしょりょう	図書の管理、国史の編纂、仏像・経典の保管、紙・筆・墨の製造・供給をつかさどる
65	武徳殿	ぶとくでん	宮の馬場の正殿。騎射や競馬、駒牽を行うところ
66	内匠寮	たくみりょう	宮廷の調度の製作、殿舎の装飾をつかさどる
67	典薬寮	てんやくりょう	医学教育、医療行政、官人を対象とした医療などをつかさどる
68	治部省	じぶしょう	主に仏事に関することをつかさどる
69	玄番寮	げんばりょう	寺院、僧尼、外国使節の接待などのことをつかさどる
70	刑部省	ぎょうぶしょう	司法行政事務をつかさどる
71	判事	はんじ	法の適用をつかさどる
72	諸陵寮	しょりょうりょう	陵墓関係をつかさどる
73	御井	おい・みい	天皇に供される水を汲む井戸があったところ
74	左馬寮	さまりょう	馬の飼育・調教、儀礼や兵事に用いる馬をつかさどる
75	右馬寮	うまりょう	左馬寮と同じ
76	大歌所	おおうたどころ	雅楽寮と同じ
77	大炊寮	おおいりょう	諸国から運ばれる舂米、雑穀、諸司の食料のことなどを掌るところ
78	糸所	いとどころ	縫殿寮の別所で糸を紡ぐところ
79	蘭林坊	らんりんぼう	大嘗祭などに使用される品物の保管場所
80	桂芳坊	けいほうぼう	御物などを納める

参考：井上満郎「平安宮内の諸機関について」『平安宮跡　京都市埋蔵文化財年次報告 1973-I』京都市文化観光局文化財保護課、1974 年。『平安宮Ｉ　京都市埋蔵文化財研究所調査報告第 13 冊』京都市埋蔵文化財研究所、1995 年。

表　平安宮内の宮殿官衙の名称と職掌一覧表

番号	名　称	読み方	職　掌
1	朝堂院	ちょうどういん	八省院ともいい、宮廷儀礼や政務を行う
2	豊楽院	ぶらくいん	国家的な饗宴を行う施設
3	内裏	だいり	天皇の平常の居住場所
4	中和院	ちゅうかいん	新嘗祭など天皇みずから祭事と儀式を執り行う
5	真言院	しんごんいん	真言密教の修法を行う
6	内膳司	ないぜんし	天皇の食事の調理・試食をつかさどる
7	采女町	うねめまち	采女や女官の詰所
8	太政官	だいじょうかん	八省諸司および諸国を統轄・管理し、国政の総括をつかさどる
9	朝所	あいたんどころ	六位以下の官人の勤務成績によって昇進や器量を見定める儀式のとき、宴座に移る前に公卿以下が酒食をしたためる場所。内裏焼亡や方違の時の一時仮の御所にもなった
10	勘解由使	かげゆし	官人や役僧の交替を監査する
11	文殿	ふどの	文書・典籍などを保管し文事をつかさどる
12	中務省	なかつかさしょう	天皇の秘書官ならびに宮廷内関係の諸雑務をつかさどる
13	陰陽寮	おんみょうりょう	天文・暦・時刻・占いに関することをつかさどる
14	監物	けんもつ	大蔵・内蔵などの出納を監督・視察し、宮中に保管されている鍵の受領・返納をつかさどる
15	(1)主鈴・主鑰 (2)典鑰	しゅれい・しゅやく てんやく	(1) 鈴・印・伝符・飛駅の函鈴を出納することをつかさどる (2) 監物のもとで鑰の出納と諸司の倉庫の開閉をつかさどる
16	内舎人	うどねり	宮中に宿直し護衛や雑使を務め、行幸の前後の警備・護衛をつかさどる
17	民部省	みんぶしょう	諸国の戸籍、賦役、田、山川、道路など民政全般と財政をつかさどる
18	主計寮	しゅけいりょう	調・庸納入後の会計監査をつかさどる
19	主税寮	しゅぜいりょう	地方財政を監査する
20	造酒司	みきのつかさ	酒、酢などを醸造することをつかさどる
21	縫殿寮	ぬいどのりょう	五位以上の女官・官人の妻の名簿や勤務評定、衣服の裁縫などをつかさどる
22	内蔵寮	くらりょう	天皇の宝物や日常用品の調達・保管などをつかさどる
23	掃部寮	かもんりょう	宮中の諸行事の設営や清掃をつかさどる
24	漆室	うるしむろ	漆芸品を製作する工房
25	正親司	おおきみのつかさ	天皇の親族の名簿を作成・管理するところ
26	兵庫寮	ひょうごりょう	武器の管理・製造・修理、軍用の音楽の教習などをつかさどる
27	大蔵省	おおくらしょう	諸国から納める調・庸などの出納、度量衡・市場価格、器物・衣服の製作などをつかさどる。大蔵は、とくに調・庸・雑物などの収蔵庫。
28	率分所	りつぶんしょ	大蔵省に納入される調・庸・雑物の1割を別納する倉および率分をつかさどる
29	長殿	ながどの	諸国からの貢納物を収めた倉庫
30	主殿寮	とのもりょう	諸国からの貢納物を収めた倉庫
31	大宿直	おおとのい	宮城内を警備する官人の詰所。大宿直所とも
32	茶園	ちゃえん	大内裏に用いる茶を栽培する
33	内教坊	ないきょうぼう	女楽や踏歌の教習をつかさどる。内教房とも
34	左兵衛府	さひょうえふ	内裏の警備と行幸時の警備などをつかさどる
35	右兵衛府	うひょうえふ	左兵衛府に同じ
36	左近衛府	さこのえふ	内裏内郭諸門内の警備、行幸時の警備、京中の巡検などをつかさどる
37	右近衛府	うこのえふ	左近衛府に同じ
38	梨本	なしもと	内裏の別宮として使用されるところ。梨下院とも
39	職御曹司	しきのみぞうし	皇后・中宮に関する事務などを執るところ。内裏焼亡のさいには天皇の避難所としても用いられた
40	侍従所	じじゅうどころ	侍従の詰所

3 平安宮内にあった建物

平安宮（大内裏、京都市上京区千本丸太町付近一帯）

ここからは、復元図を見ていただきながら平安宮内にあった主な建物について見ていきましょう。

図9は、平安宮全体を南方上空から鳥瞰《ちょうかん》した想像図で、歴史図書によく使われますので、図を描いた経緯について少しふれておきます。

一九九四年（平成六）、平安京遷都一二〇〇年記念の年に出版された『平安京提要』の巻頭にカラーで掲載するために、古代学協会の角田文衞理事長から、筆者に平安京復元図を描いて欲しいとの強い要請がありました。『平安京提要』には、別に依頼原稿や掲載図の作成も抱えており、また原稿の締め切りも迫っていることなどから、平安京復元図は期限に間に合わないと判断し、その代わりに、以前に下絵の一部を描いたことのある平安宮復元図を描くことで角田氏の了解を得ました。多忙な行政業務をこなしながら、仕事時間外や休日を返上し、手書きで下図のトレースから始めて着色まで約五ヵ月間を費やして平安宮復元図を完成させ、何とか出版に間に合わせることができました。

その後、一九九四年には、平安建都一二〇〇年記念事業として、京都市美術館（現在の京都市京セラ美術館）全館を使って「甦る平安京展」が開催されることになり、その時に制作されたのが現在、京都アスニーの平安京創生館（図10）に展示されている一〇〇〇分の一の平安京復元模型でした。筆者は、美術館展示専門委員の一人として展示を担当することになり、その展示図録[2]には平安宮復元図が必要ということで、先に描いていた平安宮復元図をベースに、新たに左・右の京域と平安宮の北方の風景を描き加えたのがこの平安宮復元図です。平安宮が存在していた時代は、どのような風景が広がっていたのかを、一般の方々にできるだけわかりやすく理解していただけるように想像して描いたものです。

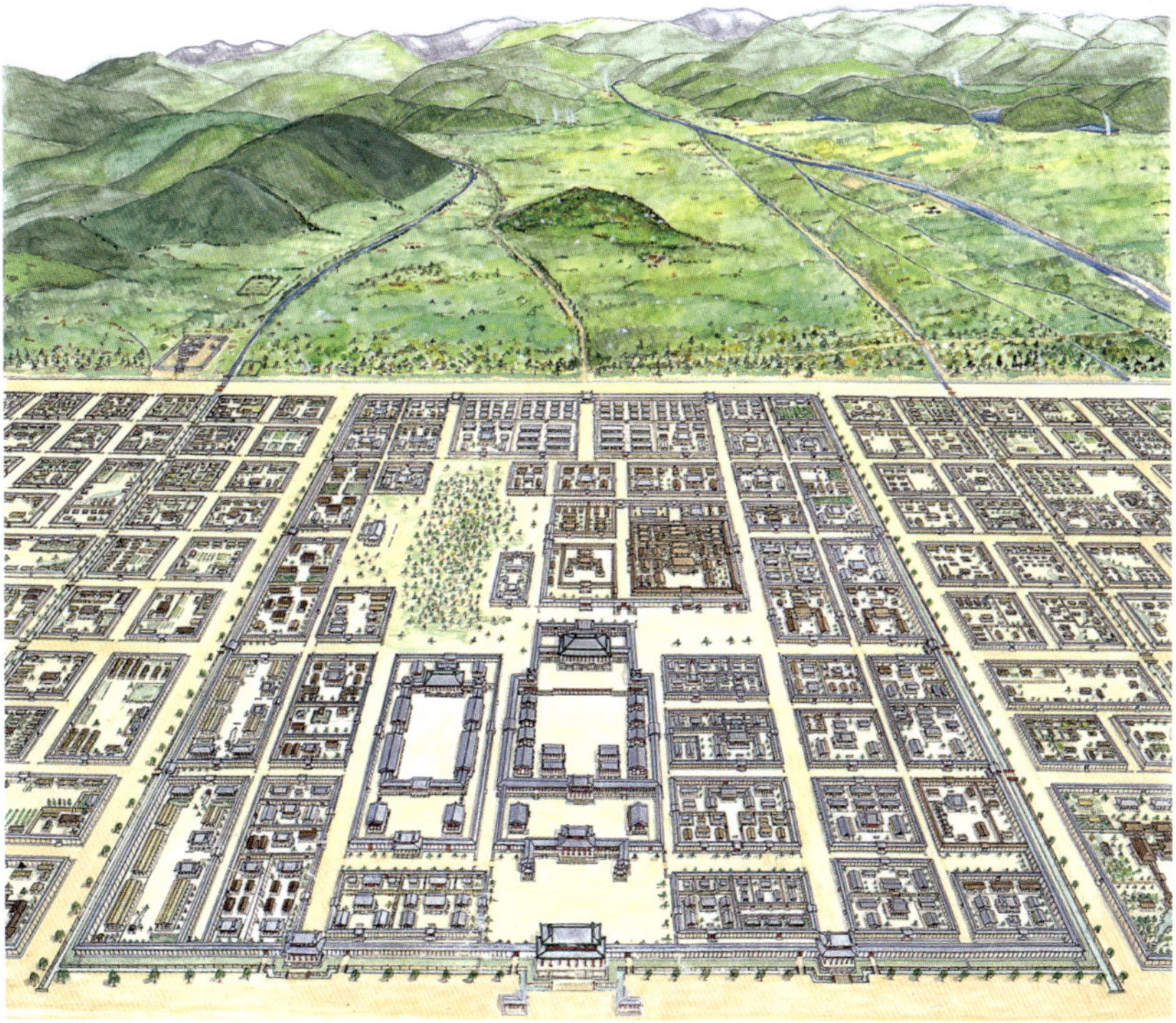

図９　平安宮復元図（南から）

この平安宮の中央にあるのが朝堂院（八省院ともいう）で、その西隣（左側）にあるのが豊楽院です。朝堂院の北側には内裏（天皇居所）があり、それらを囲むように二官八省の官衙街が広がっていました。内裏の西側には宴松原の広い空間が広がり、その南東には真言院《しんごんいん》、西には武徳殿《ぶとくでん》や馬場がありました。平安宮の左右には平安京の左京と右京が広がり、官司の住む住宅や、官衙に勤める人たちの宿泊施設である諸司《しょし》厨町《くりやまち》のほか、高級貴族の邸宅や庶民の家屋などが建ち並んでいました。平安宮の北方には、平安京を造るときに、北の基準になったと考えられる船岡山（標高一一一メートル《メートル》、図11）があり、一条大路の北、平安京に接して西側には常住寺《じようじゆうじ》（野寺とも呼ぶ）や、さらにその北奥には、桓武《かんむ》天皇生母の高野《たかのの》新笠《にいがさ》を祀る平野神社が見えています。

このように、現在の千本丸太町《せんぼんまるたまち》交差点周

図10　平安京模型が展示されている平安京創生館（京都アスニー）

図11　平安京北方の基準とされる船岡山（南東から）

辺を中心に国家政治の中枢たる平安宮があって、その中では、天皇やそのファミリーが暮らし、高級貴族や官司に属する人たちが日々ここで働いていました。

平安宮正門の朱雀門と朱雀大路

（京都市中京区西ノ京小堀町）

図12は、朱雀大路の上空から北方の平安宮を鳥瞰したもので、手前の朱雀大路両側の築地塀間の長さが二八丈（約八四メートル）もありました。

朱雀大路は、両側にあった犬行と側溝を除くと、実際の道幅は約七〇メートルで、両側には柳が植えられてあり、道幅のきわめて広い並木道でもありました（二章、図6）。現在においては、京都市内にはこのような大きな幅を持つ道路は存在しませんし、京都御所の正門である建礼門前の南北大路でも幅は半分の三五メートルほどしかありません。

そこで、朱雀大路を実感できる場所をご紹介しましょう。道路ではありませんが鴨川に架かる七条大橋（長さ八一・九メートル）が、『延喜式』に書かれ朱雀大路の寸法（約八四メートル）と近い長さで、橋の中ほどに立って鴨川の北方を眺めた風

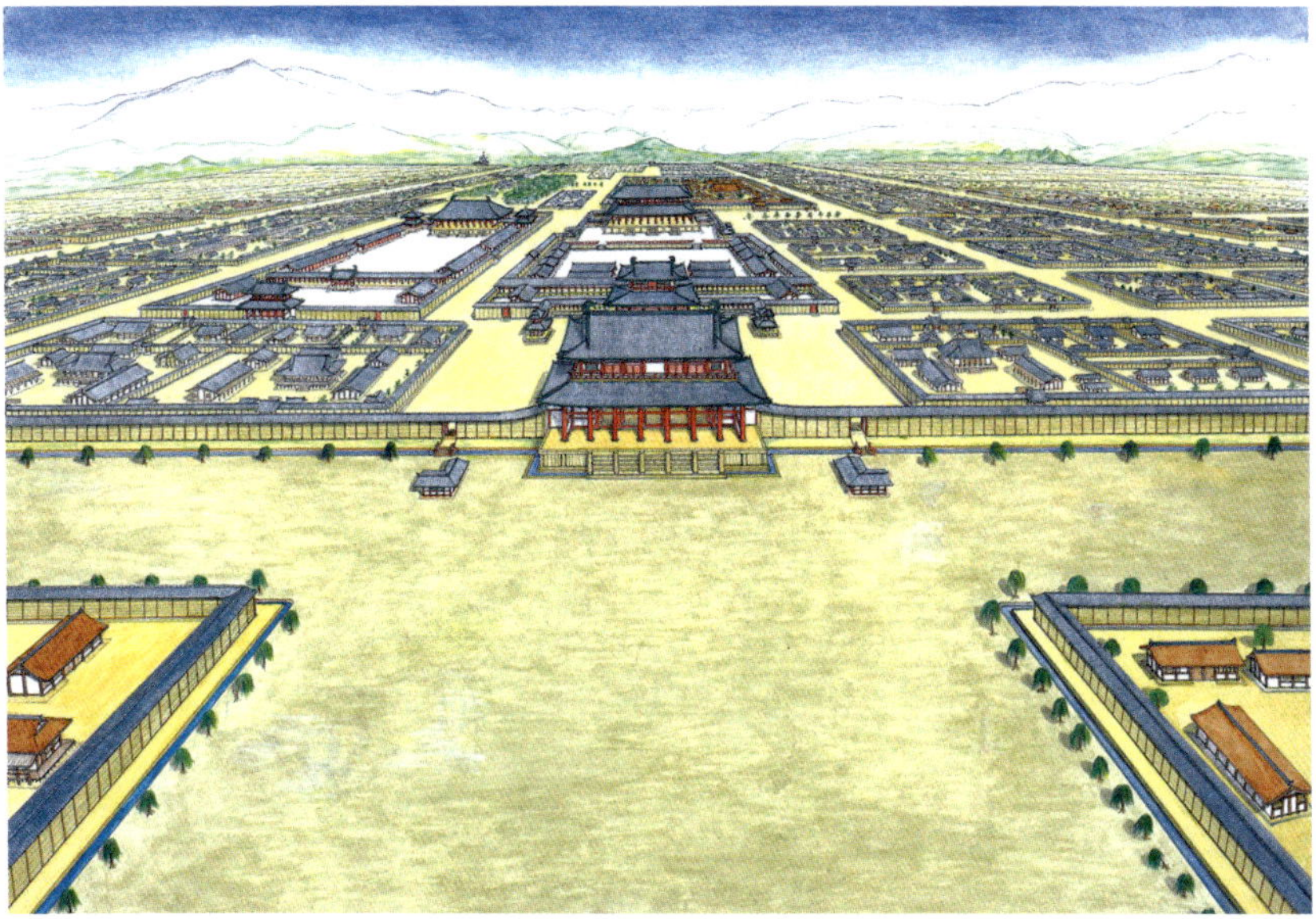

図12　朱雀大路から見た平安宮と正門の朱雀門（南から）

景が（図13）、平安時代の朱雀大路の幅とほぼ同じと見れば、その大きさが偲ばれます。バスやトラックなどが無い時代、都ぶりを示すために、平安京にはこのような幅の広い大路が設けられていました。

図12の正面に見えるのは朱雀門で、朱雀大路と二条大路（幅一七丈、約五一メートル）の交差点北側、平安宮（大内裏）の南面大垣中央に設けられた平安宮最大の宮城門（正門）です。出光美術館所蔵の国宝『伴大納言絵巻《ばんだいなごんえまき》』（平安時代後期）には、放火により炎上する応天門へ急ぎ駆けつける群衆とともに、朱雀門が鮮やかな朱色の二階門として描かれています。

朱雀門は、南北二間、東西七間規模で、両側を除いて中央五ヵ所に扉が付き、正面には石段がありました。朱雀門の前には、衛士たちの詰所として東・西に曲伏舎《ふせしや》が建ち、その背後には、八尺（二・四メートル）の隍に橋が架かり、大垣には幅一丈の脇門がありました。朱雀門の門前はかなり広く、儀礼の場として使用され、六月と十二月の大祓《おおはらえ》や天皇の即位にともなう大嘗祭《だいじょうさい》、天皇即位後に御杖代《みつえしろ》として伊勢へ群行《ぐんこう》する斎宮《さいぐう》（斎王）の臨時の大祓などがこの門前で催され、また、寛弘四年（一〇〇七）の藤原道長の金峯山《きんぷせん》参詣の折りにも、土御門第から朱雀門前の大路に出て祓（身を清める神事）を行い、平安京の正門である羅城門（跡）から出立《しゅったつ》しています。そのほか、承和二年（八三五）九月には、引きがね式の新型弩《おおゆみ》の試し打ちを、この門前から朱雀大路にむけて発射しており、朱雀門前の広さを物語っています。この門を潜《くぐ》ると平安宮（宮城）で、そこには広場があって正面には朝堂院の正門で左右に楼閣を持つ応天門が控えており、左右には式部省と兵部省が置かれていました。

なお、朱雀門は承元二年（一二〇八）九月に火災に遭って翌年再建されましたが、建暦元年（一二一一）に自然倒壊し、その後は再建されることはありませんでした。掲載している復元図（図12）は、確証はありませんが朱雀門のほか朝堂

図13　七条大橋から見た鴨川（南西から）

図14　朱雀門跡の石柱と、その横に2013年に設けた説明板（九章参照）

院と豊楽院の主要建物の屋根を緑釉瓦《りょくゆうがわら》で縁取りして描いています。また、筆者が京都市埋蔵文化財研究所（以下「埋文研」）に在職中の二〇一三年、それまで石柱しかなかった朱雀門跡に、文化庁の補助金を活用して、出光美術館から『伴大納言絵巻』のフィルムをお借りして掲載した、朱雀門の説明板（千本通り東側）を建立しています（図14）。近くに行かれたら是非ともご覧ください。

平安宮内裏と発掘調査成果（京都市上京区田中町ほか）

朝堂院の北側にあった内裏（図15）は、天皇の居所であり、政治の場も兼ねていました。内裏は内郭と外郭の二重の郭によって囲まれ、外郭の築地塀は南北一〇六丈（約三一八メートル）、東西七三丈（約二一九メートル）の規模を有していました。内郭は築地を挟んで両側に廊のある複廊で囲まれ、南北七二丈（約二一六メートル）、東西五七丈（約一七一メートル）の規模で、外郭の南側には正門である建礼門《けんれいもん》があり、内郭には正門の承明門《しょうめいもん》が設けられていました。

内裏の正殿は「紫宸殿《ししんでん》」といい、後には朝堂院の大極殿や豊楽院の豊楽殿で行われていた儀式などもここで行われるようになります。紫宸殿の南庭は白砂で整地され「左近の桜」と「右近の橘」の二本の樹木が植えられていましたが、元は梅と橘であったとされ、承和年間（八三四〜八四七）に梅が枯れたため桜に植え替えられたとされます。また、紫宸殿が公的な場に対し、当初の天皇の御座所は、その後ろにあった仁寿殿でしたが、それも公的な儀式に使用されるようになり、天皇の生活の場は清涼殿《せいりょうでん》へと移ることになりました。

このように内裏の南半は、紫宸殿・仁寿殿など主要殿舎が建ち並ぶ「ハレ」の場（政治的な空間）ですが、内裏の北半は、後宮七殿五舎と呼ばれる天皇の私的な「ケ」の場で、承香殿《じょうきょう》、弘徽殿《こき》や常寧殿《じょうねい》などの主要殿舎があり、各々の建物は渡廊《わたろう》や透渡廊《すきわたろう》、馬道《めどう》などでつながっていて、ここは『源氏物語』にも登場するので、ご存じの方も多いかと思います。『源氏物語』「桐壺《きりつぼ》」帖の書き出しに「いづれの御時《おんとき》にか、女御更衣《にょうごこうい》あまたさぶらひ給ひけるなかに……」

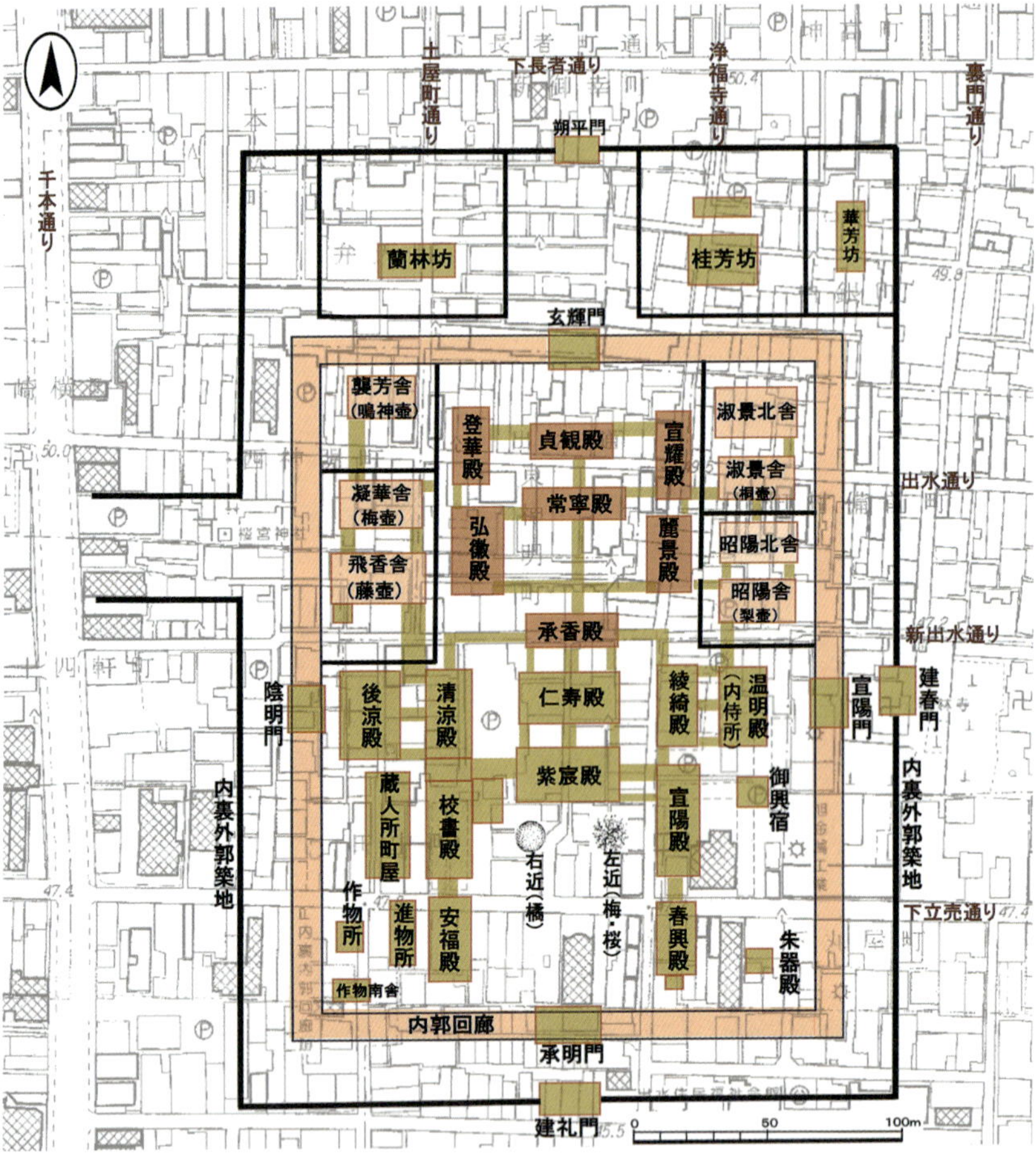

図15　内裏復元図　ハレの場を茶色、ケの場（後宮七殿五舎）を濃い赤色と淡い赤色で表示。

と書かれ、内裏の七殿五舎には皇后や夫人、女御、宮人、御息所《みやすどころ》、女嬬《にょじゅ》など、すべてが同時に内裏に住まいしていたわけではないにしても、それぞれに仕える人たちを含めるとかなりの人数がここに居住していたことになります。

桓武天皇には七〇歳の崩御までに、皇后や夫人、女御、宮人、女嬬など二四名がいたとされ、生まれた皇子、皇女が三四名にもなったとされます。また嵯峨《さが》天皇は、五七歳での崩御までに、皇后や夫人ほかが三一名、あるいはそれ以上いたことが知られ、儲《もう》けた皇子

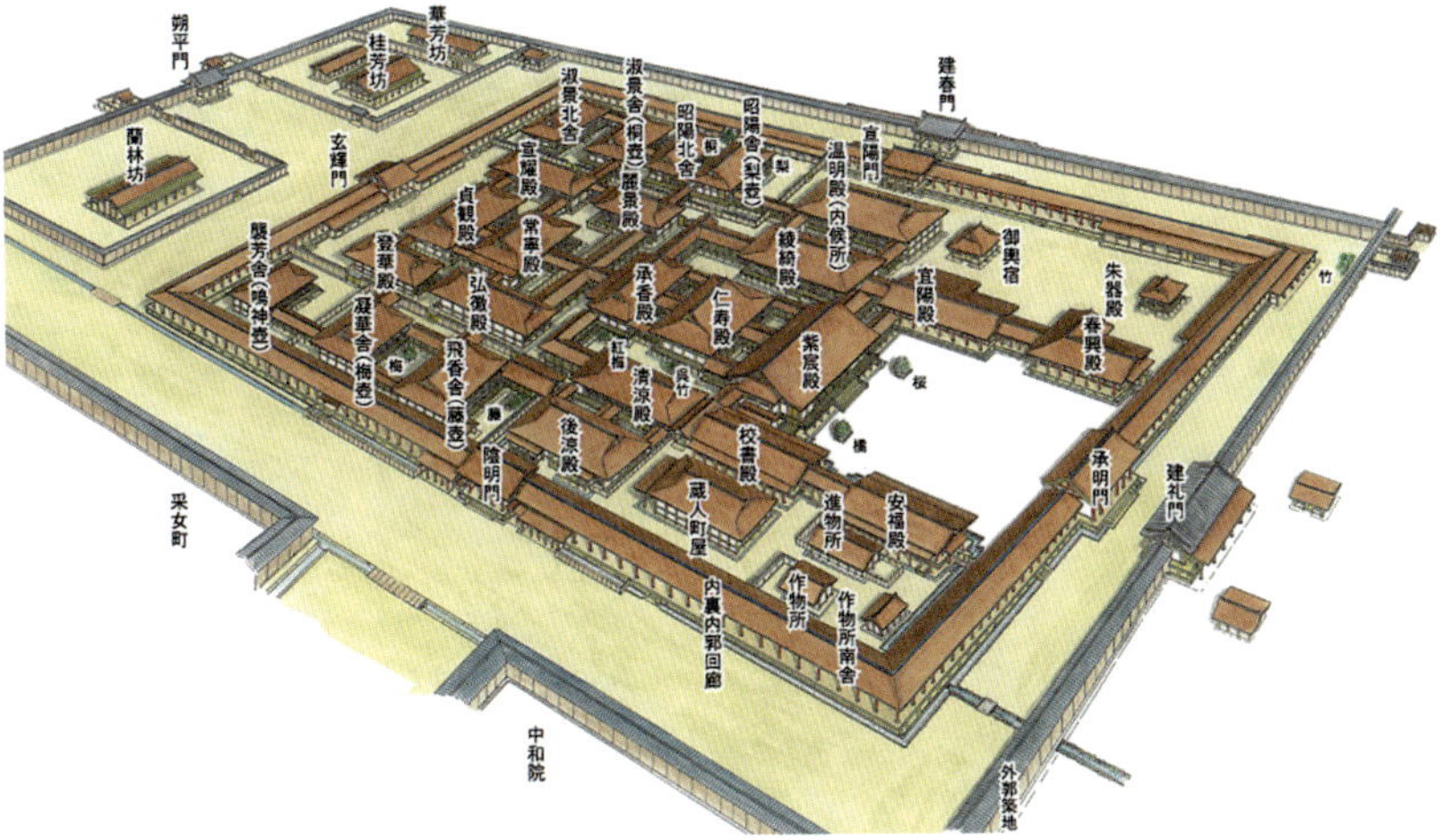

図16　内裏復元図（南西から）

『源氏物語』では、平安宮の内裏にあった七殿五舎は、淑景舎は桐壺、飛香舎は藤壺、凝華舎は梅壺、温明殿は内侍所などとして登場します。天皇の御殿である清涼殿から、それぞれ女性がいた殿舎までの距離がどれくらいあるかを、復元図を見ながら『源氏物語』を読むと、より一層理解が深まります。

や皇女が五〇名にもなったとされます。そのため、皇族の多さから整理を断行し、それぞれ姓を賜って臣籍降下《しんせきこうか》させ、その中でも嵯峨天皇第十二皇子の源融《みなもとのとおる》は、嵯峨源氏融流初代で、光源氏の実在のモデルともされ、左京六条にあった河原院《かわらのいん》を邸宅とし、河原大臣とも称されました。

このように、内裏は政治の場であるとともに、天皇とそれを取り巻く大勢の女性や子供たちの生活の場でもあったため、年月を経るなかで、蔵人所《くろうどどころ》町屋など、政治目的で必要となった建物などを含めて、内裏内には建物が複雑に建て込む構造ができあがっていきました。また、殿舎の名称も、図に示した正式名のほかに『源氏物語』に書かれてあるように、淑景舎《しげいしゃ》を桐壺、飛香舎《ひぎょうしゃ》を藤壺、昭陽《しょうよう》舎を梨壺などと別名で呼ばれていました。

内裏は、図16を見ておわかりいただけるように、建物はかなり密に建て込んでおり、屋根は多くが燃えやすい檜皮葺《ひわだぶき》で、さらに各建物は渡廊などでつながっており、一旦火事が発生すると延焼は免れない構造であることは見てのとおりです。この内裏では、平安時代を通して一六回もの焼亡記録があり、最初の火災は天徳四年（九六〇）九月二十三日で、その後、天皇は火災の都度、京域内の後院《ごいん》（天皇退位後の住まい）のほか、親族や高級貴族の邸宅などを仮の住まいとし、そこは里内裏《さとだいり》と称されました。内裏が焼亡すると、修理職《しゅりしき》や木工寮《もくりょう》ほか、地方の国に費用を割り当てて再建されましたが、鎌倉時代の安貞元年（一二二七）四月二十二日の後堀河《ごほりかわ》天皇のときの焼亡を最後に、再建されることはありませんでした。内裏跡は、他と比べて遺構の残りがきわめて悪い場所ですが、きめ細やかな調査（図17）を続けた結果、内郭回廊跡や承明門跡（北側雨落溝）、蔵人所町屋跡（雨落溝）、登華《とうか》殿跡や弘徽殿跡（掘立柱建物跡や雨落溝跡）など、各所で部分的にでも遺構が検出されてきており、それらの成果は、『平安京提要』(3)や『平安宮Ⅰ』(4)に詳しく紹介されていますので参考にしてください。

図17　内裏跡では狭小な調査現場（上）でも溝跡（下）を検出
（黒須亜希子「平安宮内裏内郭回廊跡、聚楽遺跡」『京都市内遺跡発掘調査報告　令和元年度』〈京都市文化市民局、2020年〉の現場写真）

初期の内裏跡の発掘調査で特筆されるのは、古代学協会による一九六九年（昭和四十四）に検出された平安宮内裏西面内郭廻廊跡（基壇西辺、図18）です。(5) この調査は、内裏の位置を確定する重要な手掛かりとなり、その後の一九九四年六月に埋文研が行った内郭回廊内側部分（基壇東辺と雨落溝、図19）の調査では、二上山《にじょうさん》産の凝灰岩《ぎょうかいがん》の切石を、南北方

図18　内裏内郭回廊西面の基壇跡（凝灰岩。1969年、北から）（古代学協会提供、註(1)掲載の写真）

図19　1994年調査中の内裏内郭回廊東面の雨落溝と凝灰岩の地覆石（北から）（埋文研）

向に並べた地覆石《じふくいし》と河原石を丁寧に並べた雨落溝が良好な状態で検出されました。この内郭回廊東側の雨落溝跡の調査では、八世紀末から十世紀中頃にかけての修築や焼亡の変遷を明らかにすることができました。[6] ここでいう凝灰岩とは、火山灰が堆積してできた堆積岩の一種で、花崗岩に比べて軟質で加工がしやすく軽いため、古代の建物の基壇に広く使用されました。凝灰岩は京都市内では産出せず、奈良県と大阪府の県境にある二上山などの産地から切り出されて運ばれたものや、旧都で解体されたものを運んで再利用して使われたものがあります。調査関係者は、京都市内の発掘調査や試掘・立会調査で、この凝灰岩やその破片が見つかったら平安時代の遺構であることを疑うのが常識となっています。

この内郭回廊跡は、調査で明らかとなった下立《しもだち》売《うり》通りの南側の土地六三八平方《メートル》余りが国の史跡平安宮跡内裏内郭回廊跡として、内裏跡では唯一史跡指定を受け、土地は公有化されて遺構は埋め

図20　内郭回廊跡の説明板と石柱（北から）

戻して保存されています。筆者は、この内裏内郭回廊跡に関わって経験した懐かしい思い出があります。

一九六九年の古代学協会による内郭回廊西面跡の調査後、この土地に建設を予定されていた不動産業の田中清氏は、発掘調査で検出された天皇の住まいである内裏の遺構の重要性を理解され、自ら遺跡を保存するために当初の建設を諦め、土地を駐車場とし、東側で検出された遺構を保護するために西側に浅い基礎の建物を建てて事務所を兼ねた喫茶「内裏」をオープンされました。筆者も平安宮跡の調査中には、時々この喫茶店を利用し、田中氏とはよく話をさせていただきました。結果、遺構は保存されることになり、下立売通りの南側には古代学協会が立てた石柱や遺跡説明板が設けられ（図20）、現在もそのまま残されています。

その後、田中氏の要望で一九七九年になって、この土地と東側の一軒隔てた内郭回廊東面（内側）推定地の土地を合わせて史跡指定して公有化しましたが、その間にある民家はそのまま住まわれるため、所有者に対しては遺跡の重要性を説明し、史跡指定の同意を求めていました。ところが、何年か経過してから、その土地はすでに転売されていることが判明、さらにそこから別の業者に土地は渡っていました。上司と一緒に土地の所有者を何とか探し出して経緯を説明し、やっと公有化に漕ぎ着けることができました。このとき、史跡指定と土地公有化の打ち合わせのために文化庁を訪れましたが、いつもは厳しく対応される文化庁記念物課の担当者が、話を素直に聞いてくれたのには驚きました。後で聞いた話ですが、古代学協会の角田文衛理事長が先に文化庁長官にこの件について、話を通してくださっ

図 21　蔵人所町屋跡の雨落溝（南東から）（埋文研）

図 22　蔵人所町屋跡の顕彰石

ていたらしいことがわかり納得した次第です。

内裏跡では、そのほか埋文研が行った一九八七年八月の調査で、蔵人所町屋の校書殿《きょうしょでん》付属施設跡推定地から[7]は、礎石据え付け穴と河原石を並べた雨落溝が良好な形で検出されました（図21）。この遺構は大同五年（八一〇）三月に嵯峨天皇により設置された蔵人所の建物跡の一部とみられ、調査後は、施主により店前に顕彰石を置いていただいています（図22）。また、JR二条駅東側に設けた平安宮跡顕彰施設（九章に写真を掲載）の周囲に敷いた雨落溝の石は、この蔵人所町屋跡の雨落溝の石材が調査後に取り上げて保存されていたため、その石材を周囲に敷いて整備をしています。

この蔵人所町屋跡のすぐ東側にあった内郭の正門である承明門跡では、一九八四年十二月から翌年にかけての埋文研による発掘調査で、門の北側にあった河原石を並べた雨落溝跡と複数の地鎮《じしずめ》遺構（いわゆる地鎮祭跡）が見つかっています。この調査では、地鎮遺構が四基検出され、いずれも承明門北側の中央に沿って南北に直線状に埋められてあり、時代は出土遺物から九世紀中頃から十一世紀末までに埋納されたものとされました。その内の一基からは、輪宝《りんぽう》やその中央に打ち込む橛《けつ》のほか（図23）、近くに土師《はじ》器《き》皿数枚が据え置かれた壺とともに見つかっており、輪宝の上部には、微量ながら埋納当時にまかれたとみられるガラス片、金粉、銀切板、琥珀片など所謂「七宝」の痕跡が残されていました。この遺構は、共伴遺物から、

図23　承明門北側出土の輪宝（左）と橛（右）（京都市指定有形文化財）（埋文研）

延久三年、後三条《ごさんじょう》天皇が内裏内の新居に還御《かんぎょ》した際に、天台密教の「安鎮法《あんちんほう》」により執り行われた地鎮跡とみられ、この遺構から当時の地鎮のあり方を知ることができ、また、内裏の焼亡再建を裏づける証拠品でもあります。さらに、地鎮遺構は、内裏の中央南北ラインに沿って埋納されてあり、西側で見つかっている内郭回廊西限からの距離を測ることによって、内郭の東西の長さを知ることができる重要な成果となりました。この門跡遺構は埋め戻して保存されることになりましたが、そのほか、この調査では地鎮遺構北側の紫宸殿南庭が白砂で整地されていることも判明しています。[8]

次に、内裏北半を占める後宮七殿五舎跡では、埋文研の二〇一五年六～八月にかけての発掘調査で、内裏の創建期の建物の柱穴の跡や、平安時代中期以降の雨落溝跡などが検出され、弘徽殿・登華殿に関係する建物遺構（図24）として注目されます。[9]ここではふれていませんが、内裏跡では発掘・試掘・立会調査を通して、所々で遺構が見つかっており、文献史料や伝えられている『宮城図』『内裏図』のほか、江戸期の裏松固禅《うらまつこぜん》『大内裏図考証』などと照合し、基準点測量により遺構の位置を確定しながら平安宮跡全体を含めて復元が進められてきています。その結果、内裏内にあった殿舎のおおよその位置を現在の地図上に落とすことが可能となり、平安宮全体を含めて、その成果は一つの到達点として『平安京提要』付図にまとめられています。

そのほか、内裏跡の近くからも貴重な遺構や遺物が見つかっており、その内の二例をご紹介しましょう。

図24　調査中（2015年）の内裏の登華殿跡と弘徽殿跡（南東から）

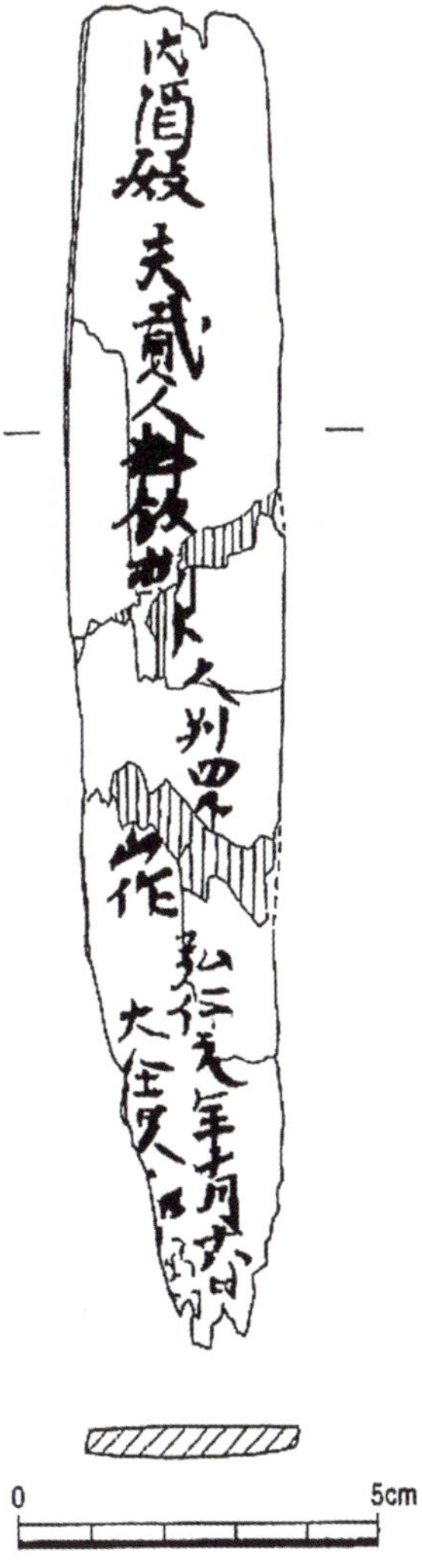

図25　平安宮跡（井戸跡）出土の木簡実測図（註(9)より転載）

一つは内裏東方の侍従所《じじゅうどころ》跡推定地の一九九六年の調査で、平安宮跡では初めて一辺が五・五メートル、深さ約七メートル、底の中央に二・一メートル方形の井戸枠を持つ大規模な井戸跡が見つかり、井戸を掘った時の掘形の中から「内酒殿《うちさけどの》」と書かれた平安宮では唯一の木簡《もっかん》（長さ一八・三センチ、幅三センチ）が出土しました(10)（図25）。この木簡は、平安宮内（豊楽院の北西）に設けられた酒や酢を造る役所である造酒司《みきのつかさ》以外に、平安時代前期の弘仁年間（八一〇〜八二四）に、内裏で使用する酒を造る「内酒殿」が存在したことを明らかにした貴重な遺物で、京都市指定文化財（考古資料）となっています。木簡に書かれた文字は「内酒殿　夫弐人料飯捌升　人別四升　山作　弘仁元年十月十八日　大舎人《おおとねり》□□□」と判読でき、釈文は「作業員二名の食料、米八升を支払うようお願い申し上げます。一日の食料は、作業員一名につき、米二升となっています。山作りの時に応援に行かせた作業員の分です。弘仁元年十月十八日　宮中の雑用を行う大舎人の□

図26　智恵光院通りに設けられた内酒殿跡や木簡などの説明板

図27　左兵衛府跡出土の和歌の墨書土器（埋文研）

□□より」と解釈されています。調査地には調査後、智《ち》恵光院《えこういん》通りに面して説明板が立てられています（図26）。

また、一九七七年度に行われた内裏の東方にあった左兵衛府・侍従所間の宮内道路西側溝跡からは、土師器の杯《つき》の内面に流麗な文字で和歌が書かれた十世紀前半代と推定される土器が出土しており、(11)『万葉集《まんようしゅう》』ほかの史料に記載例のある、土器に和歌を書いてやりとりする和歌贈答という行為を直接示す遺物とされ、平仮名の成立過程を示す考古資料としても重要で、京都市指定文化財（考古資料）となっています（図27）。その土器に書かれた和歌の代表的な釈文は、「いつのまに　わすられ　にけん　あふみちはゆめの　はか　はるうつゝなり」とされています。

平安宮内裏復元図

二〇〇八年は、『源氏物語』が世に流布し、読まれていたとされる『紫式部日記《むらさきしきぶにっき》』寛弘五年十一月一日の記述から数えて一〇〇〇年目にあたり、この年から「古典の日」が記念日として制定され、京都ではさまざまな記念行事が行われました。その記念事業の一つとして、筆者が担当して京都市内にある源氏物語ゆかりの地を選定し、説明板を設けるという「源氏物語ゆかりの地」事業を計画しました（詳細については後に詳しくご紹介します）。

前年の二〇〇七年、平素より親しくお付き合いしていただいている同志社女子大学の朧谷寿教授（当時）の全面的な協力を得て、市内に四〇ヵ所の説明板の設置場所を選定することができました。その結果、設置場所は、多くの発掘調査成果により殿舎の位置がほぼ判明していることから、源氏物語に登場する内裏跡が必然的に数が多くなりました。しかし、内裏の内部には数多くの建物が複雑に建てられており、説明板を立てる内裏跡のエリアは木造家屋が建

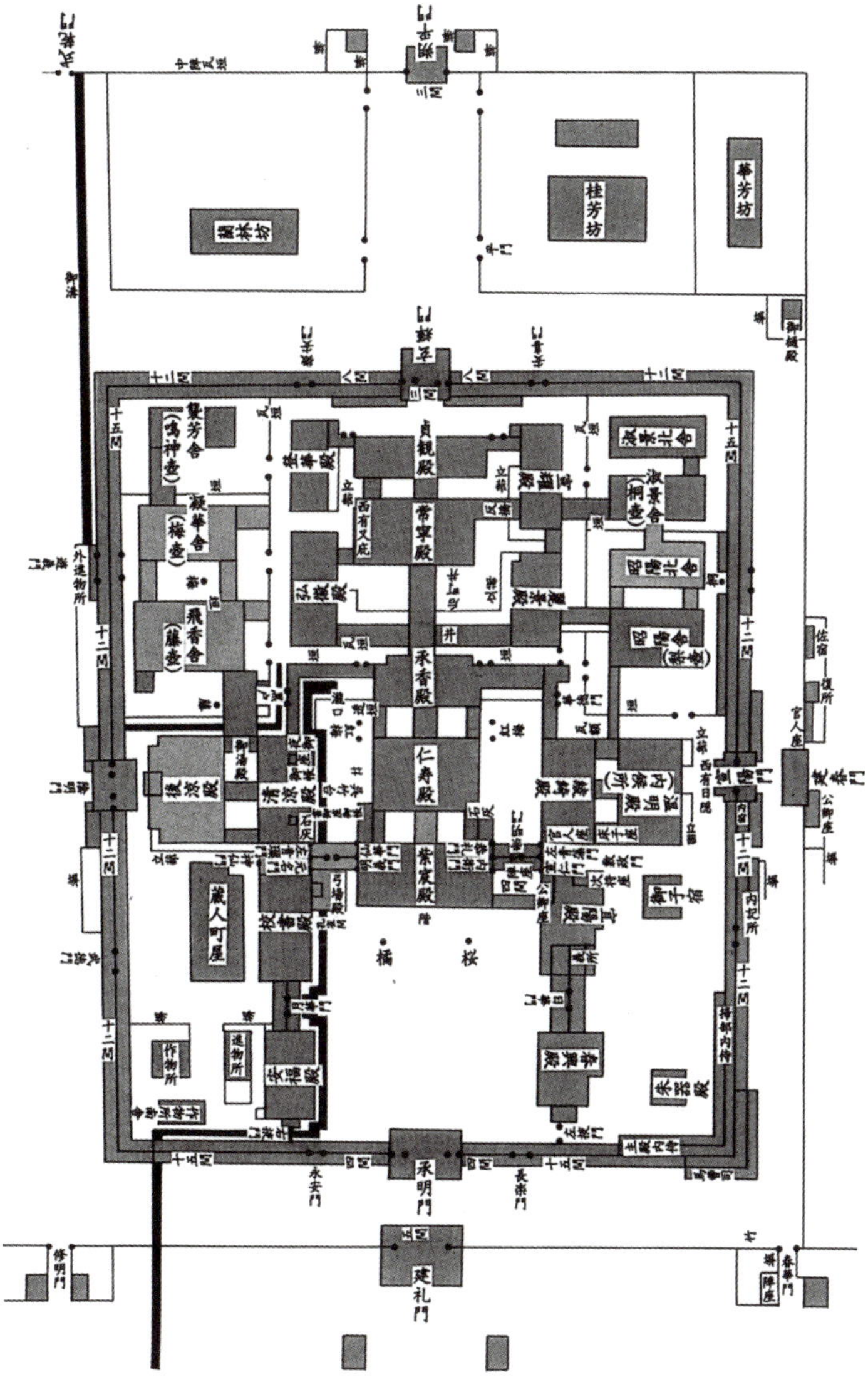

図 28　陽明文庫「内裏図」のトレース図

て込む複雑な場所であったため、文章のみでは説明しきれないと考え、改めて内裏の鳥瞰図を描くことにしました。最初に陽明文庫所蔵の「内裏図」をトレースして（図28）、それを参考にしながら複雑な構造の建物の屋根を何とか描いて内裏復元図（図16）を完成させ、説明板に掲載しました。この説明板の設置にともない、その内のいくつかの場所には、地元企業からの協力で石柱も立てられています。

朝堂院（京都市上京区小山町ほか）

大極殿を正殿とする朝堂院は、嵯峨天皇の弘仁九年に宮中の殿閣《でんかく》や諸門の名称を唐風《とうふう》に改める際に八省院とも称され、規模は南北約四六八メー《メー》トル《トル》、東西約一九二メー《メー》トル《トル》と大規模なものです。この時代の役人たちは夜明けには出勤し、昼前には退庁することから、朝堂院と呼ばれていました。

朝堂院では、国家の政務や天皇の即位式のほか、正月元旦の朝、天皇が大極殿において皇太子以下の文武百官の拝賀を受ける行事である朝賀《ちようが》など、重要な儀式がここで行われました。国の象徴的な建物である現在の国会議事堂にも相当する施設とされ、千本丸太町交差点北側付近にありました（図29）。

大極殿は、平安京遷都の翌年、延暦十四年（七九五）には未完成で、その翌年の延暦十五年正月に大極殿で初めて朝賀が行われており、それまでには完成していたと考えられます。その後、貞観十八年（八七六）の大火で焼失し、元慶三年（八七九）に第二次大極殿が再建されますが、康平元年（一〇五八）に再度火災で焼失、その後、延久四年（一〇七二）に再建、安元三年（一一七七）の太郎焼亡《たろうしようぼう》により焼失して以後は、再建されることはありませんでした。

朝堂院（図31・32）の正門である応天門の左右には、楼閣建物（翔鸞楼《しようらんろう》・栖鳳楼《せいほう》）が威容を誇り、門を入った左右にある朝集堂《ちようしゆうどう》は、出勤した役人たちが一時集まる建物で、官人たちはここで身づくろいなどをしながら、ときがきたら会昌門《かいしようもん》から朝堂の中に入りました。会昌門からは左右に回廊が延びて朝堂を取り囲み、北方の大極殿院まで続いて

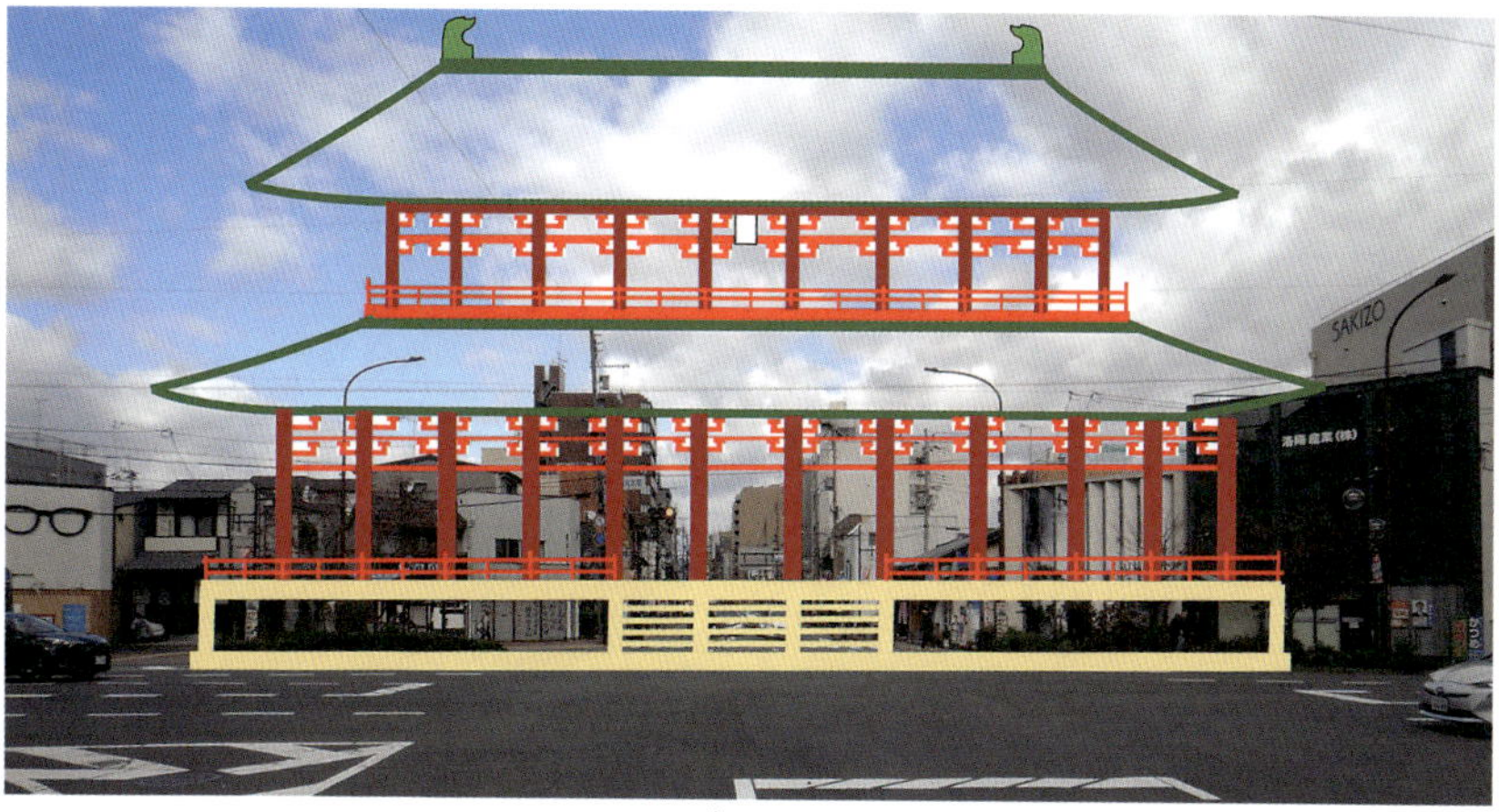

図29　現在の千本丸太町交差点とその北側にあった大極殿の想像復元図（南から）

いました。

会昌門を潜って中に入ると十二棟の建物が左右対称に建ち並んでいました。この朝堂十二堂と呼ばれる建物群は、それぞれ身分差や官衙（八省などの役所）別に、昌福堂《しょうふくどう》（太政大臣、左右大臣の座）、含章《がんしょう》堂（大納言、中納言、参議の座）、承光《しょうこう》堂（中務省、図書寮、陰陽寮の官人の座）、明礼《みょうらい》堂（治部省、雅楽寮、玄蕃寮、諸陵寮の座）、延休《えんきゅう》堂（親王皇族の座）、含嘉《がんか》堂（弾正台の座）、顕章《けんしょう》堂（刑部省の座）、延禄《えんろく》堂（大蔵省、宮内省、正親司《おおきみのつかさ》の座、以上『平安京提要』参考）の座がそれぞれの建物内に設けられていました。それぞれの建物は、北から身分の高い順になっており、たとえば右上の昌福堂は、身分の高い太政大臣・左大臣・右大臣の座であり、紫式部の著わした『源氏物語』に例えれば、光源氏がここに座ることになります。

この朝堂十二堂の北側には、身分差を表す一段高い龍尾壇《りゅうびだん》があって、この壇上にある大きな広場の北には大極殿院があり、正殿の大極殿が聳《そび》えていました。正殿の大極殿は『左経記《さけいき》』に廟作《びょうさく》造り（四注造り…寄棟造り）とあることや、平安時代中期の貴族の学習教養書『口遊《くちずさみ》』には、当時の大規模建築の順が、「雲太《うんた》、和二《わに》、京三《きょうさん》」とされ、出雲大社本殿、東大寺大仏殿に次いで三番目に規模が大きいのが大極殿と記されていることから、寄棟《よせむね》造り二階建ての大規模な建築物と推定され、屋根は大棟両端を鴟尾《しび》で飾り、緑釉瓦を大棟、下り棟、軒先に葺いて縁取りされていたと考えています。そのほか、回廊で囲まれた大極殿の左右には、青龍楼《せいりゅうろう》（東）と白虎楼《びゃっこ》（西）の楼閣があり、背後には天皇が大極殿に出御する前に控える小安《しょうあん》殿、その北には朝堂院の北門である昭慶《しょうけい》門がありました。

京都市左京区岡崎にある平安神宮は、一八九五年（明治二十八）、この朝堂院を八分の五の大きさで復元したもので、拝殿である大極殿相当建物は、平安時代後期の延久四年再建の第三次大極殿を参考にしたとされています。入母屋《いりもや》造りの単層（一階）建物で、屋根は全面緑釉瓦で葺かれ、本殿部分を除く他の建物の屋根も全面緑釉瓦で葺かれています。しかし、これまでの朝堂院跡や豊楽院跡の発掘調査では、緑釉を施釉した平瓦は一枚も見つかっていませんので、平安時代の朝堂院と平安神宮とでは、イメージがやや違ったものであると考えています。

図30　平安宮豊楽殿の緑釉軒先瓦（古代学協会提供）

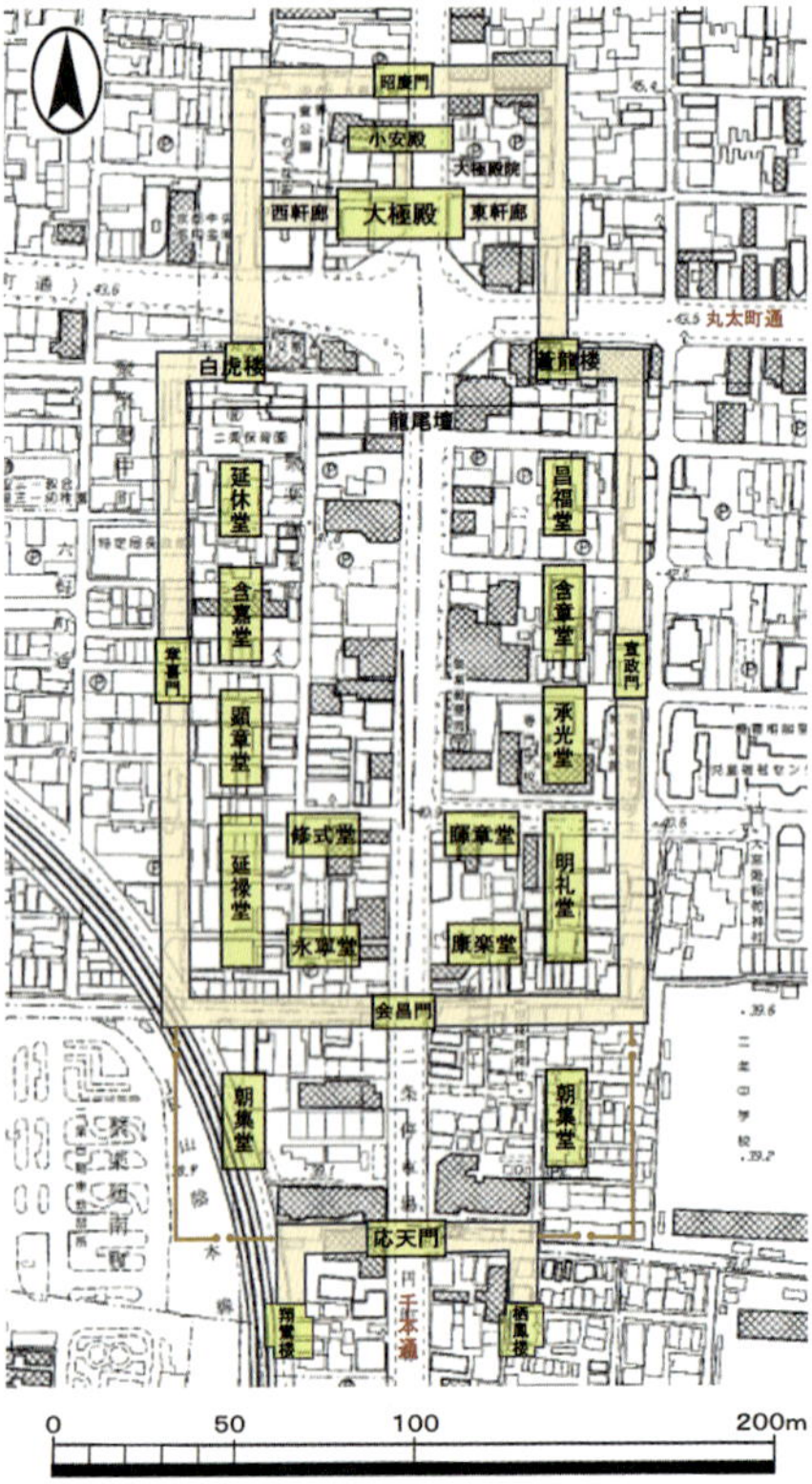

図31　朝堂院の位置図と建物の名称

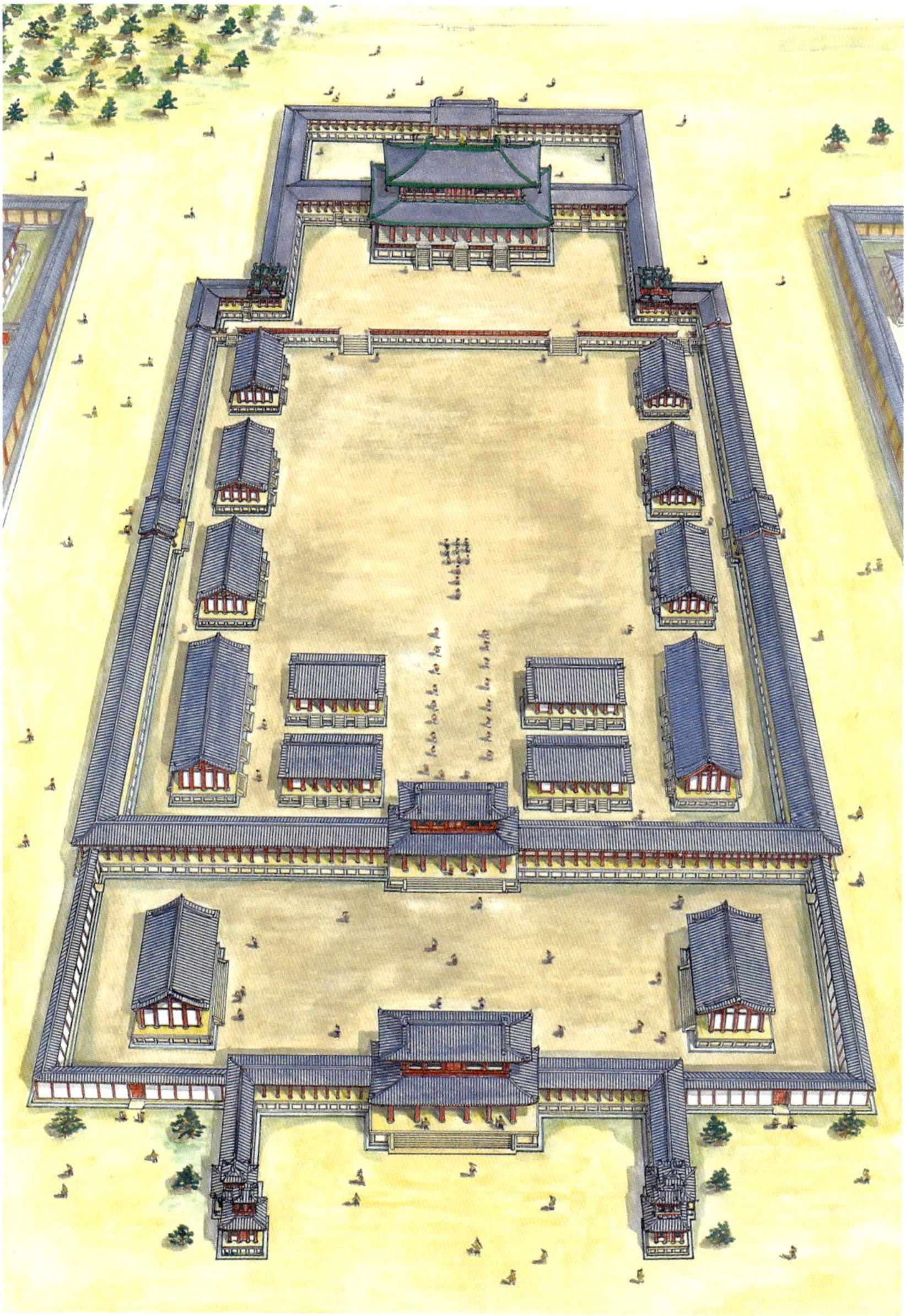

図 32　朝堂院復元図（南から）

図 33　平安宮大極殿院北回廊北面の壇正積基壇跡（北東から）

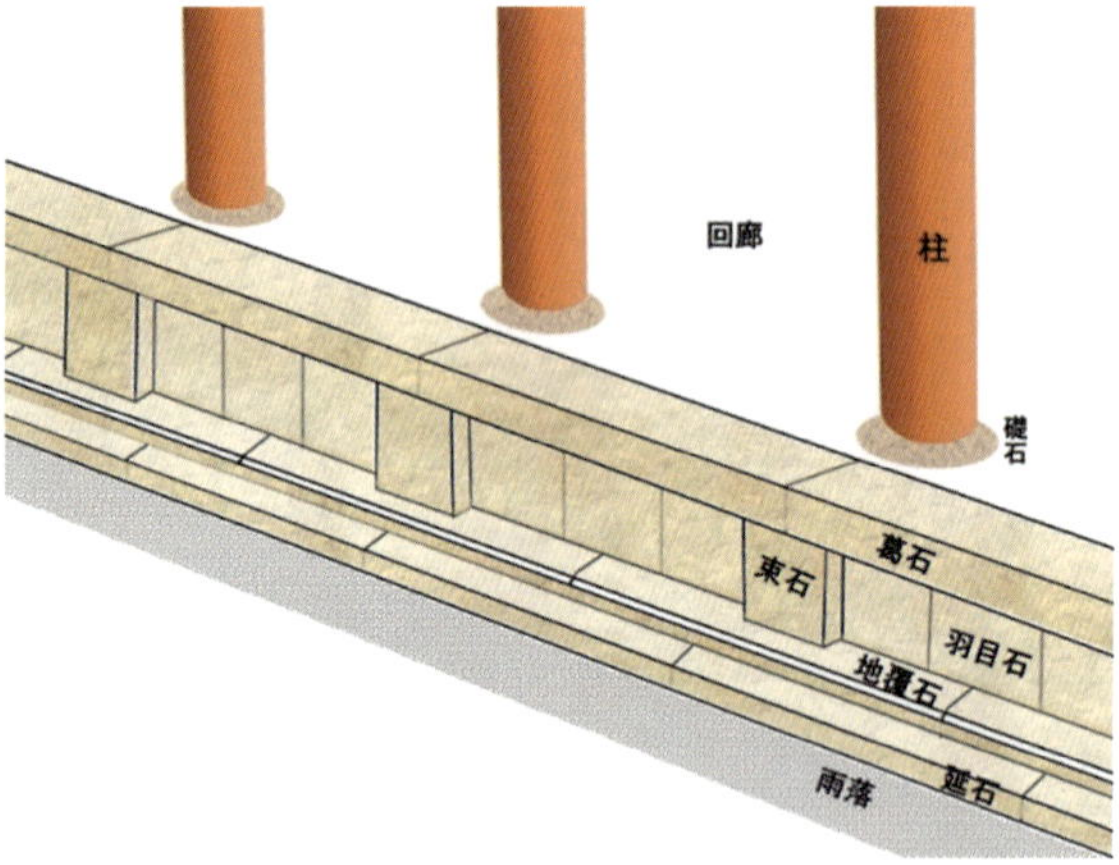

図 34　調査結果による大極殿院北回廊復元模式図

朝堂院跡の調査

朝堂院跡があった現在の千本丸太町交差点付近一帯は、地表から遺構面まで浅い場所が多く、豊臣秀吉による聚楽第の築城や大名屋敷建設にともなう開発のほか、後世の土取りなどによって多くの場所が攪乱されて遺構の残りが悪く、小規模でも遺構が見つかれば朝堂院を復元するうえで重要な定点となります。

朝堂院跡は、他に先駆けて古代学協会が一九五九年以降、精力的に立会調査や発掘調査を実施してきており、朝堂十二堂の内、修式《しゅしき》堂や延禄堂跡の基壇を構成する凝灰岩の延石などが見つかっています。その後は、市文化財保護課や埋文研が調査を担当するようになり、小規模な工事であってもきめ細やかな調査が行われるようになりました。

朝堂院跡内では、これまで承光堂北・東基壇縁跡、明礼堂東・西基壇縁跡、暉《き》章《しょう》堂東基壇縁跡および東面回廊基壇東西縁跡、宣政門《せんせいもん》基壇東西縁跡、延禄堂基壇跡、蒼龍楼《そうりゅうろう》東回廊東縁跡、大極殿院東回廊跡、昌福堂北縁跡など、小規模ながらも各所で遺構が見つかっており、現在では朝堂院内にあった建物の位置を地図上に落とすことが可能となっています。ところが、これまでの発掘調査では、正殿の大極殿の基壇を構成する凝灰岩はまだ見つかっていません。これは、大極殿のあった場所が現在の千本丸太町交差点の北側（図29）で、千本通りが大極殿跡上を南北に通っており、江戸期からの土取りなどを含めて、後世に基壇が大きく削平を受けてしまったためと考えられます。

そのような状況の中で、一九八三年二月、千本通りの東側で行われた発掘調査で、大極殿院北回廊北縁跡が見つかったという現場からの知らせを受け、筆者も急いで現場に駆け付けました。調査面積がわずか三六平方メートルの狭小な現場で、地表下わずか一〇センチほどのところから、凝灰岩製の延石《のべいし》、地覆石、羽目石《はめいし》、束石《つかいし》で構築された最高級の壇《だん》正積《じょうづみ》基壇（図33・34）が長さ三・六メートルだけ残っていました。[12] 周囲は大きく攪乱を受け、後年に掘られた穴（防空壕跡？）で基壇が分断されていましたが、よくぞ残っていてくれたものと驚くとともに、平安宮跡の遺構がきわめて浅い所に遺存することを改めて痛感させられました。

この遺構のすぐ南からは大極殿院の東軒廊南縁跡の凝灰岩製の基壇跡も見つかっており、さらに一九九四年には、千本丸太町交差点北側のＮＴＴの電話線埋設工事にともなうトレンチ調査で、地表下〇・三メートルから大極殿南辺の基壇土の一部が初めて検出されました。この調査は、道路や交差点付近であったため、深夜に行われましたが、調査員の遺構発見への執念と地道な努力で、千本丸太町交差点のすぐ北側に大極殿跡が存在していたことが明らかとなりました。この遺構が発見された年は奇しくも平安建都一二〇〇年記念の年でした。

朝堂院復元図と大極殿朝賀の図

朝堂院復元図（図32）は、南方上空から朝堂院全体を鳥瞰した図で、大規模な朝堂院を表現するために、人を描いてその大きさを表しています。この図は、大極殿と左右の蒼龍楼・白虎楼の屋根のみを緑釉瓦で縁取る形で表現しています。

図35　大極殿朝賀の図（南東から）

朝賀の図（図35）は、朝堂院において正月元日、天皇が大極殿に出御し、皇太子以下の武官（軍人）や百官（役人）から、めでたい拝賀を受ける朝賀の儀式が唐風で行われている様子を描いたものです。龍尾壇の上には七本の宝幢《ほうどう》（幢旗《どうき》）が立てられ、中央に烏形（八咫烏《やたがらす》）、左右に日・月、その左端（西）に玄武と白虎、右端（東）に朱雀と青龍の四神の幡《ばん》を下げ、大極殿の軒下も幕で飾られて儀式が執り行われました。

ただし、一条《いちじょう》天皇（九八〇〜一〇一一）の正暦四年（九九三）からは、大極殿で行う朝賀は廃止されています。

この大極殿の規模は、古絵図などの資料や発掘調査の成果から、東西一一間、南北五間の建物で、規模は東西五三・一メートル、南北二一メートルと推定され、高さは不明ですが、平安京内では最大規模の建物であることから、大極殿を重層（外見が二階建て）として復元しています。

屋根に葺かれている高級な緑釉瓦は、鉛を媒熔剤《ばいようざい》として銅の緑色を発色（鉛釉《えんゆう》）させる方法により、予め高温で焼いておいた瓦に施釉し、改めて低温で焼成する二度焼をして作られるもので、種類は、軒丸瓦・軒平瓦・熨斗《のし》瓦、丸瓦・鬼瓦・鴟尾などがあります。現在のところ、平安時代に緑釉瓦が屋根に葺かれた例としては、平安宮の朝堂院正殿の大極殿、豊楽院正殿の豊楽殿、神泉苑《しんせんえん》の正殿の乾臨閣《けんりんかく》、東寺《とうじ》と西寺《さいじ》の金堂か講堂、仁和寺《にんなじ》円堂院、法成寺《ほうじょうじ》金堂などしか知られていません。実はこの緑釉瓦は、いつの時代に大極殿や豊楽殿の屋根に葺かれたのかはわかっておらず、平安京遷都を敢行した桓武天皇治世の大極殿創建時に葺かれたとは考えられません。桓武天皇の第二皇子で、唐風文化を好んだとされる嵯峨天皇の治世である弘仁六年正月、地方から一万九八〇〇人余りの役《えき》夫《ふ》が動員され、創建後わずか一九年しか経っていない朝堂院の大規模な修理が行われており、筆者はそのときに緑釉瓦に葺き替えられたと考えています。この緑釉瓦は、大極殿や豊楽殿などの国家の象徴的な建物に限って葺かれたのは間違いなさそうですが、その他の平安宮の宮殿官衙や諸門の屋根に葺かれていたかどうかはよくわかっていません。

筆者は、平安建都一二〇〇年記念の一九九四年、何か記念に残せるものはないかと考え、それまでの発掘調査により、朝堂院内にあった建物位置が地上で表せるようになったことから、歩道改修工事に合わせて、大極殿があった千本丸太町交差点の北西角と南東角の歩道上二ヵ所に、平安宮と朝堂院の説明板を設けることにし、そのときに作図したのが朝堂院復元図（図32）と大極殿朝賀の図（図35）です。その際、別に交差点北側の東・西歩道上に大極殿の南端を示す「大極殿跡」と記した陶板を埋めて明示しさらに、千本通りの東・西歩道縁石上にも大極殿跡・小安殿跡・昭慶門跡と大極殿院の北回廊跡の位置を表示する石標を設置して、通行する人に一目で朝堂院の位置がわかるようにしておきました（図36）。そのほか近くには古代学協会が建立した石柱と説明板もあります。その後の二〇一五年には、文化庁の補助金を使って、交差点南西側にも平安宮跡全体のことがわかるように作成した案内板を設置しています。(13)(14)

この千本丸太町交差点の北西にあるのが内野公園で、歴史教科書などによく掲載される一八九五年建立の「大極殿遺《い》阯《し》（遺跡）碑」が置かれていることでよく知られますが、実は、近年の調査成果による朝堂院の復元から、ここは大極殿跡ではないことがわかっています。

では、この内野公園はどこにあたるのかというと、大極殿を含む大極殿院跡に位置し、朝堂院北門の昭慶門や北回

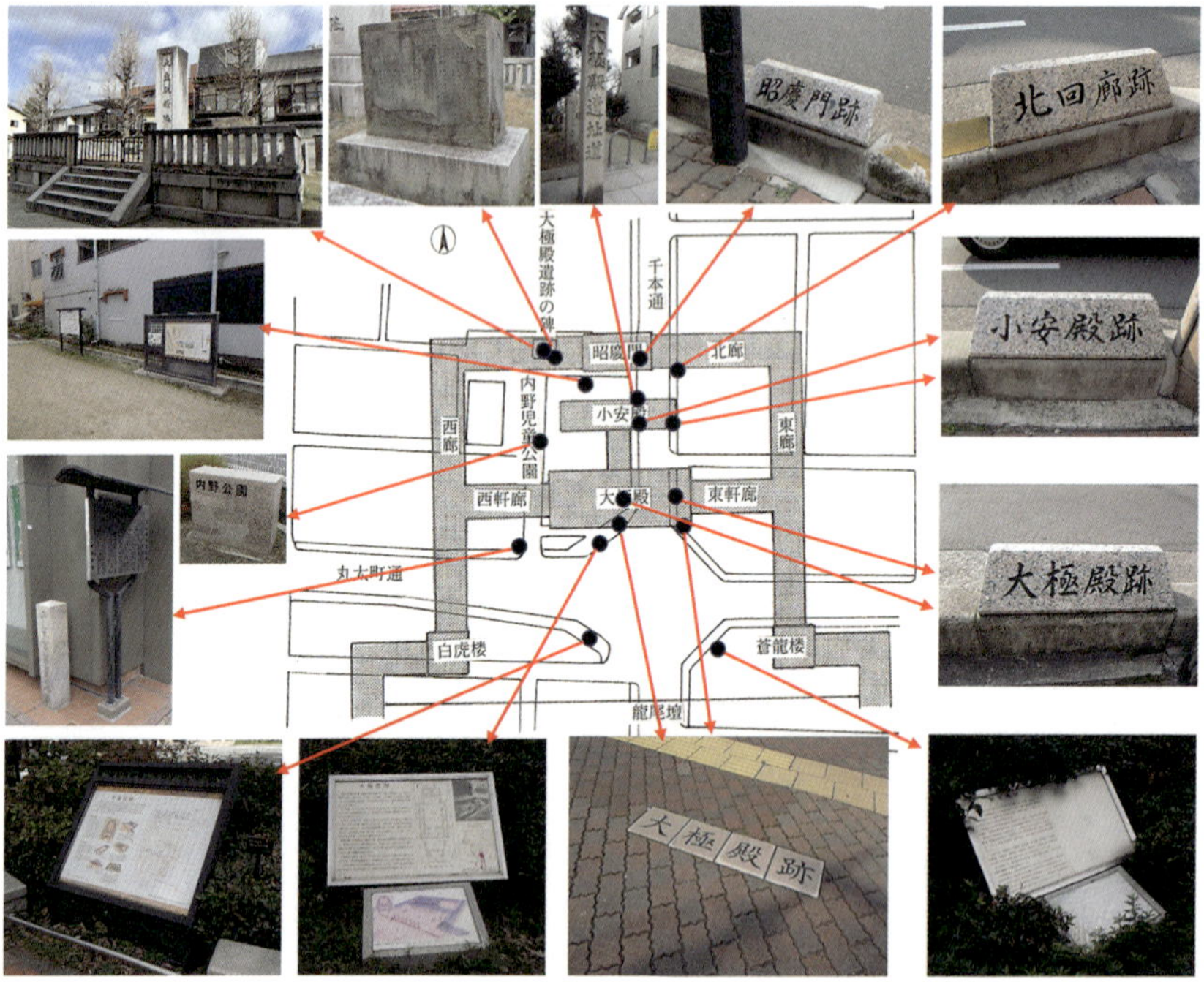

図 36　千本丸太町交差点付近に設けられた朝堂院（大極殿跡）の顕彰施設

廊があった場所ということになります。この公園は現在、二〇一七年二月九日に、史跡平安宮跡（朝堂院跡）に追加指定（面積一三二七平方メートル）され、後述しますが、筆者が二〇〇八年の源氏物語千年紀に設けた説明板もこの公園に置いてもらっています。大極殿續阯の碑の右傍らには、平安京遷都一一〇〇年紀年祭で建立された石碑の経緯を刻んだ、一八九五年十月二十二日（平安京遷都は十月二十二日）建立の石標がひっそりと置かれています（図37）。この碑文には、ここから羅城門や朱雀門

図 37　大極殿續阯碑の傍らに置かれた顕彰碑

などまでの距離が書かれてあり歴史的にも興味深いものです。

現在もそうですが、石碑が建立された当時は、この付近の地上には朝堂院跡を示す遺構は何もなく、どこに大極殿があったかはわからなかった時代です。そこで、平安京の寸法などが書かれてある『延喜式』「京程」と、ここから南に五キロほどの所にある東寺や西寺跡、羅城門跡推定地などの平安京関係遺構の位置から、当時の技術を使って測量し、ここを大極殿跡に比定して石碑が建立されたのです。

現在では大極殿のあった場所は、この石碑の南東五〇メートルほどの所と判明していますが、一三〇年以上前の測量技術で、よくここを探し当て大極殿跡としたことにはつくづく感心します。また、この石碑の建立場所は、先述のとおりこれまでの調査成果から大極殿院北回廊跡の上にあることがわかっており、近年行われた内野公園の再整備で、北回廊の礎石の位置がわかるように整備され、新たに説明板も設けられています。

豊楽院（京都市中京区聚楽廻中町ほか）

朝堂院の西隣にあった豊楽院は、延暦十三年の平安京遷都時には完成せず、延暦十八年には白馬節会《あおうまのせちえ》を催すにあたり「豊楽殿未成功」とあって依然として未完成でした。遷都から一四年後の大同三年に、平城天皇の大嘗会が豊楽殿で催されていることから、その頃までにはようやく完成していたようです。

豊楽院は正殿を豊楽殿といい、平安京で初めて設けられた国家の饗宴施設で、「天子宴会之処」ともいわれ、外国使節をもてなすほか、大嘗会《だいじょうえ》、新嘗会《にいなめえ》、正月元日、七日白馬、十六日踏歌《とうか》、十七日射礼《じゃらい》や、競馬《くらべうま》、相撲節会《すまいのせちえ》などの年中諸節会など、国家の重要な儀式がここで行われました。このように、国家の重要なセレモニーが開催された豊楽院でしたが、時代とともに主な行事が天皇の居所である内裏へ移され、さらに康平六年三月二十二日に焼失し、それ以後は再建されることはありませんでした。

豊楽院は、南北約四〇二メートル、東西約一七一メートルと、朝堂院に次ぐ大規模な施設で、正門が豊楽門で、門を入った左右には朝堂院と同じく集会するための延英堂《えんえいどう》、招俊《しょうしゅん》堂があり、その北に儀鸞門《ぎらんもん》があって左右に回廊が延び、北の豊楽殿へとつながっていました。儀鸞門を潜ると南北に長い大きな広場があり、東には観徳《かんとく》堂・顕陽《けんよう》堂、西には明義《めいぎ》堂・承《しょう》

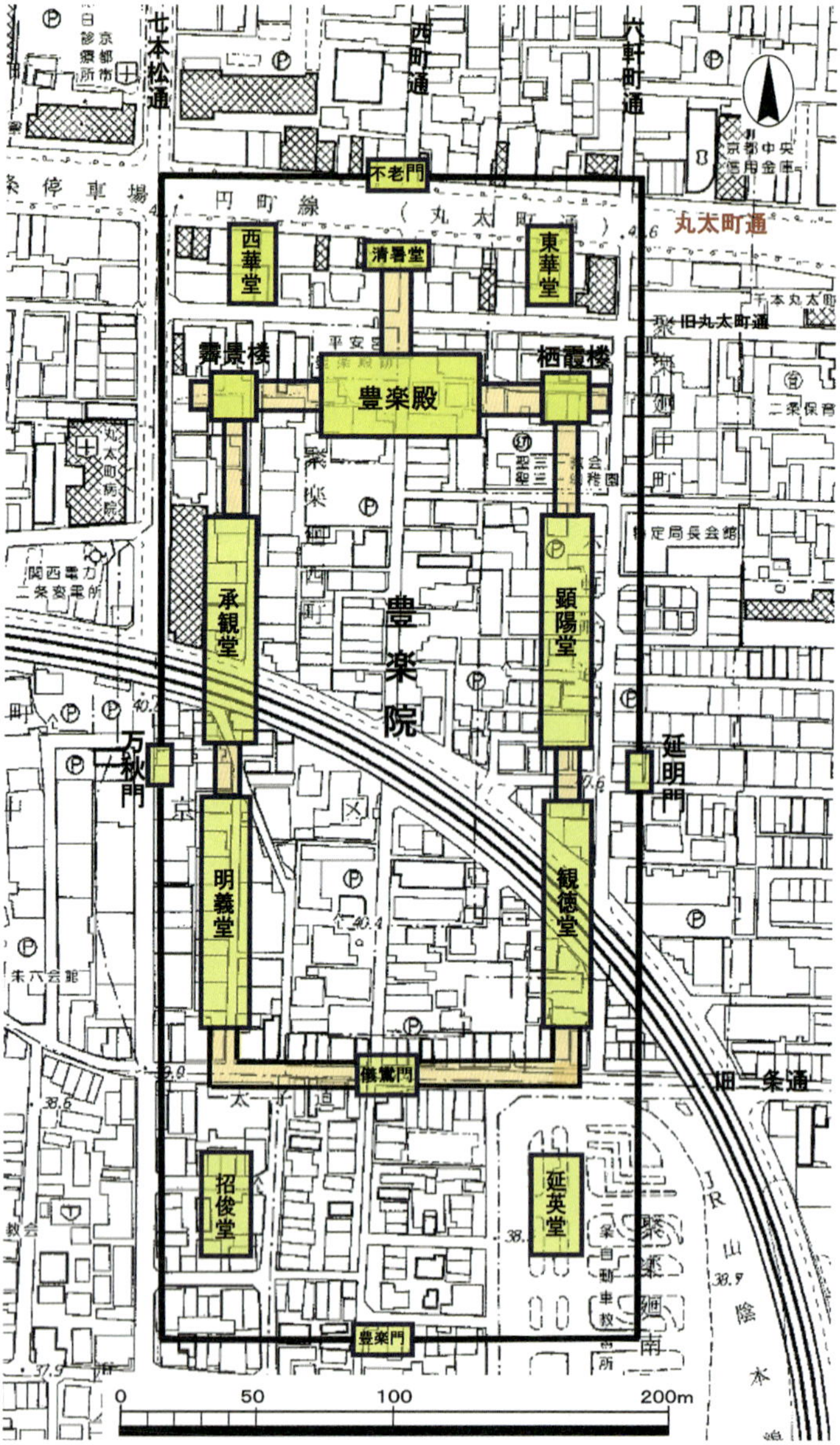

図38　豊楽院の位置図と建物の名称

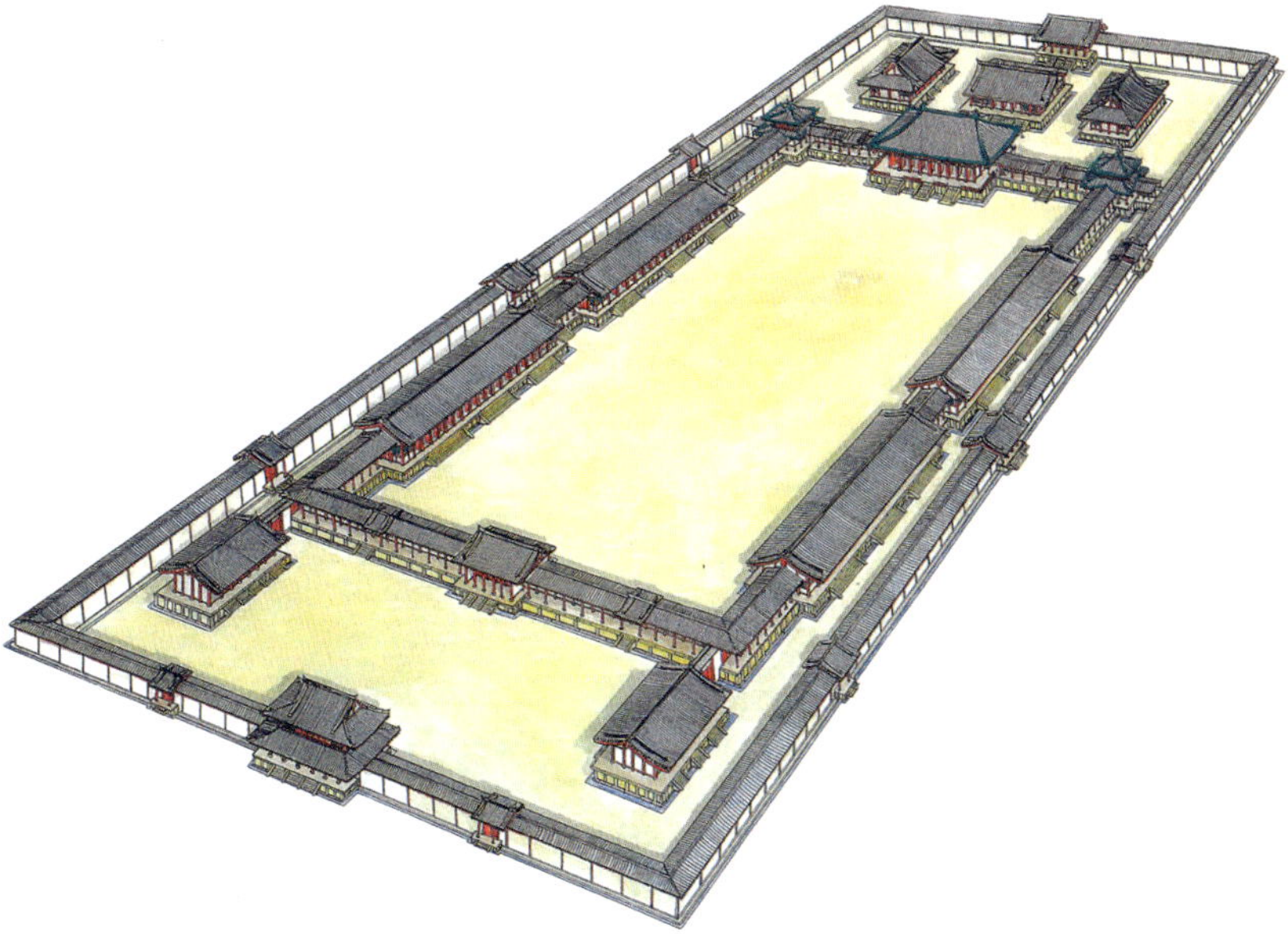

図 39　豊楽院復元図（南東から）

図 40　北廊が造られる前の豊楽殿復元図（北西から）

観《かん》堂の南北に長大な建物が向かい合って建ち、この建物からは、中央の広場で行われる射礼や競馬、相撲節会などの儀式を眺めることができました。正殿の東には栖霞楼《せいかろう》、西には霽景楼《せいけい》の楼閣建物があって、正殿北側には、後年に屋根のある北廊が設けられて豊楽殿と清暑堂《せいしょ》がつながっていました。清暑堂の左右には東・西華堂があり、北には豊楽院の北門である不老門が設けられていました。

豊楽殿跡の調査

豊楽院跡の発掘調査は、一九二八年の丸太町通りの市電の線路敷設工事の際に行われた古代学協会による調査で、凝灰岩の基壇跡（豊楽院北門「不老門」の南東角か）の一部が二ヵ所で発見されていましたが、その当時はまだ何の建物かは不明でした[15]。

その後、一九六九年に、同じ古代学協会の発掘調査で、豊楽院北東部東端と推定される聖三一教会の敷地から、凝灰岩片を大量に含む東西方向の溝状遺構が見つかり、近くに豊楽殿跡の存在が想定されました[16]。

一九七六年、推定豊楽殿跡南限付近の西町通り西側の民家で、ガレージ建設工事が行われ、その際、たまたま恩師の杉山信三氏がその前を通りがかり、工事が行われているのを発見、すぐに筆者に連絡が入り、何か遺構が見つかるかもしれないので、現場を見に行くように指示されました。場所は重要遺跡とされていましたが、簡単な工事のため市文化財保護課への届出が無いまま着工されていたのです。すぐに現場にかけつけて掘削断面をよく見ると、版築状の土層が見つかり、基壇跡の可能性があるため、工事を一時中断してもらって小規模な発掘調査を行いました[17]。その結果、豊楽殿跡推定地南辺中央部附近から方形の礎石抜き取り穴（根石）一ヵ所を検出（図41）、豊楽殿跡で初めての建物遺構跡の発見となりました。この民家を南限にして南側は一段低くなっており、かつては段の下から加工した凝灰岩の石材が見つかっており、この段差の北側が豊楽殿の基壇跡であることが改めて明らかとなりました。

後日談になりますが、この民家の住人の方が、自宅南側の庭を掘っておられたら、平安時代の布目瓦と不明の金属金具二点が見つかり、段ボールに入れてしばらくの間、自宅に保管されていました。次に記述しますが、一九八二年に、この民家のすぐ北側で行った豊楽殿跡の発掘調査時に、その段ボールを現場へ持参され、持って帰ってほしいといわれました。箱の中を見てびっくり、不明の金属片は金メッキされた豊楽殿の軒下を飾っていた垂木先飾り金具二点（図42）で、それを止めていた小さな釘まで入っていました。この垂木先飾り金具は、発掘調査品ではありませんが、地主の方から改めて京都市へ寄付受納の手続きをしてもらい、文化庁に申請して現在は重要文化財に指定され、京都市考古資料館の展示室の一画を飾っています。

その後、礎石抜き取り穴を見つけてから六年が経過した一九八二年、この場所からすぐ北側、西町通りと旧丸太町通りが交差する南西角地で、マンション建設計画（敷地四六〇平方メートル）の届出書が市に提出されました。取りあえず遺構

図41　豊楽殿跡で初めて見つかった礎石抜き取り穴の根石

図42　豊楽殿の金銅製垂木先飾り金具（重要文化財）と実測図（埋文研所蔵、実測図は註(4)より転載）

図43　豊楽殿跡発掘調査
凝灰岩の大きさがよくわかる。

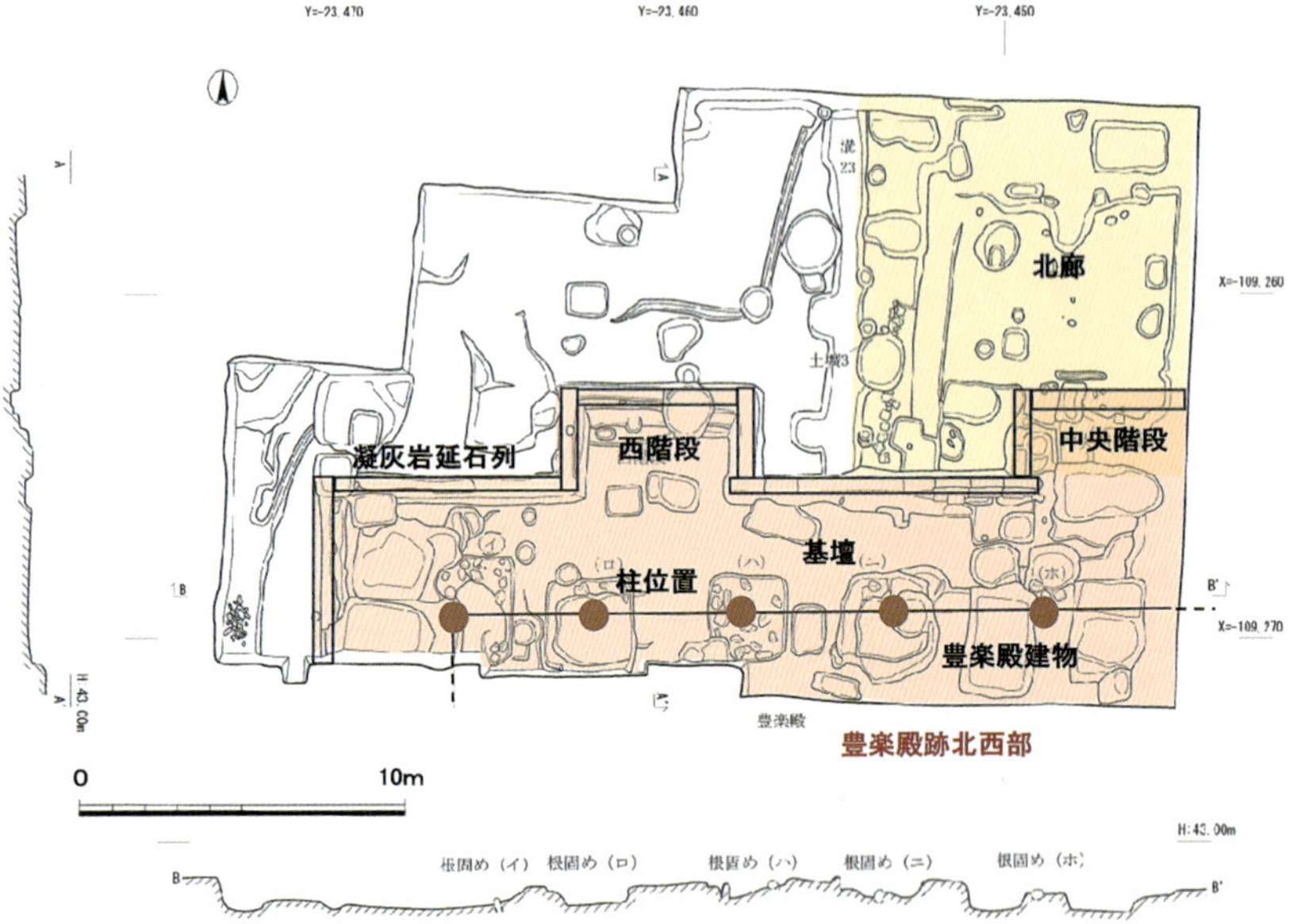

図44　1982年の豊楽殿跡発掘調査平面図におおよその検出遺構位置を重ねた図
（註(4)より転載、一部加筆）

の残存状況確認のための試掘調査を指導し、試掘調査の担当者には豊楽殿の遺構が見つかる可能性が高いので慎重に調査をしてほしいとお願いしておきました。その結果、予想通りに豊楽殿基壇北縁跡が見つかり、改めて発掘調査を行うことになりました。発掘調査は、埋文研が担当して、一九八二年六月から翌年の一月まで行われ、豊楽殿の基壇跡北西部を検出（図44）、五ヵ所の礎石抜き取り穴や、基壇北辺に取り付く中央と西側の階段跡が見つかりました[18]。

北側中央階段は、後年の九世紀前半代に、北側にあった清暑堂と豊楽殿をつなぐために北廊が設けられた際、階段は壊されたことが判明しましたが、その下にあった凝灰岩の壇正積基壇は、部分的ではあるものの、延石、地覆石と羽目石底部が良好に残っていることがわかり、付近からは多数の遺物に混ざって緑釉瓦や緑釉の鴟尾のほか無釉《むゆう》の鬼瓦も出土しました[19]（図46）。結果、この調査は、それまで行われた平安宮跡発掘調査の中で最も重要な発見となり、そのとき描いたのが豊楽殿復元図（図39・40）で、マンション建設を計画

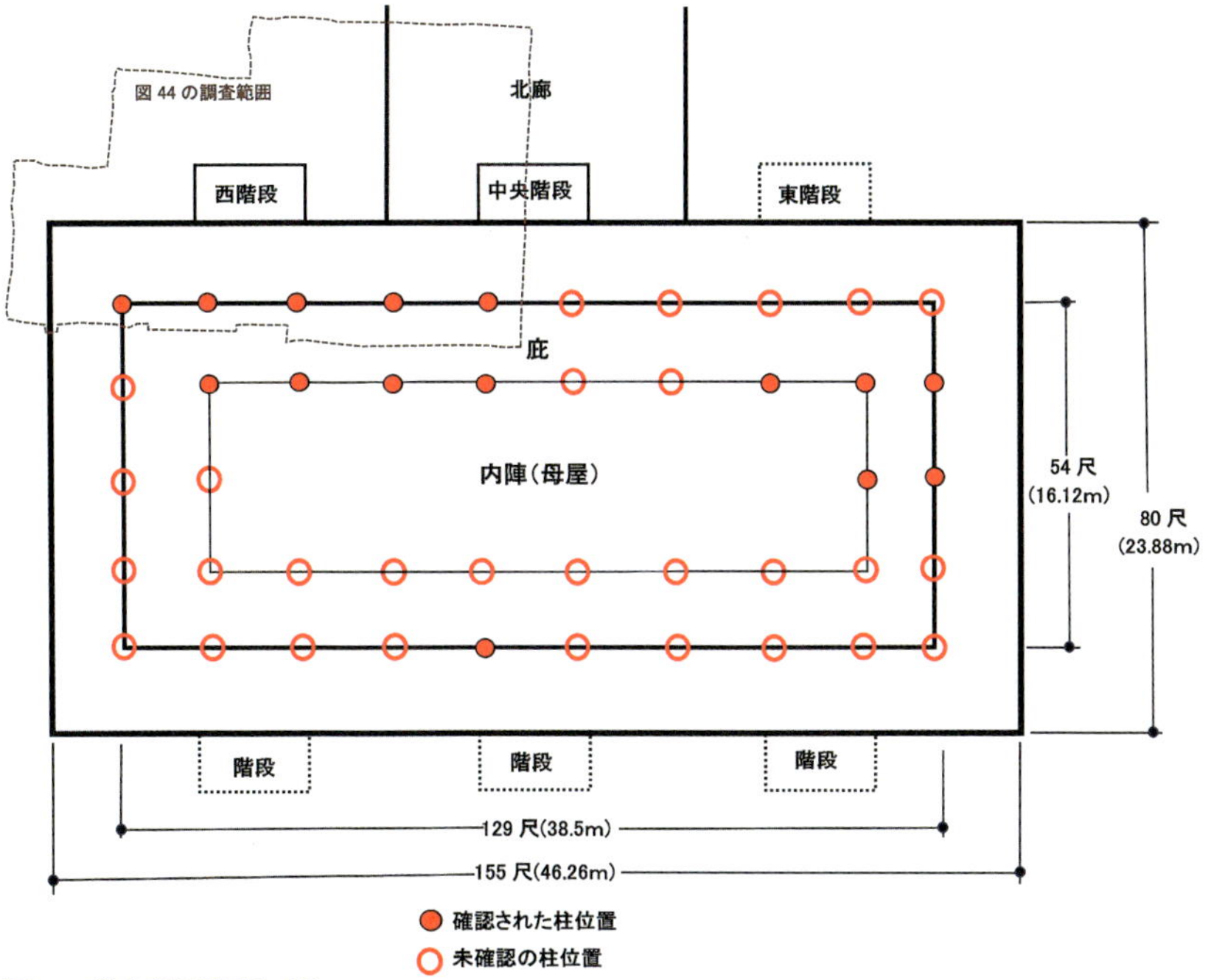

図 45　豊楽殿復元図と寸法

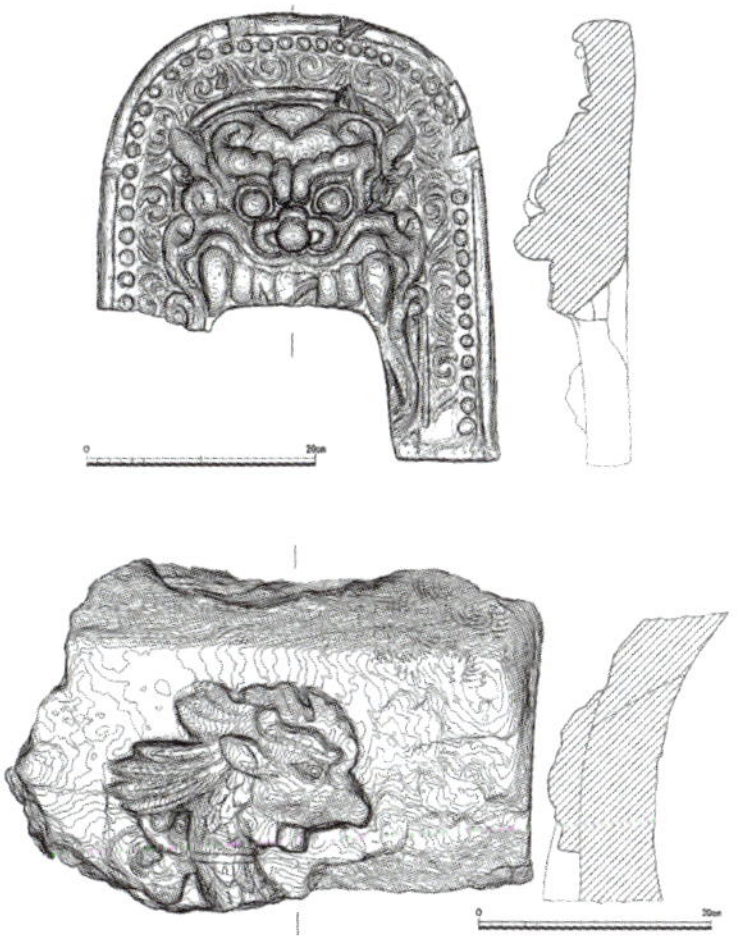

図 46　豊楽殿跡出土遺物実測図（鬼瓦〈無釉、上〉、鳳凰をあらわした緑釉鴟尾の破片〈下〉）（註(4)より転載）

されておられた施工主の方に、遺跡の重要性を少しでも理解してもらえるようにと急遽描いたものです。その後、土地は京都市が文化庁補助を得て公有化し、史跡指定（史跡平安宮跡豊楽殿跡）して保存され、出土遺物は一括して重要文化財に指定されています。それからしばらくして、指定地の道を挟んだ北側の土地所有者から将来の土地の取り扱いについての事前相談があり、遺跡の重要性を説明し、事前発掘調査の了解を得て、既存物解体後に発掘調査を実施することができました。その結果は、豊楽殿から北へ延びる北廊跡や、

図47　史跡平安宮跡（豊楽殿跡、北西から）

図48　史跡平安宮跡（豊楽殿跡北側の清暑堂跡、南から）

清暑堂跡と階段跡の一部が見つかり、その後、南側の土地と同様に史跡指定して土地を公有化し、整備して保存されています（図47・48）。

最近は、史跡指定された豊楽殿跡周辺の土地の発掘調査が市文化財保護課によって進められ、二〇一四年九月に発掘調査された豊楽殿跡中央部付近から検出された柱の寸法や造作方法などから、平安宮豊楽殿は、奈良市の平城宮第二次大極殿を移築した建物である可能性が高いことが判明しています（図45）。その後も豊楽殿跡の周辺では、住宅地の発掘調査が相次いで進められ、調査後には土地の史跡指定と土地の公有化が積極的に進められています。

平安宮中務省（京都市上京区中務町）

中務省は、平安時代の国家政治を掌る重要な官衙（役所）である二官八省の一つで、場所は内裏の南にあって西には朝堂院、南には太政官がありました。この中務省があった場所は、千本丸太町交差点の東側、丸太町通りを挟んで北と南に位置し、現在の町名も中務町となっています。

中務省の規模は、陽明文庫本『宮城図』には、東西五六丈余（一六八メートル）・南北三七丈余（一一一メートル）と書かれています。この中務省は、天皇の詔勅《しょうちょく》の作成や宣下《せんげ》、叙位《じょい》のほか朝廷の職務全般を掌る八省で最も重要な役所でした。

弘仁十年七月、嵯峨天皇の勅命で高い文書能力を持つ空海《くうかい》（後の弘法大師）が、一時この中務省に居住していたことが知られ、空海は弘仁七年に朝廷から高野山《こうやさん》を賜っており、さらに弘仁十四年には、嵯峨天皇から東寺（教王護国寺《きょうおうごこくじ》）を下賜《かし》されていることなど、嵯峨天皇と空海との関係を知るうえでも興味深い官衙です。

また、この省の東南には陰陽寮《おんようりょう》があり、皆さんよくご存じの安倍晴明《あべのせいめい》が勤めていたところで、星を観察する天文台や、時を計る漏刻《ろうこく》と時を告げる鐘鼓《しょうこ》楼があって暦《こよみ》の編纂も担当していました。北東には主鈴《しゅれい》（鈴・印などの出納）、典鑰《てんやく》（倉庫の出納や鍵の管理）、北中央に監物《けんもつ》（出納や倉庫の管理監督を掌る）、北西に内舎人《うどねり》（天皇の警備や雑務を行う）などが設けられていました（図49・51）。中務省跡は平安宮跡内では比較的発掘調査が進んでおり、築地跡や溝跡、建物跡などの遺構や遺物（図50）が検出されています。詳しい内容や報告書は、『平安宮Ⅰ』や『平安京提要』のほか、京都市埋蔵文化財研究所のホームページを参照してください。

そのほか、平安宮跡では豊楽院の北西にあった造酒司跡で、昭和五十三年、京都市社会教育センター（現在の京都市生涯学習総合センター）と中央図書館の建設予定地の発掘調査が行われ、平安宮跡では初めて一棟分が残る掘立柱の総柱建物が検出され（図52・54）、京都市指定史跡となっています。この建物は倉庫跡とみられ、造酒司は宮中で使用する酒や酢を醸造するための役所であることから、材料の米などの保管、あるいは醸造された酒や酢などを保存・保管するための倉庫と考えられています。見つかった倉庫跡は、埋め戻して保存されることになり、掘立柱建物の形状がわかるよう玄関前のピロティーの床上に柱跡が明示されています（図53）。現在、ここには京都アスニーの平安京創生

図 50　中務省跡で出土した人面土器（埋文研）

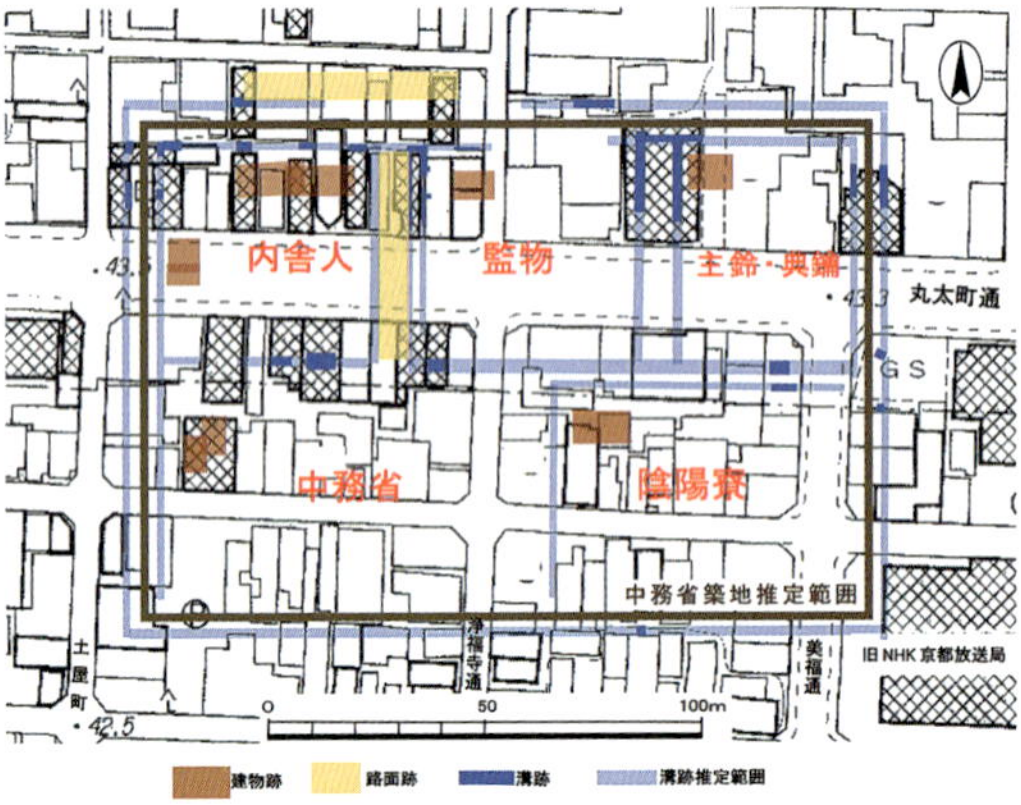

図 49　中務省跡推定位置図
既往の調査で検出した建物跡・路面跡・溝跡などのおおよその位置を示す。

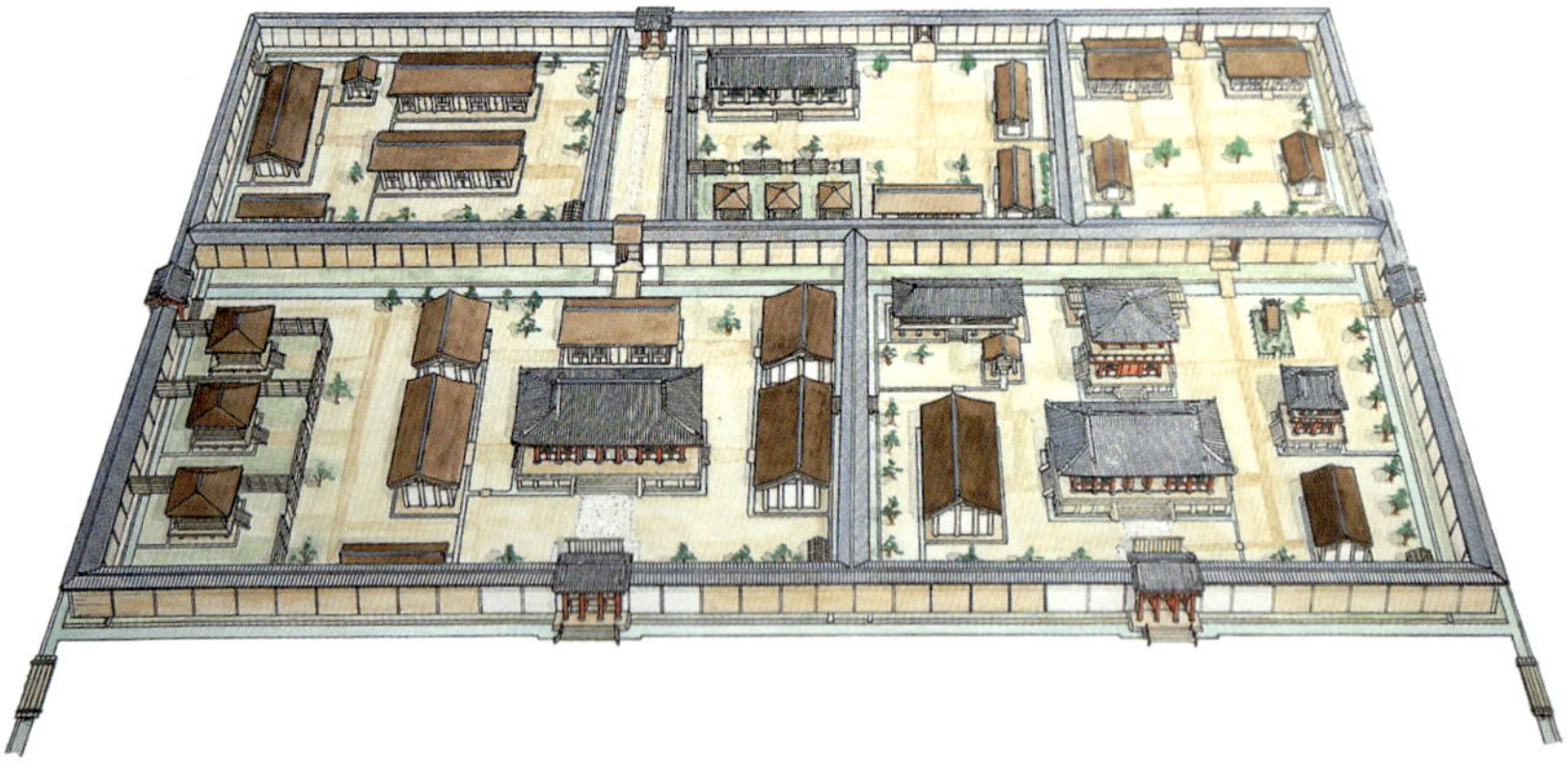

図 51　中務省復元図（南から）

館が開設され、平安京一〇〇〇分の一の復元模型や、鳥羽離宮、法勝寺の復元模型のほか、出土遺物やパネルを使った展示などを通して、平安京をわかりやすく学ぶことができます。入館は無料で平安京をもっと知りたい方は是非訪れていただきたい場所の一つです（造酒司跡・中務省跡の調査の詳細は註（1）（4）を参照してください）。

大内裏域の拡張説

平安宮の構造を語るうえで忘れてはならないのが、京都女子大学名誉教授の瀧浪貞子氏が、一九八四年に

図 53　京都アスニーの掘立柱建物跡の明示（南東から）

図 52　造酒司跡の掘立柱建物跡（北から）（埋文研）

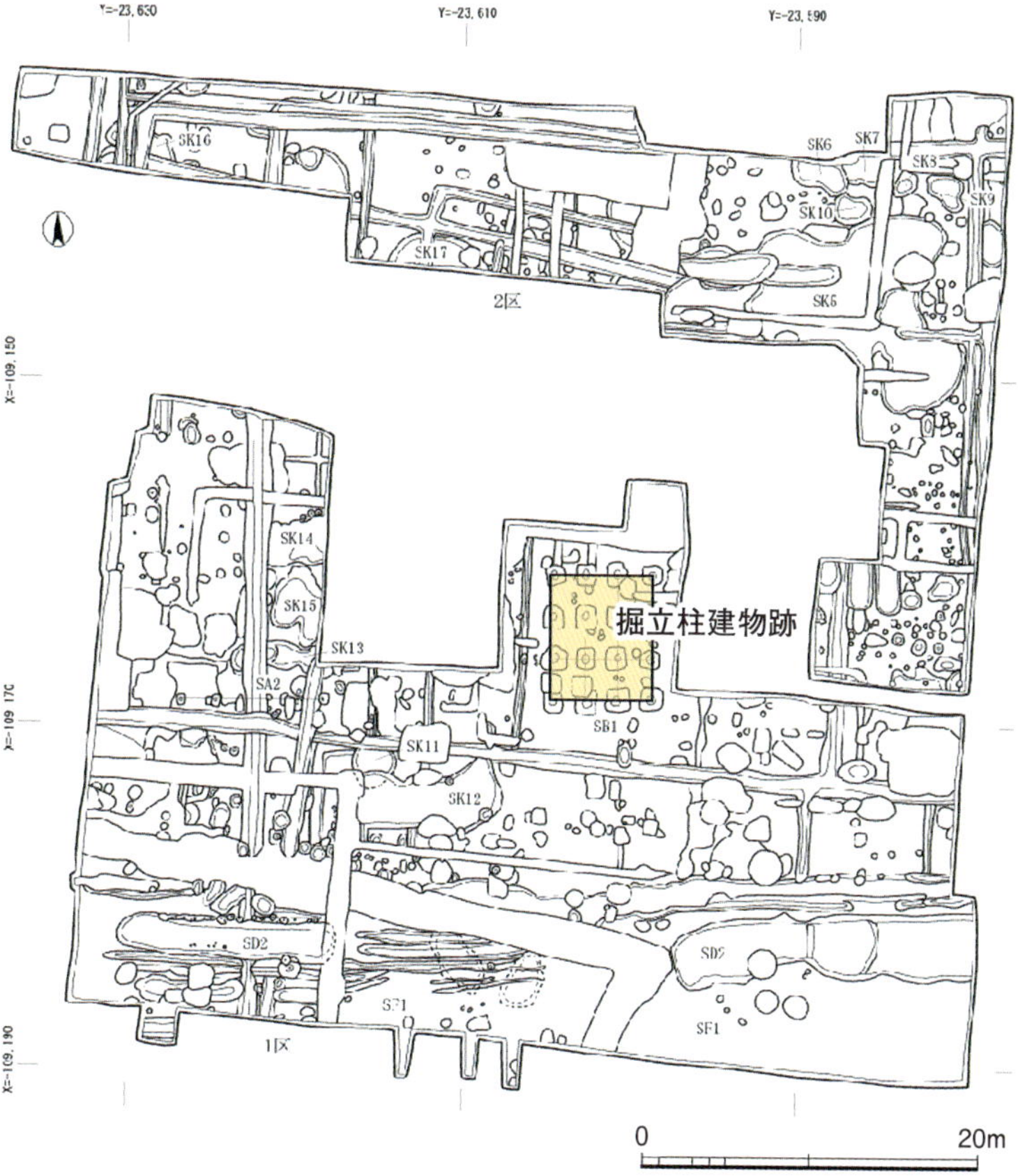

図 54　造酒司跡発掘調査平面図（註(4)より転載、一部加筆）

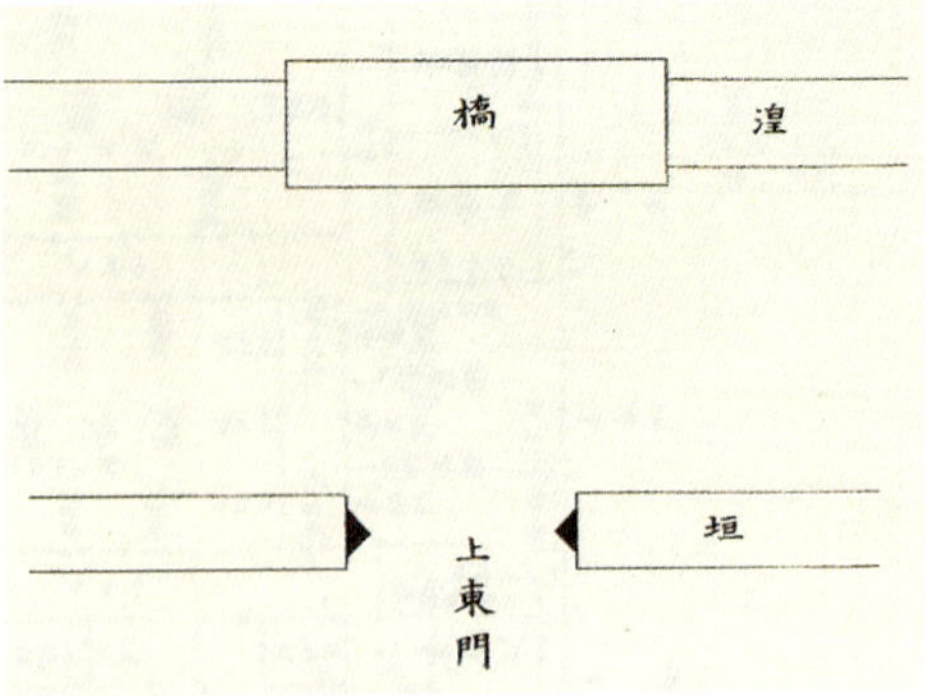

図55　『大内裏図考証』の上東門には門が描かれていない

発表した論文（瀧浪貞子「初期平安京の構造—第一次平安京と第二次平安京—」『京都市歴史資料館紀要』創刊号。そのほか『平安京提要』など）です。

それによると、平安時代末期の公卿である中山忠親《なかやまただちか》の日記『山塊記《さんかいき》』長寛二年（一一六四）六月二十七日条に、平安宮（大内裏）北辺を東西に通る一条大路（北極北辺大路）は昔からのものではなく、元は土御門大路が一条大路と呼ばれていたと書かれてあり、それがある時期に、一条大路を北に二町（丁）延長して平安宮を拡張した結果、北極北辺大路が新たに一条大路と称されるようになったとされ、初期の段階の平安京を第一次平安京、後に平安宮が北へ拡張されたのが第二次平安京とし、その結果、平安宮は当初十二門であったのが、後に十四門になったとする論文です。

その理由については、深刻化する中央財政の立て直しを図るために、『三代実録』元慶三年（八七九）十二月四日条に、畿内五ヵ国に四〇〇〇町歩におよぶ官田が設定（元慶官田制）され、そこから上がって来る膨大な穫稲《かくとう》（刈り入れた稲）を収蔵保管する倉庫群の整備が求められ、それまで平安宮外にあった大蔵省の倉庫群を平安宮の北を拡張することで取り込み、その際に旧一条大路（後の土御門大路）に面して、上東門・上西門が新たに設けられ、門の構造は倉庫への搬入通路であるため屋根のない土門であったとされています。

これについては、清少納言『枕草子』九九段の「五月《さつき》の御精進《みそうじ》のほど」に、雨宿りができない上東門のことを「などかこと（巽）御門のようにあらで、この土御門しも、上もなく作りそめけむと、今日こそいとにくけれ」と書かれ、「この土御門は何故、他の門のように屋根がないのでしょうか、こんな大雨の時は本当に腹がたちますね」と書かれてあり、上東門には屋根が無かったことを記しています。ちなみに、伝わる平安京図の『神泉苑所伝宮城図』や『南都二条法眼家所伝宮図』『大内裏図考証』（図55）にも上東・上西門は描かれていません。

この瀧浪説にもとづいて、平安宮復元図の南東・南西の角から、上東門・上西門に向かって斜めに線を引くと、交差する場所は大極殿のほぼ中央となり（図56）、平安京創建当初（第一次平安京）は、大極殿の天皇が座す高御座《たかみくら》を中心に平安宮が造られた可能性が高いことになります。

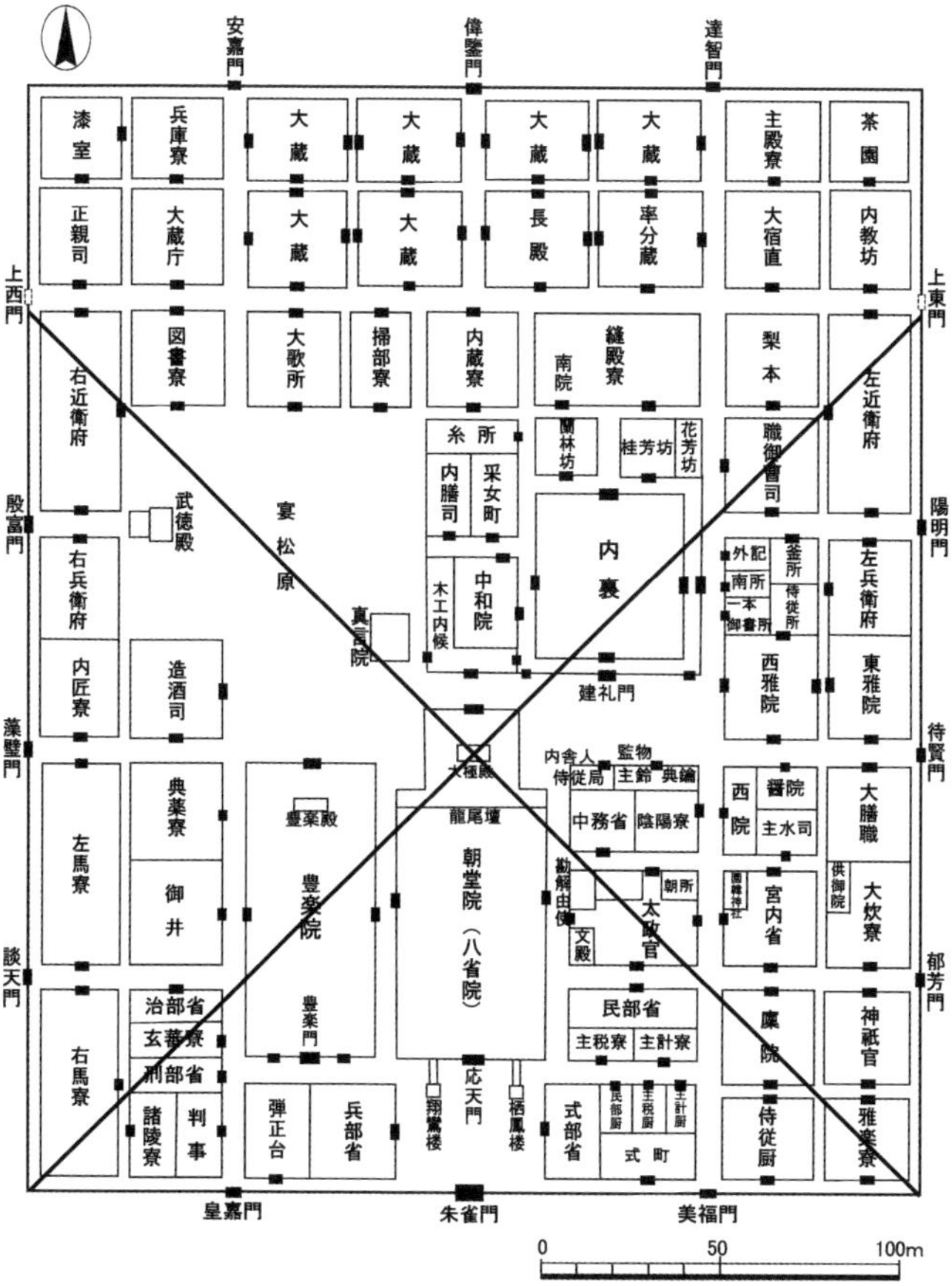

図56　上東門・上西門から斜めに線を引くと交点は大極殿となる

そのほか二章でもふれていますが、平安京条坊図を見ると、北から南に一条から九条まで各南北四町ずつが一つの単位で条が構成されていますが、何故か土御門大路北側の南北二町を北辺（坊）と呼んでいます。条とはそれぞれの大路から北へ四町を単位として数えていますが、中御門大路から北の土御門大路までの四町を一条と呼んでおり、本来であれば中御門大路を一条大路とすべきです。さらに南北二町の北辺は、土御門大路の北にあることから北極北辺大路と

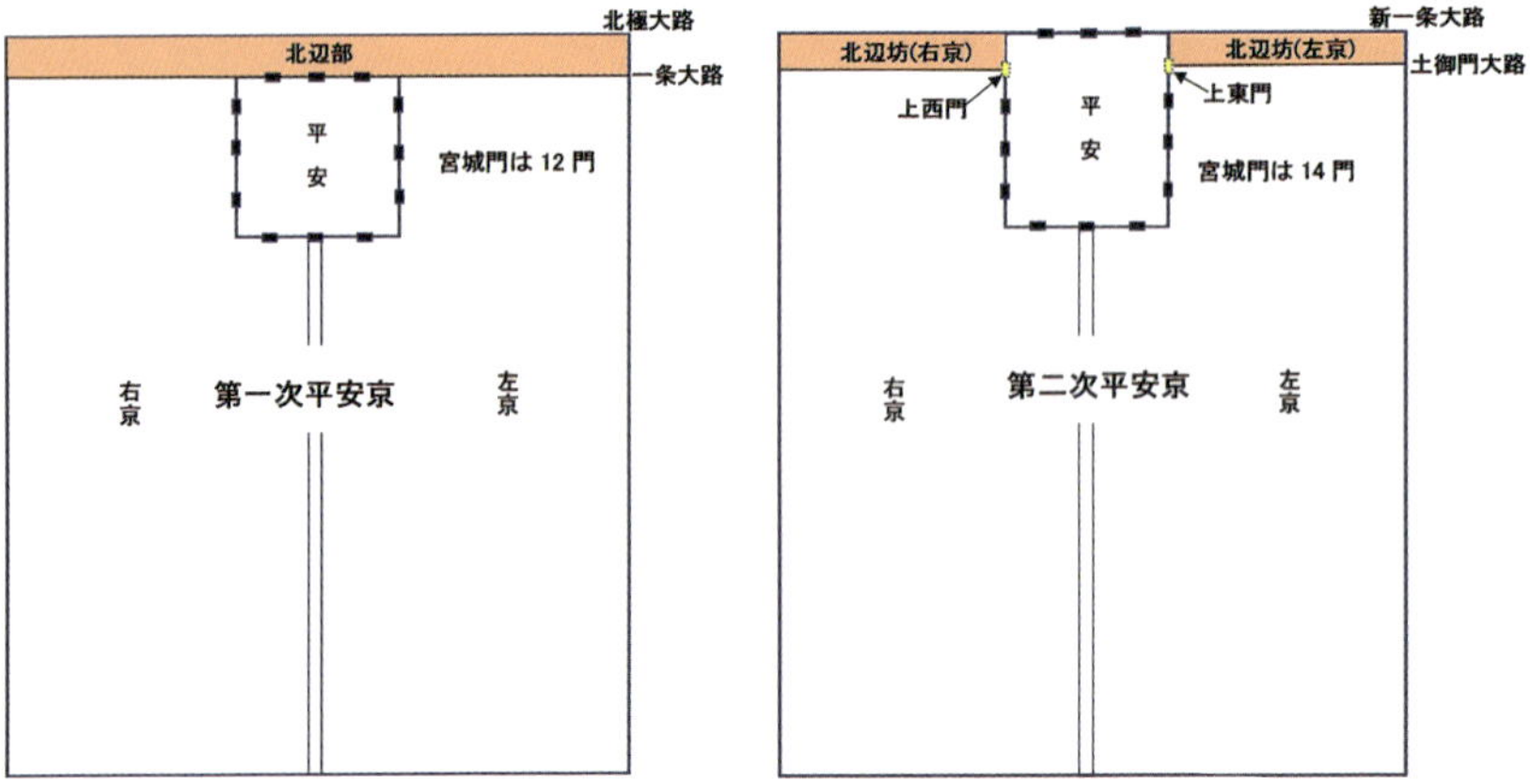

図 57　第一次平安京（左）と第二次平安京（右）

図 58　史跡平安宮跡（内裏内郭回廊跡、北東から）

すべきですが、一条大路となっており平安京のここだけが不自然になっています。これは、当初の第一次平安京の平安宮を後年、二町北へ拡張した結果、北辺を新たに設けたため、このような矛盾が生じたとも考えられますが、答えははっきりとはわかりません。また、中山忠親が日記を書いたのは、元慶三年から二八五年後であり、どの程度の信憑性があるのかも筆者にはよくわかりません。

この説を考古学上で証明するためには、第一次平安京の段階で、平安宮北限（宮内土御門大路の南側）にあったはずの宮城北面大垣と、その中心から北へ三〇尺（九メートル）の間にあった壖地《ぜんち》（犬行、犬走）と、幅八尺（二・四メートル）の隍（濠）の遺構を見つけ出す必要がありますが、それはいまだに見つかっておらず、将来の発見に託さざるをえません。

平安宮跡のまとめ

平安宮跡は、これまで述べてきたとおり、重要遺跡として小規模な建築工事であっても立会調査や試掘調査などを積極的に行ってきました。大規模な工事でない限り、国庫補助事業による発掘調査を実施し、できるだけ施主側による調査費の負担を少なくするように努めてきたこともあり、その結果を含めて、多くの場所から遺構や遺物が見つかってきました。それらの成果のうち、ここでは一部をご紹介したに過ぎません。それらの調査成果は、調査現場で夏の酷暑や真冬の寒さに堪えながら、地道に調査を担当してくれている調査員や作業員の方々の努力の賜物でもあります。

平安宮跡では、一九九〇年二月二十二日に、初めて平安宮内裏内郭回廊跡が国の史跡に指定されました。その後、豊楽殿跡が史跡平安宮跡に追加指定され、史跡の名称も統一して平安宮跡に続いて個別の遺跡名を付けることになりました。また、最近の市文化財保護課の情報では、豊楽院豊楽殿跡の発掘調査を積極的に行って、重要遺構が見つかったいくつかの土地は史跡指定、公有化されて保存が進められています。そして、以前から気になっていた内野公園が、二〇一七年に史跡平安宮跡（朝堂院跡）になり、現在のところ平安宮跡全体では、四五〇二・三八平方メートルの土地が史跡に指定され、保存されていると聞きます。筆者が調査し始めた一九七五年頃は、平安宮跡には史跡指定地は一件もなく、それ以後、長く平安宮跡の調査や保存、周知に関わり、顕彰施設を数多く設置してきたこともあって、平安時代の国家政治の中心舞台であった平安宮跡の遺構を後世に伝え残せる場所が増えてきたことは誠に喜ばしいことと思っています。

註

（1）古代学協会・古代学研究所編『平安京提要』角川書店、一九九四年。

（2）京都市編『甦る平安京―平安建都一二〇〇年記念―』展示図録、京都市、一九九四年。

（3）前掲註（1）。
（4）『平安宮Ⅰ　京都市埋蔵文化財研究所調査報告第一三冊』京都市埋蔵文化財研究所、一九九五年。
（5）伊藤玄三ほか「平安宮内裏内郭廻廊推定地の調査」『平安博物館研究紀要』第三輯、一九七一年。および甲本真之・伊藤玄三「平安宮内裏内郭廻廊跡第2次調査」『平安博物館研究紀要』第六輯、一九七四年。
（6）『京都市内遺跡発掘調査概報　平成六年度』京都市文化観光局、一九九五年。
（7）『昭和六二年度　京都市埋蔵文化財調査概要』京都市埋蔵文化財研究所、一九九一年。
（8）『平安京跡発掘調査概報　昭和六十年度』京都市文化観光局、一九八六年。
（9）『平安宮内裏跡・聚楽第跡　京都市埋蔵文化財研究所発掘調査報告二〇一五―六』京都市埋蔵文化財研究所、二〇一五年。
（10）辻裕司・丸川義広ほか「平安宮内酒殿・釜所・侍従所跡」『平成七年度　京都市埋蔵文化財調査概要』京都市埋蔵文化財研究所、一九九七年。
（11）平尾政幸「平安宮左兵衛府跡」『平安京跡発掘調査概報　京都市埋蔵文化財研究所概報集一九七八―Ⅱ』京都市埋蔵文化財研究所、一九七八年。
（12）木下保明「平安宮大極殿院」『平安京跡発掘調査概報　昭和五九年度』京都市文化観光局、一九八五年。
（13）梶川敏夫『源氏物語ゆかりの地』京都市文化市民局文化芸術都市推進室文化財保護課、二〇〇八年。
（14）梶川敏夫『説明板で綴る平安宮跡』京都市埋蔵文化財研究所・京都市考古資料館、二〇一二年。
（15）佐藤虎雄「平安宮豊楽院の遺物」『古代学』第六巻第四号、一九五八年。
（16）近藤喬一ほか「平安宮豊楽院推定地（聚楽廻中町）の調査」『平安博物館研究紀要』第三輯、一九七一年。
（17）梶川敏夫「付録一　平安宮豊楽殿跡緊急発掘調査概要」『平安宮跡　京都市埋蔵文化財年次報告一九七六―Ⅰ』京都市文化観光局文化財保護課、一九七七年。
（18）鈴木久男「平安宮豊楽院（一）」『平安京跡発掘調査概報　昭和六三年度』京都市文化観光局、一九八九年。同「平安宮豊楽院（二）」『平安京跡発掘調査概報　昭和六三年度』京都市文化観光局、一九八九年。
（19）前掲註（4）、前掲註（18）。

コラム①

朝堂院の大きさの実感

平安宮の中央付近に設けられた朝堂院《ちょうどういん》は、北の昭慶門《しょうけいもん》から南の楼閣建物端まで、全長が約五二〇メートルもある大規模なもので、筆者はその大きさを体感できる方法はないかと常々思っていました。

そこで、皆さんが京都観光で訪れる機会が多い岡崎公園にある平安神宮を使ってみることにしました。

平安神宮は、平安宮にあった朝堂院を真似て十二堂を省略し、一八九五年（明治二十八）に八分の五に縮小して創建されたものです。

実際の朝堂院は、南にある応天門《おうてんもん》から大極殿《だいごくでん》までの距離は約四一〇メートルで

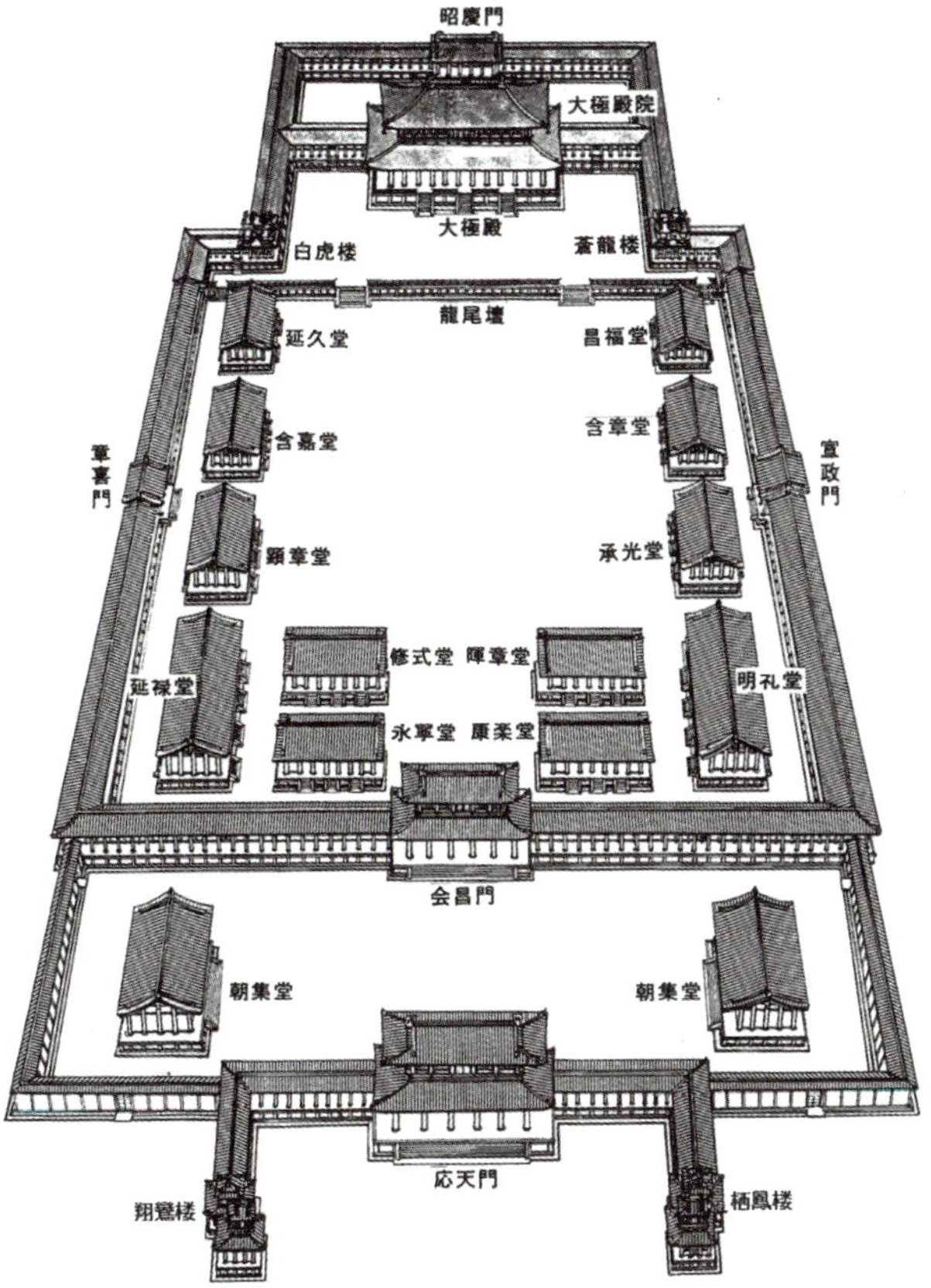

朝堂院復元図

平安神宮大鳥居と奥に見えるのが応天門

平安神宮拝殿（大極殿）に向って右が桜、左が橘

すが、平安神宮の応天門から拝殿（大極殿）までの距離は一二〇㍍しかなく実際の大きさを実感できません。

　そこで、平安神宮の南方にある琵琶湖疏水の近くに平安神宮の大鳥居が建っています。この大鳥居から平安神宮拝殿（大極殿）までの距離は四四〇㍍ほどです。

　大鳥居から拝殿前に植えられている右近《うこん》の橘《たちばな》、左近《さこん》の桜《さくら》付近までの距離が約四一〇㍍ですから、平安宮にあった朝堂院の応天門から大極殿までの距離の四一〇㍍とほぼ同じになり、そこを歩けば、平安時代にお役人たちが応天門を潜って大極殿まで歩いたのと、ほぼ同じ距離を歩いたことになります。

　岡崎公園を訪れたら是非一度、大鳥居から拝殿（大極殿）まで歩いてみてください。朝堂院がどれほど大きかったかを実感できるでしょう。

四 平安京の邸宅跡

平安時代、平安京にあった邸宅や庶民の住居などは、現在の京都市内の地上には皆無であることは先に述べました。かつて人々が営々として築き上げた建物などの大半は、時代の流れとともに地上から姿を消し、破壊を免れた遺構の一部が地中に埋まり、現在まで偶然残ったものが遺跡であり、我々が埋蔵文化財と呼ぶものであります。平安京内に建てられた建造物や庭園などは、所有者の代替わりや、それにともなう造り替え、増改築ほか、邸宅の売り買いや土地の分割、火災や自然災害、さらにそれにともなう再開発や邸宅自体の廃絶、耕作地化、後世の攪乱など長期にわたる複雑な変遷を経て大半が消滅し、その中で偶然地中に残されたものが遺構や遺物ということになります。

十三世紀初め、京に住まいした鴨長明《かものちょうめい》が著わした『方丈記《ほうじょうき》』には、「人の営み、みな愚かなる中に、さしもあやふき京中の家を作るとて、宝を費やし、心を悩ますことは、すぐれてあぢきなくぞ侍る」と書かれ、人の行いはすべておろかで、危険な京の都で家を造ろうと財産を費やし、苦心するのは無益なことだと感想を述べています。古代より京都は都市として長く存続し、多くの人々が住み続けたことから、その中で繰り返されるスクラップアンドビルドは、避けがたい宿命でもあります。

平安京跡では、一九七〇年代より、これまで数多くの場所で発掘調査が実施されてきました。筆者も初期の調査を自ら担当し、あるいは数多くの調査現場を視察、指導してきましたが、邸宅跡は後世の攪乱や破壊を受け、遺構が残っていても部分的でしかない遺跡が大半でした。しかし、中には後世の破壊や攪乱を免れ奇跡的に遺構や遺物が残されている例がいくつかあったのも事実です。

平安京の地形は、三方を山に囲まれ、鴨川や桂川、その他の河川から流れ出た土砂が厚く堆積した盆地を形成しており、その中央部に建都された平安京は、左京の北東付近では標高五〇《メートル》前後、右京の南西付近では一〇《メートル》前後と、三〇《メートル》前後の高低差がつく南西下がりの地形で、そのため右京は湿潤な土地が多く、これまでの多くの調査結果からも、九世紀前半頃から人々は左京へ移るようになり、右京は増々居住者が少なくなっていきました。

それを裏づけるように、十世紀末頃に慶滋保胤《よししげのやすたね》が著わした『池亭記《ちていき》』には、「われ二十余年以来、東西の二京をあまねく見るに、西京は人家漸《ようや》くに稀《まば》らにして、ほとんど幽墟《ゆうきょ》に近し。人は去ることは有りて来ることなく、屋は壊ること有りて造ること無し……」とあり、右京の衰退が顕著であったことがうかがわれます。このため人々が長く住み続けた左京に比べ、右京は人口減にともない衰退して耕地化が進行し、場所によっては平安時代の遺構が田畑の下に良好に残る場所がいくつかあることが最近までの調査の進展でわかってきました。一方の平安京の（東）大宮大路より東方の左京は、人々が長く住み続けたため、各時代の遺構面が複雑に堆積している場所が多く、出土する遺物量も右京と比べると圧倒的に多いのが特徴です。

　これら偶然残されてきた遺構は、貴族たちのハイクラスな邸宅跡や庶民の粗末な住宅跡までありますが、やはり遺構として残る確率が高いのは、貴族が居住した大規模な建造物や地面より深く掘られた庭園などということになります。そのような平安貴族の邸宅は、寝殿造[1]（図1）を代表として取り上げられる場合が多く、一般的には寝殿造は、和泉市久保惣記念美術館所蔵の『駒競《こまくらべ》行幸《ぎょうこう》絵巻《えまき》』（重文）に描かれるような高級貴族の邸宅や『源氏物語絵巻』などを想像される方が多いかと思われます。

　そのような寝殿造の特徴を列挙すると、①十世紀中頃から十一世紀初頭に成立する三位以上の上級貴族の住宅で、②寝殿を正殿として東・西に対屋《たいのや》を配置し、寝殿の北方にも対屋を設け、それぞれ廊や透渡廊《すきわたろう》で結ばれる。③対屋からは南に廊が延びて中門（中門廊）が開かれ、そこを境に邸内の内と外に分ける。④廊の先には池に張り出す釣殿《つりどの》（または泉殿）が設けられ、寝殿の南には儀式空間の広場があり、自然景観を取り入れ植栽された園池が広がる。⑤池は遣水《やりみず》から流入する水で満たされ、池汀《ちてい》には洲浜《すはま》や景石《けいせき》を配し、中島や反橋《そりはし》が設けられて、池には龍頭鷁首《りょうとうげきしゅ》の舟が浮かべられて船楽《ふながく》を楽しむ、などのイメージを寝殿造に持たれる方が多いかと思います。

　では、果たしてこのような貴族の邸宅が実際にあったのかを考古学の成果から具体的に見ていこうというのがこの

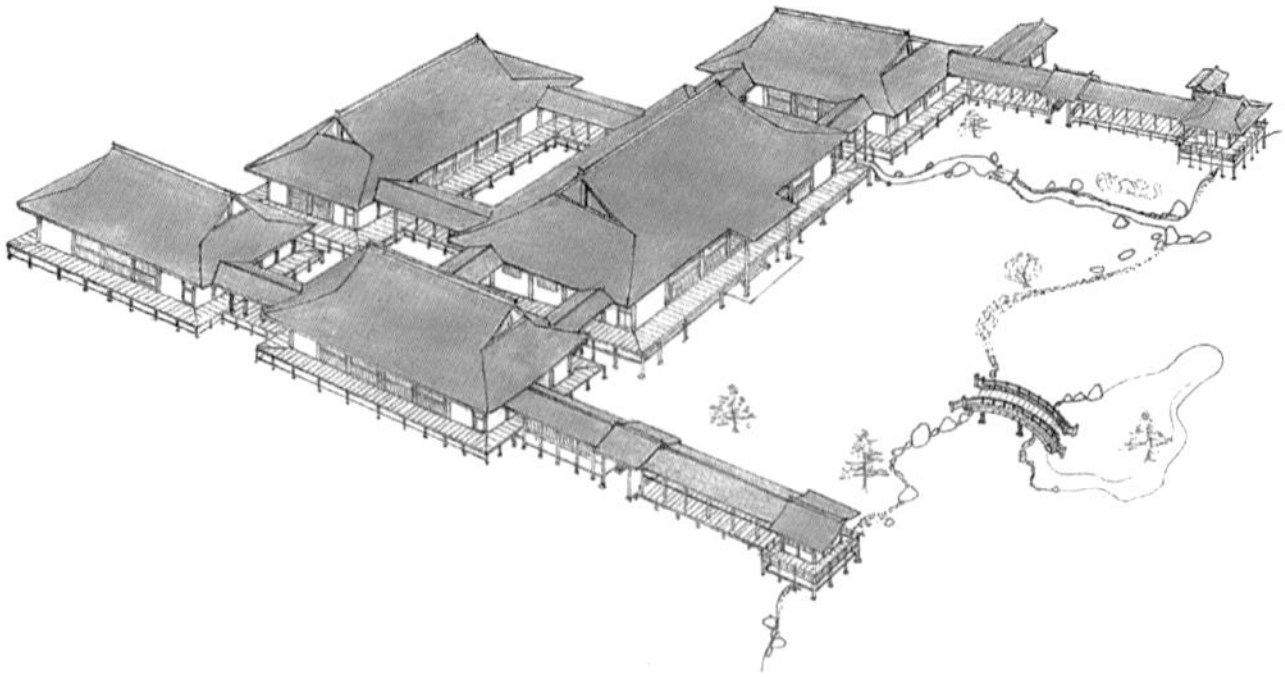

図１　平安貴族の邸宅想像図（南西から）

章の目的の一つです。ここからは、これまで数多く実施されてきた平安京跡の発掘調査の例をいくつか取り上げ、元の姿を想像して描いた復元図を参考にしながら、平安京にあった邸宅の姿をご紹介したいと思います。

その中で、文献史料の『延喜式《えんぎしき》』は二章でも説明しましたが、平安時代中期に編纂された律令の施行細則「格式」のことで、三代格式の一つとしてまとめられた法典のことを指し、平安京の付図には邸宅名などが書かれてあり参考となる重要な史料で、図3のように平安京の構造を知ることもできます。また、『拾芥抄《しゅうがいしょう》』は、『口遊《くちずさみ》』『二中歴《にちゅうれき》』などの系列に属する百科全書で、成立は鎌倉時代後期から南北朝期とされ、平安京関係では、宮城指図、八省指図、東・西京図などの付図があり、部分的にも京内の邸宅名や所有者などを知ることができます。いずれも平安時代や平安京を知るうえで欠かせない重要な史料（いずれもネット検索可能）として知られています。

ここでご紹介する平安京跡の発掘調査成果をまとめた報告書は、その大半を担当した京都市埋蔵文化財研究所のＨＰ「各種資料」からも検索して閲覧が可能なので、ご利用いただきたいと思います。

遺跡復元図を制作するにあたっては、長宗繁一氏、前田義明氏、南孝雄氏、山本雅和氏、丸川義広氏、網伸也氏のほか、多くの調査経験者や現職の方から貴重なご意見を賜りながら作図しています。

そのほか、調査機関名は、これまで京都市内で数多くの発掘調査を担当している京都市埋蔵文化財研究所については、以下「埋文研」と略して表示し、それ以外は調査機関名を掲載しています。

ここで取り上げるのは、平安京右京の五ヵ所と、左京の一ヵ所の六ヵ所（図2）です。邸宅名がわかるものもありますが、不明なものは遺跡がある場所の条坊《じょうぼう》名や施設名を標記しています。

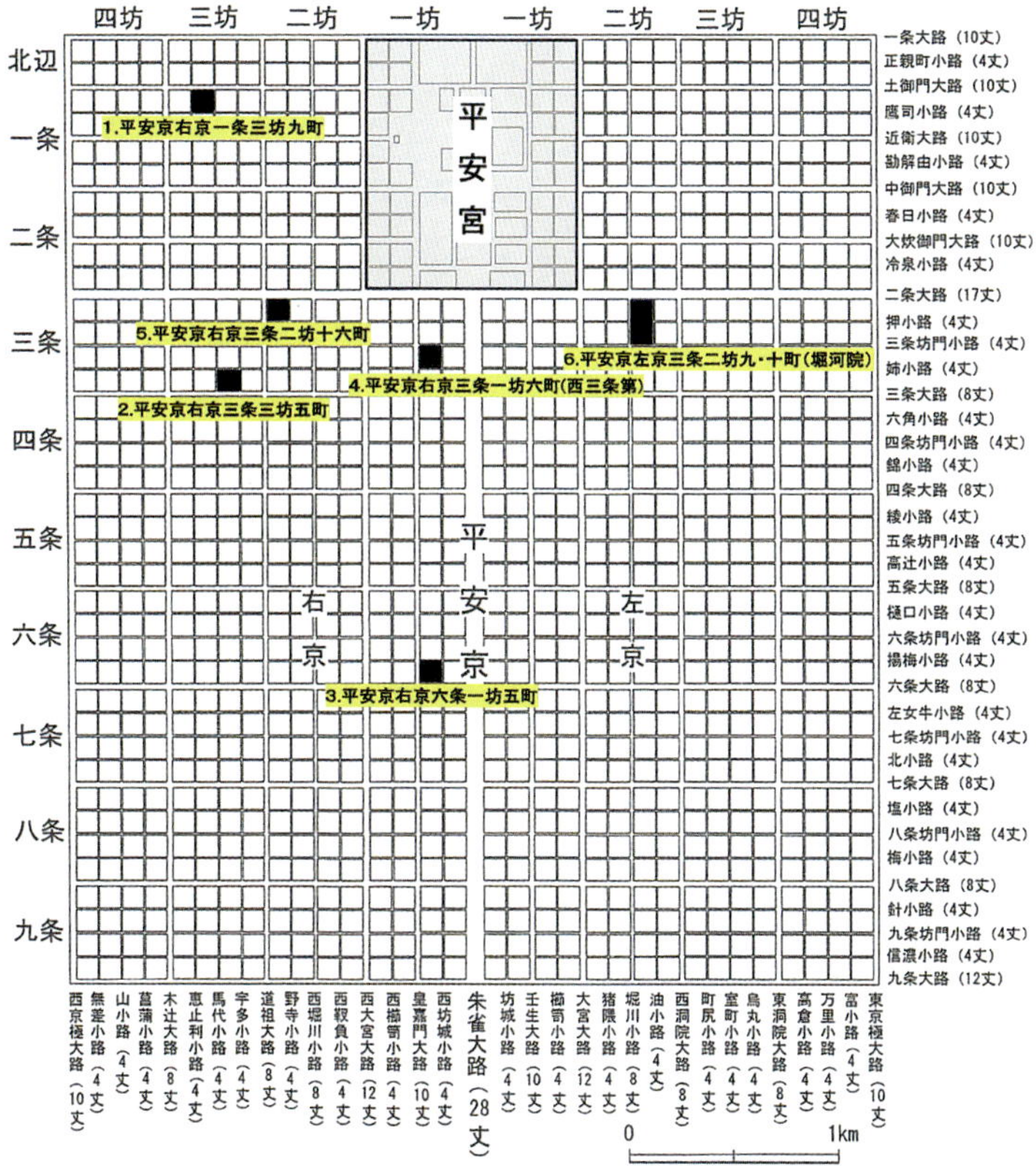

図2　平安京条坊復元図とこの章で紹介する6ヵ所の位置図

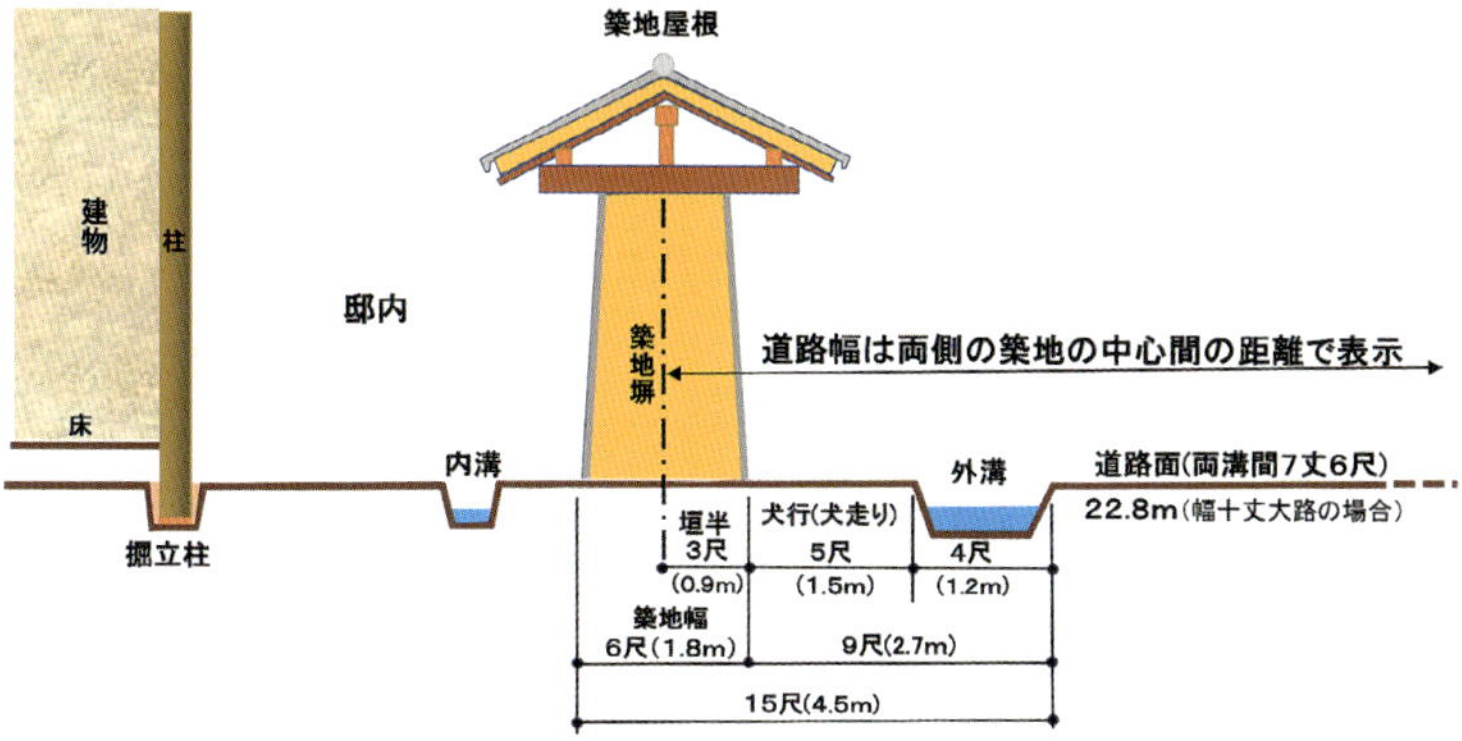

図3　『延喜式』による大路（10丈幅）の築地部分の断面寸法図

1 平安京右京一条三坊九町跡

京都市北区大将軍坂田町・京都府立山城高等学校

調査場所は、仁和寺《にんなじ》街道と馬代《ばだい》通りの交差点西南にある京都府立山城高校で、名勝雙ヶ岡《ならびがおか》（双ヶ岡）の東方、花園にある臨済宗妙心寺派大本山妙心寺《みょうしんじ》のすぐ東側に位置します。この高校の校地は、平安京西北の平安京右京一条三坊九町（図4）の全域と十町の北半分に該当し、昭和五十四年（一九七九）度と翌五十五年度に発掘調査が行われ、その後、京都府教育委員会や京都府埋蔵文化財調査研究センターにより、これまで十次にわたる調査が実施されてきています。[2]

この邸宅跡は、平安京遷都から間もない平安時代前期（八世紀末から九世紀初頭）に建てられたとされる遺構（図5）で、正殿を中心に、後殿と正殿の左右に二棟ずつ四棟の脇殿《わきでん》を備えた、寝殿造の原型ではないかと評価され、その内、主要部分は京都府指定史跡として保存されています。

正殿は、建て替えのため拡張されており、これまでさまざまな復元案がありました。今回の復元図では、従前の身舎《もや》の南北に庇《ひさし》、南側にはさらに孫庇が取り付く建物として復元されているのを変更し、長宗繁一氏の復元案[3]を採用して、東西七間（二七・三メートル）、南北二間（七・八メートル）の身舎に、南と北に三・九メートルの庇が付く両面庇の平安京では最大規模に属する建物、（平面二一メートル×一五・六メートル、面積三二七・六平方メートル）とし、正殿を中心とした主要建物のエリアのみを描いた復元図（図6）としています。正殿を中心としたシンメトリックなコの字形の建物配置を特徴とし、後の寝殿造とは異なり、各建物を渡廊などではつなげていないようで、雨天時の建物間の移動は大変かと思われます。このような建物配置は、平城京の邸宅、あるいは長岡京左京二条二坊十町跡のほか、最近見つかった長岡京左京三条三坊十六町跡（一町の南西部に設けられた正殿は、五間×二間の身舎に一間の南庇あるいは北庇を持つ建物で、東西一三・五メートル。東側に脇殿とみられる二棟の南北棟の建物が見つかっている）[4]のほか、先にご紹介した長岡京左京東院跡や、平安宮内裏内の建物配置に似た官衙《かんが》風の雰囲気を持つ邸宅です。

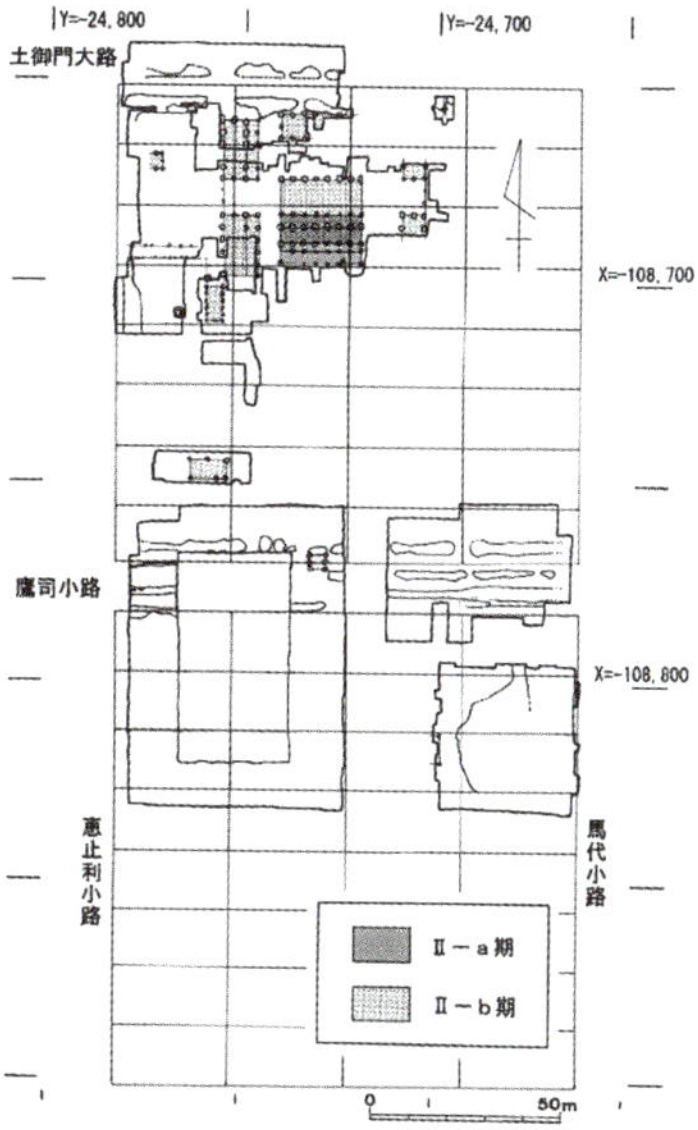

図5　検出遺構平面図（註(2) 平良泰久ほか「平安京跡（右京一条三坊九町）昭和55年度発掘調査概要」より転載）

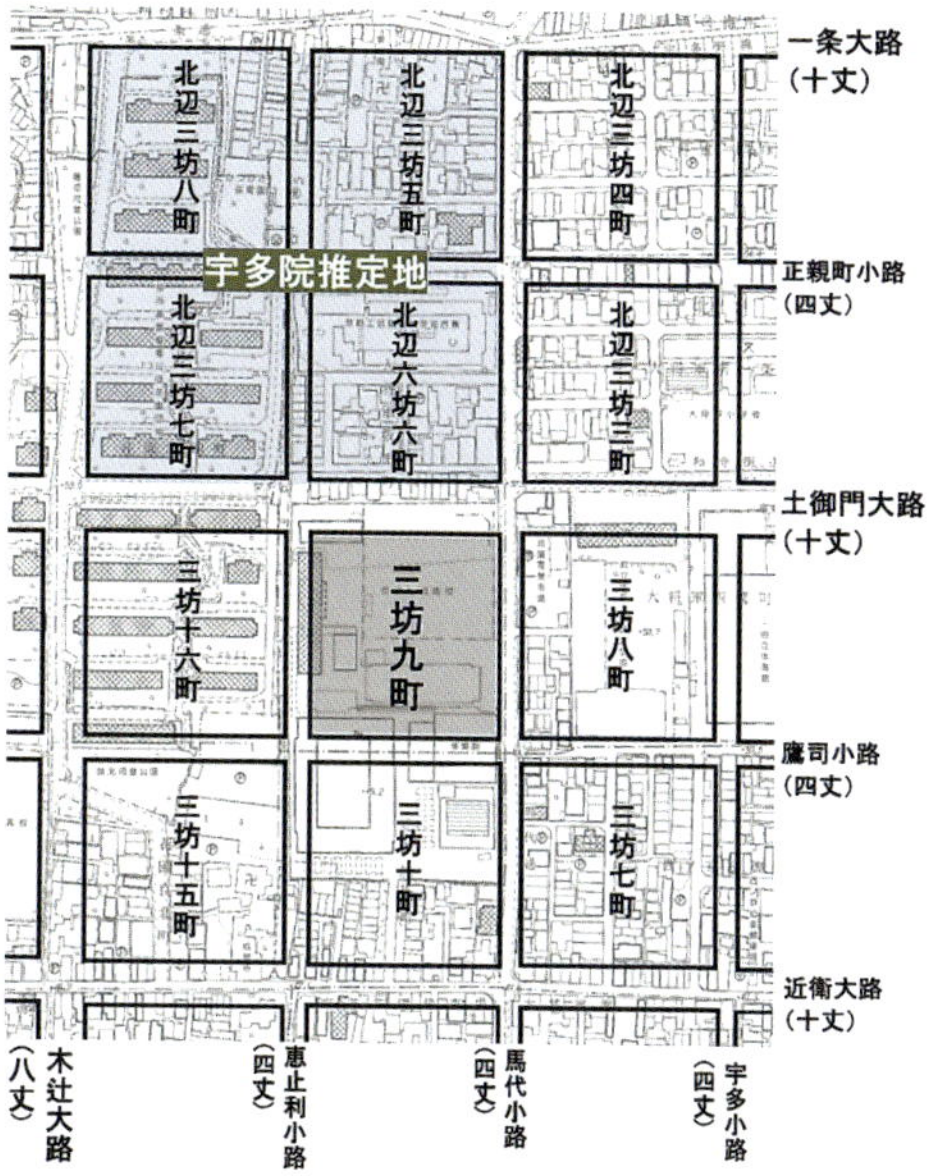

図4　右京一条三坊九町付近の条坊復元図と調査位置図

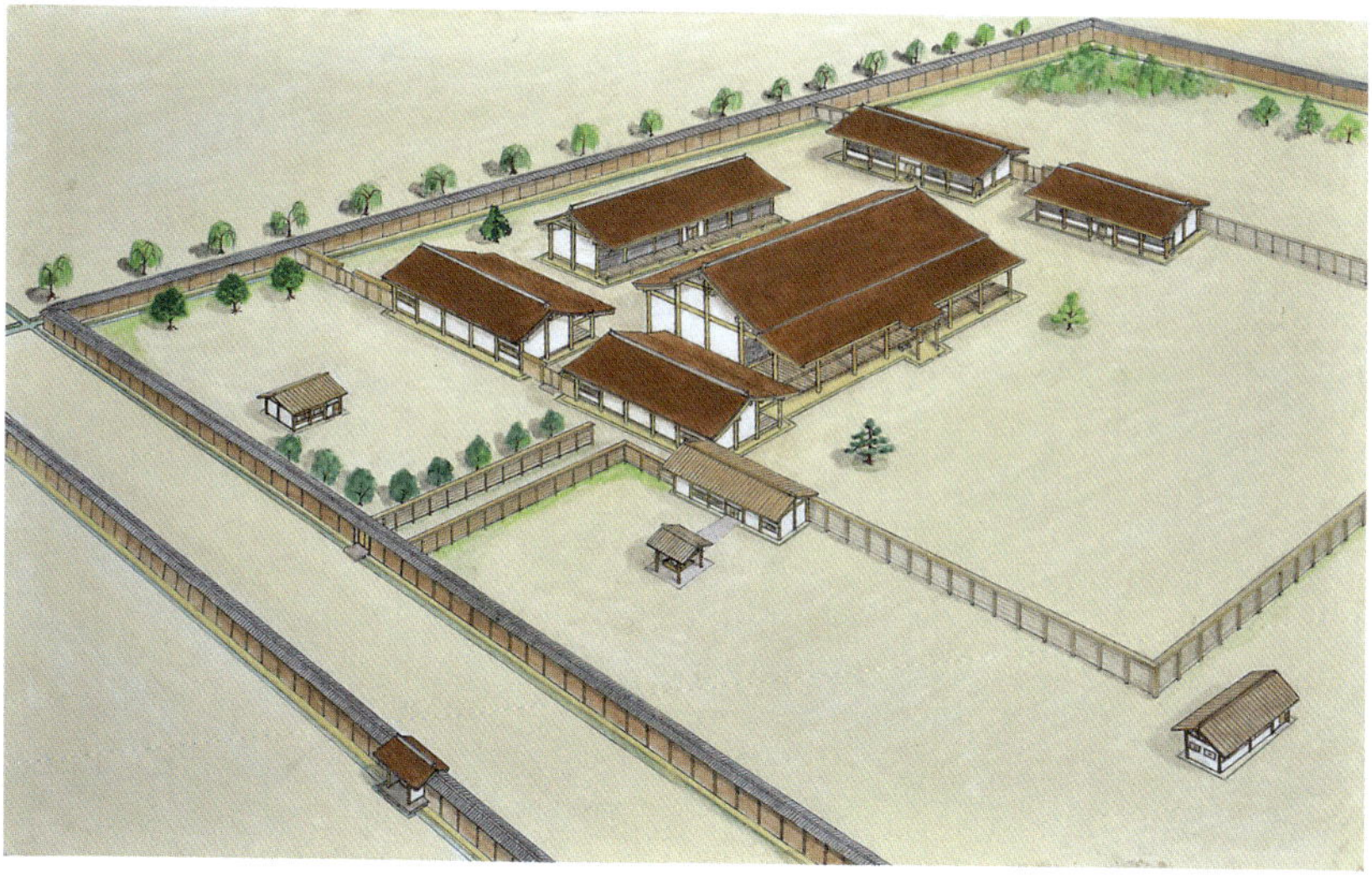

図6　右京一条三坊九町の復元図（南西から）

正殿の南側からは、これまで池跡などは見つかっておらず、鷹司小路《たかつかさこうじ》を隔てた南隣の十町の東北から、九世紀前半の大規模な池跡が見つかっており、九町の正殿規模からして、鷹司小路を含めた南北二町規模の邸宅であった可能性も捨てきれませんが、この両方の町も史料に登場せず、邸宅主は不明です。九町南辺には、南北中心ラインよりやや西に外れて鷹司小路に開く一×二間の小規模な門跡が検出されていますが、大規模な正殿を持つ邸宅にしては門が余りにも小さく、脇門と考えるのか、他の道路側に正門が設けられていた可能性も考慮する必要がありそうです。

正殿の西脇殿南側の建物の西側から井戸跡が見つかっており、報告書でも建物と付属する井戸は、厨屋《くりや》の可能性があるとされています。さらにその西側からは二列の柱列が見つかっていることから、西築地《ついじ》から恵止利《えとり》小路へ出入りできる穴門があった可能性が考えられ、復元図では埋門《うずみもん》（穴門）とし、築地塀は仮に瓦葺として描いています。

この、平安京右京北域で見つかった九町の建物配置は、後の寝殿造へ発達する前段階の邸宅とも考えられ、北側の土御門《つちみかど》大路北には、『拾芥抄』によると四町（二五二メートル四方）を占める宇多《うだ》上皇（八六七〜九三一）の後院《ごいん》（退位後の住まい）である宇多院があったとされ、調査関係者は、その近くにあるこの邸宅の主を桓武《かんむ》天皇の従兄弟で右大臣の神王《みわおう》、あるいは大納言壱志濃王《いちしのおう》のほか、桓武天皇の第三皇子である伊予《いよ》親王などを候補にあげています。[5]

なお、宇多院があったとされる右京北辺三坊五・六・七・八町については、史料上での宇多院と宇多小路が不一致なため再考が必要であるとする意見もあります。[6]

2 平安京右京三条三坊五町跡

京都市右京区西ノ京桑原町一番地・島津製作所敷地内

調査場所の島津製作所は、二〇〇二年（平成十四）にノーベル化学賞を受賞した田中耕一氏を輩出したことでも知られ、精密機器、計測器、医療機器、航空機器などを製造する京都を代表する大企業の一つです。同社は、地下鉄東西線「西大路御池駅」の南西に本社（三条工場）があり、敷地が広大なため、平安京跡では右京三条三坊の三・四・五・六町および十一・十二町跡の六町域（図7）に含まれ、工場内ではこれまで埋文研やそのほかの調査機関も含めて、数多くの埋蔵文化財調査が行われてきています。

その内、ご紹介するのは、三坊五町跡の調査で、『拾芥抄』右京図によると、隣接する右京三条三坊十一町、十二町と併せて平安時代後期以後には棲霞寺《せいかじ》領と記され、棲霞寺（栖霞寺）とは、左大臣源融《みなもとのとおる》の別業「棲霞観《せいかかん》」（現、清凉寺）に由来するとされ、所有者については不明となっています。

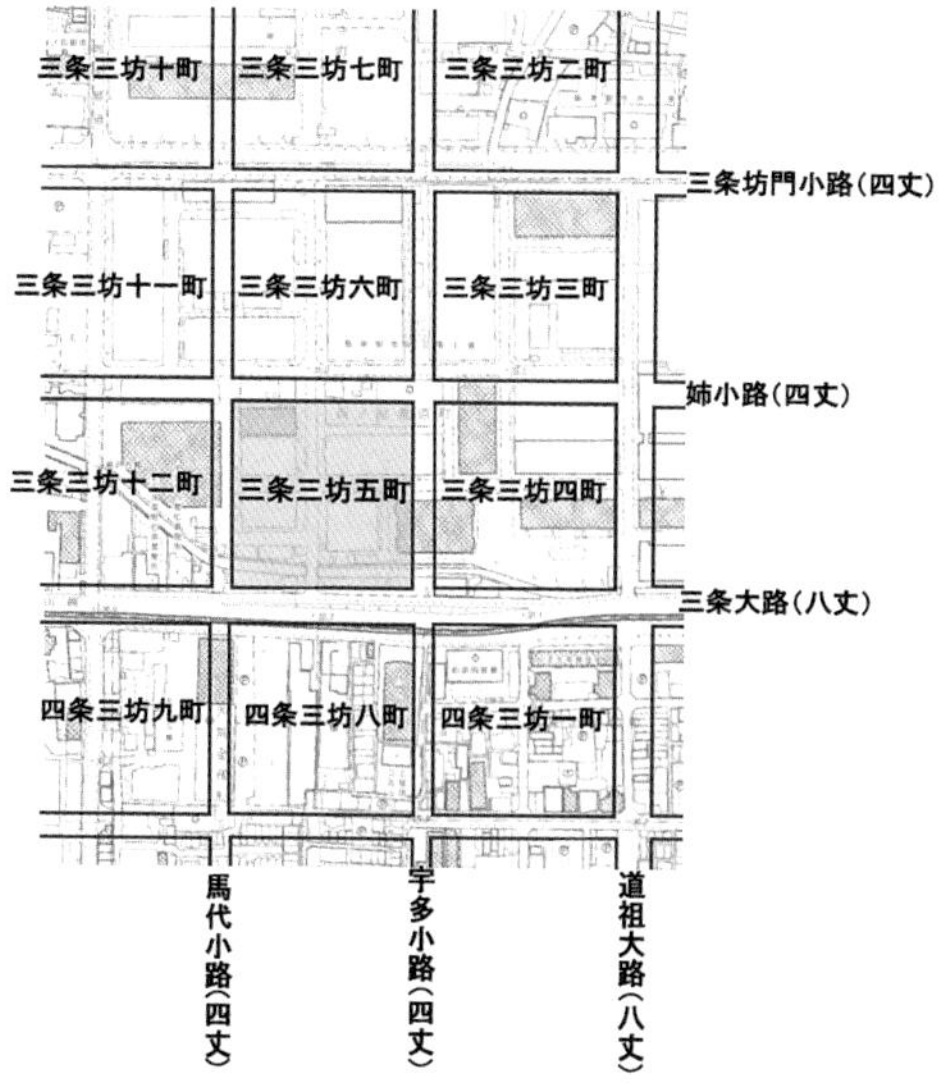

図7　右京三条三坊五町付近の条坊復元図と調査位置図

一九八五年（昭和六十）、一九八八年、二〇一七年の三回、埋文研が発掘調査を実施し、平安時代前期の大型建物を含めて、これまで新旧九棟の建物跡（図8）が検出され、その成果はそれぞれ報告されています。[7] 五町の北東域からは、東・西に並列して東西棟の掘立柱建物二棟を検出。東側の建物SB20は、東西五間以上、南北二間の身舎に南面庇が付く建物に復元されています。そのうち、西側の建物2（SB21）は、東西六間、南北二間の身舎に南面庇が付き、規模は柱間心々間距離で、東西約一四・四メートル、南北約七・二メートル（面積約一〇三平方メートル）で、東側の建物とは柱間が共通することから両建物は同規模とみられるとされています。

五町の南半やや東寄りからは、二棟の大型建物が検出され、西側の建物SB55は造り替えがあり、東西二間、南北

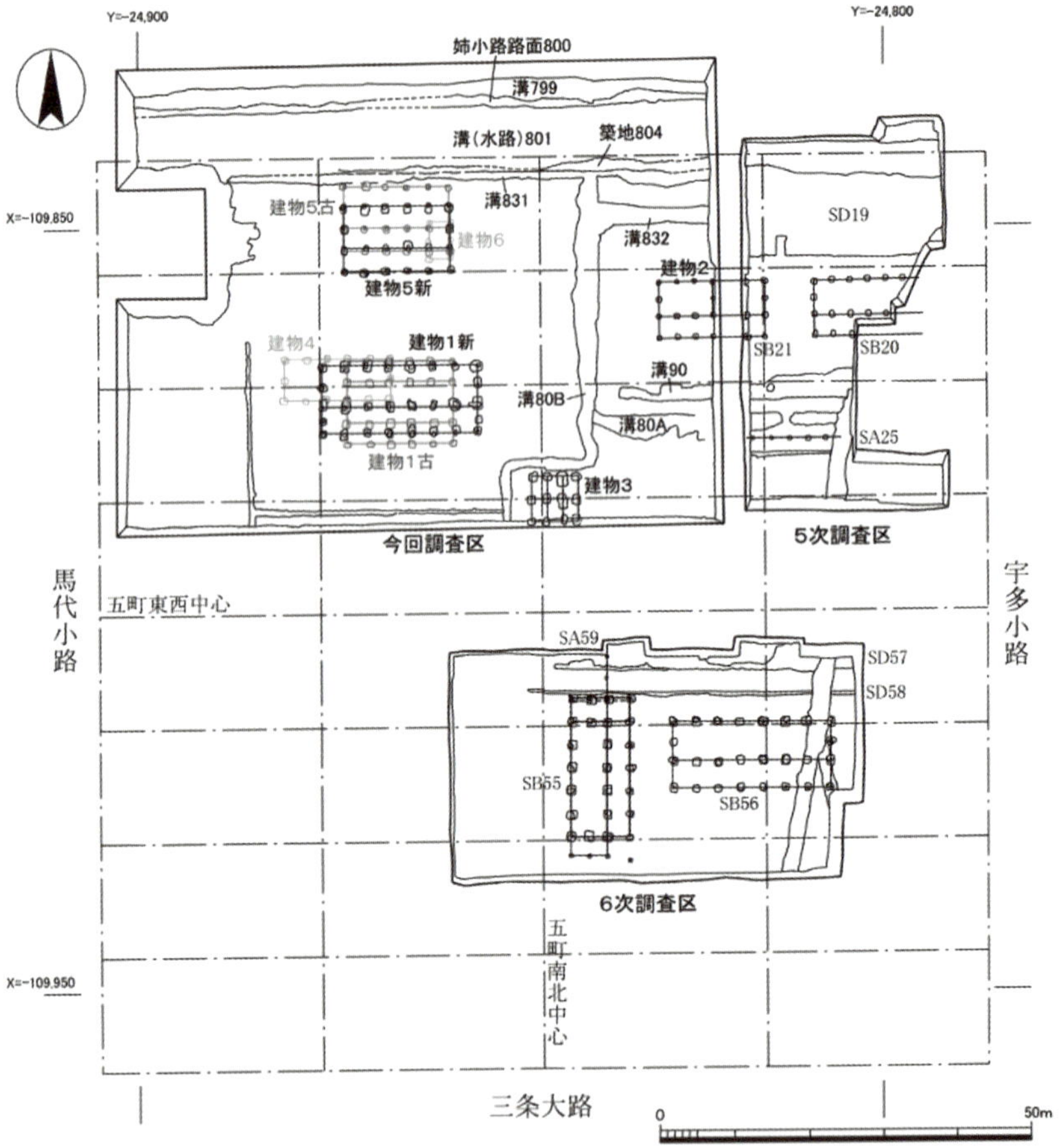

図８　検出遺構平面図（註(7)山本雅和ほか『平安京右京三条三坊五町跡　京都市埋蔵文化財研究所発掘調査報告2017-15』より転載）

五間の身舎に東面庇が付き、規模は東西七・八メートル、南北二〇・七メートル（面積約一六一平方メートル）の南北棟の掘立柱建物で、報告では南と北に縁が取付くとされています。東側の建物ＳＢ56は、東西七間、南北二間の身舎に南面庇が付く東西棟の掘立柱建物で、規模は東西二一メートル、南北八・四メートル（面積一七六・四平方メートル）で、この両建物は、身舎の北側柱筋が一直線に並ぶことから二棟の建物が計画的に建てられていることがわかります。

五町の北半西側からは、南と北に二棟の建物が検出されています。南側の建物

1新は、同じ位置に重複して建て替えがあり、新しい建物は東西棟の掘立柱建物で、東西七間、南北二間の身舎に南面庇が付きます。規模は東西約二一メートル、南北約九メートル（面積一八九平方メートル）で、東端・西端の柱筋には、身舎と庇の柱の中間に別の柱穴があり、建物周囲には雨落溝を兼ねた排水溝を巡らせています。この建物の西北からは、先行する五×二間の建物が見つかっています。この建物1の北側約一三・八メートルで検出された建物5も、建て替えが認められ、新しい方の建物5新は、南の建物とは中軸を揃えて建てられ、東西五間、南北二間の身舎に南面庇が付く東西棟の掘立柱建物です。規模は、東西約一四・三メートル、南北約八・四メートル（面積約一二〇平方メートル）で、建物跡からは建築用の足場穴とみられる柱列が検出されており、南の建物1からも同類の穴が見つかっています。この建物内の南東部からは、先行するとみられる二×一間の建物（建物1古）が見つかっています。

そのほか、この建物のすぐ南西からは、建物2に沿って東西方向に塀跡と思われる七ヵ所の柱列が見つかっており、六町の中央やや北では、東西三間、南北二間と推定される東西棟の総柱建物が検出されています。規模は東西約六・三メートル、南北約六メートル（面積約三八平方メートル）で、倉庫建物と考えられています。この建物の柱穴は浅く、河原石が詰められていることなどから、調査者は河原石の上に土台となる材を組んで柱を立てた構造も考慮されると述べています。

この五町からは、九世紀前半頃とみられる「政所備《まんどころそなえ》□」「東館」「院客」「斎」「泉」「屋」などの墨書土器《ぼくしょどき》や、「旨《し》」銘軒丸瓦などの遺物が出土しています。そのうち「政所備□」の墨書土器は、建物2の西にある南北の溝80Bから出土していることから、建物2が「政所」であった可能性があります。「政所」とは厨房や工房の機能も合わせ持っていることから、北東域のエリアは、邸宅の生活を支える施設が集まる家政機関の区画であったと考えられています。

そのほか、報告書の中で吉野秋二氏は、二点出土した「齋」と書かれた墨書土器について、嵯峨《さが》天皇第十二皇子の源融と棲霞寺領とのつながりから、嵯峨天皇の子女で斎王となった有智子内親王《うちこないしんのう》（賀茂斎王）と仁子《じんし》内親王（伊勢斎王）の二人をあげていますが、両者ともにこの五町との関係を直接に示す史料は存在しないとされています。また「旨」

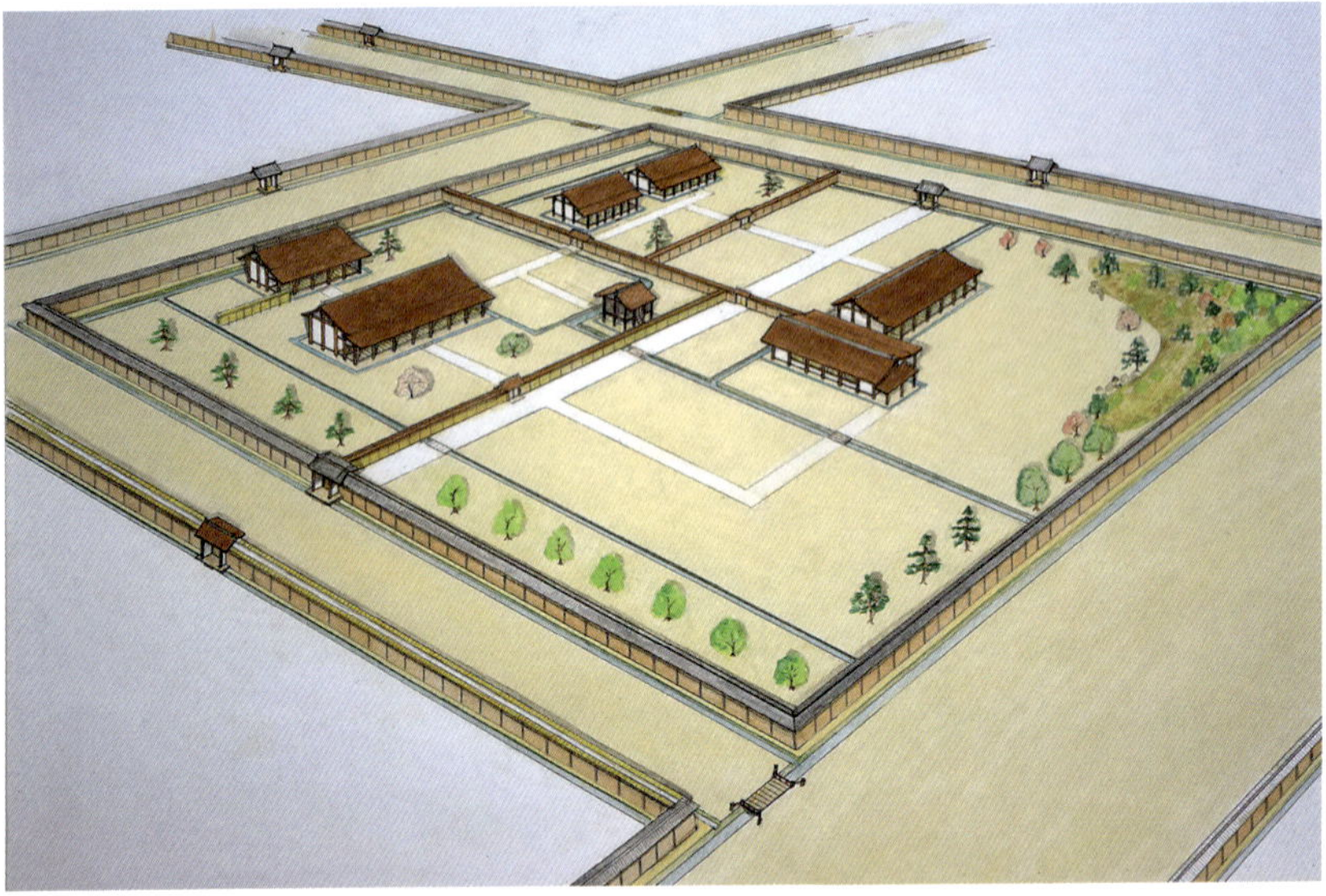

図9　右京三条三坊五町復元図（南西から）

銘軒丸瓦の旨は、天皇のための物資調達にあたった勅旨所《ちょくしょ》[8]との関係が注目され、邸宅の主が天皇家に関係した人物である可能性もあると指摘されています。

なお、この場所から出土した平安時代の遺物から、この邸宅は平安京遷都後すぐに造られ、平安時代前期の九世紀前半には早くも廃絶したとされています。

復元図（図9）は、一町規模の邸宅として復元し、溝のあり方から、北域の東・西と、南の三地区に分け、中央東西に路を通し、南東隅が殺風景なため築山を描いています。五町の南西部は未調査ですが、報告書に敷地内の排水が集まることから、未発見の多数の建物があったとは考え難いとされ、ここには建物を描いていません。

3 平安京右京六条一坊五町跡

リサーチパーク内

JR山陰線「丹波口駅」の西方、大阪ガス京都工場跡地東地区再開発（京都リサーチパーク）にともなって、一九八七年

（昭和六十二）九月から翌年四月まで埋文研により約一万平方メートルを対象に発掘調査が行われました。一九七六年に埋文研が発足してから一〇年目の平安京跡でも最大規模の調査現場でした。この付近一帯は、京都市中央卸売市場第一市場の建て替えや、五条通り拡幅工事などを含めた市街地再開発が盛んに行われた地区で、多くの場所で発掘調査が実施され、平安京右京跡の実態解明がとくに進んでいるエリアでもあります。調査地の大半は五町跡内（図10）に含まれ、北の一部が六町にかかり南側は六条大路となります。

調査したこの敷地の南西には、一九二八年に建設され、一九七八年に撤去された円筒形で直径六〇メートル、高さ四〇メートルを超える巨大なガスタンクが存在していたため、その部分はすでに遺跡が消滅していました。『拾芥抄』では五町は空白地で、邸宅主などは不明、調査報告書[9]によると、平安時代前期の邸宅（図11）および平安時代終末から鎌倉時代にかけての町屋の遺構が検出され、この邸宅遺構はこれまで初期の寝殿造の調査例として広く紹介されてきています。

この調査で注目されるのは、五町の東寄り四分の三を占める平安時代前期（九世紀末から十世紀初頭）の邸宅の建物跡で、邸宅内は柵で南北に二分され、南域に主要な建物が設けられ、北域には雑舎《ぞうしゃ》などの建物が配置されていることが明らかになったことです。

東南域の主要な建物群は、正殿（SB14）を中心として、西・北・北東・南東方向に対屋四棟が建ち、正殿と西対、北と北東および南東の対屋は廊で結ばれており、これが初期段階の寝殿造の姿と考えられています。

調査では、正殿から北の対屋（SB11）と東方の対屋へ渡るための渡廊跡は見つかっていないことから少し不自然ですが、正殿と北の両建物は中心を南北に揃えて建てられていることが判明しています。そのほか、門については正殿東側の西坊城小路に面して開くと考えられています。

正殿の東・西の建物は、従前から考えられている左右対称形とされる寝殿造とは異なり、その中心線に対し非対称の配置となっており、さらに、正殿から南の六条大路との間が狭く、そこには池などを設けるスペースを確保するの

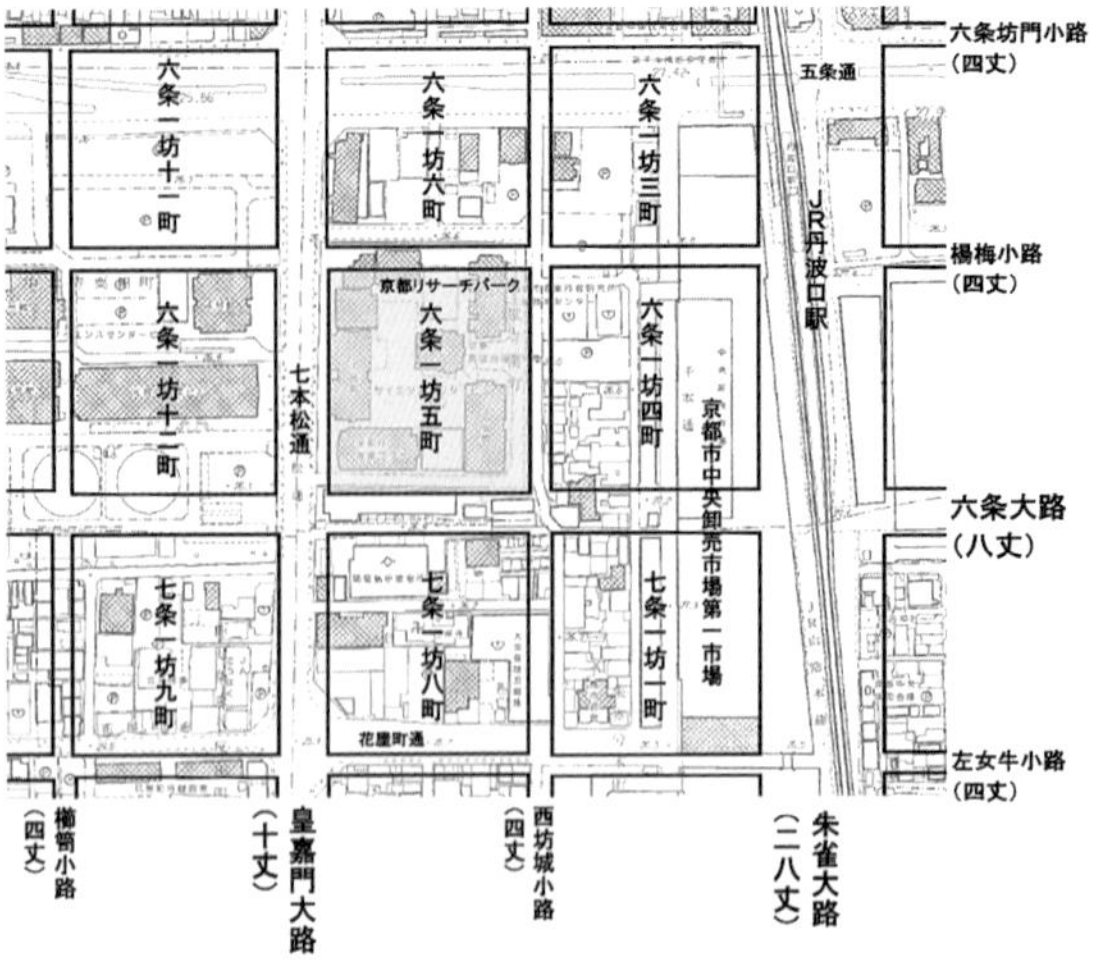

図10　右京六条一坊五町付近の条坊復元図と調査位置図

は困難で、正殿の前面には園池などは存在しなかったようです。

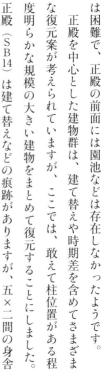

正殿を中心とした建物群は、建て替えや時期差を含めてさまざまな復元案が考えられていますが、ここでは、敢えて柱位置がある程度明らかな規模の大きい建物をまとめて復元することにしました。正殿（SB14）は建て替えなどの痕跡がありますが、五×二間の身舎に四面庇が付く東西二〇・七メートル、南北一一・九メートル（面積約二六七平方メートル）の東西棟の建物で、北の対屋（SB11）は八×三間の身舎に南庇が付き、規模は東西一九・二メートル、南北一六・八メートル（面積三二二・五平方メートル）の東西棟の建物、西の対屋は五×二間の身舎に四面庇が付き、規模は南北一八メートル、東西一〇・八メートル（面積一九四・四平方メートル）の南北棟の建物、南東の建物（SB22）は四×二間の身舎に推定四面庇が付くとみられ、規模は復元値で東西九・九メートル、南北一二・二メートル（面積一二一・八平方メートル）の南北棟の建物と推定されています。東北の対屋（SB16）は六×二間の身舎に西と南に庇が付く南北一七・二五メートル、東西七・六五メートル（面積一三二平方メートル）の南北棟の建物とみられます。北域の雑舎は、南の中心線の北延長線上に身舎のみの建物と、その東西にやはり非対称に建物が配置され、所謂「ケ」の場であることは明らかだと思われます。ここからは井戸跡が一基と南域でも一基の、二基の井戸跡が見つかっています。

この調査が行われた一九七九年頃は、先述の京都府立山城高校で見つかった大規模な邸宅遺構の発見から八年目で、当時はまだ平安京内の邸宅跡の検出例も僅少で、平安時代前期邸宅跡の貴重な発見例となりました。この調査現場を見て最初に驚いたのは、正殿のすぐ南側が六条大路で池などを設ける空間はなく、正殿地区は一町内の南東に偏っており、西側には目立った遺構が見つかっていないことでした。初めにも書いていますが、これまで教科書や歴史図書、建築史関係の図書などに紹介されてきた寝殿造のイメージでしか寝殿造を考えてこなかったため、このような建物配置が寝殿造なのかと最初は疑問に思いました。しかし、この現場を見てからは、考古学は先入観を払拭して遺構を見ていくことが大切であることを改めて痛感させられました。

調査後は、施主側により、明らかになった寝殿造の遺構を四〇分の一の模型で復元し、リサーチパーク内の中庭にある建物内に「平安貴族のくらしと文化展示室」が設けられ、出土遺物を含めて展示（普段は未公開）されました。現在の上皇もかつて天皇のときにこの模型を見学されています。この邸第の復元に関しては、復元模型が作られており、余り踏み込んだ復元は避けたいところですが、今回は敢えて平安時代前期に、三位以上の地位の高級貴族が、この六条一坊五町（一万四四〇〇平方メートル）を所有したと仮定して、復元を試みてみました。

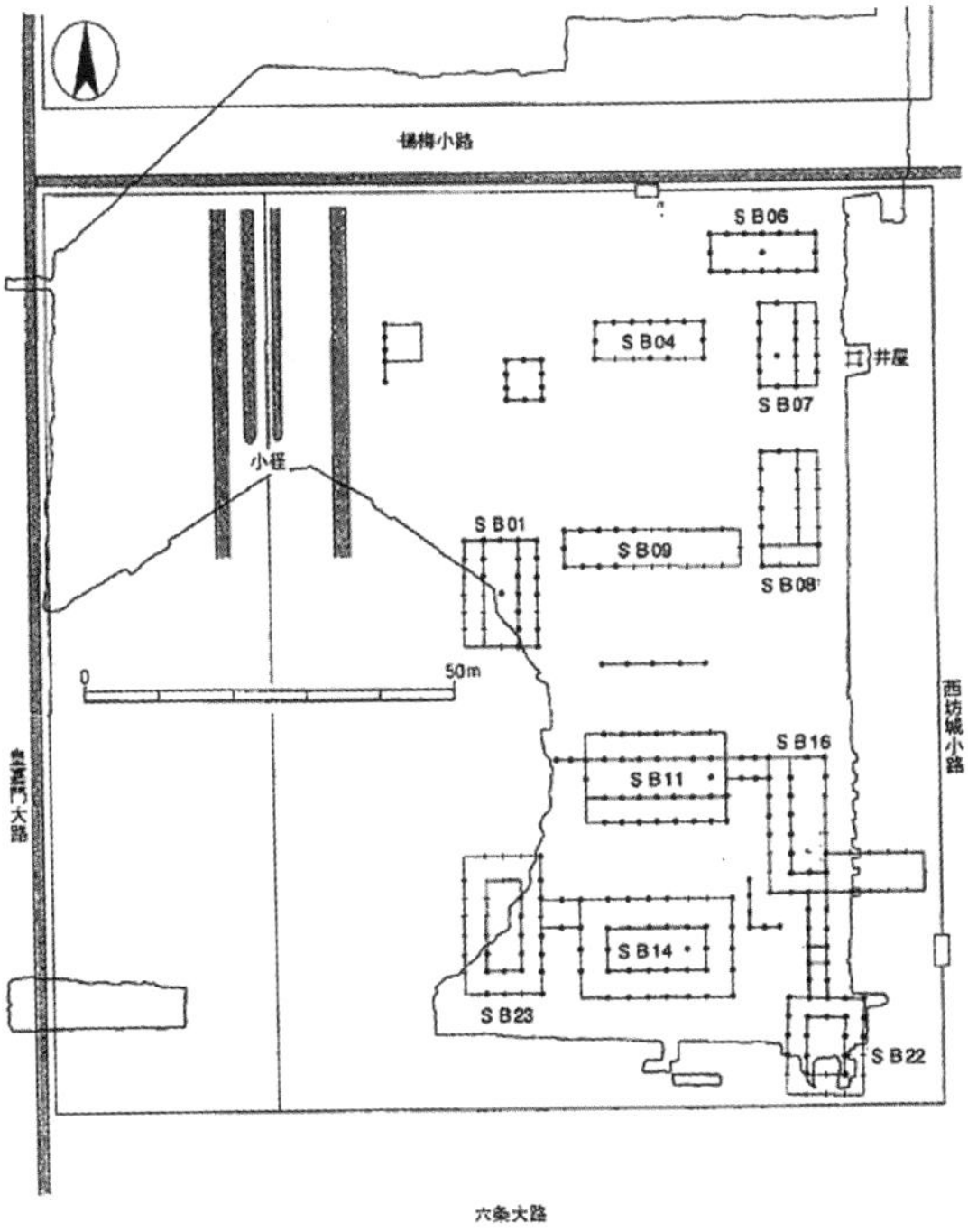

図11　検出遺構平面図（註(17)より転載）

平安時代前期の邸宅にともなう園池については不明な点が多く、調査では池跡などは見つかっていませんが、かつてガスタンクがあって深く掘り返されている五町の南西に園池を想像復元して描き、正殿西側の対屋を西側の庭園向きの建物として描いています。北側の雑舎群に

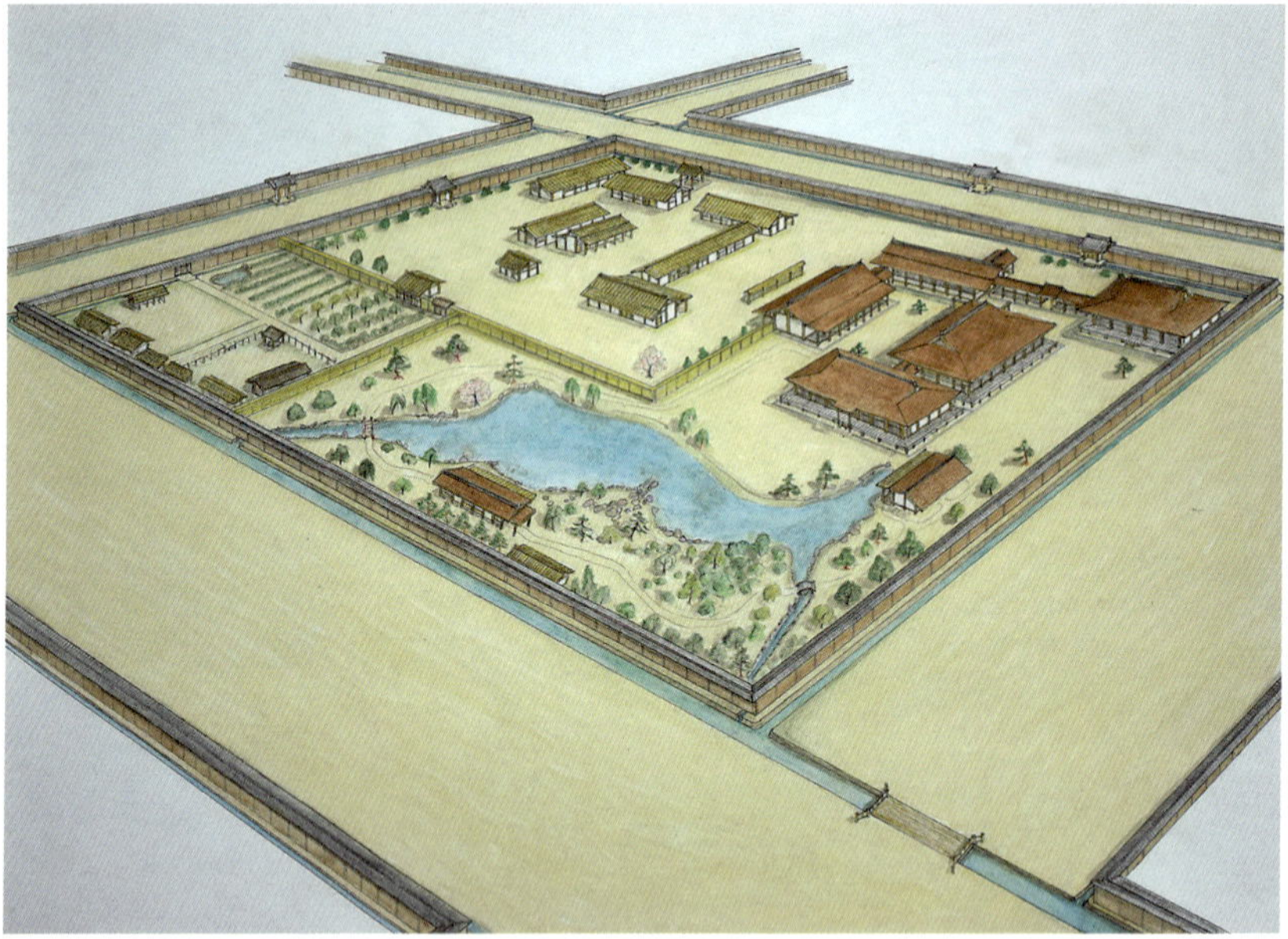

図 12　右京六条一坊五町復元図（南西から）

ついては、通常は規模の大きな邸宅では、ハレの場以外に邸内の家政機関の機能を持つ政所が置かれて、邸宅の維持管理を担当する例があります。寺院の例では、貞観十五年（八七三）の『広隆寺《こうりゅうじ》資財帳《しざいちょう》』「政所町」には、倉、政所、厨屋、大炊屋《おおいや》、湯屋、厩屋、門、客坊などの建物があったことが書かれてあります。北半で検出された建物群はそのような家政機関の建物とも考えられますが、ここではそのような区別をせず一般的な当時の建物として復元し描いています（図12）。

さらに、報告書では、五町の西北は湿地で建物を建てるのには不向きな空閑地として理解されています。『続日本紀《しょくにほんぎ》』承和五年（八三八）七月一日条では、平安京の邸宅内空閑地では、稲は不許可であるが、湿地の場合は、水葱《なぎ》、芹《せり》、蓮《はす》の類の栽培は可能とあり、今回はその部分を畑地として描いています。なお、最近、五町の新たな復元案[10]が長宗繁一氏から示されていますが、ここでは従前の報告書の図に従って復元しています。

4 平安京右京三条一坊六町（西三条第）跡

京都市中京区西ノ京御倉町ほか・佛教大学二条西キャンパス

平安宮に近いこの右京三条一坊六町跡内（図13）では、二〇二〇年（令和二）までに一一回の埋蔵文化財調査が行われ、一町規模を有する邸宅北半分（図14）がほぼ発掘調査された珍しい例となっています。

場所は、ＪＲ山陰線二条駅のすぐ西側にあたり、近年に行われた駅周辺地区の都市再整備事業により、道路整備などが広範に行われ、社屋ビル、マンションなどのほか、大学キャンパスなどの進出が相次いでいるエリアでもあり、それにともなって埋蔵文化財の発掘調査場所も増加しています。

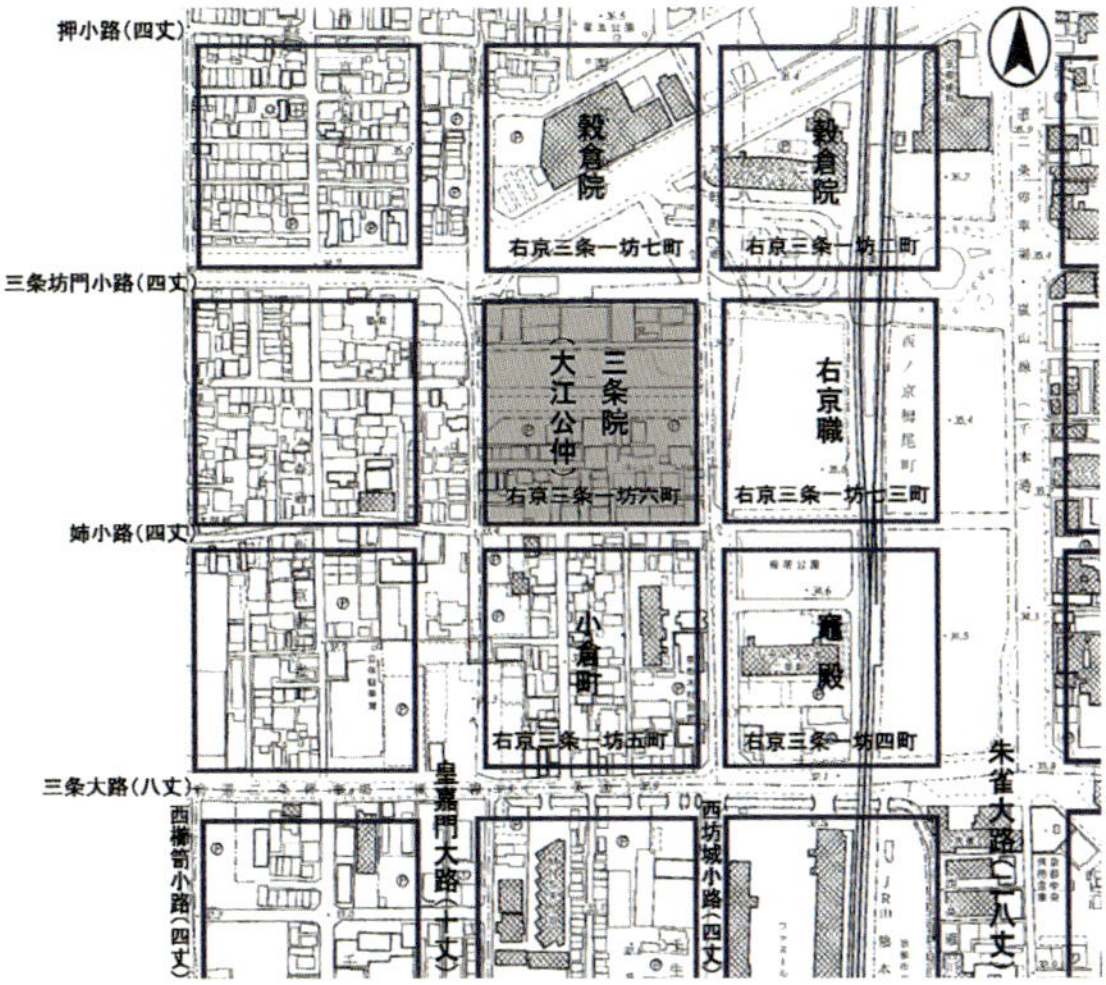

図13　右京三条一坊六町付近の条坊復元図と調査位置図

六町内の中央付近で埋文研が行った一九九五年（平成七）の調査では、洲浜をともなう園池跡やその東岸が検出され、この池は九世紀初頭頃に成立し、九世紀後半に改修され、十世紀頃まで存続していたことが明らかとなっています。さらに六町からは一九九八年の調査[11]でも、掘立柱建物跡や柵列が検出されています。

北西域では二〇〇八年に行われた古代文化調査会の発掘調査[12]では、邸内北半西側から南へ広がる平安時代前期の洲浜を持つ池跡や建物跡が見つかり、多くの出土遺物の中には墨書土器も含まれていました。

二〇一一年の埋文研による東北域の調査[13]では、九世紀初頭から

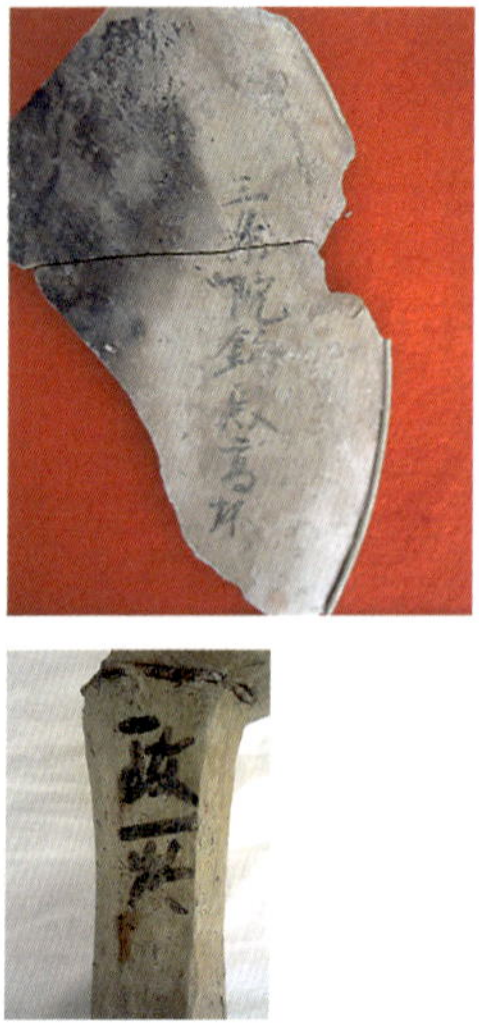

図15　墨書土器（高坏片）「三条院鈎殿高坏」と「政所」

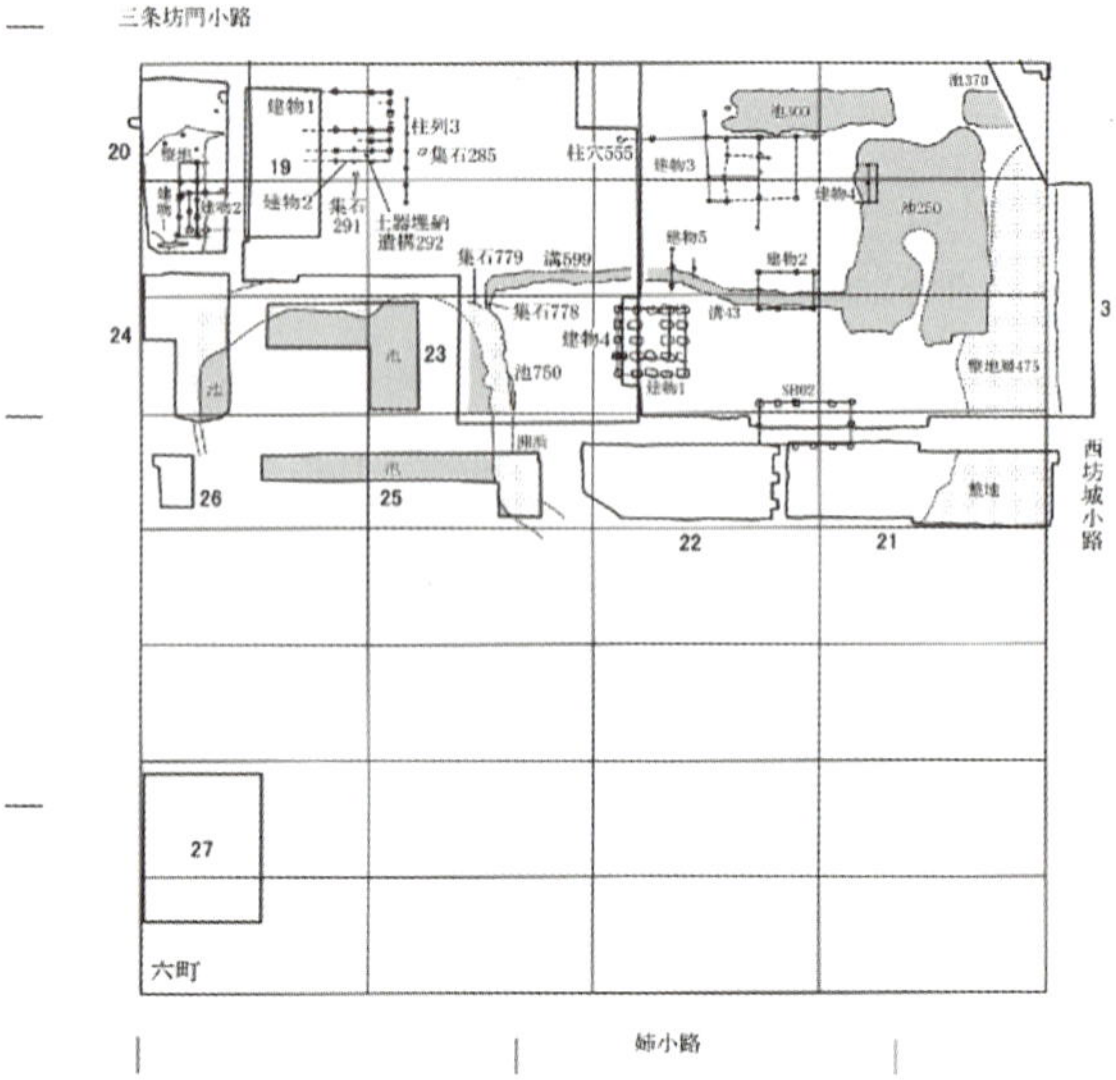

図14　六町内の四行八門制と検出遺構平面図（註(14)より転載）

中葉にかけての柱列や蛇行した溝跡、井戸跡、小規模な池跡などが見つかり、その時期の邸内はきわめて閑散とした様子であったとされ、その後、九世紀後半に入って、六町の東北と西側に池が掘られ、時期差のある建物跡もいくつか検出されるなど、同じ一町の邸内に二つの池を持つ邸宅であることが判明しました。この東北の調査で見つかった東西一八メートル・南北二四メートル規模の、洲浜をともなわない方形に近い池跡（最深部〇・九メートル）は、南岸から中央付近にあった中島につながる細長い土堤が検出されています。また、池の西岸には、釣殿とみられる南北二間（東西は不明）の建物が池に張り出し、その周辺の池底からは投棄された土器などの遺物が数多く見つかり、「三条院釣殿《つりどの》高坏」や「政所」（図15）と墨書のある土《は》師器《じき》の高杯《たかつき》など、七五点の墨書土器が出土しました。

この調査で、邸内北半中央部で見つかった堅牢な掘立柱の基礎を持つ建物4（図16）は、一間七尺で桁行三間、梁間二間の身舎に、東・南は七尺の庇、西側は九尺の庇を持つ建物であることが判明、この建物は、東西九メートル、南北八・四メートル（面積七五・六平方メートル）の大きさの南北棟建物で、強靭な掘立の基礎構造であることから、二階かそれ以上の建物と考えられ、

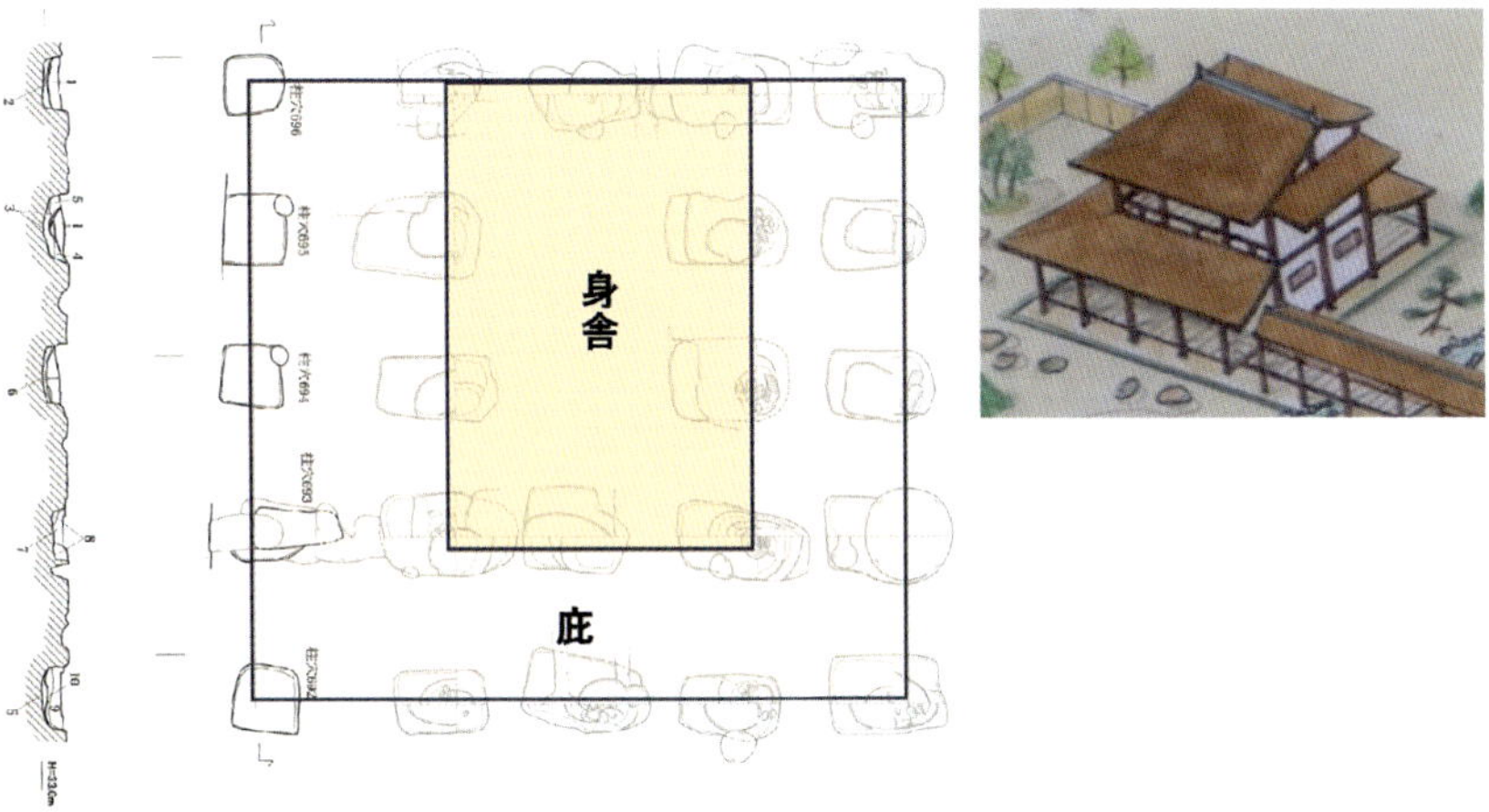

図16　六町北半の中央付近で検出された建物跡（建物4）実測図とその想像復元図（北東から）
(註(13)と註(14)より調査平面図を転載のうえ、合成・加筆)

西側の洲浜を持つ池と、東側の方形の池を含めて邸内を俯瞰できる楼閣建築というべき建物であったと考えています。

その後、二〇二〇年に行われた埋文研による六町北西側の調査[14]では、西側にある池（最深部で〇・四メートル）の北東部分の洲浜が検出され、東にある方形の池からこの池まで、ほぼ直線で四八メートルの溝（幅約一・四メートル、深さ約〇・四五メートル）でつながっていることが判明しました。この溝は水路として東北の池から途中で建物の下を通り、邸内の庭を東西に横断する遣水として機能しており、景観を含めて庭の重要な構成要素であったとみられます。またこの溝は、西の池へ合流する手前の屈曲部で幅が広く深くなっていることから、上澄みの水を西の池へ注いでいたと考えられます。

この調査では、東西三間以上、南北二間の身舎の南側に一間の庇を持つ建物も検出され、使用された時期は十世紀と十二世紀の二次期に分かれることが判明、平安時代前期段階で東西四三メートル、南北は二六・五メートル以上の洲浜をともなう大きな池が邸内の西から南へ広がっていることが改めて確認されました。この結果、邸内東北エリアについては、東側の池は深く「貯水池」のような役割を持つ私的なケの場の空間、西側は洲浜を備えた浅い大規模な池が存在することから、ハレの場の空間として位置づけられていたのではないかと

図17　出土時の仮名文字のある墨書土器片と接合後の実測図（実測図は註(13)より転載）

考えられています。

　この六町の調査で特筆されるべき成果として、九世紀後半代の仮名文字（図17）が書かれた墨書土器が多数出土したことです。それまで十世紀代から使われ始めたと考えられていた仮名文字が、さらに古く九世紀後半代までさかのぼることが明らかとなり、当時の都の中心地にあった高級貴族の邸宅内で出土したことを含めて、わが国の文字発達の研究史上に大きな成果をもたらす結果となり、一括して京都市の有形文化財（考古資料）に指定されています。

　このような経緯の中で、二〇一一年に当地の発掘調査担当者の見解では、この邸宅を所有したのは、平安時代初期は不明で、平安時代前期には百花《ひゃっか》亭《てい》とも呼ばれる藤原良相《ふじわらのよしみ》邸（長男の常行《つねゆき》が邸宅を伝領したかは不明）、平安時代中期から後期は大江公仲《おおえのきんなか》邸（良相の室が大江氏）で、平安時代後期以降は不明とし、史料に出てくる良相の邸宅である「西三条第（百花亭）跡」として報告されています[15]。この邸宅跡が、右大臣藤原良相（八一三〜八六七）の「西三条第」跡であるとすると、『三代実録《さんだいじつろく》』に、貞観元年（八五九）四月、良相の姉の皇太后藤原順子《のぶこ》（仁明《にんみょう》天皇女御で安祥寺《あんしょうじ》の願主）が東宮より遷御、ほぼ一年間の邸内滞在の後、翌年四月に東五条第に還御しており、また同八年三月には、順子が産んだ文徳《もんとく》天皇の子である清和《せいわ》天皇が、当邸に行幸し、桜花の宴を開いて文人に百花亭の詩を賦せしめていることなど、邸内は桜など多くの草木の花が咲く平安時代前期を代表する邸宅「百花亭」であったことになります。

この西三条第があった場所について史料では諸説あり、鎌倉期成立の『拾芥抄』には「西三条　三条ノ北朱雀西又号百花亭　良相　大臣ノ旧跡」と書かれ、三条大路の北、朱雀大路の西にあったとされます。そのまま解釈すると三条大路と朱雀大路の角地である四町あるいは、三条一坊全体ともとれます。

しかし、『拾芥抄』右京図（図18）では、六町を西三条と記し、四町は竈殿《かまどの》と書かれています。この竈殿の北側の三町は右京職と書かれ、埋文研の一九九九年の調査で[16]「右籍所」「籍所」「計帳所」「人給」などと記された墨書土器が出土しており、この三町が右京職であることが裏づけられています。ほかに、「二中歴」（『史籍集覧』）第十、名家歴には「西三条　朱雀西三條北良相公家」とあり、これは四町に該当するとも解釈できます。

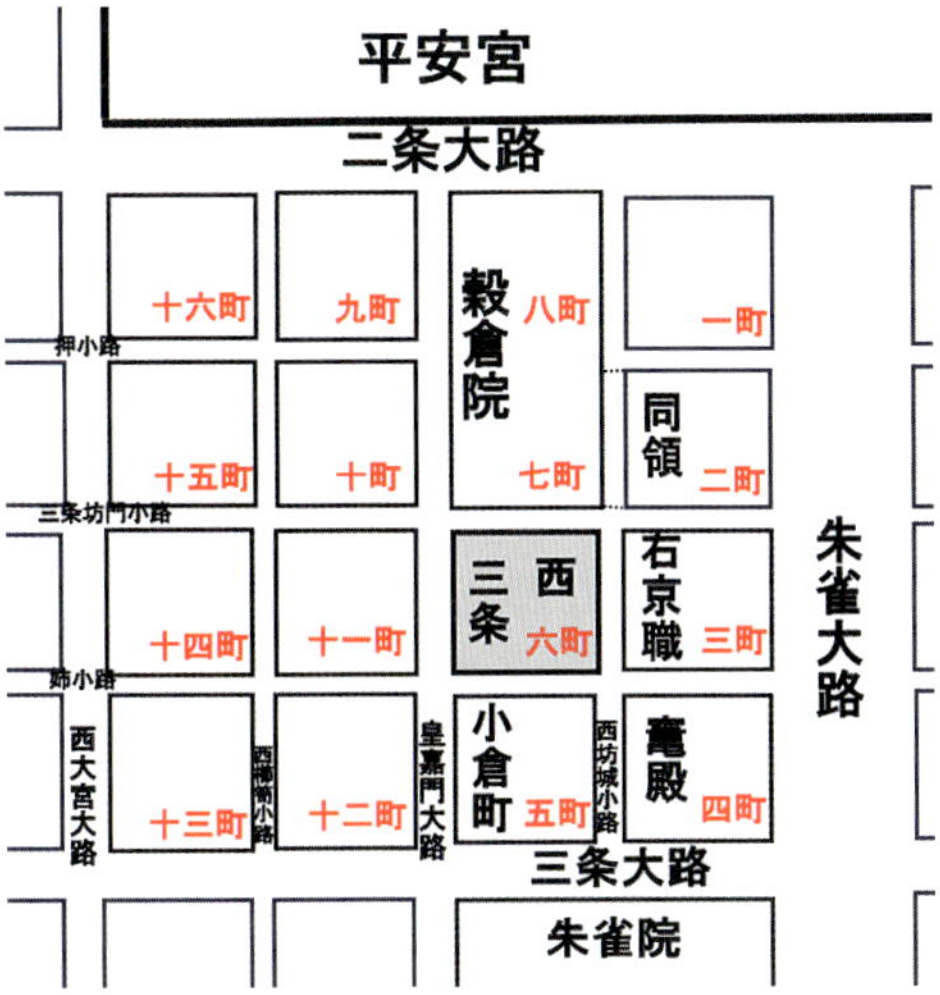

図18　『拾芥抄』「右京図」の右京三条一坊と町名

十二世紀前半成立の『今昔物語集《こんじやくものがたりしゅう》』には、「西三条ノ右大臣ト申ス人御《おはし》ケリ、……大臣ノ家ノ西ノ大宮ヨリハ東、三条ヨリハ北、此レヲ西三条ト云フ」とあり、西大宮大路の東、三条大路より北にあったとすると十三町ということになります。そのほか、十一世紀末の大江公仲の財産処分状（『平安遺文』第一三三八号）によると、西三条と呼ばれる池を備えたこの六町を大江公仲が保有していたことが知られます[17]。

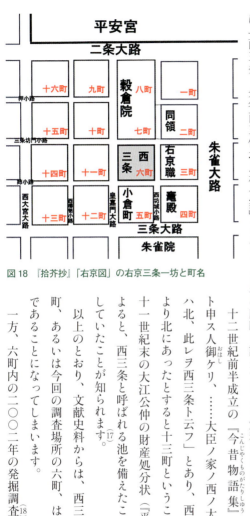

以上のとおり、文献史料からは、西三条第の位置については四町、あるいは今回の調査場所の六町、はたまた十三町など不確定であることになってしまいます。

一方、六町内の二〇〇二年の発掘調査[18]では、西の池から「斎衡

図19　2011年の右京三条一坊六町跡の現地説明会（窪地が池跡、北東から）

図20　2020年調査時の右京三条一坊六町跡の西側池東岸の洲浜（左側は平安前期、右側は平安後期の洲浜）

四年（八五六）三条院正倉帳」と墨書された題箋軸頭部《だいせんじく》（図21）が出土しています。題箋軸とは巻物の軸のことで、巻物端から出る頭の部分を平坦にしてインデックスとして使用されたものです。先述のとおり、この三年後には良相の姉の順子が、西三条第（三条院ではない）に遷御しています。さらに、二〇一一年の調査では、先述の「三条院鈎殿高坏」と墨書された土師器の高杯が池内から見つかっています。

この東・西両池から見つかった文字史料の解釈について、題箋は三条院にあった正倉に納められた斉衡四年の巻物の題箋軸頭、墨書土器は三条院という邸宅内にあった鈎殿で使用する食器と解釈すると、邸宅名が西三条院ではなく三条院ということになってしまいます。そのような矛盾から「三条院」と「西三条院」は別の邸宅ではないかという新説[19]が出されています。この説は、二〇二二年に長宗繁一氏から出されたもので、六町の邸宅は史料には出てこない天皇家に関わる京内に設けられた「三条院」という離宮ではないかとするものです。そのほか、『帝王編年記《ていおうへんねんき》』貞観八年三月二十三日条に、良相の邸宅の位置を「朱雀院西、三条北」と書かれてあり、朱雀院は朱雀大路の誤記で、朱雀大路の西側で三条大路の北、つまり一坊四町を良相邸とすべきであるとする山田邦和氏の見解もあります[20]。

図21　墨書のある題箋木簡「斉衡四年三条院」（埋文研）

四〇〇年ほど続いた平安時代だけでも、邸宅の相続や所有者の変更、売買などで主が変わるのはしかたのないことですが、文献史料や考古学上の成果から邸宅主を明らかにするのは、なかなか難しいことでもあります。二〇一一年の調査後の復元図は、自ら調査現場に何回か訪れて考察し、また調査を担当された網伸也氏や丸川義広氏などからいろいろアドバイスをいただきながら作画を進めましたが、六町の西北側や南半の調査が進んでおらず、かなりの部分を想像して描かざるをえませんでした。二〇一一年の調査後に、この邸宅の復元図[21]（図22）を描いていた際、邸内東北にある池周辺を主の私的な

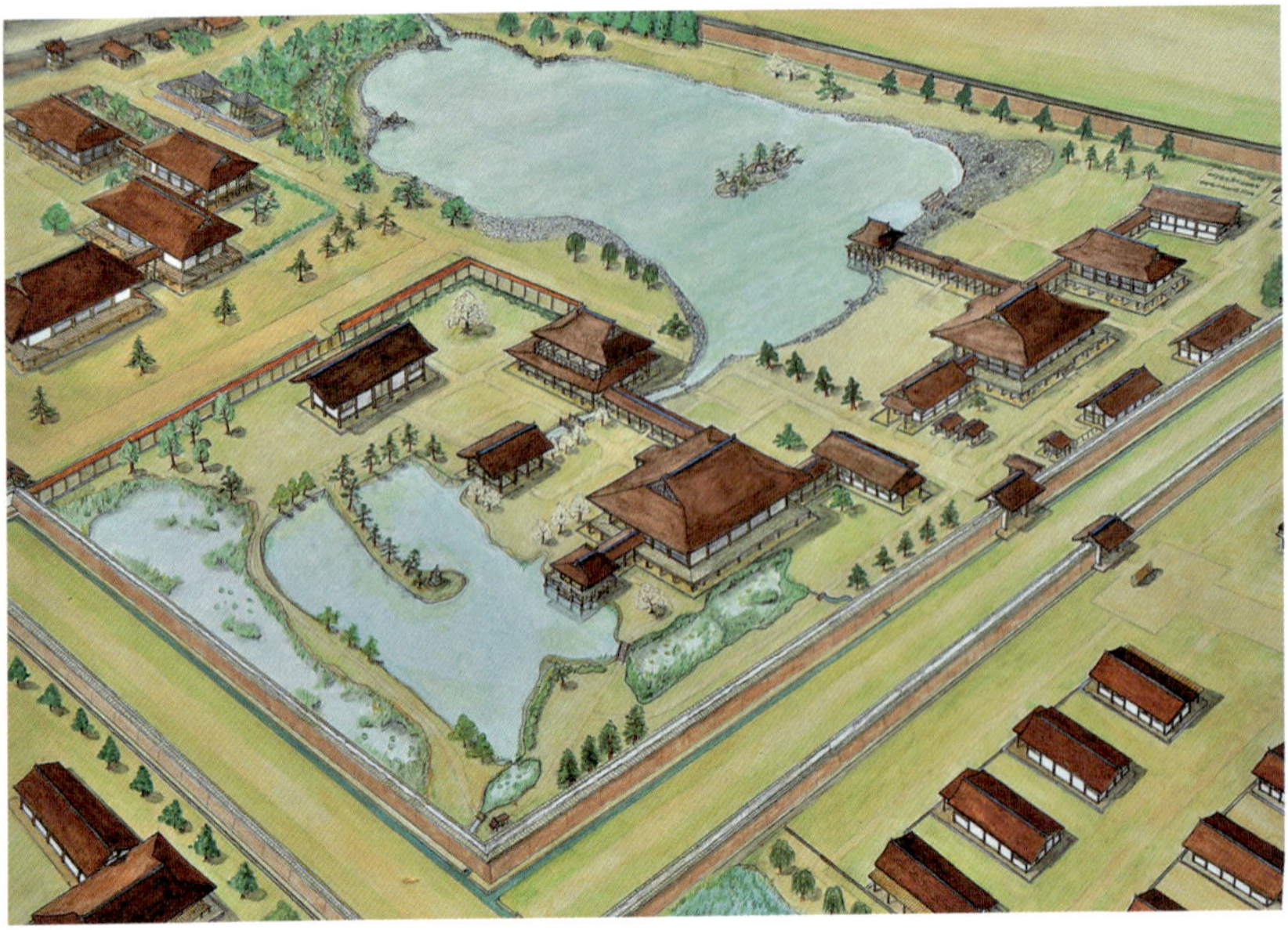

図22　2011年の調査直後に描いた復元図（北東から）

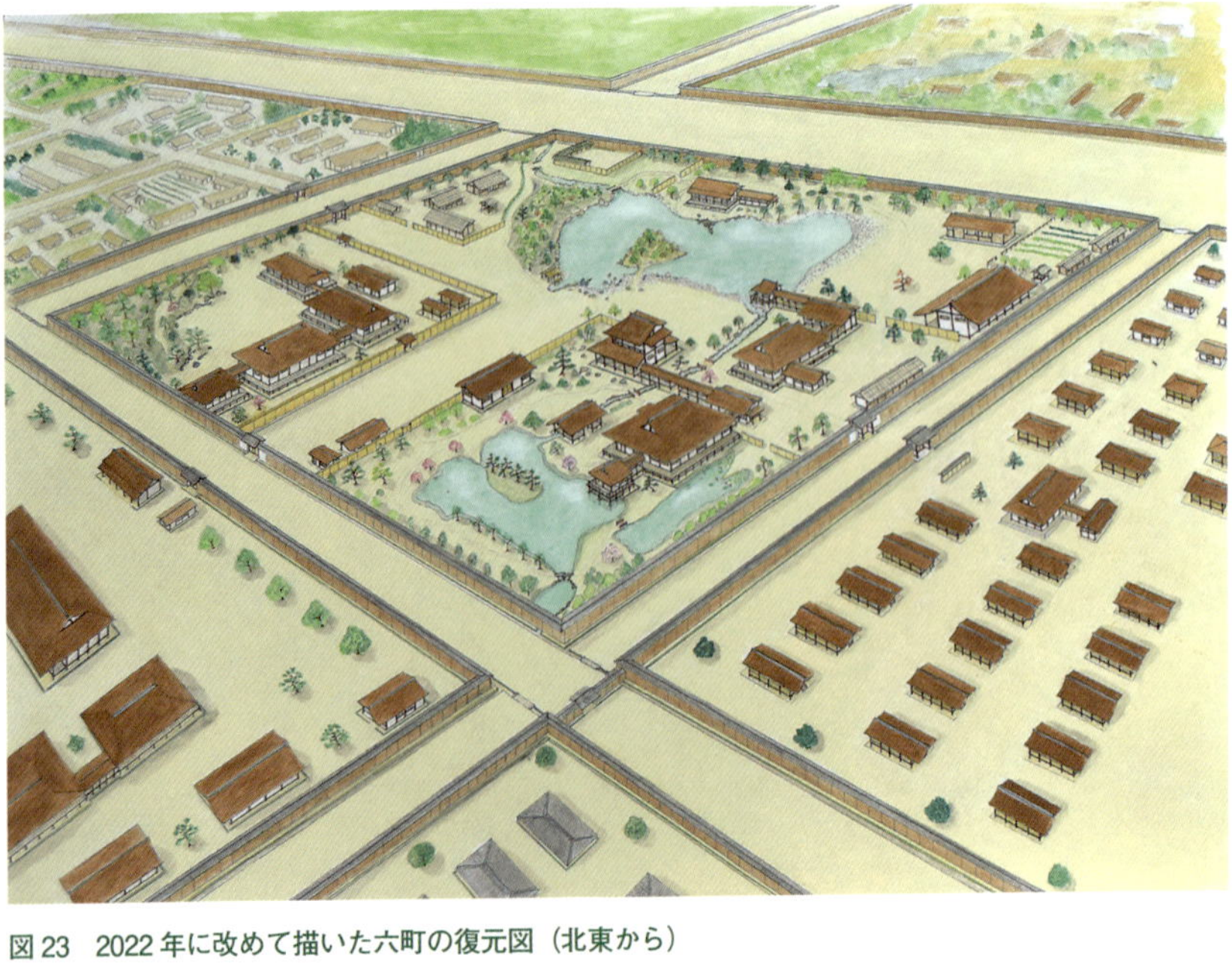

図23　2022年に改めて描いた六町の復元図（北東から）

空間（ケの場）とし、邸内西側の立派な洲浜の汀《みぎわ》を設《しつら》えた園池に釣り合うハレの場に相応しい邸宅建物を北西側に想定して描きました。しかし二〇二〇年の西北域の調査では、そのような遺構は見つからず、今回はやむなく、邸内南東域を寝殿造の建物があるハレの場として描き、さらに、二〇〇八年に調査を担当された家崎孝治氏から、西側の池の北側に展開する幅広い立派な洲浜には釣殿が存在した可能性を考慮すべきであるとのアドバイスによって釣殿を描き、この邸の北側は穀倉院が置かれていたとされていますので、倉庫建物を多く描いています（図23）。この一坊六町では、一町の北半の大部分が発掘調査されているにもかかわらず、まだまだ解明できないことが多くあり、今後は邸内南半の調査成果に期待したいものです。

5 平安京右京三条二坊十六町（斎宮邸）跡

京都市中京区西ノ京東中合町・
京都市立西京高等学校・付属中学校

一九九九年（平成十一）七月から翌年三月にかけて、京都市立西京商業高校（現、京都市立西京高校）の校舎建て替えにともない埋文研が行った発掘調査で、平安京跡内から初めて斎宮邸跡と推定される遺構が見つかりました。現場は八区に分けて発掘調査[22][23]が行われましたが、担当調査員から、調査着工の早い段階で、邸宅跡からはかなり大きな池跡が検出されそうだと聞いていたので、調査途中に何度も訪れた現場の一つです。次々に見つかる遺構や遺物などを見て、これはすごい遺跡が見つかったと驚きましたが、そのとき、この遺跡の保存をどうしたらよいのかと悩んだ記憶があります。老朽化した校舎の建て替え場所は、校内北側の運動グラウンドで、そこは十六町（一二〇メートル四方）の範囲（図24）に含まれ、西側と南西の一画を除いて一町規模の邸宅の半分ほどの面積を発掘調査できたきわめて希な現場でした。

調査（図25）では、十六町の邸内北半西よりに池跡（東西約一五メートル、南北約四〇メートル）が検出され、この池の北側には、二×三間の身舎に、北を除く三方に庇を持つ掘立柱建物跡（東西九・七メートル、南北九・四メートル、約九一平方メートル）が検出されました。この建物は、南東隅と次の西の柱が池中に建てられていることからも、池に突き出した釣殿（あるいは泉殿）とみられます。池の水は、池の北端に突き出して設けられた方形木枠を持つ浅い泉からの遺水と、池の中央付近の湧水の二カ所から供給され、泉の中（図26）からは、頭を上に三つ折りの状態で木製の人形代《ひとかたしろ》（図27）が見つかりました。

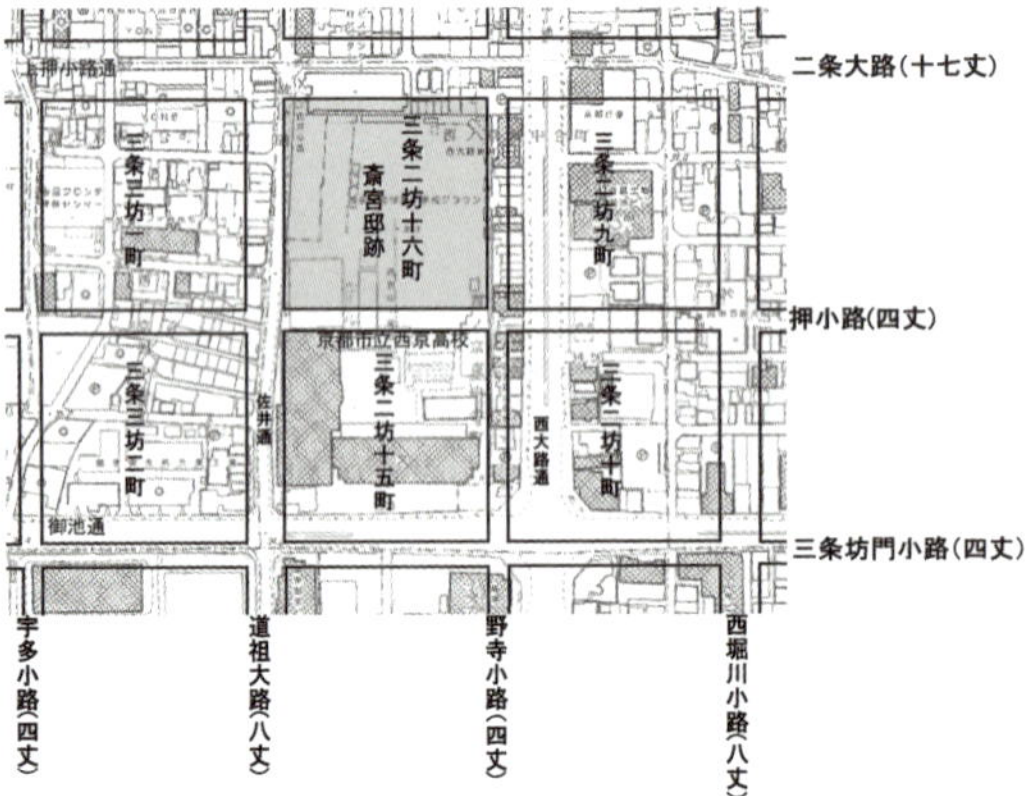

図24　右京三条二坊十六町付近の条坊復元図と調査位置図

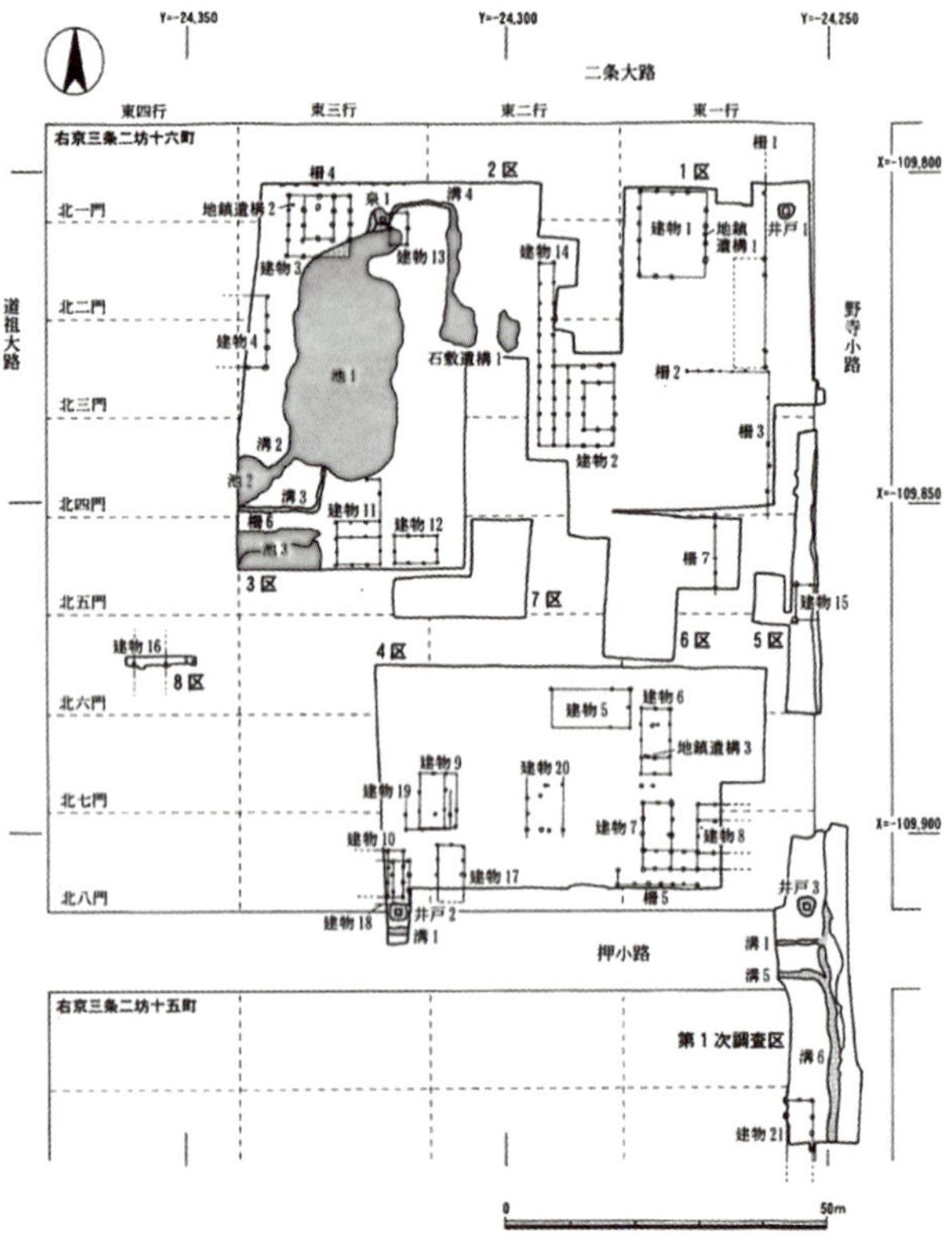

図25　斎宮邸跡（十六町）の遺構平面図（註(22)より転載）

この泉のすぐ南東の小規模な入り江状になった所からは、一×二間（二・八メートル、四・八メートル、約一三平方メートル）の東側が掘立柱で西側は礎石とみられる小さな建物が検出され、この建物の南半からは完形品の土師器の杯・皿類を含む多くの土器が出土しており、ここは潔斎などの神事が行われた場所と考えられます。さらに、この泉のすぐ東からは、北西に向かって溝がU字状になって延び、池の東の浅い方形状の石敷遺構の窪地につながっていました。

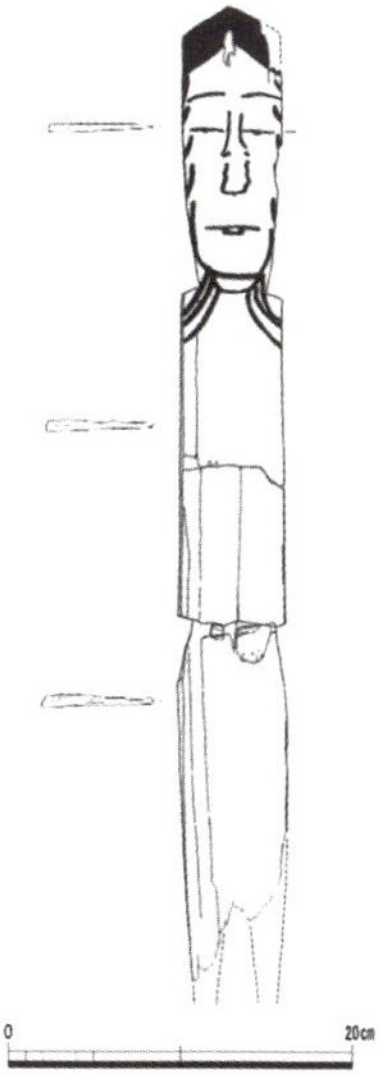

図27　人形代実測図（註(22)より転載）

図26　泉から人形代が見つかる（埋文研）

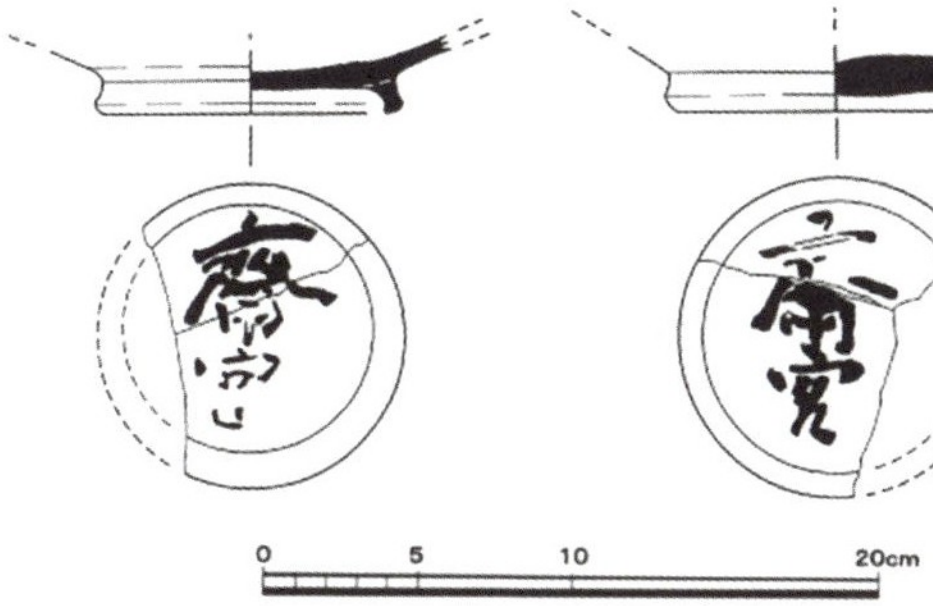

図28　出土した墨書土器（「齋宮」・「齋雑所」）実測図（註(22)より転載）

池から少し離れた東方にある建物は、二×三間の身舎に北・西・南の三面に庇が付き、さらに西面には孫庇を設けた五×四間の掘立柱建物があり、その西側に一×一間の南北に細長い掘立柱建物（南北二七・八メートル、東西二・二五メートル、約六二平方メートル）が取り付くきわめて珍しい構造の建物跡が見つかっています。この建物の北東側にも、周囲の側柱のみ検出された四×五間（東西一

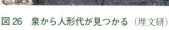

図29　北から見た斎宮跡発掘調査現場（建物跡と池跡のおおよその位置を示す）

〇・一メートル、南北一三・一メートル、約一三二平方メートル）の南北建物が見つかり、身舎部分は基壇状に高まっていることから、礎石建ちの建物であった可能性が指摘されています。

以上を含めて邸内からは大小一七棟ほどの建物跡が検出され、主要な建物は邸内北半にあり、南半はやや小規模な建物で、邸の管理や雑務を担当する人々のための雑舎と考えられ、北半が主の居住したハレの場、南半がケの場であったとみられます。

この邸宅の池の中からは、「齋《さい》（斎）宮《くう》」「齋雑所《さいざつしょ》」「齋舎《さいしゃ》所《しょ》」（図28）など数多くの墨書土器が出土しており、九世紀第四半期から十世紀初頭の「斎宮」に関係する邸宅遺構であったことが明らかとなり、天皇家の皇祖神である天照《あまてらす》大神《おおみかみ》を祭神とする伊勢神宮に仕えた、伊勢斎王と深く関わる邸宅であることが明らかとなりました。

池の北方の泉から見つかった人形代は、平安京跡出土品では最大（全長六五センチ、幅七センチ、厚さ〇・七センチ）で、片面のみに頭部・顔面が墨書で写実的に描写され、その描写から性別を判断することはできませんが、邸宅が斎宮邸であることや、髪が両肩から下方に描いてあることなどから女性を描いたものと考えています。このような調査結果から、先述のとおり、泉の付近では斎宮（斎王）が関わる何らかの祭祀が行われたことを物語っています。

『延喜式』「斎宮式」によると、斎宮とは斎王あるいはその居所も意味し、天皇即位後、御杖代《みつえしろ》（天皇の杖代わりとして奉仕する女性）として伊勢神宮に奉仕する皇女で、未婚の内親王または女王の中から卜定《ぼくじょう》（亀の甲を焙って割れ方で占う）して新斎宮が決定され、勅使が斎王家に遣わされるとされます。(24) その後、斎宮（または斎王）は、平安宮内に仮に設けられた便所《べんしょ》（便宜の場所）で約一年間の精進潔斎の生活を送ります。ここを初斎院《しょさいいん》といい、次に京外か京内に設けられた野宮《ののみや》へ移り、初斎院から約三年後、大勢の従者とともに伊勢へ群行《ぐんこう》します。伊勢では、伊勢神宮から少し離れた斎宮寮（三重県多気郡明和町にある斎宮跡）で潔斎の生活を送り、年に三度、神宮へ赴いて神事に奉仕し、退下できるのは、天皇崩御や譲位のほか、父母や近親の逝去による忌喪などにのみ帰京が許されました。

出土した「齋宮」や「齋雑所」の墨書土器の存在から、この邸宅は初斎院へ入る前の斎王家の邸宅か、あるいは平安京内に設けられた野宮ではないかとされ、出土遺物からは、九世紀後半に造営され、九世紀末から十世紀初めに再整備されて、池は十世紀後半まで存続するとされ、その頃に斎宮に卜定された斎宮邸と考えられます。

この遺跡から出土した遺物の大半は園池関連遺構からで、土師器、須恵器、灰釉陶器《かいゆうとうき》、緑釉陶器、輸入陶器、石製品、木製品などがあり、その内、墨書土器は灰釉陶器の椀皿類の出土が最も多く、墨書の内容は大きくみて斎宮関係の墨書群と、特定の数詞を記した墨書群に区分することができ、先述の「齋宮」「齋雑所」「齋舎所」のほか、数詞墨書には「清　十二」「六十」「卅三」などがあります。また、吉祥句「冨」あるいは、呪符記号「井」を記したものも出土しており、九世紀後半から十世紀前半における皇族（内親王）クラスの私的な生活様式に加え、「齋宮」邸という公的・祭祀的一面を検討するうえで欠かせない重要な資料として、一括して平成二十五年度京都市有形文化財美術工芸品（考古資料）に指定(25)されています。

図30　斎宮邸跡の泉と洲浜と池（北から）

この遺跡が見つかった当時、京都市文化財保護審議会の上田正昭委員（故人）とは何回か、この遺構の保存について協議し、他の委員の先生方からも平安京の実態を知るうえできわめて貴重な遺構の発見であり、価値はきわめて高いとの評価から、施工側の京都市教育委員会に対し、遺構の保存を強く要望していただきました。結果、教育委員会が新しい校舎建設場所を保存に影響のない校内の南へ変更を英断、六階建ての校舎として建設されることになり、遺構は埋め戻しされてグラウンドとし、地中に保存されています。

以上のような経過で残された遺跡であることから、その後、担当した二〇〇八年の源氏物語千年紀では、学校の南正面の御池《おいけ》通りに面して斎宮の説明板を設置させていただきました。

この遺跡を南東から描いた復元図は、以前に網伸也氏ら調査担当者の方々から意見を伺って描いた復元図（図31）を[26]公表していましたが、祭祀に関わると思われる邸内西北域が表現できていないことから、今回は南孝雄氏にも意見を伺って北西から鳥瞰した図（図32）として描いています。

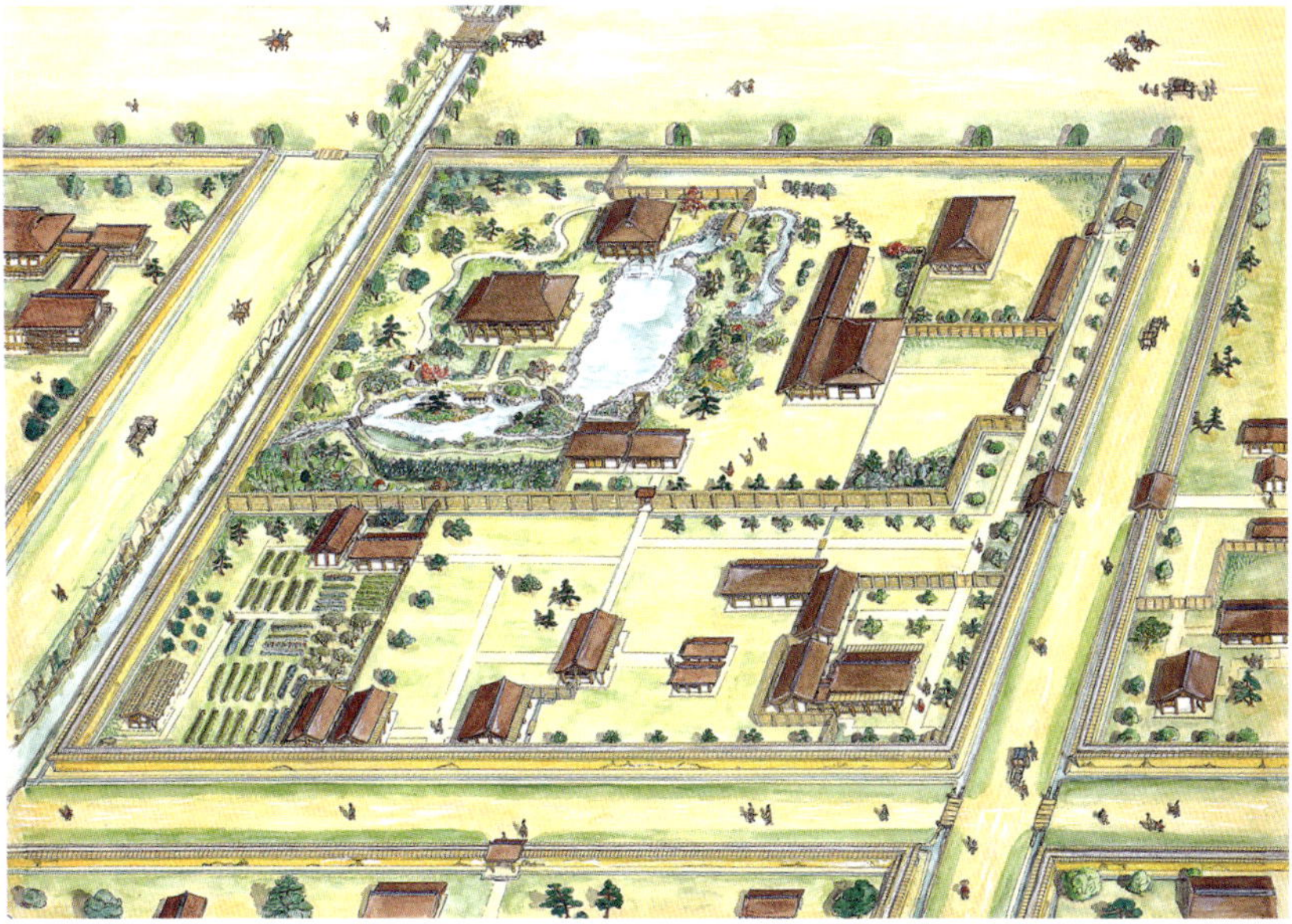

図 31　2000 年の発掘調査後に描いた斎宮邸復元図（南から）

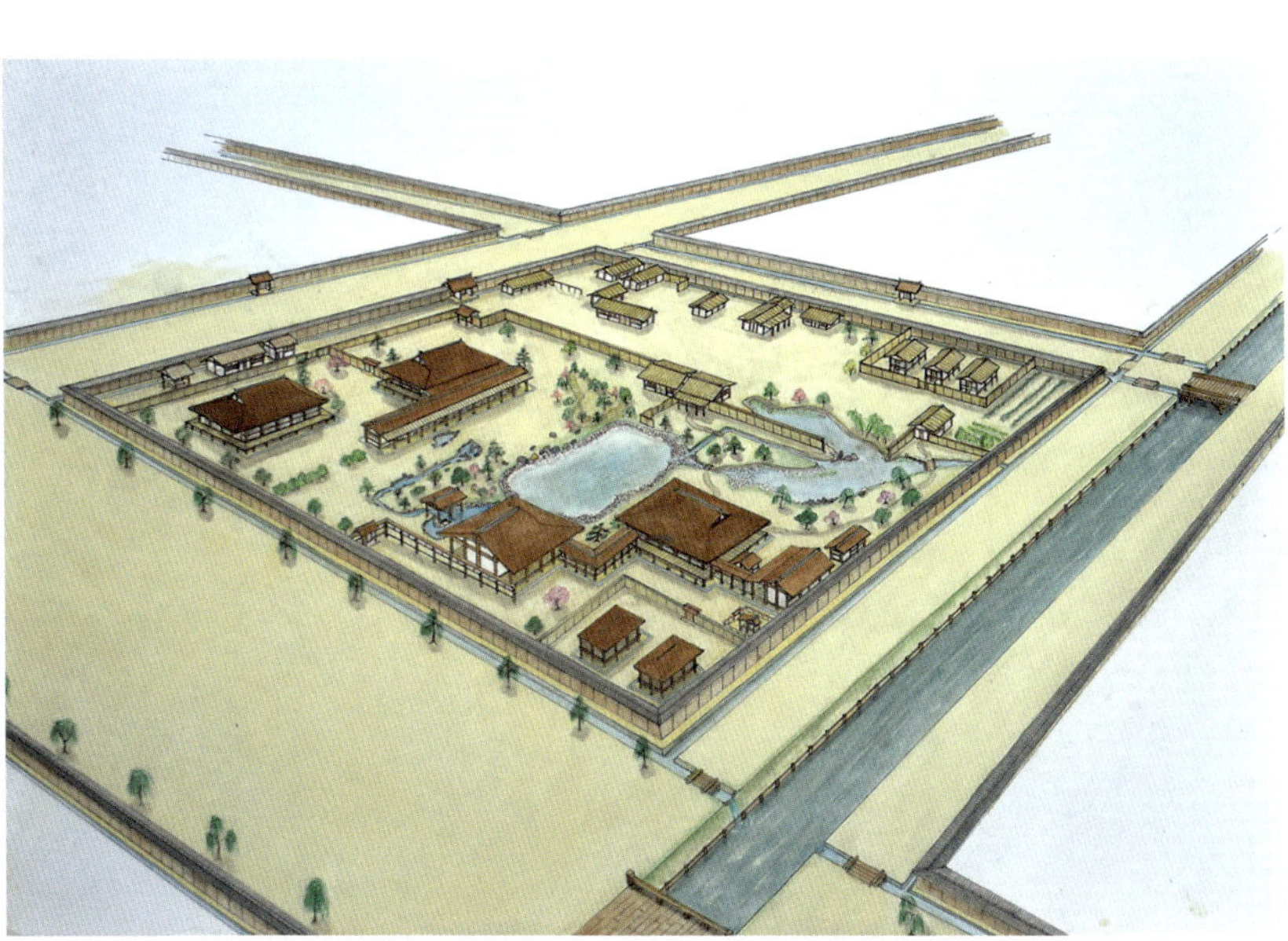

図 32　2013 年に改めて描いた斎宮邸復元図（北西から）

6 平安京左京三条二坊九・十町(堀河院)跡

京都市中京区矢幡町ほか

次に平安京左京にある代表的な邸宅「堀河院[27]」についてご紹介します。堀河院は、『拾芥抄』に「堀川院二条南、堀川東、南北二町」と記され、左京三条二坊九・十町の東西一町、南北二町（南北約二五二メートル、東西約一二〇メートルの約三万平方メートルの敷地）を持つ、平安時代前期の藤原基経《もとつね》（八三六〜八九一）の邸宅でした。基経は、嵯峨天皇に近侍し信任を得た左大臣藤原冬嗣《ふゆつぐ》の長男である藤原長良《ながら》の三男に生まれ、後に最初の人臣摂政となった叔父の藤原良房《よしふさ》の養子となり、良房の死後は、清和・陽成《ようぜい》・光孝《こうこう》・宇多の四代の天皇の治世において朝廷の実権を握り、日本史上初の関白に上り詰めたことでもよく知られる人物です。

現在の堀河院跡は、北が二条通り、南が御池通り、東が油小路通りの東側、西が堀川通りに囲まれた範囲で、中央部を東西に押小路が通って南北に分れています。押小路通りの北には、ホテル・ザ・ミツイキョウト、ＡＮＡ・クラウンプラザホテル京都、南側は京都市立京都堀川音楽高等学校のほか堀川通りに面して民家などが建っています。

平安時代に、この周辺にあった主な邸宅（図33）は、堀河院の東隣が同じ南北二町規模の閑院《かんいん》で、ここは基経の祖父である冬嗣の私邸でした。さらにその東隣には、同じく南北二町規模の東三条院があり、ここは摂関家累代の邸宅で、後院や里内裏としても用いられ、典型的な寝殿造の建物や園池があった邸宅とされます。また、北西には、堀河院の二倍の四町規模を持つ冷然《れいぜん》（泉《ぜい》）院《いん》があり、ここは当初、嵯峨天皇と皇后の橘《たちばなの》嘉智子《かちこ》が住み、その後も歴代の天皇や上皇の住まいとなったことから「累代の後院」と呼ばれています。

そのほか、二条大路を越えた北東には陽成《ようぜい》上皇の御所であった陽成院など、付近には天皇家や摂関家累代の邸宅が建ち並んでおり、西側は平安京造営時から、西堀川とともに運河として設けられた堀川（東堀川）を隔てて、平安宮・

京の造営や建築・土木・修理を担当する木工寮《もくりょう》・木工町があり、この付近一帯は平安京左京でも一等地というべき場所でした。邸宅名は、西側の堀川小路に西門を開いて正門としていたためとされ、『日本紀略《にほんきりゃく》』によると寛平三年（八九一）に基経は五六歳でこの邸宅で薨去《こうきょ》しています。この邸宅は、基経から曽孫の兼通《かねみち》邸となり、貞元元年（九七六）の内裏炎上の際には、兼通の娘である媓子《こうし》を中宮としていた円融《えんゆう》天皇がこの院を内裏として使用し、里内裏の最初の例となっています。円融天皇は約一年間をこの堀河院で過ごし、内裏に還御した後には改めて堀河院を後院と定めています。その後は、藤原顕光《あきみつ》の所有となり、引き続き藤原頼《より》通《みち》（摂政で太政大臣の藤原道長の長男）の所有となって、長子の師実《もろざね》に伝領されました。

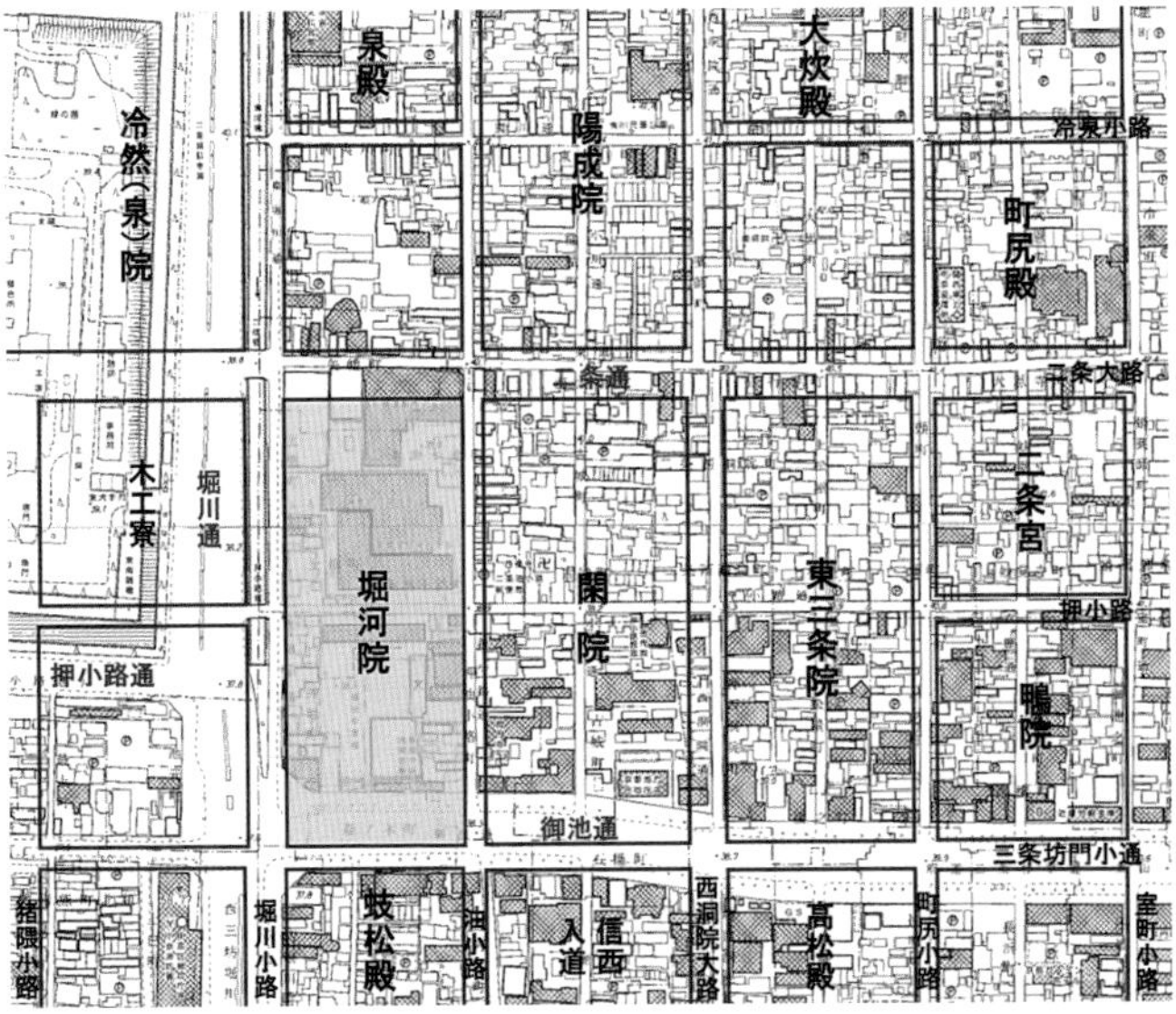

図33　堀河院とその周辺の主な邸宅位置図

院政期に入ると、承暦四年（一〇八〇）と永保二年（一〇八二）の内裏火災の際に、白河《しらかわ》天皇が御在所とし、次の堀河《ほりかわ》天皇は、応徳三年（一〇八六）にこの堀河院において八歳で受禅《じゅぜん》（即位すること）し、寛治三年（一〇八九）正月五日にはこの堀河院内の寝殿で元服の儀が行われ、嘉保元年（一〇九四）までの八年間を当院で過ごしています。長治元年（一一〇四）四月には中宮篤子《とくし》領として再建され、堀河天皇は同年十二月にこの堀河院に還御し、嘉承二年（一一〇七）七月十九日、当院において二九歳の若さで崩御しました。その後、堀河院は保安元年（一一二〇）に焼失しています。

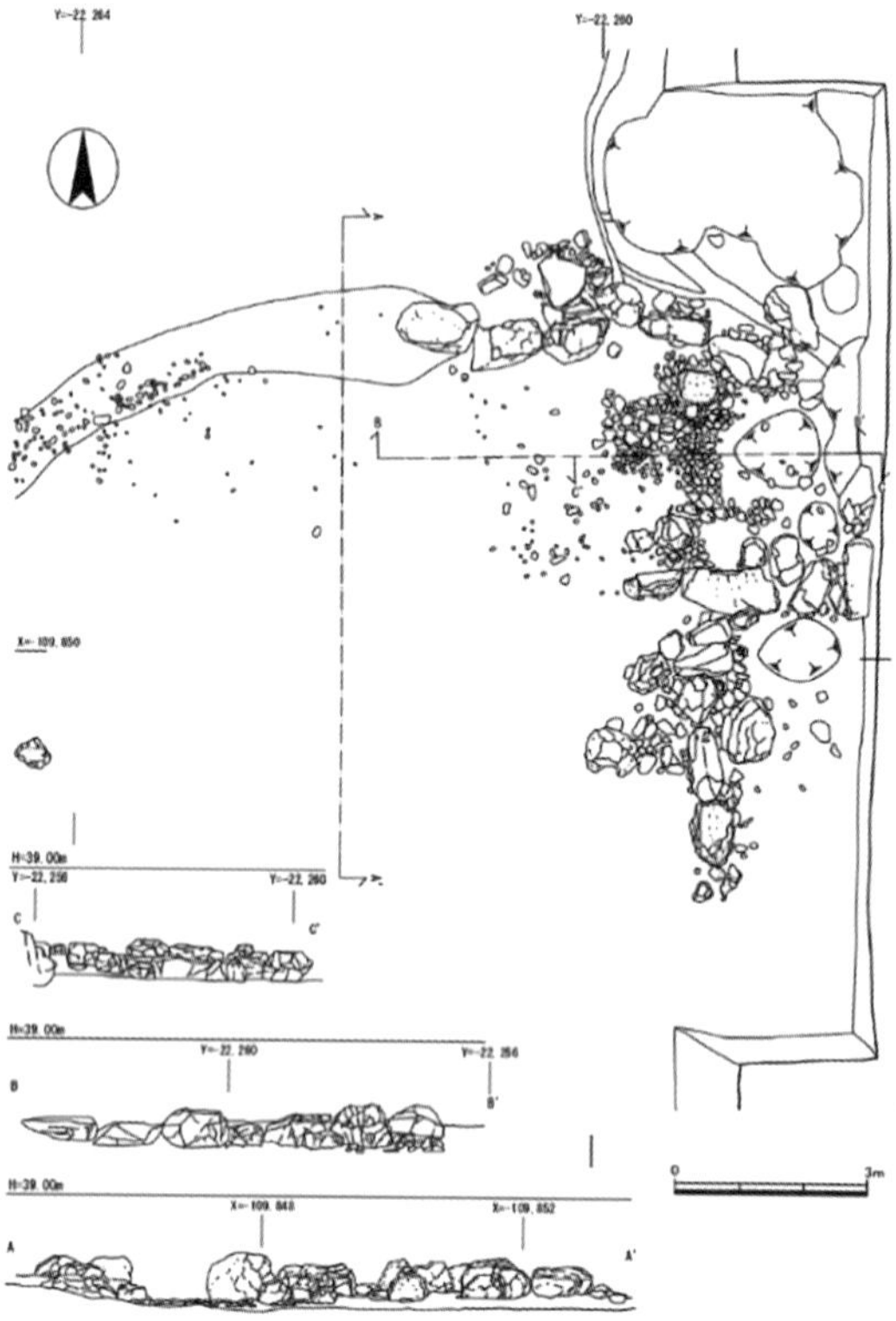

図34　1983年の堀河院跡北東の庭園遺構実測図（註(29)より転載）

堀河院は『大鏡《おおかがみ》』や『栄花物語《えいがものがたり》』にも登場し、摂関時代から院政期まで、代々の藤原氏に伝領されてきた邸第であり里内裏の御所としても使用され、文献史料上にも多く登場しますが、その後の鎌倉・室町時代での利用は知られておらず、江戸時代には徳川家の有力家臣、土井家の藩邸として使用されています。

堀河院跡の調査

堀河院跡では、二〇〇八年（平成二十）までに五次の発掘調査が実施され、いずれも埋文研が調査を担当しています。一九八三年度には、第一次調査として北側の十町のANAホテルの敷地約四〇〇〇平方メートルを対象に四区に分けて調査[28]が行われています。この調査では、北部から十二世紀前半頃の池跡（図34）が見つかり、池には北から南に水が注ぐ遣水と景石、東側から石が組まれた滝口（落差約一メートル）が検出され、景石の中には日本海沿岸産のピブロフレッチャーという石材が使用されていました。

一九八五年の第二次調査は、堀河院跡北西の角部分の調査、同年の三次調査は十町南エリアの調査、一九九三年には四次調査として堀河院（十町）の西に接する堀川の調査が行われ、二〇〇七年には五次調査[29]として、堀河院南半の十町にあたる堀川音楽高校建設にともなう調査が行われています。

この堀河院跡の調査では、多くが院存続期に地面より深く掘られていた池跡など庭園関係遺構や溝跡、土坑などが検出され、それにともなって多くの遺物が出土しましたが、高い位置に建てられていた建物跡などは、後世の削平や攪乱、土取などで部分的にしか検出されませんでした。

この調査現場には何回か訪れ、各所に配された景石などの庭園遺構から、往時の堀河院の姿を髣髴《ほうふつ》とさせる所もいくつか認められました。しかし、発掘調査成果から堀河院にあった建物を復元するのはきわめて困難であることも明らかとなりました。

調査後この遺跡は、施工主である京都市教育委員会と遺跡の保存について専門の先生方を交えて何回か協議を行い、その結果、良好に景石が残る池の一部を活用し、建設される校舎の中に移築して保存（図35）することになりました。

図35　京都堀川音楽高校校舎内に移築された堀河院の庭園（未公開）

堀河院の復元

平安京内の邸宅は所有者不明が多い中で、堀河院については文献史料や指図などが伝わり、わずかながらでもその様子をうかがうことができます。しかし、この邸宅は、九世紀の平安時代前期から十二世紀の院政期まで三〇〇年以上も存続し、摂関家の住宅や里内裏として御所の機能も果たしてきた邸第であって、その間には所有者の伝領のほか、建て替えや改修、園池などの再整備も幾度か行われているはずで、必然的に検出遺構は複雑であることになります。
　発掘調査では、当時の地表より低い位置に設けられた庭園遺構が部分的に見つかっていますが、先述のとおり建築遺構は不明確で、発掘調査成果から邸宅を復元することはきわめて困難であるという結果となりました。

　この堀河院に関しては、太田静六氏の『寝殿造の研究』[30]に、歴史や建物、部屋割りなどの様子が具体的に紹介されて全体の復元図（図36）も掲げられており、寝殿造の代表例として多くの図書に紹介されています。この図の寝殿（正殿）は、史料や指図などから、五×二間の身舎に四面庇が付く東西七間建物で、さらに南を除いて三面に孫庇が付く九×五間の建物として復元されています。寝殿を中心に東・西と北、西北の対屋を配置、それを結ぶ渡殿や透渡殿、そのほか中門廊や東釣殿、南釣殿、南庭、中島、遣水、西四足門などが詳細に図示され、さらに邸内南には大きな楕円形の池が描かれ、二ヵ所に橋がある中島や、出島には釣殿も描かれています。この図は、平安時代後期頃の姿を、文献史料や指図などを駆使して描いたものとみられますが、図に書かれた一町の東西を一二〇メートルと想定すると、寝殿の寸法は、図のスケールからすると東西三〇メートルをはるかに超す平安時代の邸宅（ここまで紹介した大規模邸宅建物の例）にはありえない巨

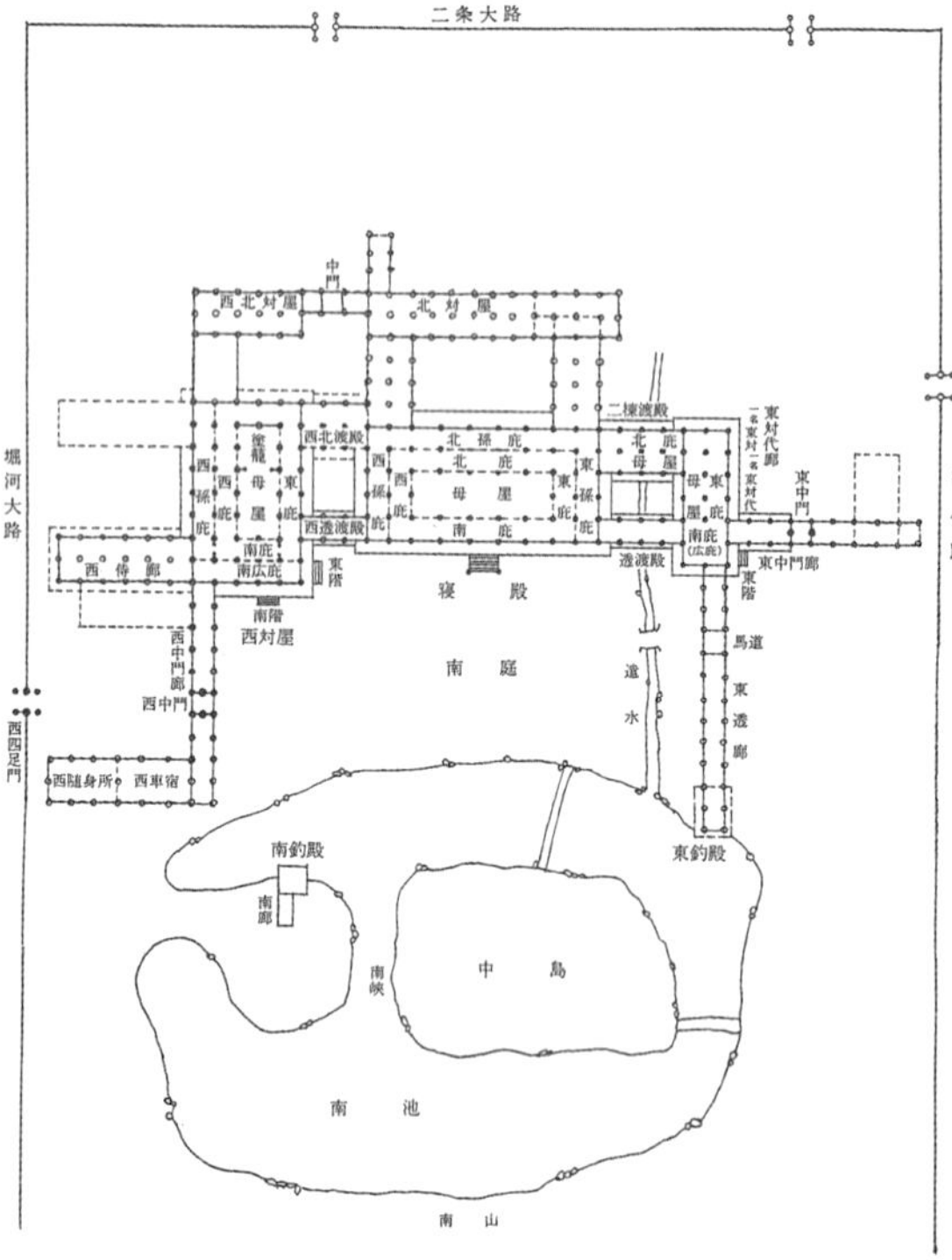

図36　堀河院復元図（註(30)より転載）

大建築になってしまいます。

今日までの発掘調査で、検出された大規模な正殿建物の例では、一間（三《メートル》前後）として東西七間建物で二一《メートル》、南北五間で一五《メートル》前後、孫庇を含めて東西九間が最大で二七《メートル》ほどと考えられます。結果、この復元図に書かれた建物のスケールは参考とはならず、さらに、推定寝殿の位置や池の範囲など発掘調査の成果とはほとんど合わないため、この図をそのまま使っても復元図は描けないことがわかりました。

図37　堀河院の池跡の護岸と景石（南東から）

そのような中で、第五次調査を担当された丸川義広氏からの情報で、邸内南側の十町の中央の西で検出された景石をともなう池（池１８１０）（図38）のすぐ北東から、東に帯状に続く東西三〇《メートル》前後、最大幅六・五《メートル》、厚さは最大二〇《センチ》ほどの白い砂が堆積した「白砂の範囲」（砂層１６８５）があったといい、さらに西端ではL字状に北へ一〇《メートル》ほど続いて途切れ、この白砂の北からは東西溝が等間隔に掘られており、周囲では、小規模な柱穴や礎石が見つかっていることなどから、この白砂の範囲を正殿の前庭として、北側に寝殿があった可能性が高いとの指摘を受けました。

このため復元図（図39）では、調査で検出された池をそれぞれ配置して描き、十町の西方から南に広がる池を眺める正殿建物をここに配置して描くことにしました。そのほか、堀河院跡五次調査報告書を参考に、史料から堀河院の様子がわかる部分を抜粋してみると次のようになります。

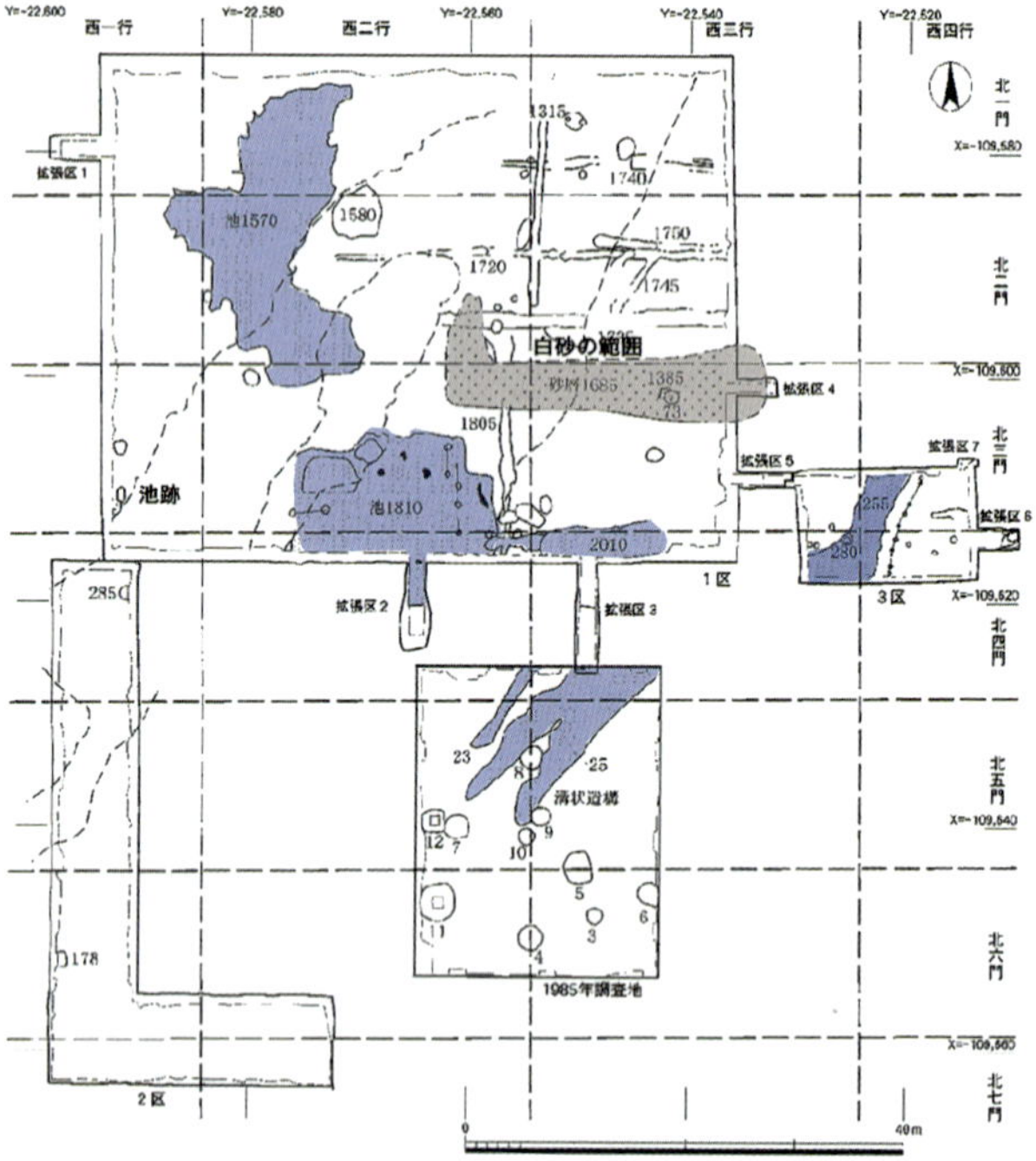

図38　堀河院跡第５次調査平面図（註(29)より転載、一部改変）
堀河院跡南半の十町で検出された池跡と白砂のある範囲を示す。

①『師記《そちき》』承暦四年四月二十八日条に、白河天皇・賢子《けんし》の皇子である善仁《たるひと》親王（後の堀河天皇）が、堀河殿西中門から西対に入御する際「次龍頭鷁首、於南狭口吹調子、（中略）楽船益興池上、奏青海波、漸進龍頭、着南庭東岸、鷁首着南庭西岸、一皷童各一人下舟、参前庭」とあり、要約すると、龍《りょう》頭《とう》・鷁首《げきしゅ》の舟上において狭口（とは池の狭い所？）で調子（笙？）が吹かれて、船楽では演目の青海波《せいかいは》が奏され、しばらくして龍頭船が南庭東岸に着き、鷁首船は南庭の西岸に着く、船の鼓担当の童各一人が下舟して前庭に参ると書かれています。船を浮かべることができる大きな南池があって、そこには東岸と西岸があり、前庭（正殿前？）に参ることができたとあり、この南庭の存在がすでに師実時代に整備されていたことが確認できます。

②白河天皇が初めて堀河院を使用したのは、承暦四年五月十一日から内裏へ戻る十一月三日までで、その時に南釣殿や南廊が存在したことが記録に見えます。

③焼亡以前の庭園の遺構を示すものに『中右記《ちゅうゆうき》』寛治六年六月七日に「雨下、或得晴、申時禁中（堀川院）、殿上

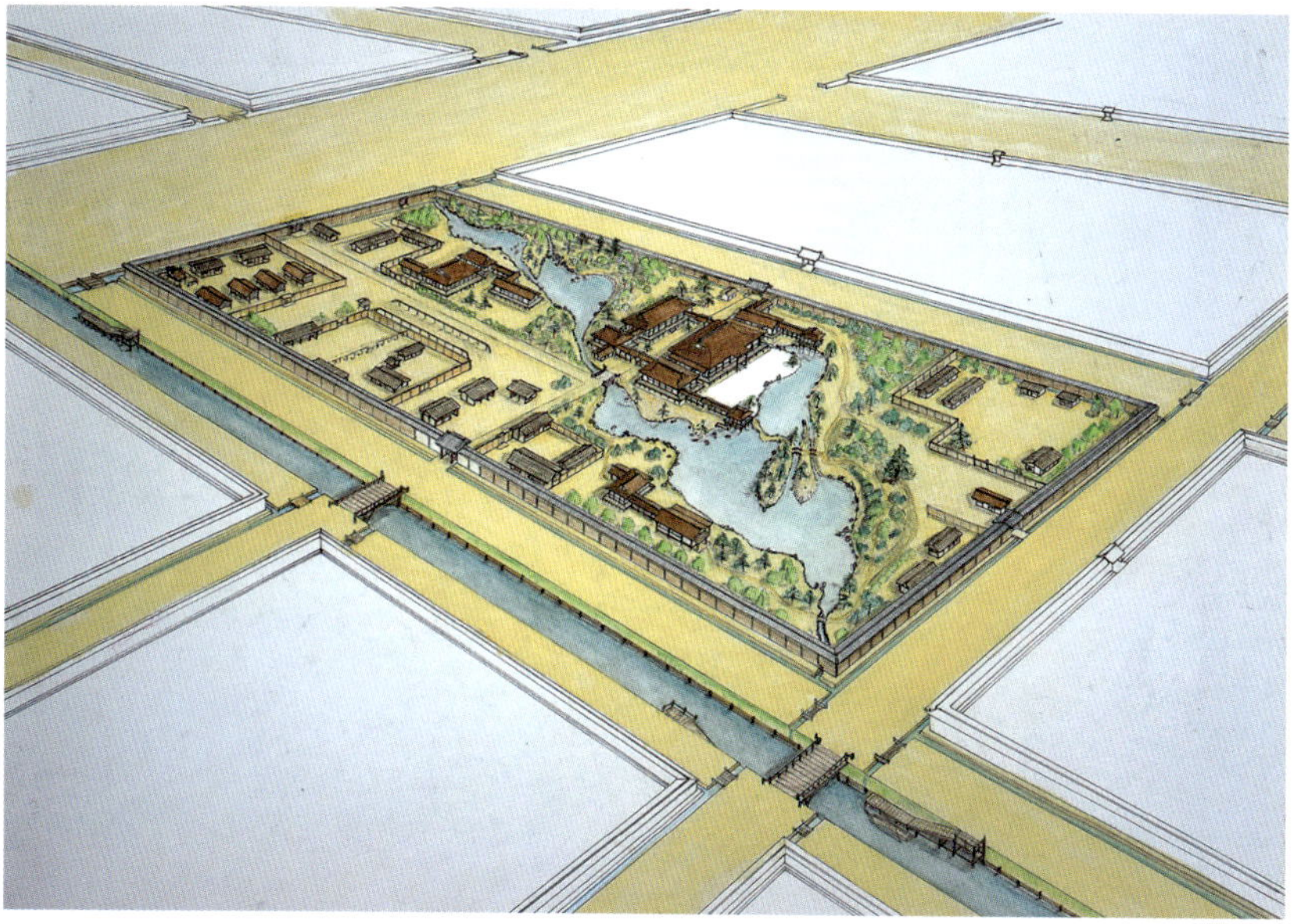

図 39　堀河院の想像復元図（南西から）

小庭幷南池東頭有虹見事」とあり、雨天の晴れ間に、殿上の小庭や南池の頭に見事な虹が見えたと書かれ、大きな「南池」の存在が想像されます。またこの時期に行われた儀式をあげてみると、即位最初の除目《じもく》が東対代で行われ、寝殿で万機旬《ばんきのしゅん》の儀式、新穀を祝う豊《とよ》明節会《あかりのせちえ》、その他、賭弓《のりゆみ》や相撲などが行われており、寝殿の前面には相当広い庭（広場）の存在がうかがわれます。

④

堀河天皇は、嘉承元年十二月二十五日から、御座所とした堀河院の西対で崩御する嘉承二年七月十九日までこの院を使用しました。『中右記』によると、崩御直前の六月二十七日には「皇居堀川院南山大樹折損」という記事があり、南池の南方に「南山」と呼ぶ築山があり、そこに生えていた大樹が折れたと書かれ、また「南池砌立同幔、……次矢取自南幔東妻渡潺湲（緩やかに水が流れる様）著座」（『永昌記』長治二年正月十八日）とあり、この記述から南池に注ぐ遣水が南庭に存在したことがうかがえます。

以上、これらの情報を参考にし、発掘調査の成果を合わせて描いてみたのが今回の復元図（図39）です。描く際のコンセプトは、邸内を東・西の小路（押小路）で南北に分け、北側の九町の東側の滝組と西のもう一箇から水が流入する池を中心とする九町（北半）を構成する寝殿造のハレの場とし、この池の水は遣水を通って東西小路（押小路）の下を潜って十町（南半）の三日月形の池へ流れ込み、そこから、さ

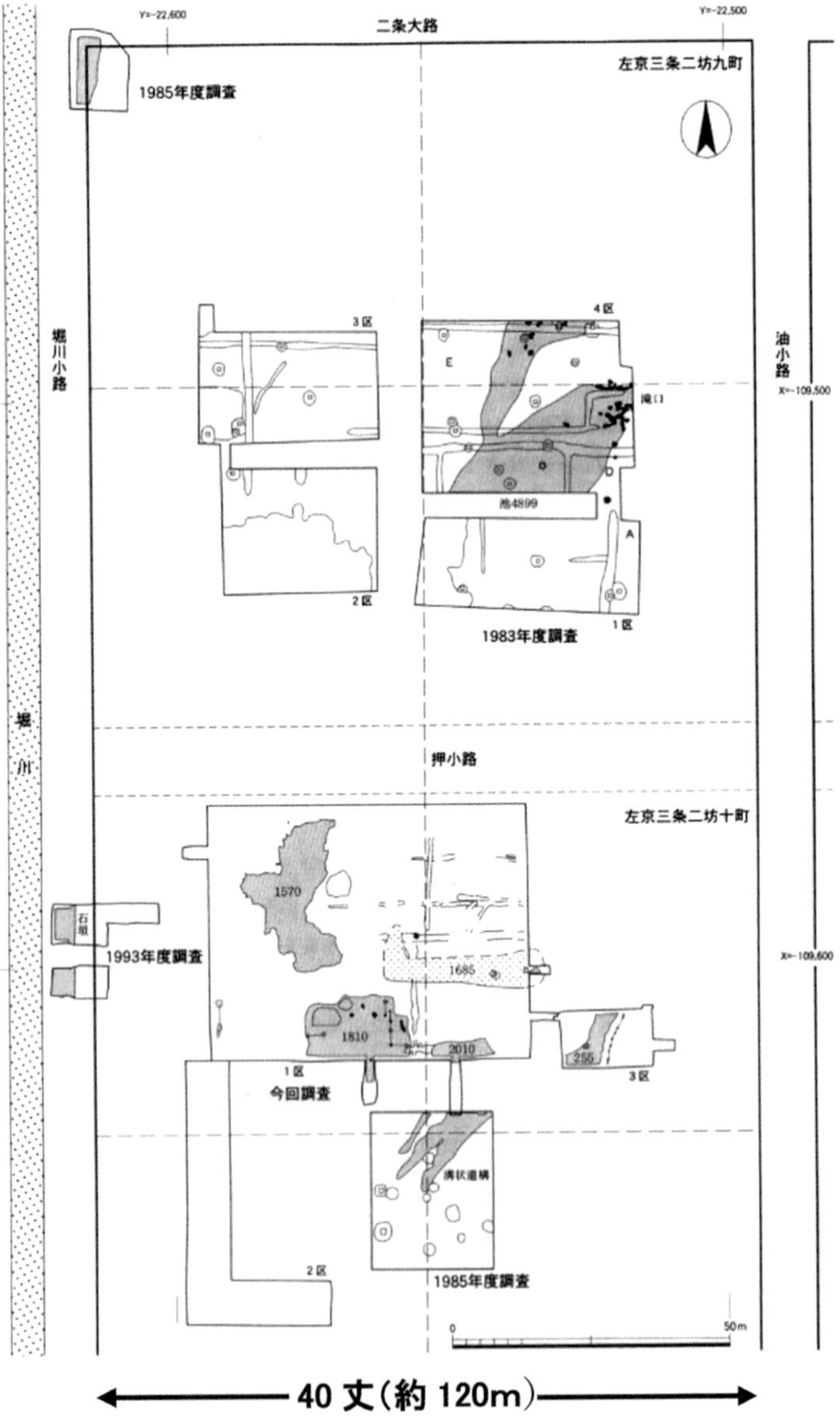

図40　堀河院（左京三条二坊九・十町）遺構配置図（註(29)より転載）

らに中心付近にある大きな南池へ注がれる構造として描いています。

南池の北東には、前庭に白砂が敷かれた寝殿を設け、そこから廊を通してそれぞれの対屋へ渡ることができる構造としました。寝殿の左右には釣殿を設け、寝殿からは龍頭・鷁首の船を浮かべることができる大きな南池を臨むことができ、池の南西には大きな木のある築山があって、水はその縁を巡り、やがて邸内南西から邸外へ排水され堀川に流れ出る構造とし、さらに南池の西岸にも池を通して東山の借景を楽しめる建物を設け、九町の西側と十町の南東に政所としての役割を持つ雑舎を配置して描いています。

図 41　池跡の護岸近くから大量の土師器を投棄した土坑が見つかる（第５次調査、南東から）

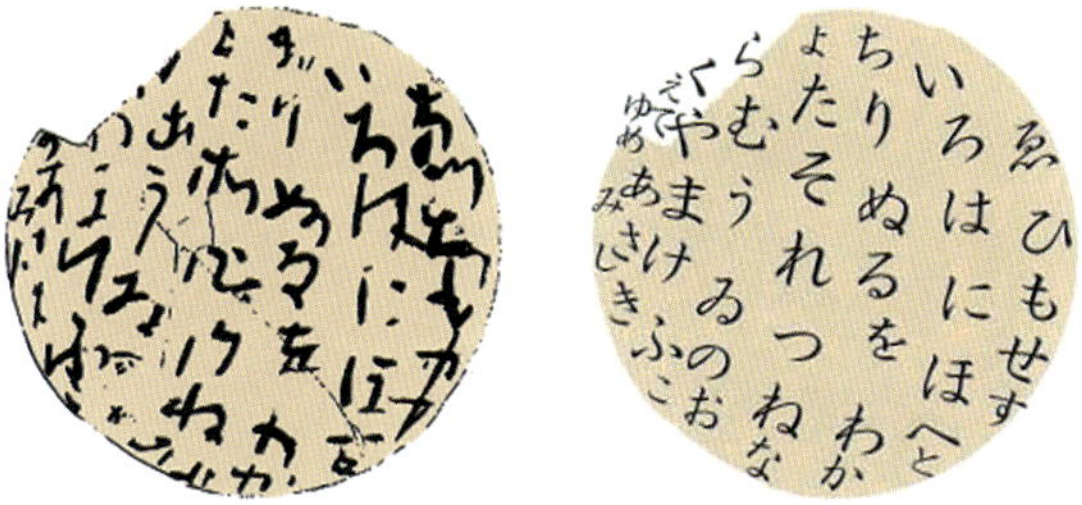

図 42　「いろは歌」トレース図とおよび文字配列図（吉崎伸「堀河院跡出土の「いろは歌」」〈『リーフレット京都』No.297、2013 年〉より転載）

なお、この堀河院跡の一九八三年の発掘調査では、井戸跡から口径九㌢ほどの土師器皿の底面に「いろはにほへ……」と平仮名で墨書された平安時代末期から鎌倉時代頃の小皿（図42）が見つかっており、字習いのために書かれた土器と考えられています。

まとめ

これまで平安京跡では、多くの場所で発掘調査が行われ、以前までの文献史料や絵画資料などの情報だけではなく、考古学的な成果から平安京内に

図43　堀河院跡の説明板と石柱（京都堀川音楽高校の南側、2023年）

あった高級貴族の邸宅の実態が次々と明らかになってきています。

平安京は、慶滋保胤が著わした『池亭記』の記述や発掘調査の成果から十世紀代頃から右京が廃れ始め、右京から左京に移り住む人が増え、右京は衰退したと書かれ、実際の発掘調査でもそれが裏づけられています。そのため、右京は人口が減少して田畑化が進み、平安京遷都から十世紀代まで存在していた建物や道路、溝などは地中に埋もれてしまって遺跡となり、地中に良好に残る場所が多いことが明らかになっています。

一方の左京は、長い年月の間、多くの人々が住み続けため、多くの土地は掘り返され、埋められて攪乱されているので、出土遺物は多いものの、遺跡の残りがよくない場所が多いこともわかってきました。

また、土地利用に関しては、『延喜式』や『拾芥抄』の図に記述される平安京の邸宅名も、左京と右京では、左京の方が多いことがわかります。

最近までの発掘調査成果から見えてくる平安時代の貴族の邸宅について、多くの調査成果の中から、ここでは右京五ヵ所、左京一ヵ所の調査成果と、そこから想定される貴族邸の復元イラストをご紹介しました。

寝殿造は、過去の絵巻物や指図、文学作品などの影響下で、寝殿を中心とした左右対称形などの邸宅と考えられてきましたが、ご紹介したとおり、従前の教科書や歴史図書に書かれてあるような典型的な寝殿造とされる遺構は、平安京跡からは、ほとんど見つかっていないのが実態であることがお判りいただけたかと思います。

これから行われる発掘調査で、従前からいわれているような、典型的な寝殿造建物が見つかる可能性があるかもしれませんが、現段階では困難ではないかと思われます。

註

（1）『建築大辞典』（下出源七編、彰国社、初版一九七四年、第二版一九九三年）によると、寝殿造は「平安時代に完成された天皇、貴族の住宅形式。ただし地位によって規模や形式を異にする。三位以上、五位以上、六位以下に分けられる。最も完備したものは三位以上の貴族のもので、それを主とすると次の通りである。敷地は一町（一二一メートル×一二一メートル）で周囲に築地塀をめぐらし、東面または西面に正面として四脚門を開き、前者を東礼（東を晴れ）、後者を西礼（西を晴れ）と称された。住屋は正殿としての寝殿とその左方および後方の東の対、西の対、北の対、東北の対、西北の対などから成り、対屋から中門廊を突き出す。いずれも南面し、寝殿の前庭は白砂敷きで行事の場として利用され、更にその南方には中島のある池を持つ庭園が配されていた。これら池に臨んで泉殿と釣殿が設けられ、両者は渡殿で対屋とつながれていた。寝殿および対屋の構造はいずれも同じで、檜皮葺き、入母屋造りで、構造的には母屋・庇・広庇などから成り、広庇先の角柱を除いて丸柱とする」と書かれています。

（2）平良泰久・石井清司・常磐井智行「平安京跡（右京一条三坊九町）昭和五四年度発掘調査概要」『埋蔵文化財発掘調査概報（一九八〇―三）』京都府教育委員会、一九八〇年。平良泰久・伊野近富・常磐井智行・杉本宏・谷口智樹・村川俊明「平安京跡（右京一条三坊九町）昭和五五年度発掘調査概要」『埋蔵文化財発掘調査概報（一九八一―一）』京都府教育委員会、一九八一年。山口博「平安京右京一条三坊九町　昭和五九年度発掘調査概要」『京都府遺跡調査概報第一六冊』京都府埋蔵文化財調査研究センター、一九八五年。村田和弘「平安時代前期の邸宅遺構―平安京跡右京一条三坊九町の邸宅から―」『京都府埋蔵文化財論集四冊―創立二十周年記念誌―』京都府埋蔵文化財調査研究センター、二〇〇一年。村田和弘「平安京跡右京一条三坊九町・十町（第一〇次調査）」『京都府遺跡調査概報第一一一冊』京都府埋蔵文化財調査研究センター、二〇〇四年。

（3）長宗繁一「平安京前期右京域の様相」『条里制・古代都市研究』第三七号、二〇二二年。

（4）「長岡京左京三条三坊十六町跡」『京都平安文化財第一〇集』京都平安文化財、二〇二〇年。
（5）前掲註（2）のほか、西山良平・藤田勝也編『平安京の住まい』京都大学学術出版会、二〇〇七年。
（6）西山良平「平安京と貴族の住まいの論点」西山良平・藤田勝也編『平安京と貴族の住まい』京都大学学術出版会、二〇一二年。
（7）山本雅和ほか『平安京右京三条三坊五町跡　京都市埋蔵文化財研究所発掘調査報告二〇一七―一五』京都市埋蔵文化財研究所、二〇一八年。そのほか、平尾政幸ほか『平安京右京三条三坊　京都市埋蔵文化財研究所調査報告第一〇冊』京都市埋蔵文化財研究所、一九九〇年。平尾政幸「平安京右京三条三坊」『昭和六三年度　京都市埋蔵文化財調査概要』京都市埋蔵文化財研究所、一九九三年、などがある。
（8）岩本崇「長岡京東院の屋瓦とその評価」『長岡京左京東院跡の調査研究　正殿地区』古代学協会、二〇〇二年。
（9）『昭和六二年度　京都市埋蔵文化財調査概要』京都市埋蔵文化財研究所、一九九一年。『平安京右京六条一坊―平安時代前期邸宅跡の調査―　京都市埋蔵文化財研究所調査報告第一一冊』京都市埋蔵文化財研究所、一九九二年。
（10）前掲註（3）。
（11）『平安京右京三条一坊三・六・七町跡　京都市埋蔵文化財研究所発掘調査概報二〇〇二―五』京都市埋蔵文化財研究所、二〇〇二年。
（12）水谷明子ほか『平安京右京三条一坊六町・壬生遺跡―西三条第（百花亭）跡―』古代文化調査会、二〇〇九年。
（13）丸川義広・網伸也・近藤奈央『平安京右京三条一坊六・七町跡―西三条第（百花亭）跡―　京都市埋蔵文化財研究所発掘調査報告二〇一一―九』京都市埋蔵文化財研究所、二〇一三年。
（14）西田倫子・鈴木康高・松吉祐希『平安京右京三条一坊六・七町跡、壬生遺跡　京都市埋蔵文化財研究所発掘調査報告二〇二〇―一〇』京都市埋蔵文化財研究所、二〇二一年。
（15）前掲註（13）。
（16）伊藤潔「平安京右京三条一坊2」『平成九年度　京都市埋蔵文化財調査概要』京都市埋蔵文化財研究所、一九九九年。
（17）山田邦和「右京三条一坊四町」古代学協会・古代学研究所編『平安京提要』角川書店、一九九四年。
（18）前掲註（11）。

(19) 前掲註(3)。
(20) 山田邦和『変貌する中世都市京都』吉川弘文館、二〇一二年。
(21) 梶川敏夫『新版　よみがえる古代京都の風景』京都市生涯学習振興財団編集、山代印刷株式会社出版部、二〇一二年。
(22) 鈴木久男・鈴木廣司・網伸也ほか『平安京右京三条二坊十五・十六町――「齋宮」邸宅跡――』京都市埋蔵文化財研究所調査報告第二一冊』京都市埋蔵文化財研究所、二〇〇二年。
(23) 京都市文化財保護課第三一回「平成二五年度美術工芸品（考古資料）説明資料」より。
(24) 『延喜式』斎宮「定斎王」の条には、「凡天皇即位者、定伊勢大神宮斎王、仍簡内親王去未婚者卜之、（若無内親王者、依世次、簡定女王卜之）訖即遣勅使於彼家、告示事由……」とある。
(25) 前掲註(23)。
(26) 前掲註(21)。
(27) 山田邦和「左京三条二坊九・十町」古代学協会・古代学研究所編『平安京提要』角川書店、一九九四年。
(28) 菅田薫・本弥八郎・吉川義彦「左京三条二坊」『昭和五八年度　京都市埋蔵文化財調査概要』京都市埋蔵文化財研究所、一九八四年。
(29) 丸川義広ほか『平安京左京三条二坊十町（堀河院）跡　京都市埋蔵文化財研究所発掘調査報告二〇〇七―一七』京都市埋蔵文化財研究所、二〇〇八年。
(30) 太田静六『寝殿造の研究』吉川弘文館、一九八七年。

コラム②

平安京右京六条三坊六町跡の井戸跡から出土した人形代

二〇〇四年（平成十六）、平安京右京の邸宅内にあった方形の井戸の中から、男女の立体的な木製人形代《ひとかたしろ》（杉材、平安時代前期）が出土し、男性の方に組み合わされる二つの小さな腕も見つかりました。

男女の大きさが違い、女性は丸い尻や乳房、腹部がやや膨らんで女性らしく表現され、男性は女と比べてやや太い体形で烏帽子《えぼし》状の被り物、女は髪を結いまとめた「頭上一髻《ずじょういっけい》」のような髪型で、男女とも頭部は墨で着色されています。

人形代　男性：高さ 23㎝
2つの腕は左右同じ。

人形代　女性：高さ 16.5㎝

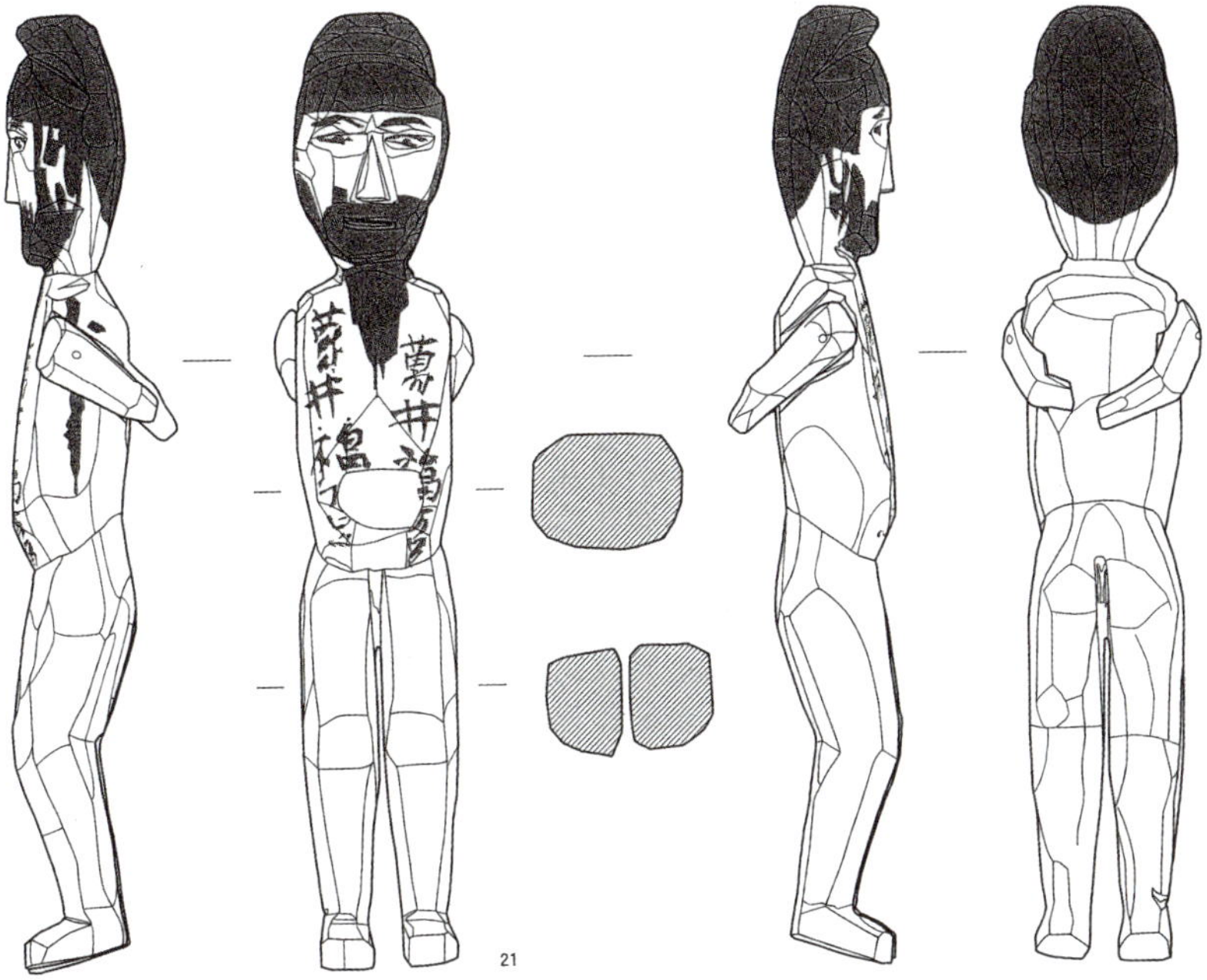

21

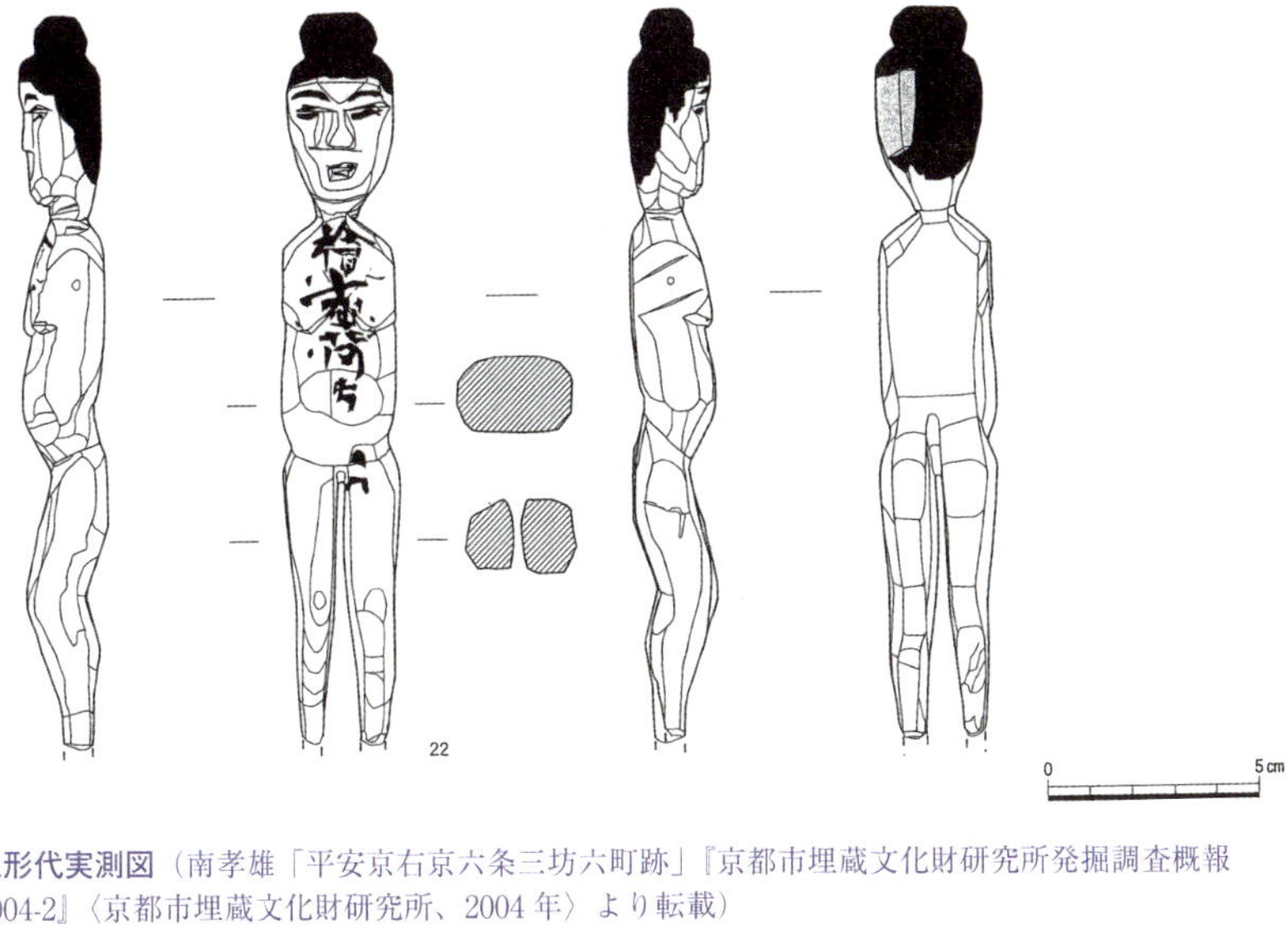

22

人形代実測図（南孝雄「平安京右京六条三坊六町跡」『京都市埋蔵文化財研究所発掘調査概報 2004-2』〈京都市埋蔵文化財研究所、2004 年〉より転載）

男性の胸から腹にかけて縦に二行「葛井福万呂《ふじいふくまろ》」、女性は一行で「檜□《ひの》（前カ）阿古《あこ》□□」と書かれてあります。よく見ると男・女の腕の付け根に刳り方と小穴があり、木釘で組み合わせると男の腕は後ろ手になることがわかります。女性の腕は見つかっていませんが、腕の付け根の形状から、同じように後ろ手に縛られているような状態であったとみられます。

平安京跡からはこれまでも人形代がいくつか見つかっていますが、立体的でしかも両手が縛られているような人形代が見つかったのは初めてで、この井戸跡からは、人形、斎串《いぐし》など祭祀に関連すると思われるものや、櫛《くし》、柄杓《ひしゃく》の柄、瓢箪《ひょうたん》製杓、曲物《まげもの》なども出土しています。

腹部に名前が書かれた男女のリアルな人形代が、縛られた状態で井戸に投棄されていたという事実に大変驚くとともに、『源氏物語』に書かれているような複雑な男女の関係をつい想像してしまいました。

さて、読者の皆さんはこの男女の人形代をどう理解されるでしょうか。

調査を担当された南孝雄さんは、男女の離別あるいは呪殺《じゅさつ》を願った呪詛《じゅそ》の人形だろうと考えておられます。平安遷都当初の宅地跡からの出土品ですが、平安京に生活していた人々の風俗習慣や人間関係を知るうえからも大変貴重な遺物の一つです。

この人形代は、京都市考古資料館に展示されていますので、是非とも訪れて実物をゆっくりと鑑賞してみてください。

五 平安京の表玄関

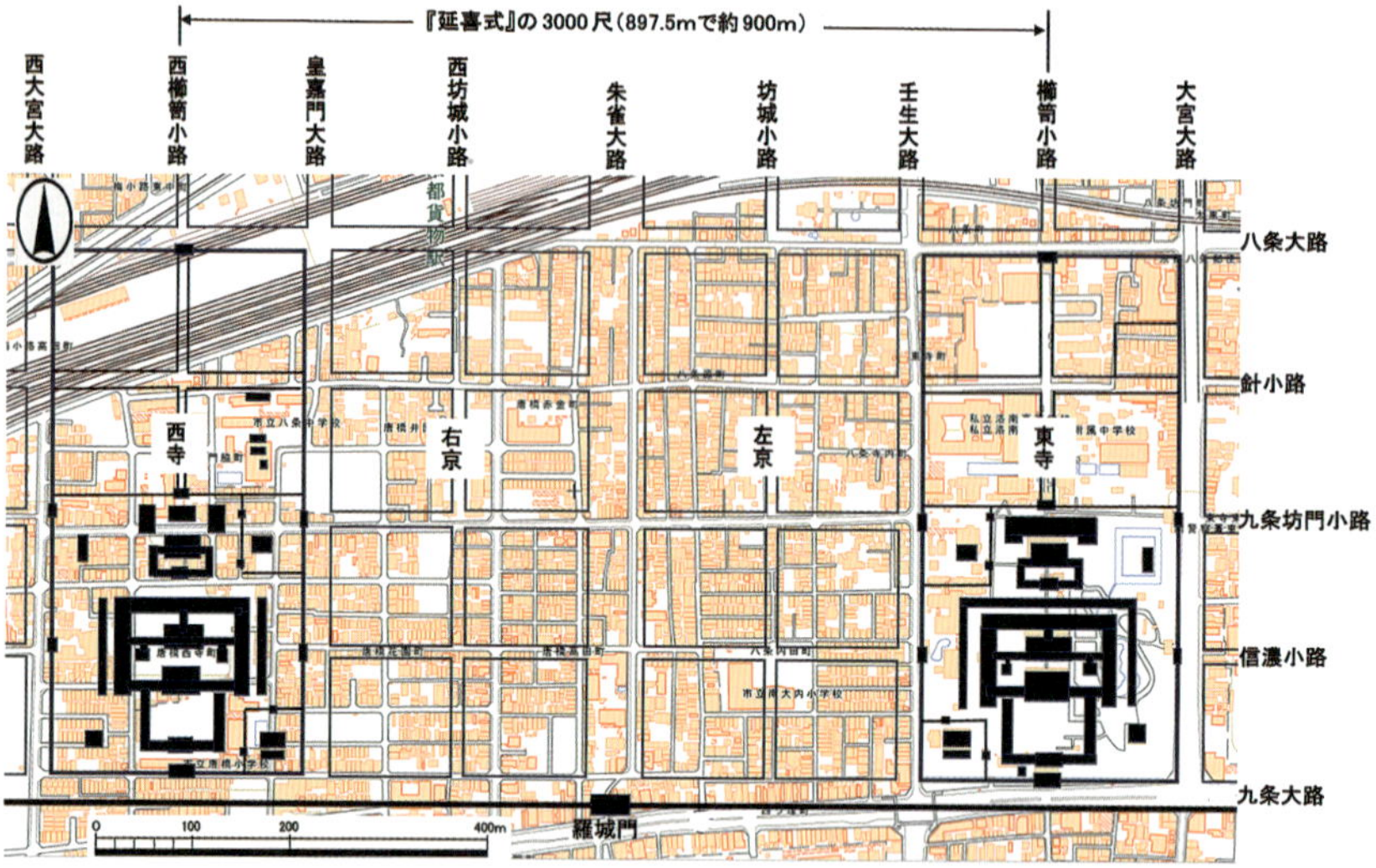

図1　羅城門と東寺・西寺の位置図

ここでは、平安京の表玄関である九条大路に面して造られた羅城門《らじょうもん》跡と羅城跡、西寺《さいじ》跡、そして平安京の面影を今に伝える東寺《とうじ》についてご紹介していきます。

平安京の正門として建てられたのが羅城門であり、その左右に国家の官寺として創建されたのが東寺と西寺です。桓武《かんむ》天皇は約一〇年続いた長岡京を棄都して、平安京遷都を敢行しましたが、この二つの寺院以外に、京内に寺院建立を認めなかったとされ、旧都である平城京にあった南都七大寺院や長岡京から平安京への仏教寺院の移転は確認されていません。遠く山陽道や南方の鳥羽の作道《つくりみち》から平安京へ来た人々は、豪壮華麗で大規模な羅城門や、その左右にあった大伽藍を誇る東寺と西寺にある五重塔や南大門、高い築地塀《ついじべい》を見ることで、天皇が居する都ぶりを改めて見せつけられたことでしょう。

この東寺と西寺跡で思い出すことがあります。かつて筆者の恩師である杉山信三氏から聞いた話ですが、一九六〇年（昭和三十五）以降に杉山氏が調査を進めていた西寺跡では、食堂《じきどう》跡、金堂跡および回廊跡の位置と規模などが判明したことから、伽藍の南北中心ラインを知ることが可能となりました。その成果を利用して、寺地と建物位置が創建当初からほぼ変わっていない東寺の伽藍南北中心ラインを使って平安京の造営尺《ぞうえいしゃく》（一尺の現在の長さ）を求めようと試みたのです。

造営尺は二章でも少しふれていますが、平安京造営に際して使われた共通の寸尺の定規のことで、それがバラバラでは都は造れません。たとえば、二人の大工が異なる寸尺の定規を使って一軒の家を分担して造るとすれば、家は傾いてしまい完成することはできません。ましてや大規模な古代都市の平安京を造るためには、それぞれが共通の正確な定規（造営尺）を使用することが絶対条件となります。

杉山氏は、『延喜式《えんぎしき》』「左右京職《きょうしき》・京程」に書かれた東寺と西寺の中心間距離が三〇〇〇尺（約九〇〇メートル）であることから、実際にその距離を測って三〇〇〇で割れば造営尺が求められると考え、西寺食堂院南門跡の中心線と東寺の食堂間の距離を測ることにしたそうです。

測量は車両の通らない深夜、布製の巻き尺より正確に測れるスチールテープを使って、東寺の中心ラインから東寺西門通りを測りながら西寺跡までを正確に測量して造営尺を求めました。そのとき、なぜ深夜なのかと聞くと、決まった長さのスチールテープ（金属製）を何回も繰り返して地面に延ばしながら測っていく作業中に、薄くて硬いスチールテープの上を車両が通過したりすると簡単に折れて破損するため、深夜に測量されたのだそうです。そして測った距離の長さは八九七・五メートルでした。杉山氏はそのデータから一尺が二九・九一センチという造営尺を導き出し、さらに平安京の南北軸線の傾きも、真北から西へ一五〜二〇分ふれることも突き止め、三〇〇〇分の一の地図上に、それを使って平安京の条坊復元図を制作しました(1)。現在では、距離は測量地点が明確にわかれば、光波測距儀やGPSを使えば簡単に求めることができますが、当時は距離を測ることさえ大変な作業でした。

ちなみに現在使用されている造営尺は、発掘調査で数多く検出された平安京跡の築地や溝、路面などの条坊遺構を、かつては基準点測量で、現在ではGPSを使って測量し、その平均値から導き出した一尺＝二九・八四七センチとしています。

1 羅城門跡

京都市南区唐橋羅城門町

羅城門は、朱雀大路南端に建立された平安京の表玄関を象徴する正門です。『拾芥抄《しゅうがいしょう》』の宮城部には、羅城門を「二重閣、七間」と書かれています。

江戸時代後期の裏松光世《うらまつみつよ》（固禅《こぜん》）『大内裏図考証』には、「羅城門、二重閣九間」と書かれていますが、実際は桁行七間・梁間二間の重層（二階建て）構造で、宮城正門の朱雀門と同様に華麗で大規模な門であったと想像されます。実際の大きさは、東山区の知恩院にある江戸期の元和七年（一六二一）建立の国宝三門（高さ二四メートル、横幅約五〇メートル、桁行は五間）をイメージされたらいいかと思います。

延暦十三年（七九四）の平安京遷都にともなって創建され、左右には羅城（築地塀）が取り付いて威容を誇っていたと考えられますが、『日本紀略《にほんきりゃく》』には平安京遷都後二二年目の弘仁七年（八一六）八月十六日に大風によって初めて倒壊してしまいました。その後に再建されましたが、天元三年（九八〇）七月九日の暴風雨で再び倒壊し、以後は再建されることはありませんでした。

羅城門は、宮城の主要な門と同様に昼間だけ出入りが許されたようです。宮衛令《くえりょう》の義解《ぎげ》（天長十年〈八三三〉撰）には、京城門（羅城門）は暁の鼓（太鼓）を聞いて開き、夜の鼓が終わると門を閉じること。そして同門の鎰（カギ）は、毎朝御所から出し、その夜に返納することが記されています。諸門を開閉する鼓を打つ時刻は、『延喜式』「陰陽寮」に一年を四〇期に分けて細かく規定されており、時期によって早晩の差はありますが、日の出前六分（今の時計で一八分）に開門、日没後六分に閉門の鼓を打つといいます。その鼓は朝夕各一二回ずつ二度、合わせて二四回打つこととされ、日の出頃に開門し、日没の少し後に閉門することになっていました。(2)

寛平九年（八九七）七月三日、宇多《うだ》天皇が新帝の醍醐《だいご》天皇（当時一三歳）への譲位のときに政務を書き記した『寛平《かんぴょうの》御遺誡《ごゆいかい》』（その他『宇治拾遺物語《うじしゅういものがたり》』など）に、桓武天皇が京中巡幸のとき、建設工事中の羅城門を見て、門があまりにも高いので、匠《たくみ》（大工）に門の高さを五寸（約一五センチ）減ずべきことを命じました。再度、天皇が訪れた際に羅城門を見て、匠に如何したかと問うと、匠は「即に減ず」と嘘を言いました。そこで天皇は嘆いて曰く、「五寸を加えざるを悔ゆ」と。匠はこれを聞いて天皇の眼識の高さに驚き、地に伏して絶息《ぜっそく》したといいます。やがて蘇生した匠に天皇は怪しんで問うたところ、匠は「実は減ぜず、然れども煩《わざわい》あらんがために讒言《ざんげん》するのみ」といい、天皇はこれを許したという逸話が伝えられています。これは、天皇の眼識の高さと寛容さ、匠の建築に対するプライドの高さを伝えるものとみられますが、後年に書かれたものであり、羅城門の高さは二〇メートルを優に超えると推定されることから、五寸の違いなど判るはずもありませんが、羅城門をテーマとして天皇と匠の関係を物語るエピソードとして面白い逸話だと思います。

そのほか、この門の廃絶後に書かれた物語の例では、『今昔物語集』二四巻二四話「玄象琵琶為鬼被取語」には、村上《むらかみ》天皇のとき、鬼が宮中から取った琵琶玄象《びわげんじょう》（天皇遺愛の琵琶の名器）を、羅城門の上層（二階）から天井を通して下ろしたことが書かれ、同書の二九巻一八話「羅城門登上層見死人盗人語」には、盗人がこの門の上層に登って連子窓《れんじまど》から中を覗くと、老婆が死んだ若い女の髪を抜き取るのが見えた。盗人は戸を押し開き、刀を抜いて中に飛び込み、老婆を脅して女と老婆の衣服、女から抜き取った髪の毛までも奪い取り消え去ってしまった。門の上には、埋葬できない死体が置いてあったと、書かれてあります。この逸話は、芥川龍之介の小説『羅生門《らしょうもん》』の題材になったことでよく知られ、天元三年の倒壊以前の様子を伝えるものとして興味深いものです。

藤原実資《ふじわらのさねすけ》の『小右記《しょうゆうき》』治安三年（一〇二三）の記事によると、権門の藤原道長《みちなが》自らが建立を発願した法成寺《ほうじょうじ》を造営する際、宮中諸司や神泉苑《しんせんえん》、あるいは坊門、羅城門、左右京職、そのほか寺々の礎石を取って来させて造営したとあり、当時の羅城門が礎石だけを残すような状態であったとすれば、平安京でもこの付近は、かなり荒廃が進んでいた

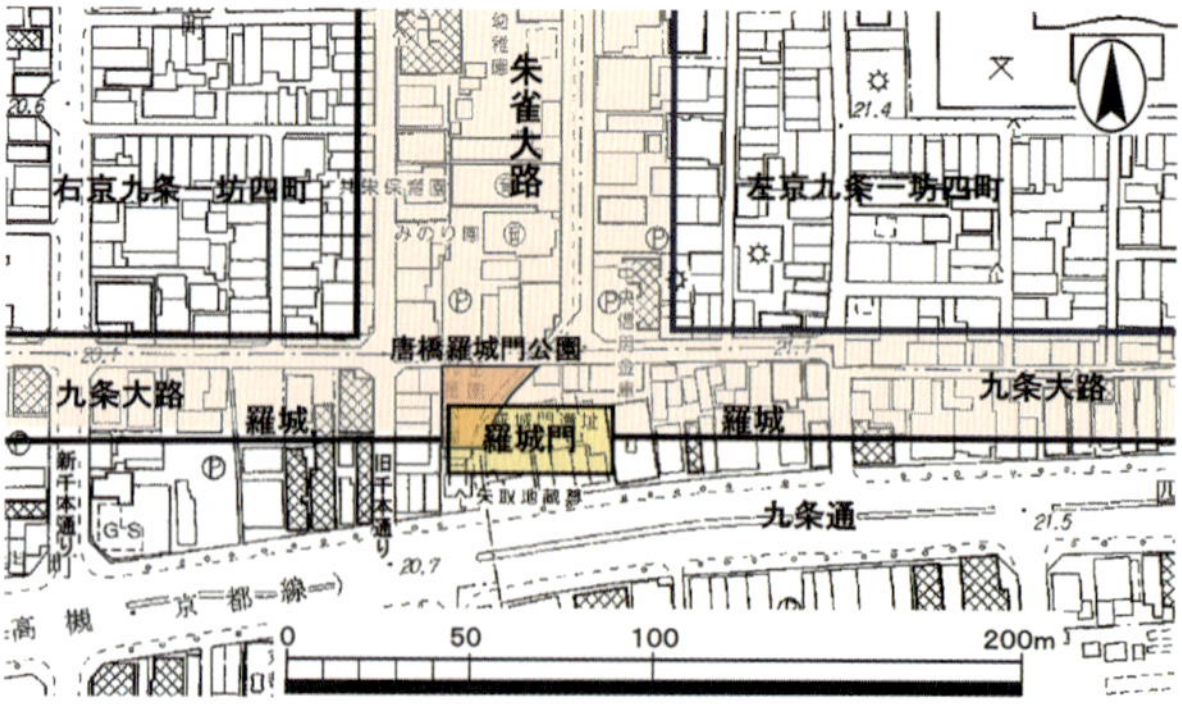

図2　羅城門跡推定位置図

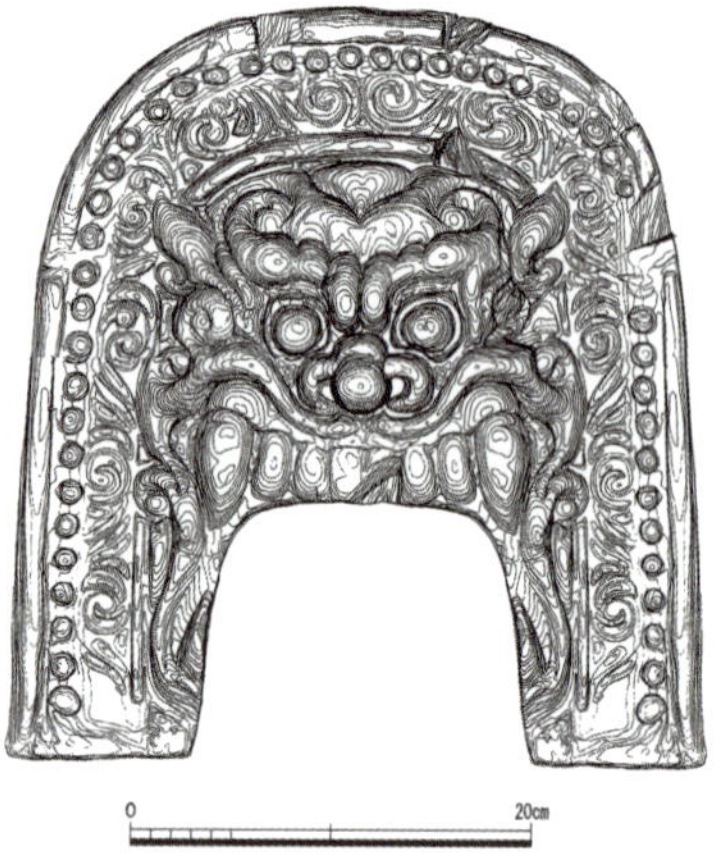

図3　豊楽殿跡出土の鬼瓦を復元した図（『平安宮Ⅰ　京都市埋蔵文化財研究所調査報告第13冊』〈京都市埋蔵文化財研究所、1995年〉より加工転載）

と考えられます。

東寺所蔵の国宝「木造《もくぞう》兜跋《とばつ》毘沙門天立像《びしゃもんてんりゆうぞう》」は、確証はありませんが、この羅城門の上に置かれていた像であるとの伝承を持ちます。また京都国立博物館寄託の重要文化財「伝《でん》羅《ら》城門《じょうもん》三彩《さんさい》鬼瓦《おにがわら》」（東寺所蔵）は、羅城門跡出土と伝わります。

この三彩鬼瓦は、一九八二年（昭和五十七）に平安宮の豊《ぶ》楽殿《らくでん》跡で出土した重要文化財指定の鬼瓦（無釉《むゆう》）と同じ笵型で作られた鬼瓦であることが判明しています。豊楽殿跡からは緑釉《りよくゆう》瓦や鴟尾《しび》のほか、三彩あるいは二彩とみられる瓦片（?）も見つかっていますが、屋根のごく限られた場所で使用されたものとみられます。伝羅城門の三彩鬼瓦が存在するからといって、羅城門の屋根に緑釉瓦が葺かれていたかどうかは、付近からは緑釉瓦も見つかっておらず、現状では考えにくいと考えています。

このほか、東寺の宝蔵（校倉造で焼失後の再建建物）の床板は、きわめて大きな建物の扉材が転用してあり、東寺の金

図4　筆者が初めて発掘調査に参加した1972年の羅城門跡の写真（南から）

図5　現在の羅城門跡の石柱と説明板（南東から）

堂か、あるいはこの羅城門の扉ではないかともいわれています。

羅城門跡のあった場所は、現在の町名も羅城門町ですが、これまでの発掘調査成果による平安京の復元により、九条通りと旧千本通りの交差点北側にある唐橋羅城門公園付近（図2）にあったことがわかっています。しかし、これまで何ヵ所かで行われた羅城門跡の発掘調査でも、門跡に関する遺構は発見されていません。門跡推定地の近くには、かつては豊臣秀吉《とよとみひでよし》ゆかりの御土居《おどい》（堀や土堤を造るために大規模な造作が必要）があり、また、南北に鍋取川《なべとりがわ》（現在は暗渠《あんきょ》）が流れていることなどから、基壇はすでに削平を受けてしまったものと思われます。

筆者が一九七二年に初めて発掘調査を経験したのがこの羅城門跡で、思い出深い遺跡の一つですが、その調査のときも羅城門の遺構は何も見つかりませんでした。トレンチを設けた場所が、この調査をする以前に、古代学協会が発掘調査を行った場所の近くであったことから、角田文衞氏から「何故、以前掘った場所を改めて掘るのか」とクレームを付けられてしまいました。

また、現場が終了した後、報告書に掲載する平面図を初めてトレースして掲載しましたが、調査委員で建築史家の福山敏男博士から、「君が描いた図の北の方位が反対になっとるよ」と指摘を受け、ショックを受けたことを今でもよく覚えています。

図６　羅城門復元図（南東から）

ここで掲載している羅城門復元図は、唐橋羅城門公園には羅城門跡を伝える石柱や駒札はあっても、それだけでは門をイメージできないため、筆者が二〇〇七年（平成十九）～〇八年に担当した「源氏物語ゆかりの地」説明板設置事業のとき、この復元図を説明板に掲載して設置しています。この場所は、『源氏物語』に直接関係しませんが、寛弘二年（一〇〇五）三月二十日に、藤原氏所縁の大原野神社（京都市西京区大原野南春日町）に一条《いちじょう》天皇皇后（中宮）の藤原彰子《しょうし》が行啓《ぎょうけい》する際、藤原道長や紫式部などが同行しており、ここを通った可能性があることから設置しました。

なお、JR京都駅を北に出て東に少し歩けば、二〇一六年に設置された羅城門の一〇分の一の模型が屋外展示されています。この羅城門模型は一九九四年の平安京一二〇〇年記念の年に、京都府建築工業協同組合により製作され、当時、京都市美術館で開催された「甦る平安京展」で展示された模型です。JR京都駅を利用されるときは、平安京をイメージできますので是非見ていただければと思っています。

2 羅城跡

朱雀大路南端にあった羅城門の左右（東・西）には、九条大路南辺に沿って羅城と呼ばれる高い築地塀が存在していました。『延喜式』「左右京職・京程」には「……南極大路十二丈、羅城外二丈（垣基半三尺、犬行七尺、溝広一丈）路広十丈」と書かれ、詳細不明ながら「垣基半三尺」とする羅城があったことがわかります。

羅城とは、都城防御のため周囲に巡らす城壁のことを意味し、大陸（中国）の都城には、外敵に対する防御施設として大規模な羅城が巡らされていました。しかし、わが国では大陸に比べて比較的安全なことから、羅城が存在しても都城の周囲を巡らすような本格的なものは造られなかったのではないかと考えられており、平安京の羅城についても、九条大路南辺に沿って全体に羅城が築かれていた、あるいは、羅城門の左右にのみある程度の長さで羅城が取り付いていたなどさまざまな意見がありました。

一九九四年（平成六）の平安建都一二〇〇年記念に制作された平安京一〇〇〇分の一の復元模型も、羅城門の左右に少しだけ羅城があった形で復元されており、平安京の羅城については長らく不明のままでした。しかし、羅城門は史料からも朝夕時間を決めて扉の開閉が規定されており、門の扉を開閉する必要がある以上、門の左右だけにしか羅城がなかったとは考えにくいことになります。そのほか、『延喜式』をみると、平安京の大きさが「南北一千七百五十三丈」「東西一千五百八丈」と「京程」に記されており、その内の南北規模は、条坊に書かれた寸法を足してみると一千七百五十一丈にしかならず、二丈（六メートル）の差が出てくるため、この記述についてもこれまで長い間の謎となっていました。

史跡西寺跡の西側で、京都市立開建高等学校（旧洛陽工業高校、京都市南区唐橋大宮尻町）の建設が計画され、その工事に先立って京都市埋蔵文化財研究所（以下「埋文研」）により、二〇一八年十一月～翌年三月と、二〇二〇年四～五月の二期に分けて発掘調査が行われました。これまで、九条通りと九条大路跡が重複するため、九条大路を掘るチャンスは少なかったのですが、調査地付近では、現在の九条通りが南へ傾くため、敷地内は平安京九条大路を調査できる絶好の場所でした。この西大宮大路南末西側の九条大路跡の発掘調査（図7）で、羅城の痕跡が初めて見つかり、その謎が解けることになったのです。

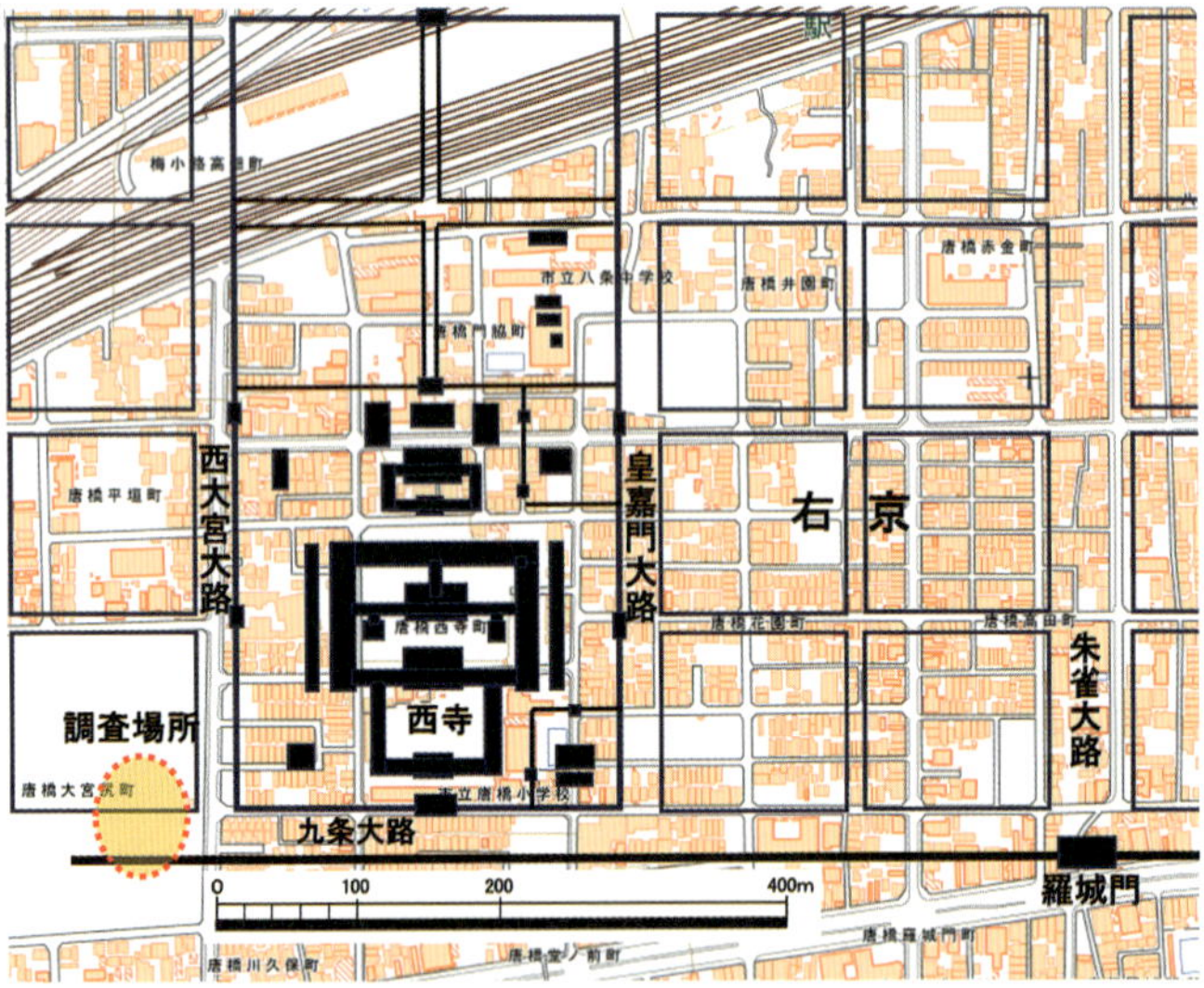

図7　平安京の条坊と羅城跡検出場所位置図

報告書(3)によると、発掘調査では、九条大路路面のほか、推定ライン上で九条大路の南北にあった東西方向の側溝を検出、大路の北側溝は九世紀と十世紀の新旧の側溝が検出され、北側の九世紀代の側溝から南側溝間の心々距離が一〇丈（約三〇メートル）であることが判明しました。その結果、九条大路の南・北の築地を『延喜式』の規程どおりに想定すると、九条大路の幅が一二丈（約三六メートル）であることが判明しました（図8・9）。つまり、平安京南端にあった東西方向の九条大路は、それまで見つかっている他の三至（北と東・西）の京極大路（一〇丈）に比べて二丈（約六メートル）広く、「羅城外二丈」と書かれた数字は、九条大路とは別のものであることが判明しました。つまり「羅城外二丈」とは、羅城の中心から外側二丈（羅城心から羅城の半分と犬走《いぬばしり》と羅城外溝までの長さ）であり、「京程」に記載された平安京の南北規模は「羅城外二丈」を加えた数値であることが明らかとなりました。

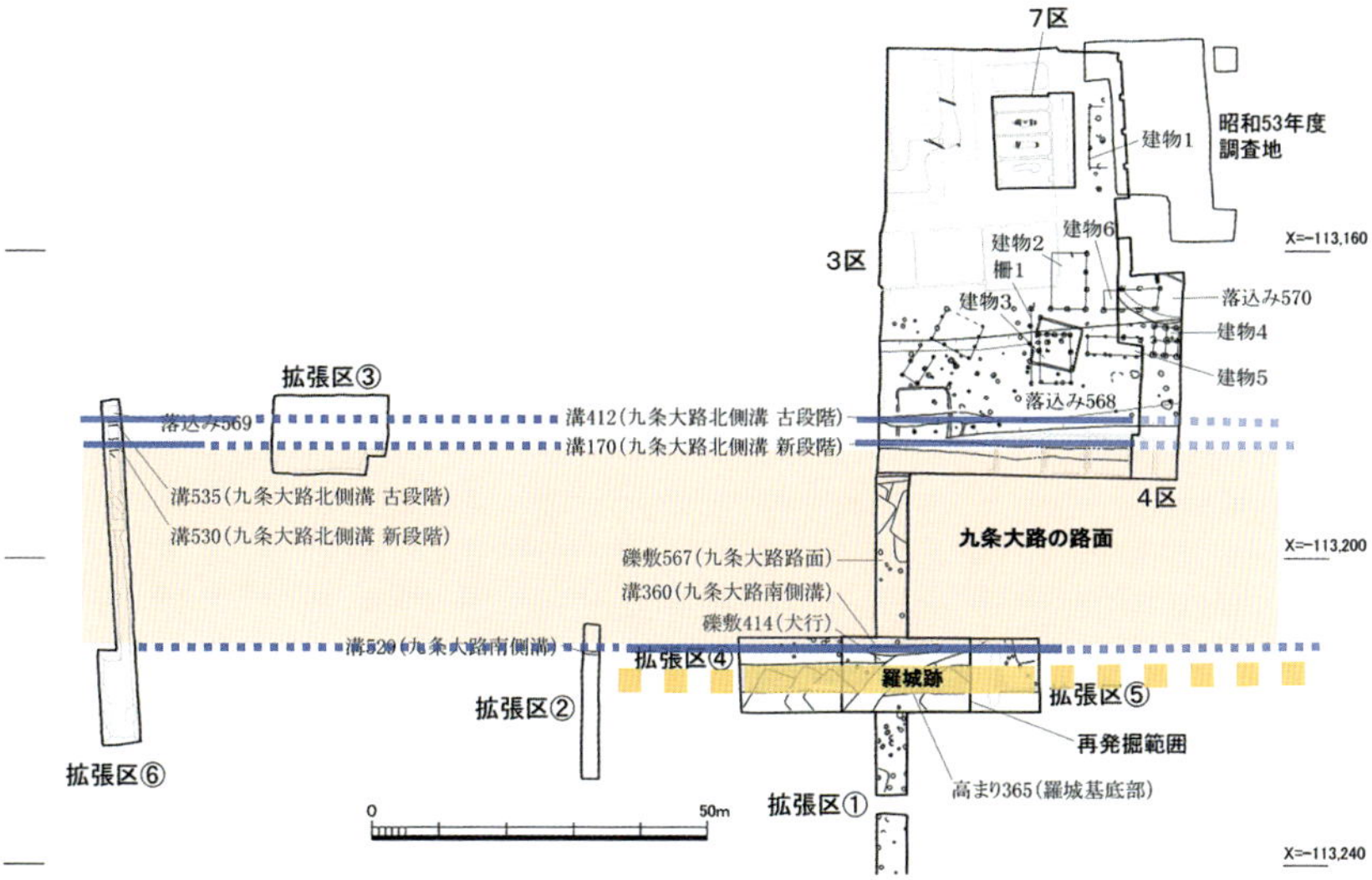

図8　検出された九条大路跡と羅城跡の位置関係図（註(3)図版1を転載、一部改変）

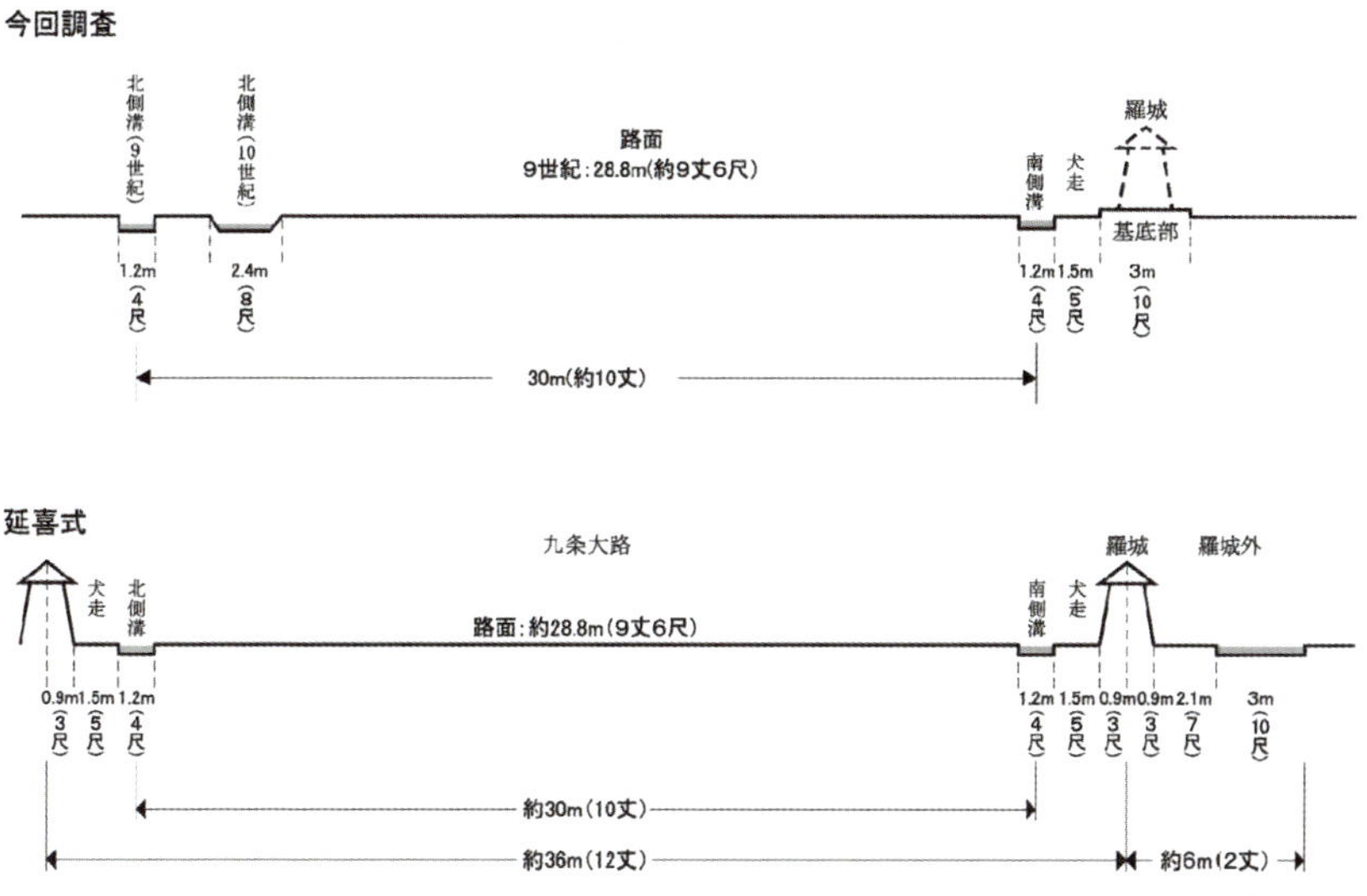

図9　九条大路断面模式図（調査成果と『延喜式』の比較）
（註(3)より転載）

今回検出された羅城の痕跡は、九条大路の路面南端で、上部が後世の耕作で削平されていましたが、残存良好な部分では南北約三メートル、高さは六〜一八センチを確認、基盤層を掘り込んで、細砂と砂礫混じりの土を突き固めて構築され、この遺構が三メートルの一定の幅で東西に続いていることが判明したことから、羅城跡と判断されたものです。ここより東方にあった羅城門から、今回の羅城跡が検出された西大宮大路を超えた辺りまで、羅城が実際に続いているかどうかは、掘って調査してみないとわかりませんが、それまで不明であった平安京の羅城について、少しでもその実態が解明できたことは、平安京を明らかにするうえでも大変重要な成果となりました。

3 西寺跡

京都市南区唐橋西寺町ほか

羅城門の西方二町を隔てた平安京右京に創建されたのが西寺です。造立年代は不詳で、『類聚国史《るいじゅうこくし》』の延暦十六年（七九七）四月四日条に笠江人《かさのえひと》が造西寺次官として記載され、記録上の初見とされます。国家の官寺《かんじ》として天長九年（八三二）には講堂が落慶し、その後も五重塔、金堂や食堂などの主要堂宇が順次整備されていったと考えられ、羅城門の東方に創建された東寺と並んで威容を誇っていました。

西寺は、南限が九条大路（現在の九条通りの一本北の通り）、北限が八条大路（現在はJR東海道本線の線路内）、東限は皇嘉《こうか》門《もん》大路（七本松通りの東側）、西限は西大宮大路（御前通りの東側）で、南北四町（約五一六メートル）、東西二町（二五二メートル）の八町規模（約一三万平方メートル）を誇り、南半が金堂や講堂などの主要伽藍で北方には政所院、太衆院、花園院、倉垣院《そうえんいん》などがあったとされます。貞観六年（八六四）までには、僧尼を官が管理する僧綱所《そうごうしょ》も、南都（奈良）の薬師寺から西寺に移されており、この寺の重要性を物語っています。西寺は正暦元年（九九〇）に火災で焼失し、その後に再建されたと考えられ、建久年間（一一九〇～九九）には、僧の文覚《もんがく》が塔の再建を行っています。

東寺は、嵯峨《さが》天皇から空海《くうかい》（後の弘法大師《こうぼうだいし》）に下賜《かし》（下げ渡し）され、真言宗の根本道場として発展していきましたが、西寺は平安京右京の衰退とともに荒廃していったとみられ、鎌倉時代の天福元年（一二三三）には、残っていた塔も焼失して廃絶、現在では唐橋西寺公園の中央部に講堂跡が土壇として残るのみとなり、その付近を含む主要伽藍跡や道路部分のみ、一九二一年（大正十）三月三日に国の史跡に指定（一九六六年（昭和四十一）三月二十二日追加指定）されました。

西寺の主要伽藍跡は、現在、南大門、中門と廻廊、金堂の跡が京都市立唐橋小学校々内と、その北にある公園が講堂と僧房（東小子房の一部を含む）の跡で、そのほかは、道路やマンション、社屋ビル、民家などとなっており、境内北半の半分程度がＪＲの線路敷きとなっています（図11）。

西寺跡は、これまで杉山信三氏が数多くの発掘調査現場を指導されてきており、伽藍配置の復元が試みられています。調査で明らかになった西寺の遺構は、南大門・中門と廻廊・金堂・僧房・小子房・食堂院・大飯殿・僧綱所・築地などのほか、境内跡北方からもいくつかの建物跡が見つかっています。(4) そのような経緯の中で、二〇一七年（平成二十九）から二〇二一年（令和三）にかけて京都市文化財保護課が行った西寺跡の発掘調査で大きな成果がありました。(5)

一つは、唐橋西寺公園の中央部に土壇となって残る講堂跡の発掘調査で、筆者も在職中、恩師の杉山信三氏とこの講堂跡（国有地）を訪れた際、ここを掘れたら西寺跡のことがよくわかるのにと言っていた場所でした。調査では、講堂跡の基壇南端部は削られていたものの、基壇中央部付近では礎石（図

図10　西寺（講堂）跡の石柱と礎石
礎石は動かされたもの。

13)、地覆座《じふくざ》や根巻《ねまき》（凝灰岩、図14）などが定位置で検出され、講堂の規模（東西七間で三〇・一五メートル、南北四間で一六・七メートル）のほか、講堂の建築構造などの詳細が明らかになりました。この調査により、現存する東寺の講堂（一四九一年再建）と比べて、西寺の講堂は東西桁行が四・八五メートル小さく、南北梁間は一・二一メートル大きいことが判明しました。

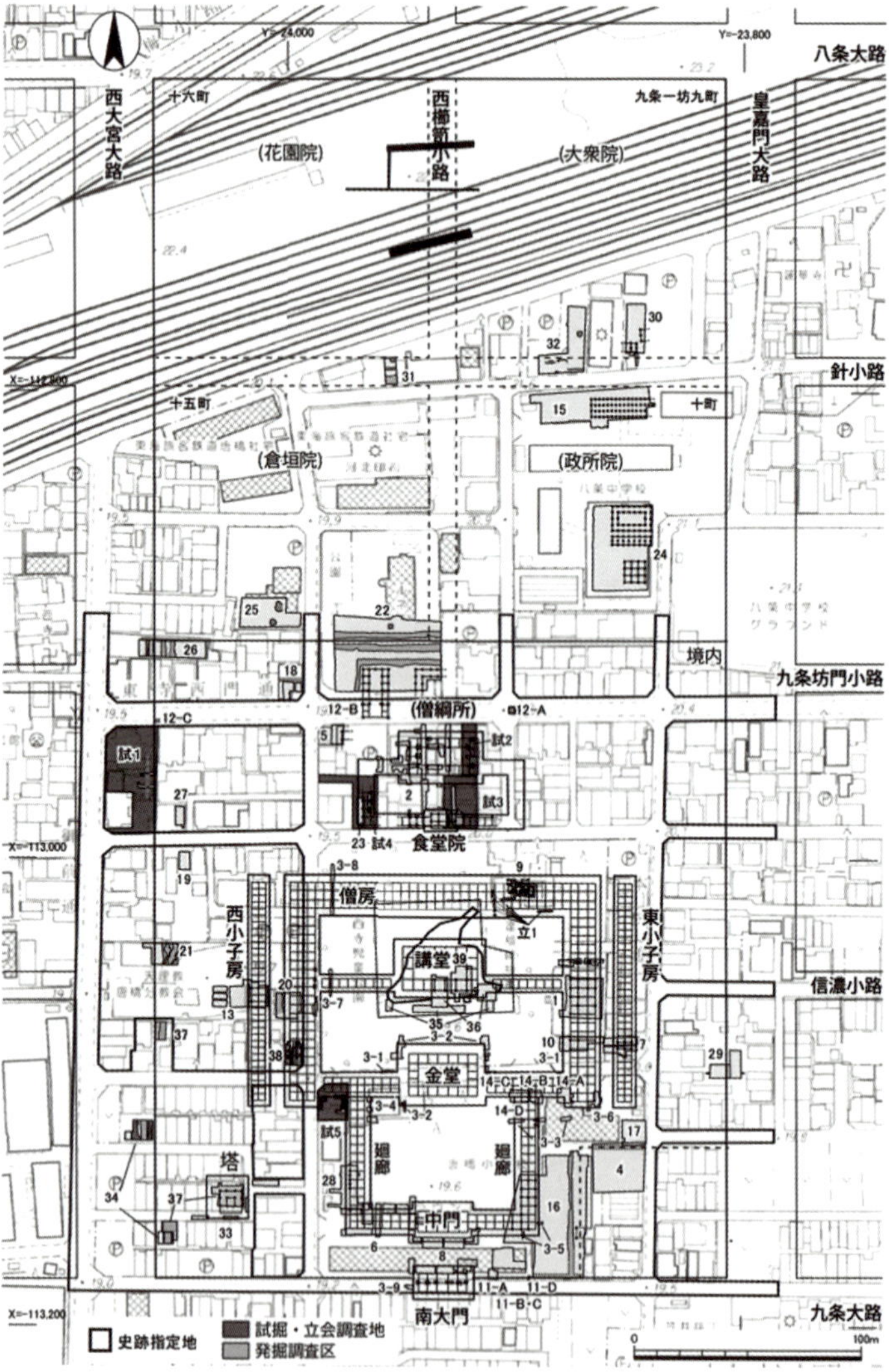

図11　西寺復元図と調査場所の図（註(5) 西森正晃・鈴木久史『史跡西寺跡発掘調査総括報告書』より転載）

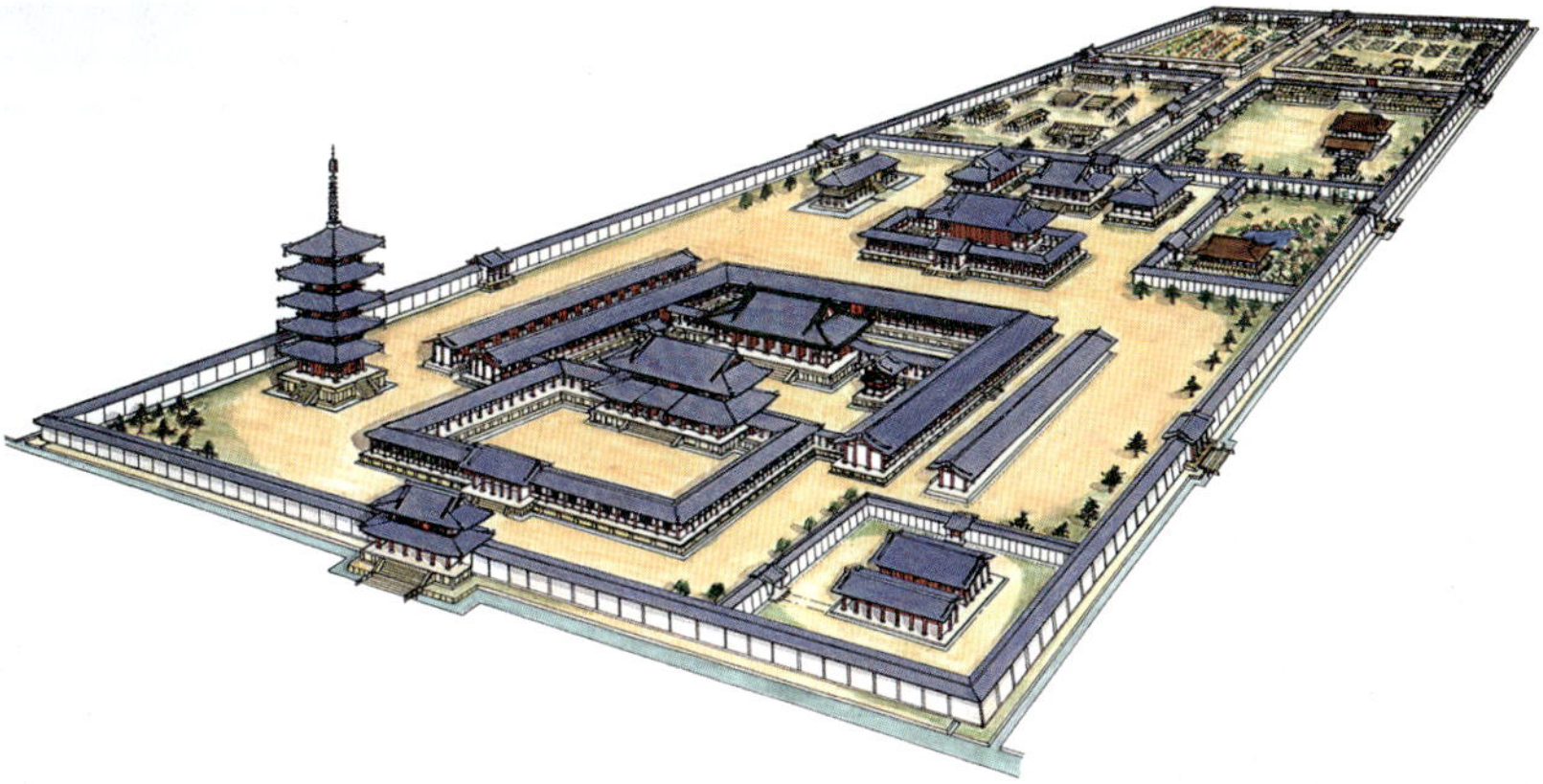

図12　西寺復元図（南東から）

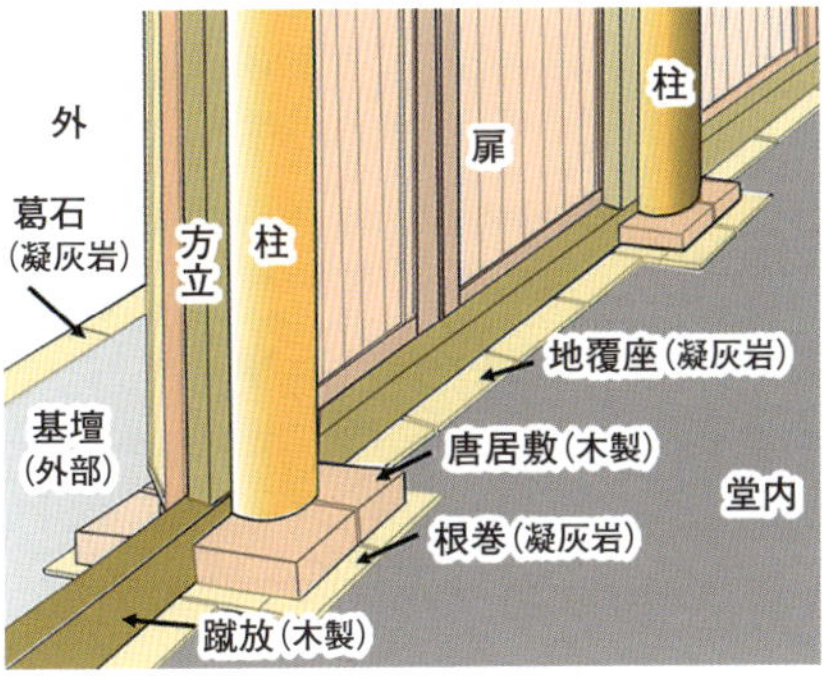

図14　発掘の成果から復元した講堂内部の模式図（南辺柱列）

図13　西寺講堂跡南辺の礎石と凝灰岩の地覆座（南西から）

その後に行われた講堂跡の発掘調査では、講堂の北側から北僧房につながる北廊（凝灰岩の基壇化粧）が見つかり、現場担当技師の西森正晃さんから連絡を受け現場を視察しました。北廊は多くが削られて壊されていましたが、部分的に基壇の一部が奇跡的に壊されずに残り、北廊基壇上部の縁に置く葛《かずら》石《いし》（凝灰岩、図15）まで残っていました。

そして今一つの大きな発見は、これまでその位置がわからなかった五重塔跡が境内跡の西南側で見つかったことです。皆さんがよくご存じの現存する東寺の五重塔は、南大門から入って右（東）側に建立されていますが、西寺はそれとは逆に、南大門を入った左（西）側に

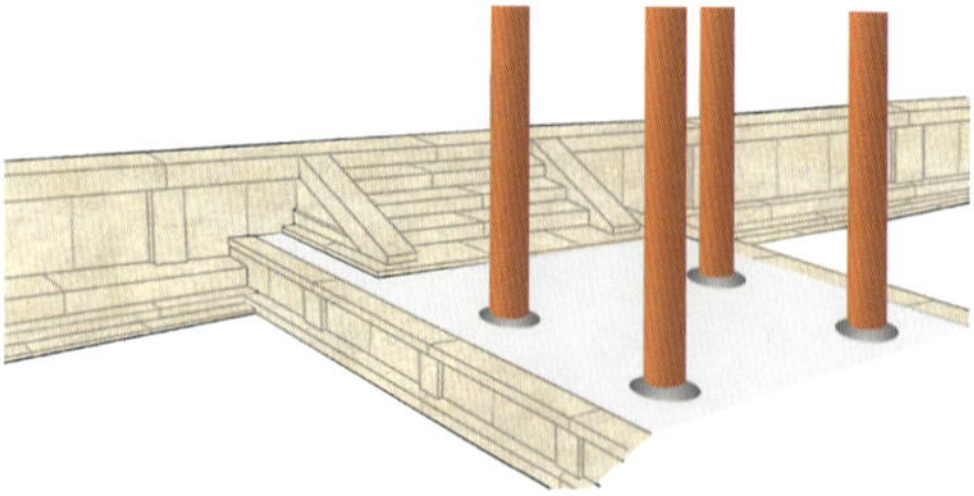

図16　西寺講堂の北廊模式図（北東から見た図）

図15　西寺講堂北廊跡の凝灰岩の基壇石（北東から）

図17-2　塔跡の根石を視察する鈴木嘉吉先生（中央）（北から）

図17-1　基壇上部が削平された西寺塔跡（2019年、西から）

建立されていたことがこの調査で判明しました。西寺の塔は以前から、伽藍の西側に建立されていたのではないかといわれてきましたが、平安京の正門である羅城門を中心に、東寺と西寺が左右にシンメトリックに計画（細部は異なる）して建立されていたことがこの調査で明らかになったわけです。

　五重塔の地上部分の基壇は、礎石を含めてすでに削平されていましたが、この調査では、礎石据え付け痕を示す円形の穴が一二ヵ所検出（図17―1）され、遺構をできるだけ壊さないように小さなトレンチを設けて観察すると、中からは礎石を安定させるために穴の中に詰め込まれた比較的大きな根石が沢山見つかり（図17―2）、改めて塔跡の遺構であることが確認されました。

　私的な話ですが、筆者が二〇一九年に、

この西寺跡の調査現場を訪れたとき偶然、古建築研究の大御所である鈴木嘉吉先生が視察に来ておられ、ご挨拶をさせていただきました。筆者が一九七四年に参加した奈良国立文化財研究所埋蔵文化財センターの第一回埋蔵文化財発掘技術者研修で建築を教わり、その後も長くご指導を賜ってきた恩師で、その後、二〇二二年十二月十六日、九三歳で逝去されました。西寺跡の現場でお元気な姿を見ていただけに残念でなりません（図17—2）。

話を元に戻して、基壇上に据えられる礎石を受ける部分は、礎石を頑丈に支える壺地業《つぼじぎょう》（図18）と呼ばれる特殊な工法で地盤改良されていたことが判明しましたが、京都市では、このような例は、ほかに平安宮豊楽院正殿の豊楽殿が同様の地業で構築されていたことがわかっています。塔跡は、礎石中心間の一辺が九・三メートルの方三間建物（図19）と判明し、現存する東寺の塔とほぼ同一規模であることが明らかとなり、東寺の塔の位置と西寺の塔の位置は、ほぼシン

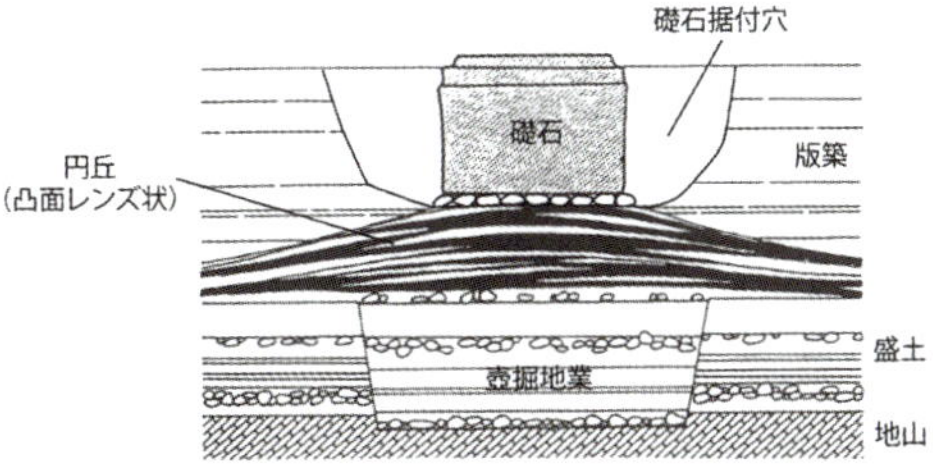

図18　壺地業模式図（『古代の官衙遺跡Ⅰ　遺構編』〈奈良文化財研究所、2003年〉より転載、一部加筆）

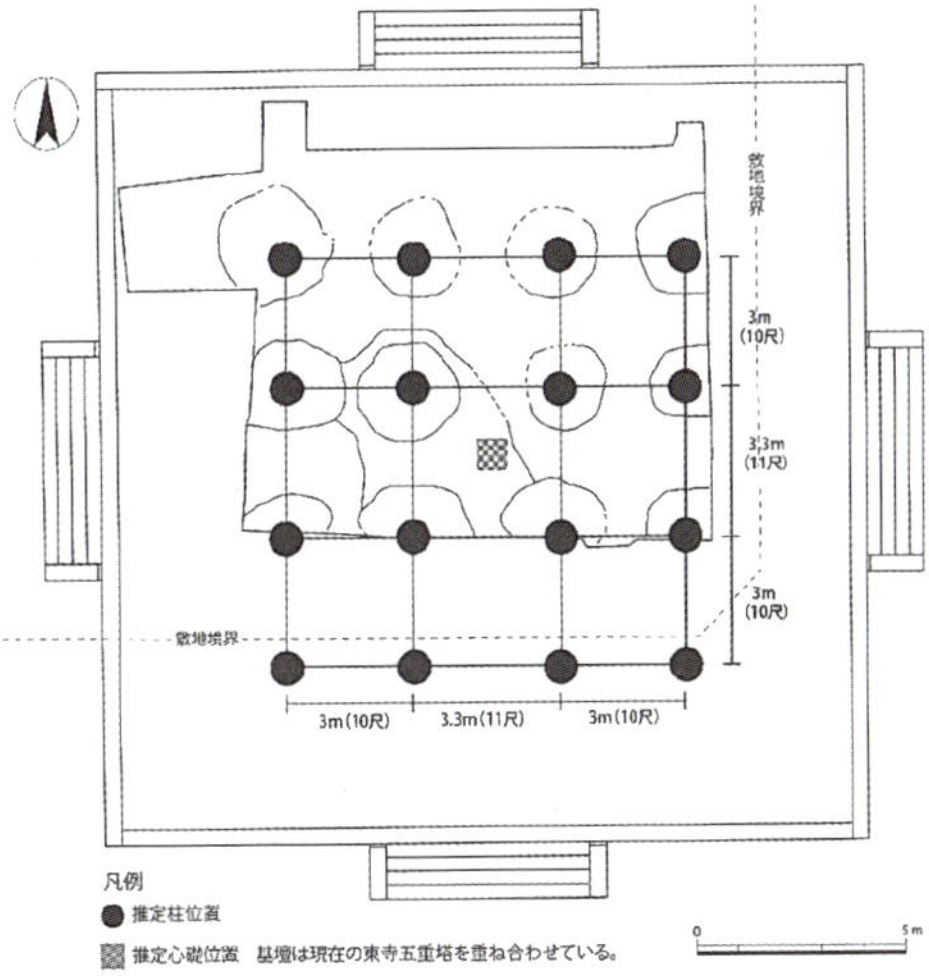

図19　西寺塔跡復元図（註(5) 西森正晃・鈴木久史『史跡西寺跡発掘調査総括報告書』より転載）

図20　西寺の大型井戸跡（1977年）（埋文研）

メトリックな位置に建立されていることも判明しています。通常の五重塔は、中央に置かれる心礎を除くと一六ヵ所の礎石で構成されますが、その内、今回一二ヵ所が見つかったことになり塔の規模がほぼ明らかとなりました。なお、想定される残りの四ヵ所の礎石抜き取り痕は、調査区外の南側道路下になるため調査は行われていません。

現在の西寺跡は、史跡指定されている講堂跡の土壇が唐橋西寺公園の中に残っているのみですが、近年までの調査で次々と遺構が明らかになってきており、できれば史跡指定地外でも重要遺構が検出された場所については指定して土地を公有化し、史跡公園として整備活用されることが望まれます。

この西寺跡では、忘れられない思い出があります。一九七七年に、食堂院の北東の道路（史跡指定地内）で通行止めにして行われたガス管布設工事にともなう立会調査で、地表下一・七メートル付近から蒸籠《せいろ》組で組まれた大型の井戸跡が見つかり、埋文研に緊急発掘調査を担当してもらいました。

井戸跡は、底板二段（全部で八枚）がほぼ完存しており、内法が二・二メートルもある大型の井戸で、板材も一枚が二・四メートル、幅が〇・三メートル、厚さ〇・〇九メートルもあり、人が簡単に持ち上げられないような重さで、井戸跡の内枠からは弘仁九年（八一八）発行の富寿神宝一〇枚が見つかりました。(6)すぐ近くに西寺の食堂院があることから、食堂で使う水をこの井戸で汲んでいたと思われます。

この現場は、史跡西寺跡で道路を通行止めにして行われており、見つかった井戸枠の取り扱いをどうするのか、即座に判断が迫られることになりました。見つかった井戸跡は道路下にあり、今後の埋設管工事で破壊される可能性が高く、保存も困難なことから、時間のかかる文化庁の判断を待たずに、やむをえず取り上げて保存することにしました。その後、東京の文化庁からクレームが来て、史跡指定地内で見つかった井戸枠を、文化庁の判断を待たず、何故その場所に保存せず取り上げたのかというお叱りでした。史跡指定地でも、市街地内の地域住民が住む生活道路下で偶然見つかった井戸跡であり、今後もさまざまな工事が行われる可能性が否定できません。また現場は長期に工事を止めるわけにもいかないことなどの理由で、やむをえず井戸枠を取り上げて保存したのだと、いくら説明しても、なかなか理解してもらえませんでした。現場の実態をよく知らない遠い東京の人たちには、よく手こずらされることもありましたが、その文化庁は二〇二三年三月に京都へ移転、今後はお互いにこのようなことが無いことが望まれるところです。

筆者は一九七四年に西寺北僧房跡の鎌達《けんたつ》稲荷《いなり》神社《じんじゃ》境内の発掘調査(7)を担当して、礎石抜き取り穴三ヵ所を検出しましたが、その後の一九八八年頃、史跡西寺跡に説明板を設けるために必要な復元図を制作することになり、杉山信三氏と相談しながら描くことになりました。実は、その時点では、西寺の五重塔の位置は不明で、相談の結果、羅城門の東・西にシンメトリックに東寺と西寺を配置した方が良いのではないかということで、東寺とは逆の西側に塔を配置して描き、その時の復元図を本書に掲載（図12）しています。(8) その後に行われた調査でも、塔跡はなかなか見つからず、もし東側で塔跡が見つかったら復元図の描き直しが必要となるため、やきもきしていましたが、二〇一九年の調査で塔が西側にあることが判明し、今更ながら西側に描いておいて良かったと安堵しています。

図21　西寺講堂跡の土壇（南西から）

西寺跡は、平安京を偲べる数少ない場所の一つで、興味のある方は是非見に行っていただきたい遺跡です。西寺跡へのアクセスは、JR西大路駅を南に出て、東へ向かって四〇〇㍍ほど歩けば唐橋西寺公園に至ることができます。九条通りを通る市バスに乗車し「九条御前通」

で下車して北へ少し歩いても西寺跡に至ることができます。あるいは、平安京の表玄関口を歩くつもりで、図1を参考に東寺を見学してから東寺西門通りを西へ歩いて羅城門跡を経由し、西寺跡（約一・二キロ）まで歩かれるのもいいかもしれません。

4 東寺（教王護国寺）

京都市南区九条町

真言宗の根本道場と呼ばれる東寺は、平安京遷都にともなって羅城門から二町東方に創建されました。南限は九条大路（九条通り）、北限は八条大路（八条通り）、東限は大宮大路（大宮通り）、西限は壬生《みぶ》大路（壬生通り）で、規模は西寺と同じ八町規模（約一三万平方メートル）で、南半の主要伽藍の北側には、政所院や花園院、倉垣院などがありました。

東寺は『東宝記《とうぼうき》』によると、延暦十五年（七九六）に藤原伊勢人《いせんど》が造寺長官となって創建されたと書かれています。当初は、国家の官寺として造営されましたが、弘仁十四年（八二三）になって、第五二代の嵯峨天皇は、東寺を親交のあった空海に下賜し、それ以後は鎮護国家の寺として、また真言密教の道場として発展していきました。その後、幾度かの火災や兵火により、創建当初の建物はすべて失われてしまい現存しませんが、後の開祖空海への信仰も厚く、その都度に天皇家や僧侶、将軍、有力大名などの援助で再建され、現在では、主要伽藍のある境内南半には、南大門・築地塀・金堂・講堂・五重塔・本坊・夜叉神堂・食堂院・灌頂院《かんじょういん》、鎮守八幡宮・宝蔵のほか、境内西方には、空海の住坊（西院《さいいん》御影堂《みえいどう》）など多くの堂宇が再建され、主たる堂宇内は荘厳され多くの仏像が安置されました。

東寺は平安時代初期の創建から現在まで、寺地を変えずに現存する京都を代表する寺院であり、世界遺産「古都京都の文化財」にも登録され、さまざまなものに紹介されています。ここでは詳しい説明は他に譲るとして、先述の西

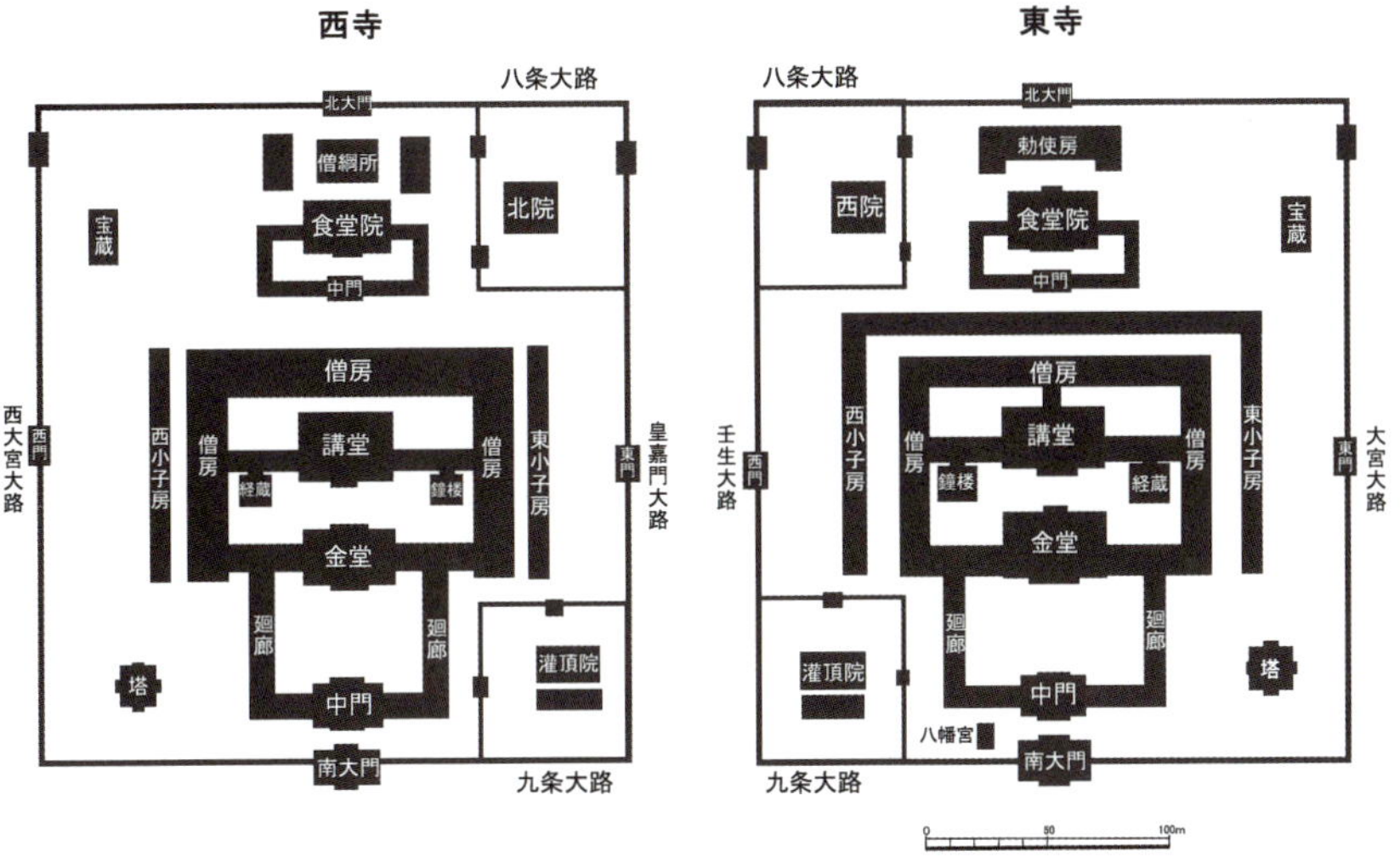

図22　東寺と西寺の伽藍の違い

寺とは創建以後、ほぼ同じような伽藍配置を持っていますが、細かく見るとやや異なるところがあります。図22は右が東寺の主要伽藍で、左が西寺（発掘で確認した建物跡のみ）です。大きく違うのは、僧房の周りにある小子房の形です。東寺は三面小子房ですが、西寺の小子房は僧房の東と西にあり、北側にはありません。先述した西寺の講堂跡も発掘調査の結果、東寺とは大きさが異なることが判明しており、両寺がまったく同じような伽藍配置で建立されていないことがわかります。できれば掲載しています西寺（図12）と東寺の復元図（図23）を見比べながら確認してみてください。

東寺境内北側には、民有地となった場所以外に観智《かんち》院や宝菩《ほうぼ》提《だい》院、地蔵院などの寺院のほか、洛南会館や洛南高等学校があり、高校の北側にはかつて種智院大学がありました。この大学は、平安時代前期の天長五年（八二八）に、大納言藤原三守《みもり》が所有していた左京九条二坊十一町と十四町の二町（約一万六〇〇〇平方メートル）を空海に寄進し、提供を受けた空海が、庶民教育や各種学芸の総合教育を目指して開設した綜芸種智院《しゅげいしゅちいん》（空海入定後一〇年ほど後の承和十二年〈八四五〉に、成果をあげることが困難となり弟子たちが土地を売却した）の伝統を引き継ぐ日本最古の学校と

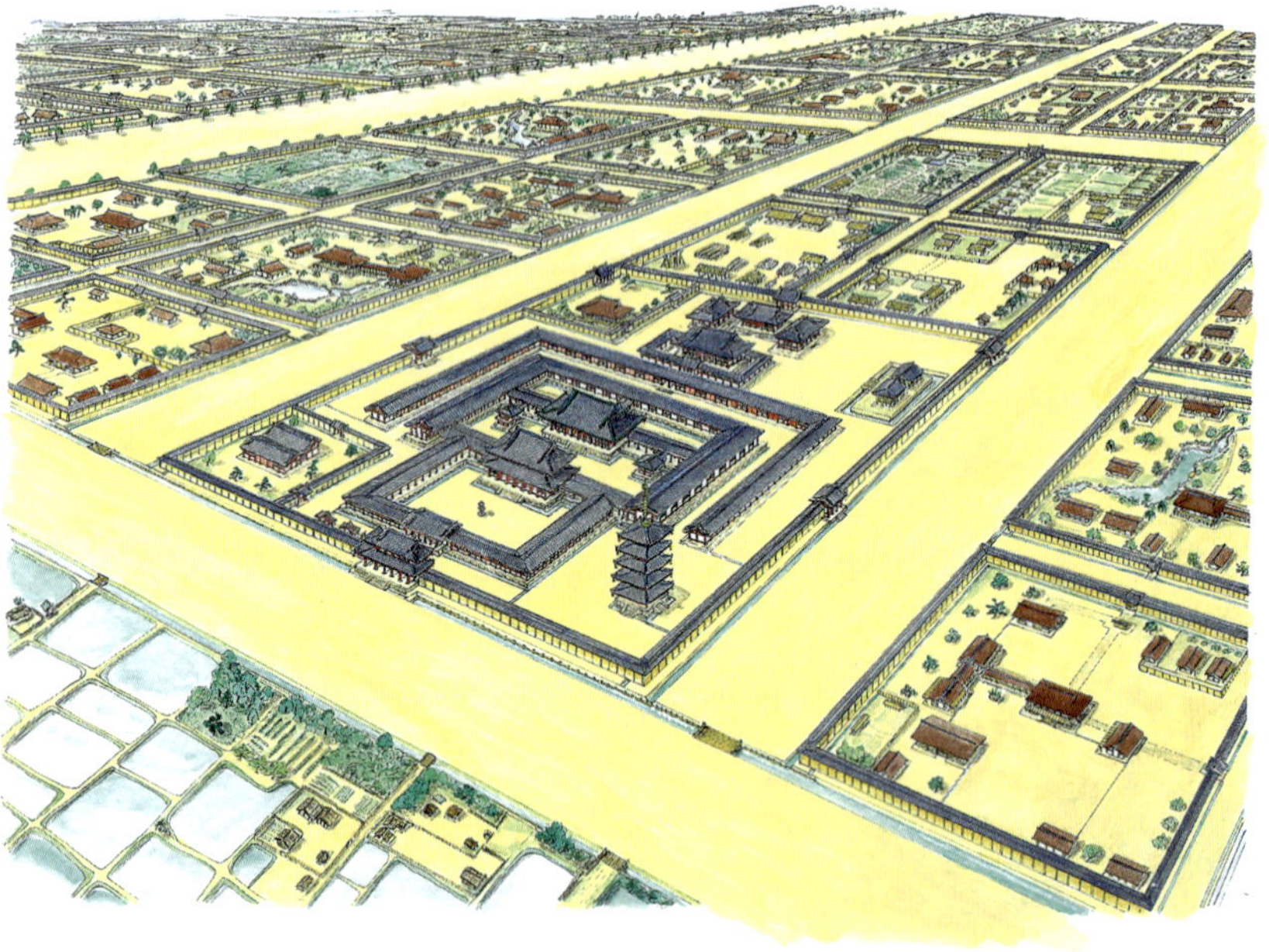

図23　東寺復元図（南東から）

いわれていましたが、一九九九年（平成十一）に京都市伏見区向島へ移転しました。

この東寺境内の北大門から北総門までの中央南北の通りは、平安時代からの通り名を残す櫛笥《くしげ》小路で、弘法大師の命日にあたる毎月二十一日に東寺境内で開かれる弘法市（通称は「弘法さん」、図26）では、この通りの両側にも多くの露天商が店を出し、参詣者や観光客で賑わいます。この櫛笥小路の道路幅は平安京の小路幅の四丈（約一二メートル）をほぼ踏襲しており、築地塀に挟まれた道の間を歩くと、平安時代と同じ雰囲気を味わうことができますので是非歩いてみてほしい場所です。

東寺は、以前より防災工事や建物の解体修理にともなって発掘調査が京都府教育委員会などで実施されており、その指導を担当された杉山信三氏らにより復元が進められ、創建当初の東寺の伽藍（図24）の[9]様子もある程度判明しています。東寺では近年、重要文化財に指定されている東築地塀の解体修理にともなって埋文研により発掘調査が行われました。現

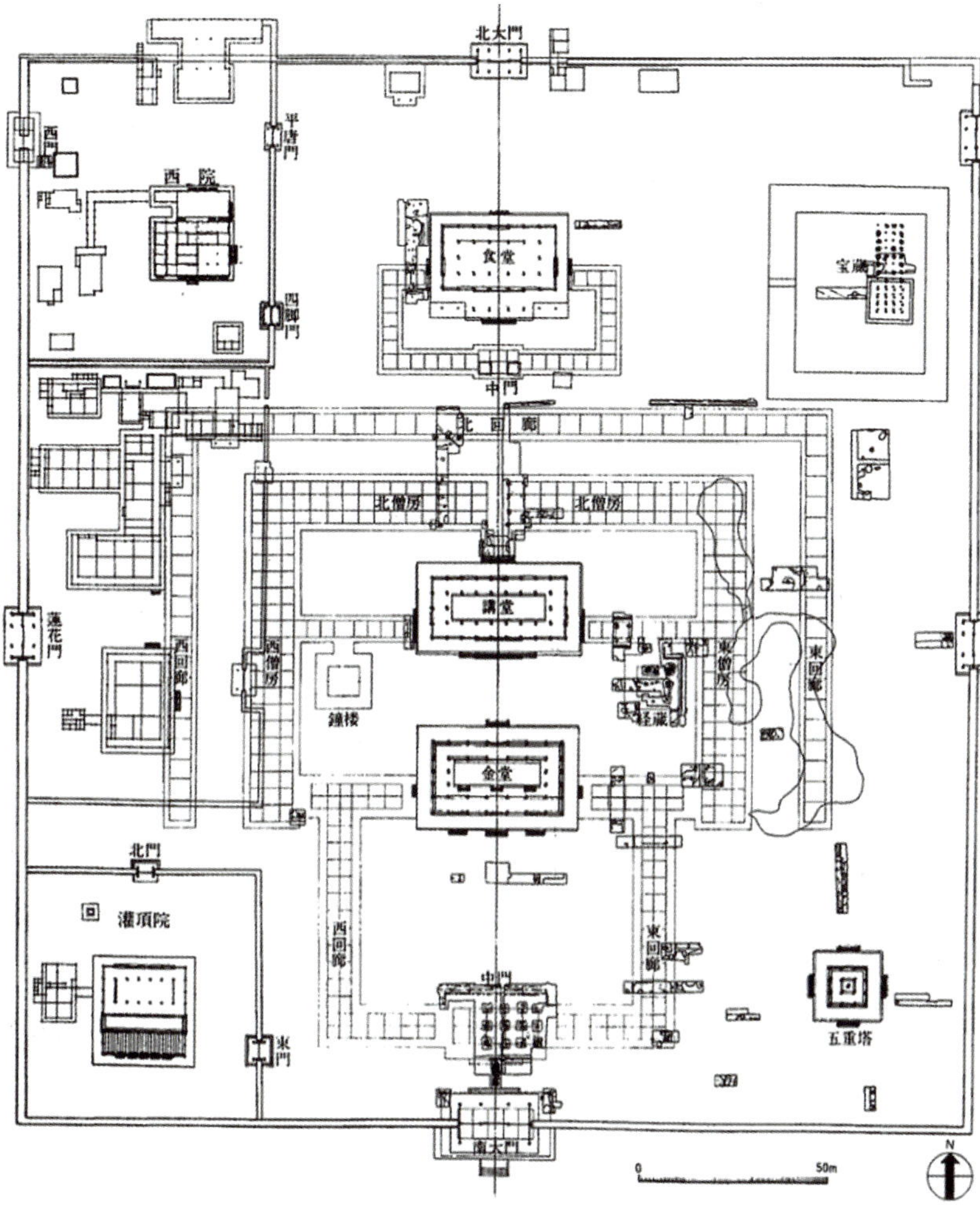

図 24　東寺伽藍配置復元図
（杉山信三編『教王護国寺防災施設工事・発掘調査報告』〈教王護国寺、1981 年〉より転載、一部改変）

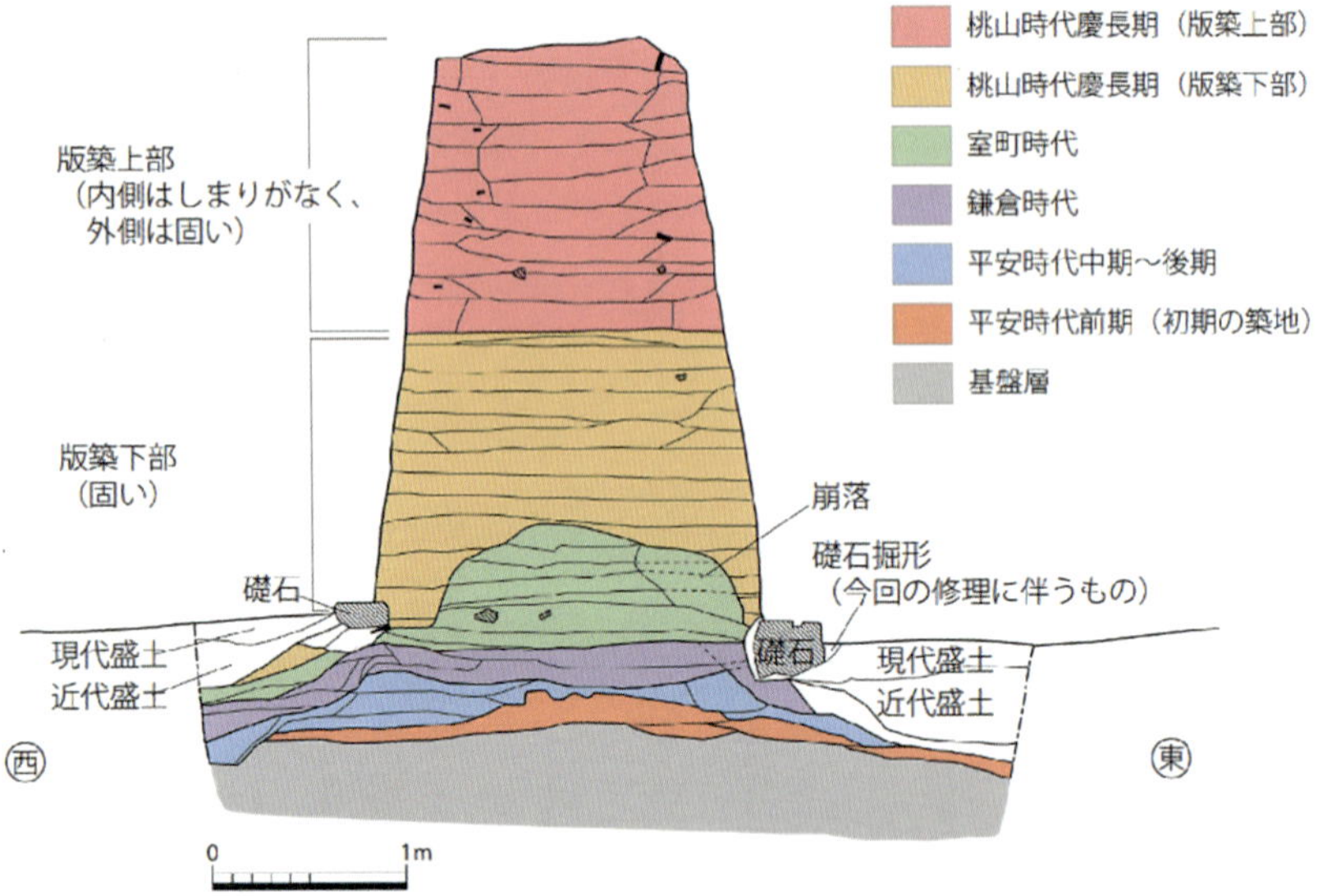

図 25　東寺東築地塀の断面模式図（註(10)より転載）

図 26　縁日の櫛笥小路（南から）

在の東寺の築地塀の高さは、地表面から屋根頂部まで約四メートルもある大きなもので、調査では、現存する東築地塀の大部分は、文禄五年（一五九六）の大地震で崩壊した後、豊臣秀頼《ひでより》によって慶長三年（一五九八）頃に再建されたものであることが判明しました[10]。

築地塀は、断面観察の結果、図25のように各時代に修築された痕跡が残っており、最下層には平安時代前期の築地塀の土層が残されていることがわかりました。平安時代前期の築地塀の痕跡は、東大門の北と南で造り方が異なることが判明、北側は固い粘土層を台形に削って基底部を造作し、その上に約五センチの厚さを単位として土を叩き締めてありました。南側では自然流路堆積土上に図25のように版築《はんちく》を行っており、この流路堆積土からは八世紀末から九世紀初頭の土器片が出土したことから、築地塀は主要伽藍の造営からやや遅れた九世紀前半頃に造られたことが明らかとなりました。

また、基底部の東西両側で見つかった築地塀寄柱の礎石の間隔が七尺（約二・一メートル）で、『延喜式』「左右京職・京程」に書かれた大宮大路に面する築地塀基底部の幅は六尺（一・八メートル）とされ、東寺は、平安宮外郭の大垣（築地塀）と同じ七尺（二・一メートル）で施工されていたことが判明しています。この調査により、東寺の築地塀は、当初から位置を変えずに修築が行われていたことが判明し、東寺は創建当初から不動のまま現在に至っていることが改めて証明されました。

註

（1）杉山信三「羅城門の位置」『羅城門跡発掘調査報告　京都市埋蔵文化財年次報告一九七一』鳥羽離宮跡調査研究所、一九七二年。
（2）福山敏男「羅城門の歴史」前掲註（1）『羅城門跡発掘調査報告　京都市埋蔵文化財年次報告一九七一』。
（3）李銀眞・松永修平・末次由紀恵ほか『平安京右京九条二坊四・五町跡、唐橋遺跡　京都市埋蔵文化財研究所発掘調

査報告二〇二〇—二』京都市埋蔵文化財研究所、二〇二〇年。文書作成には、調査担当者のひとりである李銀眞氏よりご協力を賜った。

（4）杉山信三ほか『史跡西寺跡』鳥羽離宮跡調査研究所、一九七九年。杉山信三「東寺と西寺」古代学協会・古代学研究所編『平安京提要』角川書店、一九九四年、などに詳しい。

（5）西森正晃「史跡西寺跡（三六次）・平安京右京九条一坊十二・十四町跡・唐橋遺跡」『京都市内遺跡発掘調査報告　令和元年度』京都市文化市民局、二〇二〇年。西森正晃・鈴木久史『史跡西寺跡発掘調査総括報告書』京都市文化市民局、二〇二一年。

（6）長宗繁一・鈴木久男「西寺井戸跡」『平安京発掘調査概報　京都市埋蔵文化財研究所概報集一九七八—Ⅱ』京都市埋蔵文化財研究所、一九七八年。

（7）梶川敏夫「史跡西寺跡—北僧房跡発掘調査概要—」『鳥羽離宮跡・史跡西寺跡　京都市埋蔵文化財年次報告一九七四—Ⅳ』京都市文化観光局文化財保護課、一九七五年。

（8）梶川敏夫『よみがえる古代京都の風景』（京都市生涯学習振興財団編集、山代印刷株式会社出版部、二〇一六年）に掲載。

（9）図は、二〇一五年に開催された第二六一回京都市考古資料館文化財講座「東寺と空海」で上村和直氏が作図したものを転載しています。

（10）近藤奈央「不動の築地塀—教王護国寺（東寺）東築地塀の調査—」『リーフレット京都』No.305、京都市埋蔵文化財研究所・京都市考古資料館、二〇一四年。

六 平安京郊外の寺院と離宮、別業

ここからは、平安京郊外に新たに設けられた、天皇家と関係の深い寺院や離宮、高級貴族の別業（別荘）についてご紹介します。

1 仁和寺円堂院跡

京都市右京区御室大内

平安京の西北、御室《おむろ》の地にある仁和寺《にんなじ》は、平安時代に光孝《こうこう》天皇の勅願《ちょくがん》で、仁和二年（八八六）に造営が開始されましたが、途中で天皇が崩御したことから、その遺志を引き継いだ宇多《うだ》天皇（八六七〜九三一）により仁和四年に創建されました。仁和寺は、大内山の南麓一帯に主要伽藍があり、それ以外に、南方にある双ヶ岡《ならびがおか》周辺一帯を含めて多くの院家が存在していました。ここでご紹介する円堂院もその一つで、それがあった場所は、仁和寺正門である二王門を入ったすぐ東側の御室会館付近（図2）で、仁和寺の記録によると、元は境内北側にある大内山にあって、後にここへ移転したとされます。

円堂院は、昌泰二年（八九九）に宇多上皇の勅願によって供養が行われ、『日本紀略《にほんきりゃく》』によると、延喜四年（九〇四）三月二十六日に、仁和寺円堂にて初めて斎会《さいえ》が設けられ、僧百口《く》を請用し、仁和寺内の地に八角一宇を建立したといわれます。また、延喜五年三月二十六日には再度、円堂院供養が行われ、翌延喜六年にはこの円堂院に醍醐《だいご》天皇が行幸しました。円堂院には、八角円堂を中心に僧坊・経蔵・護摩堂・中門・西門・円堂鎮守などの建物が存在していたことが知られますが、室町時代初期には廃寺となり、また、仁和寺は応仁・文明の乱に際して応仁二年（一四六八）に東軍の兵によって焼かれて、伽藍は全焼し、寺の什宝《じゅうほう》もろともに失われてしまいました。江戸時代の『本要記』には、「円堂院、葺以瑠璃之瓦云々、今猶散落在之」と記され、八角円堂の屋根は瑠璃《るり》之瓦、つまり高級な緑釉瓦《りょくゆうがわら》が葺かれ、それが今も付近に落ちていると書かれています。緑釉瓦は、国家を象徴する重要な建物である平安宮の朝堂院《ちょうどういん》や豊楽《ぶらく》院の正殿のほか、神泉苑《しんせんえん》の乾臨閣《けんりんかく》、東寺《とうじ》・西寺《さいじ》の金堂か講堂、そのほか平安時代中期の藤原道長《ふじわらのみちなが》が造営した法成寺《ほうじょうじ》の金堂[1]などの屋根にしか葺かれなかった高級な瓦で、そのことからも宇多上皇の御願である八角円堂の重要性がうかがわれます。

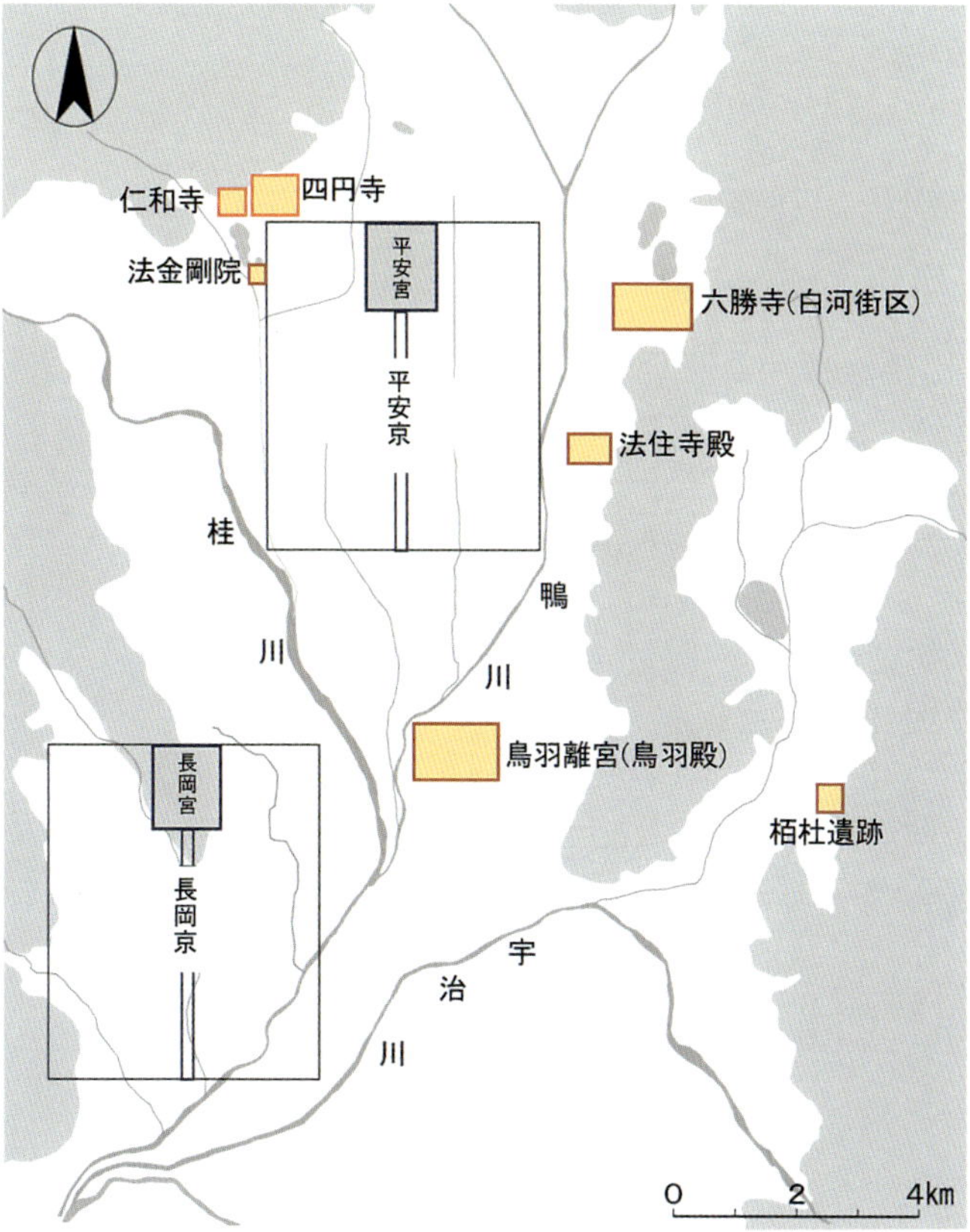

図1　ここで取り上げる平安京郊外の主な遺跡位置図

仁和寺境内の調査は、筆者も一九七二年（昭和四十七）に杉山信三氏指導の下で発掘調査に参加しました。それから四年後の一九七六年から翌年にかけて、埋文研により、御室会館建設にともなう事前発掘調査が行われました。[2] この発掘調査は、それより以前の一九六二年に行われていた発掘調査の成果を含めて、一辺が一〇・六メートルと復元される大規模な八角円堂跡と、その東側から桁行一五間、梁間四間（南北三三・九メートル、東西七・九二メートル）の円堂院僧坊跡が検出され、その規模と位置（図2・3）がほぼ明らかとなりました。この調査で、僧

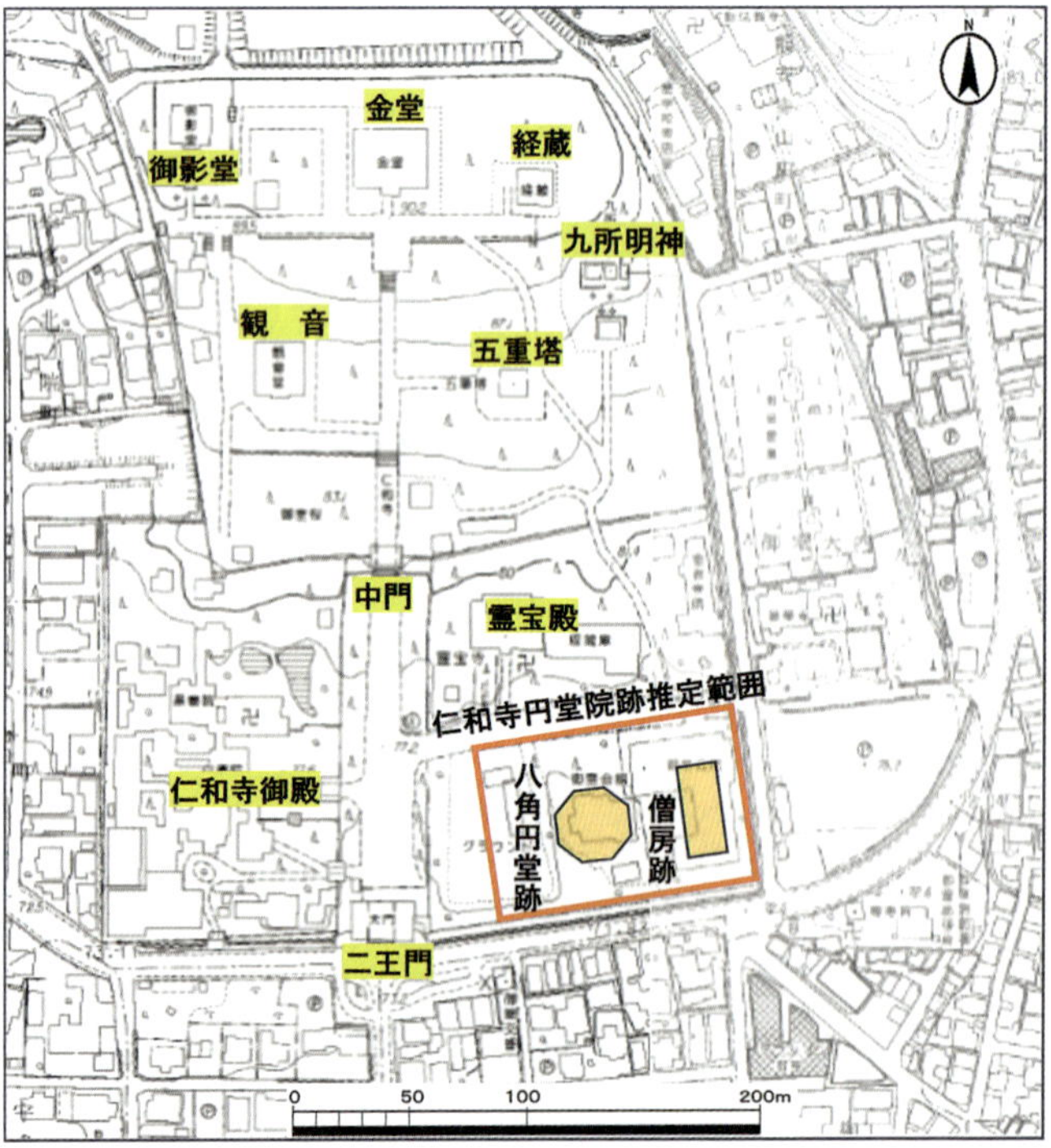

図2　仁和寺境内と円堂院跡位置図

房は五度三七分西に傾いていることが判明し、円堂の方位の傾きは僧房と比べるとわずかであると報告（仁和寺が所在する葛野郡《かどのぐん》の方位は平安京と比べ北が西に傾く）されています。円堂院全体の規模は、『本要記』の記載によると、東西五〇間、南北三〇間とあり、調査成果から、一間を約一・九七メートルとすると、東西九八・五メートル、南北五九・一メートルの規模を有していたことになります。

円堂院跡の発掘調査では、さまざまな種類の遺物が出土した中で、時代差のある遺瓦が多く見つかっており、とくに注目されるのがやはり緑釉を施した高級な軒先瓦です。緑釉「左」字銘蓮華文軒丸瓦は、中房に一×五の蓮子を置き、その回りを一〇弁の杏様の蓮弁で飾り、下方の一弁には篆書《てんしょ》で「左」字銘が陽刻されています。作りも丁寧なうえ胎土も良質で、文様のデザイン性も優れていますが、この瓦を焼いた瓦屋（造瓦所）は不明で、「左瓦屋」製と呼ぶべき製品です。発掘調査では、この軒丸瓦と対応する軒平瓦（図5—1）は、緑釉左右二転式唐草文軒平瓦（東山区の大谷中学高等学校々内にあった池田瓦屋製）が見つかっていますが、文様面もかなり粗雑で、セット関係とは考えにくい瓦です。この緑釉「左」銘軒丸瓦に対応

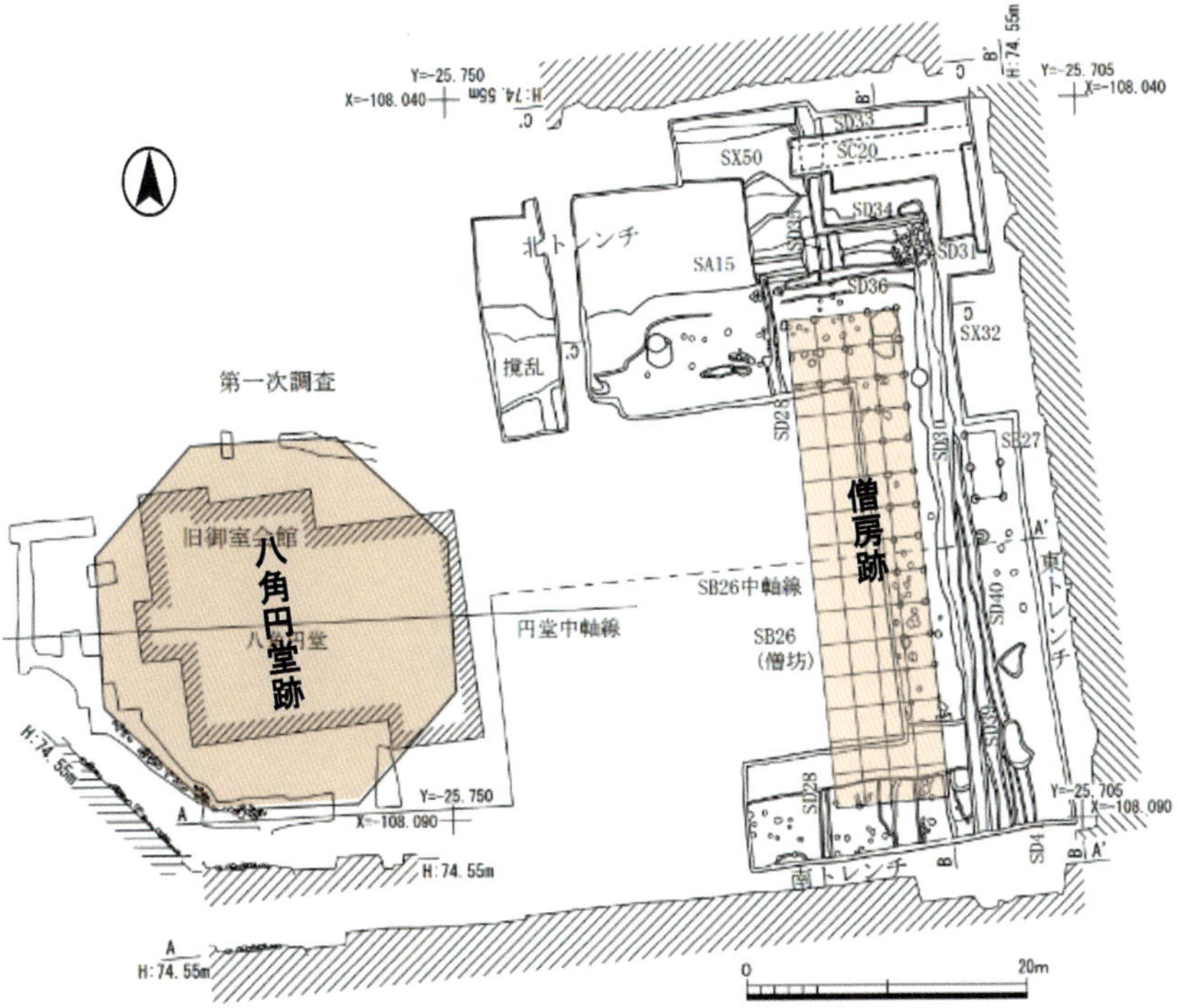

図3 円堂院跡検出遺構平面図(註(2)より転載、一部改変)

すべき軒平瓦は、円堂院跡からは破片しか見つかっていませんが、先に平安宮内裏跡から無釉の「左」字銘唐草文左右三転式軒平瓦が見つかっています(3)。この軒平瓦は、工事中の立会調査現場に筆者がたまたま立ち寄ったとき、土坑の瓦溜めの中から偶然見つけた瓦で、中心飾りに軒丸瓦と同じ篆刻の「左」字が陽刻され、そこから左右に複線の蕨手《わらびて》が大きく円形状に三転するデザイン性の優れた瓦(図5―2)といえます。

筆者の恩師で古代瓦研究者の木村捷三郎氏は、平安時代の瓦を数多く研究してきた中で、この篆書で「左」銘を入れる軒先瓦のセットは、同じ造瓦所で焼かれた製品であり、平安宮の大極殿、あるいは豊楽殿(図5―3)に葺かれたとされる緑釉軒先瓦と、この「左」字銘を有する軒先瓦は、文様のデザインが最も優れた平安時代を代表する逸品(図5)であると賞賛しています。

図4　仁和寺円堂院復元図（南西から）

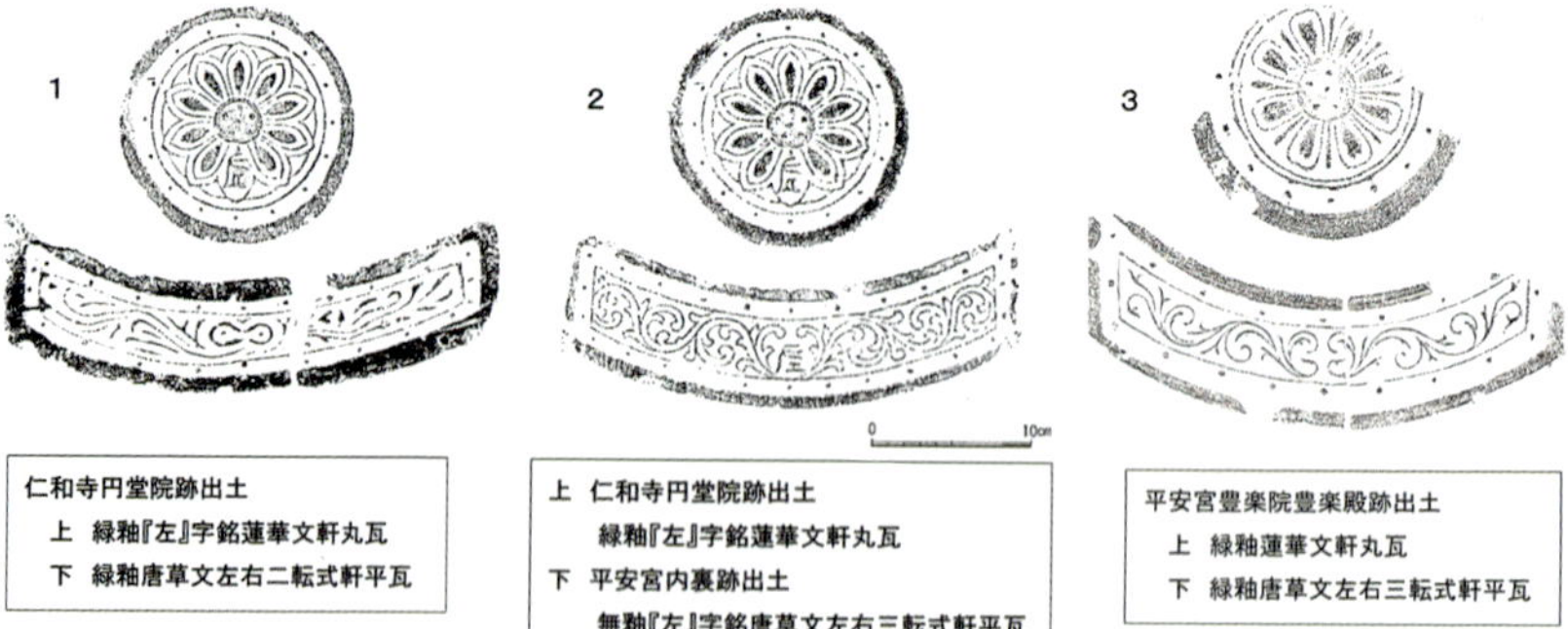

図5　緑釉軒先瓦の比較

2 院政期の京の風景

天皇が譲位して上皇（出家後ほ法皇）となり、退位後に院庁《いんのちょう》（上皇直属の政務機関）を通して政治の実権を握る時代を、いわゆる院政期と呼んでいます。ここからは、この院政期に建立された寺院や別業のいくつかを取り上げて、ご紹介していきます。

十一〜十二世紀は、平安京を離れ、鴨東《おうとう》（鴨川の東側）の白河の地に、白河街区と呼ばれる新しい開発区域が誕生し、その中に六勝寺《りくしょうじ》と呼ばれる新たな建築群が出現します。また、平安京南方、城南の鳥羽の地には鳥羽殿《とばどの》（鳥羽離宮）が造営され、さらにその後には、平安京東方を流れる鴨川を渡った七条大路東末に法住寺殿《ほうじゅうじどの》が造営され、新たな街づくりが始まります。そのほか、平安京西京極大路の西側に接して造営された法金剛院や伏見区の醍醐寺の子院として建立された栢杜《かやのもり》堂跡などがあり、これまでに行われた発掘調査でその実態が次々と明らかになってきています。これらの遺跡は、それまで平安時代を通じて平安京を中心に都市が発展していきましたが、平安時代中期末から後期になって、平安京を離れ、郊外が大きく発展していく時代に築かれたものです。

ここからは、それら平安時代後期から鎌倉時代にかけて存続した遺跡を取り上げ、その調査成果から見えてくる実態について復元図などを交えながらご紹介します。

その前に是非ご紹介したい遺跡が一つあります。平安時代後期に白河《しらかわ》天皇が退位して上皇となり、院政が開始される少し前の十世紀末から十一世紀にかけて、平安京北西にある御室の仁和寺付近に、寺院名に「円」が付く天皇の御願寺が相次いで建立されました。それは、円融《えんゆう》天皇御願による永観元年（九八三）創建の円融寺、一条《いちじょう》天皇御願による長徳四年（九九八）創建の円教寺《えんぎょうじ》、後朱雀《ごすざく》天皇の発願で後冷泉《ごれいぜい》天皇により天喜三年（一〇五五）完成した円乗寺《えんじょうじ》、後《ご》

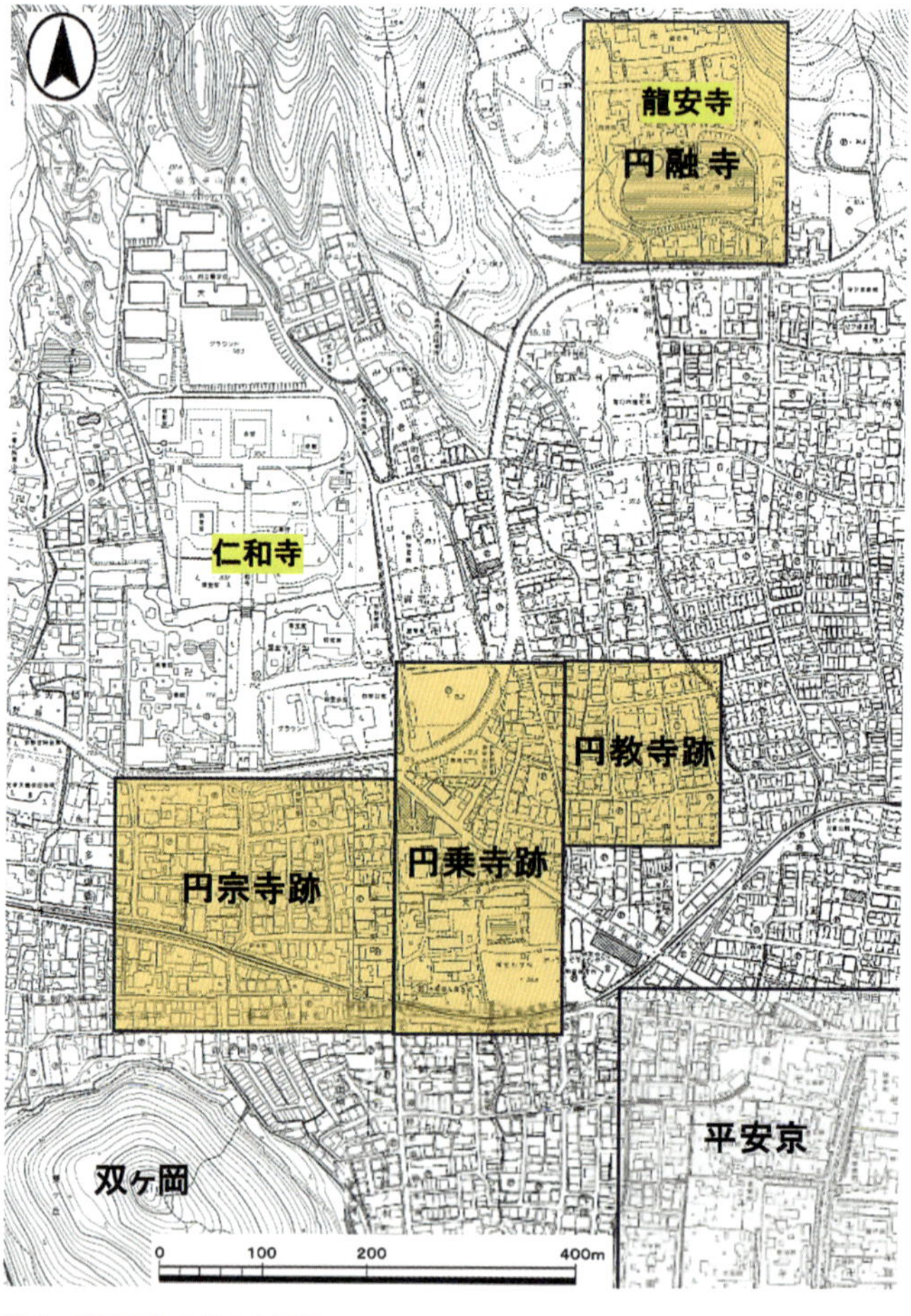

図6　四円寺跡の推定位置図

三条《さんじょう》天皇御願で延久二年（一〇七〇）に建立に着手した円宗寺《えんしゅうじ》で、この四つの寺院が相次いで建立され、総称して御室「四円寺《しえんじ》」と呼ばれ、一条・後朱雀・後冷泉・後三条・堀河《ほりかわ》の各天皇と陽明門院《ようめいもんいん》（後朱雀天皇皇后）が葬られたといわれています。付近の発掘調査では、溝跡などの遺構が見つかっていますが、四円寺全体の復元には至っていません。

京都観光で多くの拝観者が訪れる枯山水《かれさんすい》の石庭で有名な龍安寺《りょうあんじ》は、円融寺を前身寺院として発展した寺院で、龍安寺境内南側にある鏡容池《きょうようち》は、円融寺の園池を踏襲し、周辺からは平安時代の瓦も見つかっています。この四円寺跡は調査成果に乏しく復元図は描いていませんので、ここでは、想定されている四円寺跡の推定位置（図6）のみを掲載しておきます。

3 六勝寺跡

京都市左京区の岡崎公園周辺一帯

（一） 六勝寺とは

現在、京都市で唯一の重要文化的景観「京都岡崎の文化的景観」に選定されている京都市左京区にある岡崎公園周辺一帯は、国・府・市の公共施設が建ち並び、また観光地として知られる平安神宮（図7）もあって、京都市民が誇とする文化ゾーンとなっています。岡崎は、吉田《よしだ》神社《じんじゃ》がある吉田山（康楽岡《かぐらがおか》または神楽岡）の南の先端にあるので付いた地名とされ、また、この地は、平安京東方の鴨東に位置し（図8）、古来、白河とも称されました。ここから西方の鴨川近くまで、平安時代後期になって独自の街路区画を持つ「白河街区」が形成され、院政期の歴代天皇や上皇、皇后らの御願により建立された御願寺と呼ばれる寺院や御所などが相次いで建立されました。その中でも、天皇家の御願で創建され、寺院名に「勝」の字が付く、とくに格の高い寺院を総称して六勝寺と呼んでいます。

六勝寺ほか主な寺院名、御願者、供養年、推定地（図9）は次のとおりです（供養とは竣工と同じ意味）。

①　**法勝寺**《ほっしょうじ》　白河天皇御願で承暦元年（一〇七七）供養、京都市動物園とその北方一帯。

②　**尊勝寺**《そんしょうじ》　堀河天皇御願で康和四年（一一〇二）供養、ロームシアター京都付近から疏水付近。

③　**最勝寺**《さいしょうじ》　鳥羽天皇御願で元永元年（一一一八）供養、岡崎グラウンドの西側一帯。

④　**円勝寺**《えんしょうじ》　待賢門院《たいけんもんいん》御願で大治三年（一一二八）供養、京都市京セラ美術館付近。

⑤　**成勝寺**《せいしょうじ》　崇徳《すとく》天皇御願で保延五年（一一三九）供養、みやこメッセ付近から京都府立図書館付近。

⑥　**延勝寺**《えんしょうじ》　近衛《このえ》天皇御願で久安五年（一一四九）供養、みやこメッセの西から琵琶湖疏水付近・東大路通付近。

る遺跡である六勝寺跡を、私たちは「りくしょうじ」と呼んでいますが、これは『六国史』の「りっこくし」と同様、六という数字は「陸」とも書かれるので、その音読みからそう呼んでいます。教科書や歴史図書にはルビを「ろくしょうじ」としているものもありますがどちらも同じです。院政期に天台座主《ざす》となった慈円《じえん》が著した『愚管抄《ぐかんしょう》』にも、総称して六勝寺と記されています。

六勝寺は、南に粟田山《あわたやま》、東に如意《にょい》ヶ《が》嶽《たけ》南方の東山、北に吉田山が控え、西は鴨川まで開けた場所に位置し、周辺一帯の地質は、南北に連なる東山の北域にある比叡山《ひえいざん》から如意ヶ嶽にかけて分布する花崗岩《かこうがん》が浸食、風化して土壌化し、

図7　平安神宮応天門

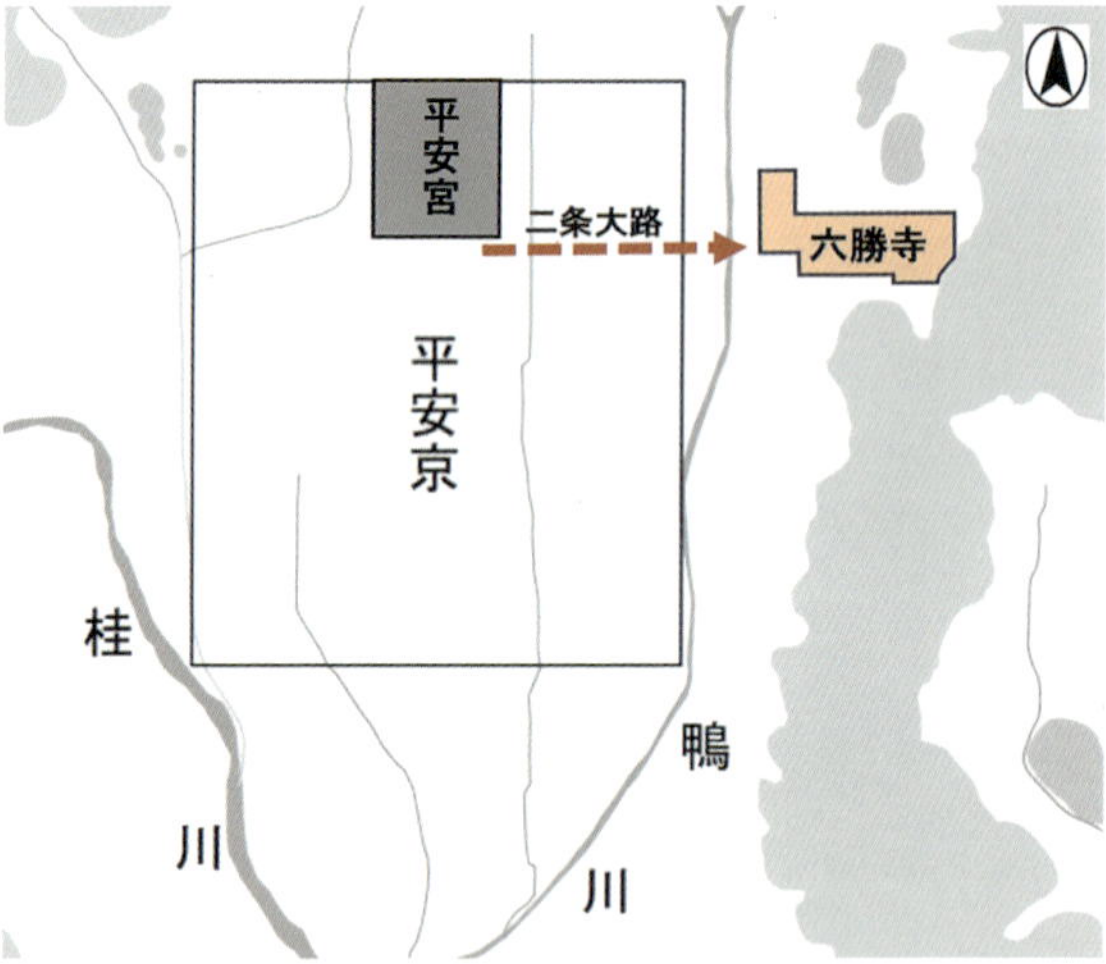

図8　平安京と六勝寺の位置関係図

【その他の御所・寺院】

⑦ **白河南殿**　白河上皇で嘉保二年（一〇九五）供養、疏水事務所・夷川ダム付近。

⑧ **白河北殿**　白河上皇で元永元年供養、京都大学熊野寮付近。

⑨ **得長寿院**《とくちょうじゅいん》　鳥羽上皇で長承元年（一一三二）供養、東大路通りから川端警察署付近。

この京都の院政期を代表す

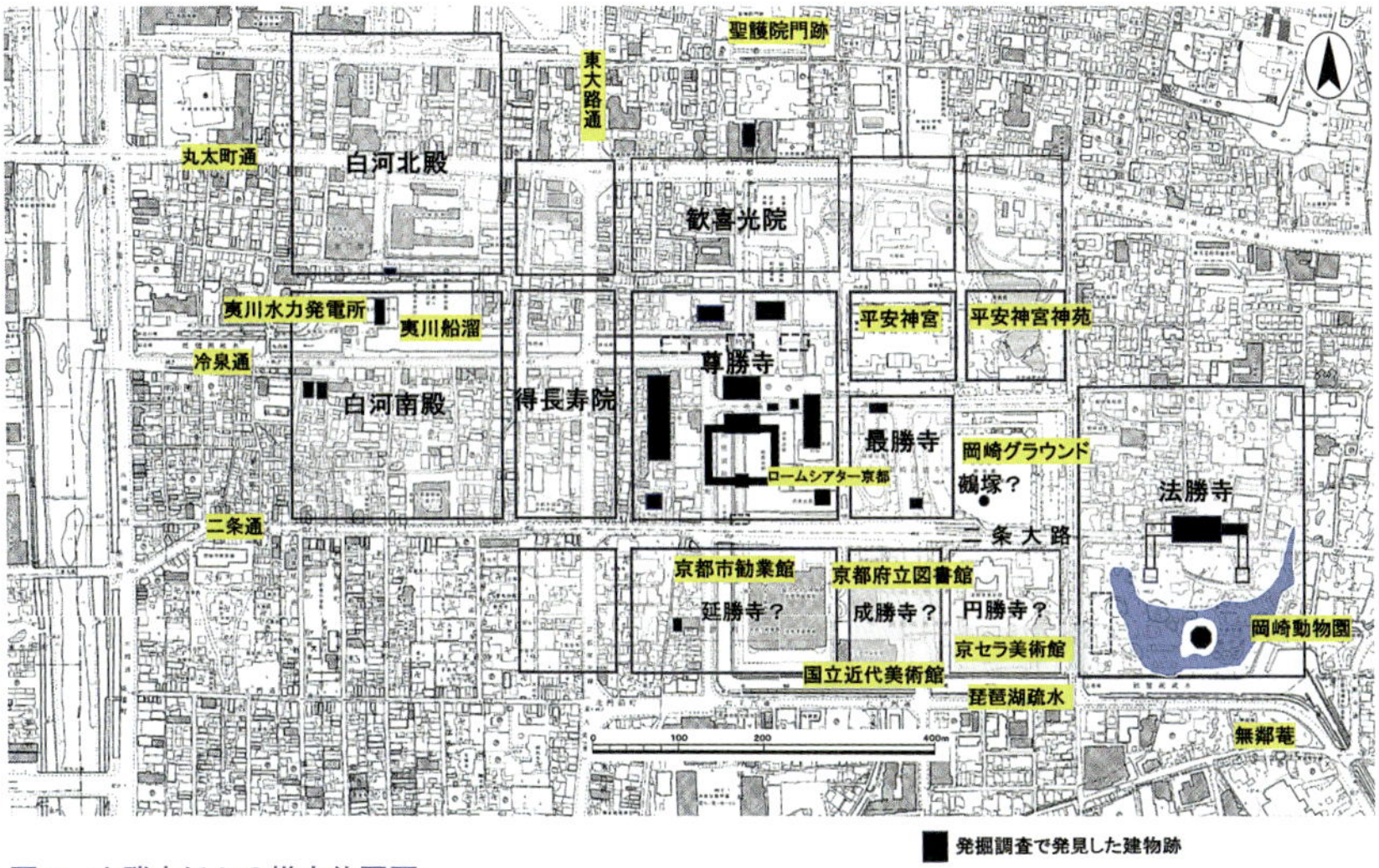

図９　六勝寺ほかの推定位置図

白川によって下流へ運ばれた白川砂が厚く堆積してできた土地で、この砂地は鴨川付近まで堆積しています。そのような砂地の土地に、弥生時代から古墳時代にかけて人々が住み着いて集落が形成され、人々の生活の痕跡がよく残っており、岡崎遺跡と呼ばれています。

平安京の東方に位置する白河の地は、三方を緑の山に囲まれ清らかな白川の流れなど、自然景観の優れたところで、平安時代前期には、藤原良房《よしふさ》（八〇四～八七二）が別業「白河殿」を営み、その後は基経《もとつね》、忠平《ただひら》に伝領され、十一世紀の初めは道長の所領となっており、藤原摂関家により代々所有されてきました。しかし、『栄花物語《えいがものがたり》』には、宇治殿と呼ばれ平等院《びょうどういん》を建立したことで知られる藤原頼通《よりみち》（九九二～一〇七四）が建てた白河殿のことを「……天狗あるなどいひし所を御堂建てさせ給ふ」と書かれ、幽居《ゆうきょ》の場所でもありました。そのように伝領されてきた別業地を、頼通の六男である左大臣藤原師実《もろざね》が延久六年（一〇七四）に白河天皇に寄進し、天皇の御願により承暦元年に落慶供養されたのが、六勝寺の筆頭寺院である法勝寺です。

筆者が一九七四年（昭和四十九）に、法勝寺金堂跡を発掘調査(4)した際に、金堂基壇跡の下層から池状の湿地を確認していますので、

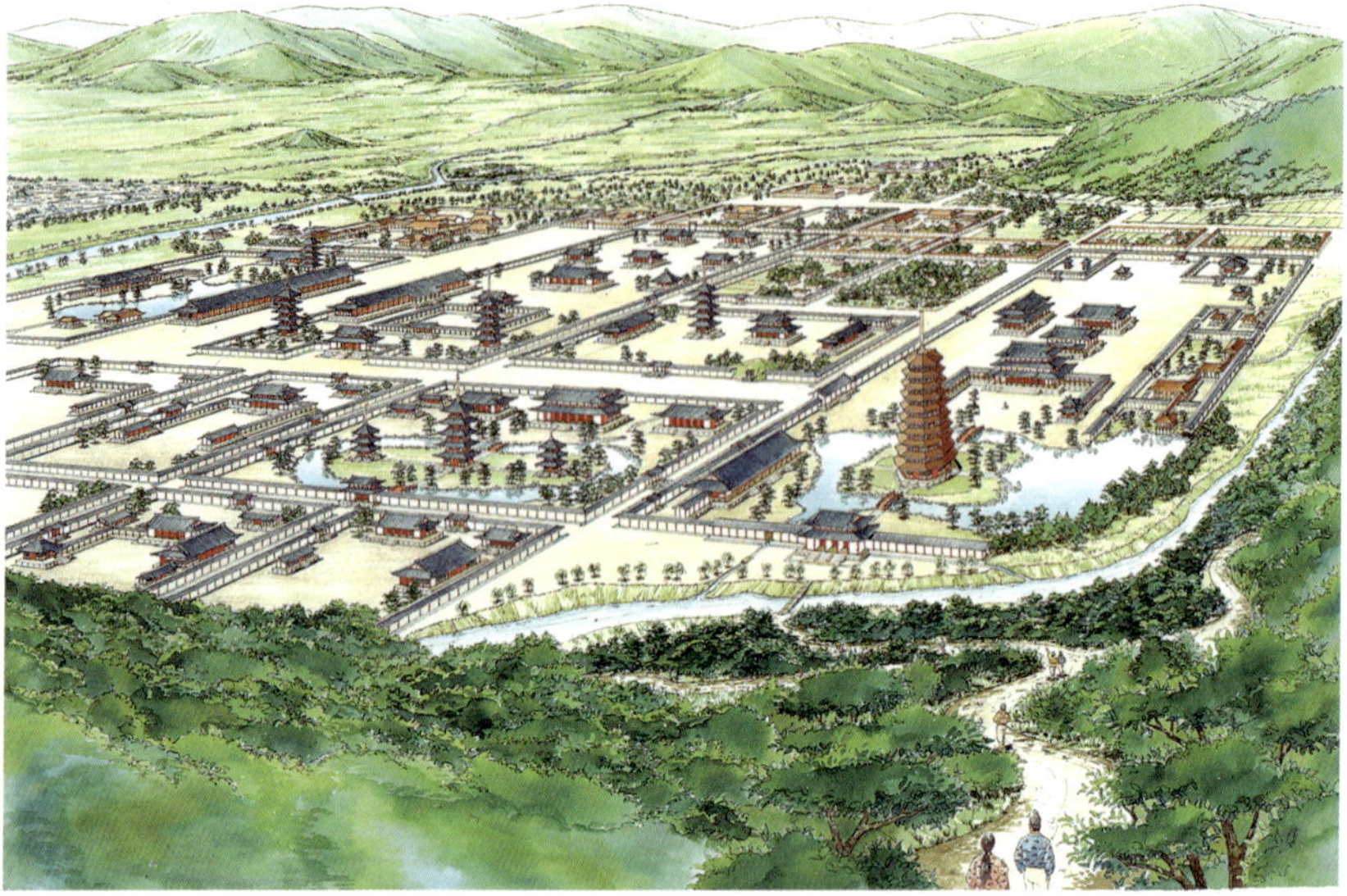

図10　六勝寺ほか白河街区の推定復元図（南から）

金堂が創建される以前は、かつての白河殿を踏襲する園池であった可能性があります。残された史料やこれまでの発掘調査成果を基に白河の地を鳥瞰（図10）すれば、天皇家の氏寺と称された法勝寺には、巨大な八角九重塔や毘盧舎那《びるしゃな》仏《ぶつ》を安置した金堂のほか、数多くの堂宇や寝殿御所などがあり、塔が三基もあった円勝寺、現在の蓮華王院《れんげおういん》（三十三間堂）の原形で、平清盛《たいらのきよもり》の父である忠盛《ただもり》が造進した丈六観音像の両脇に五〇〇体ずつ一〇〇〇体の聖観音像を安置した長大な観音堂のある得長寿院など、大規模な仏殿建造物が甍《いらか》を競い合い、壮大な風景が広がっていました。このうち、得長寿院の観音堂は、元暦二年（一一八五）の文治地震で倒壊して廃絶、後に子の平清盛によって法住寺殿に同規模の蓮華王院三十三間を寄進しています。

これらの多くの建物は、天皇や上皇への人事権など絶大な権力の集中により、受領《ずりょう》層（各国に赴任する守＝長官）たちの財力により寄進、造営されていきましたが、その見返りとして、位階授与などの恩賞や同じ任国の国司の重任や新任など、成功《じょうごう》と呼ばれるさまざまな利点があり、土地のほか盛んに造寺・造仏が行われました。また、六勝寺跡のある白河の地からすぐ南東の粟田（口）は、東国から京へ入る主街道の一つである東山道が通り、山科方面から九条山を越えて粟田から平安京の三条大路へとつながっており、往来の人々が都へ入るときに最初に目に入ってくるのがこの六勝寺でした。地方では、まだ竪穴建物や土間で生活していた当時の人たちにとって、京への入口で、法勝寺の巨大な塔や金堂など大規模な建造物が林立する偉観には圧倒されるものがあり、天皇が居する都ぶりを見せつけるのに十分な効果があったことでしょう。

このほか白河街区には、宝荘厳院《ほうしょうごんいん》（長承元年）、善勝寺《ぜんしょうじ》（応徳四年〈一〇八七〉）、聖護院《しょうごいん》（寛治四年〈一〇九〇〉）、熊野神社（康和五年〈一一〇三〉）、蓮華蔵院（永久二年）、三条白河房（保安四年〈一一二三〉）、証菩提院《しょうぼだいいん》（大治四年）、観喜光院《かんぎこういん》（永治元年〈一一四一〉）、金剛証院（康治元年〈一一四二〉）、白河押小路殿（康治元年）、福勝院《ふくしょういん》（仁平元年〈一一五一〉）など、多くの寺社や別業が建ち並んでいました。

しかし、六勝寺はその巨大さゆえに、人災・自然災害を含めて維持・管理・再建が困難となり、さらに鎌倉時代に入ってからは武士の台頭などにともなって院政の影響力も衰退し、十五世紀後半に勃発した応仁・文明の乱で大きく罹災して以後は地上から姿を消し、その場所は田畑と化して六勝寺の跡地は不詳となり、残る地名などから、かつての場所を偲ぶしかなくなってしまいました。六勝寺は、このような運命を辿って廃絶してしまいましたが、京都市動物園の北側を東西に通る二条通りの北側に、約二《メートル》の石垣が積まれた高台があります。これが六勝寺跡で唯一地上に遺構が残る法勝寺の金堂基壇跡（図15）です。

（二）六勝寺跡と発掘調査

院政期の巨大建築群も、一九六〇年の京都会館（現在のロームシアター京都）建設にともなう発掘調査を皮切りに、これまで数多くの発掘調査が実施され、その調査成果から六勝寺の復元（図9）が試みられていますので、それを参照しながら位置を確認してください。

法勝寺（京都市左京区岡崎法勝寺町）

左大臣藤原師実から土地を献上された白河天皇が、先述のとおり、御願寺として最初に創建されたのが法勝寺で、六勝寺の筆頭寺院として最大規模を誇っていました。この法勝寺に関しては、古くは『京都府史蹟勝地調査會報告第六冊』(5)（京都府、一九二五年）に、詳しく紹介されています（一九三頁に略年表〈表1〉を掲載）。

承保二年（一〇七五）六月十三日事始（造営着手）、二年後の承暦元年（一〇七七）十二月十八日に落慶供養が営まれ、金堂・講堂・阿弥陀堂・五大堂・鐘楼・経蔵・僧坊・北大門・西大門・南大門・釣殿《つりどの》御所などが相次いで建立され、北・西・南は築垣、東は白川の堤などが整備されました。その六年後、永保三年（一〇八三）十月一日に八角九重塔・薬師堂・八角堂が落慶供養され、さらに応徳二年（一〇八五）八月二十九日には常行堂も落慶供養し、天仁二年（一一〇九）には法華堂・円堂・曼荼羅堂《まんだらどう》、保安三年（一一二二）には小塔院も建立され、天皇家の氏寺として大伽藍を誇っていました。ちなみに、平家打倒の陰謀で知られる、鹿ヶ谷《ししがだに》山荘事件（治承元年〈一一七七〉）に加担した後白河《ごしらかわ》法皇側近の俊寛僧都《しゅんかんそうず》は、この法勝寺の執行《しぎょう》でもありました。

法勝寺の復元（図11）については、文献史料のほか、発掘調査でお世話になった福山敏男先生の『寺院建築の研究』(6)のほか、清水擴氏の文献史料や指図を使った復元案(7)もあり、おおよその伽藍配置（図12）を知ることができます。これまでの調査では、金堂跡と東軒廊《こんろう》跡、八角九重塔跡、阿弥陀堂跡の一部、西限溝跡、中島跡や池の護岸跡などが確認されていますが、主要伽藍の北半にあった堂宇はまだよくわかっていません。

境内中央付近にある金堂基壇は、発掘成果から東西約五六メートル、南北約三〇メートルと、奈良東大寺の大仏殿（現存建物正面五七・五メートル、奥行き五〇・五メートル）の桁行に近い規模を持ち、金堂から左・右に突き出した軒廊は途中からL字形に廊が南へ延びて、先端にはそれぞれ鐘楼・経蔵が建ち、その南には大きな池があって、池の中島には巨大な八角九重塔が聳《そび》えていました。この塔は、南方にある粟田方面からもよく見え、都ぶりを見せつける巨大なモニュメントでもありました。承元二年（一二〇八）に落雷で焼失し、栄西《えいさい》（一一四一～一二一五）が大勧進になって五年後に再建されました。そのときの塔の高さは、暦応三年（一三四〇）の『院家雑々跡文』に、二七丈（約八一メートル）と記載があり、創建当初の高さは八一メートル、あるいはそれ以上とみられ、現在の二〇～三〇階建ビルに相当する巨大な塔でした。

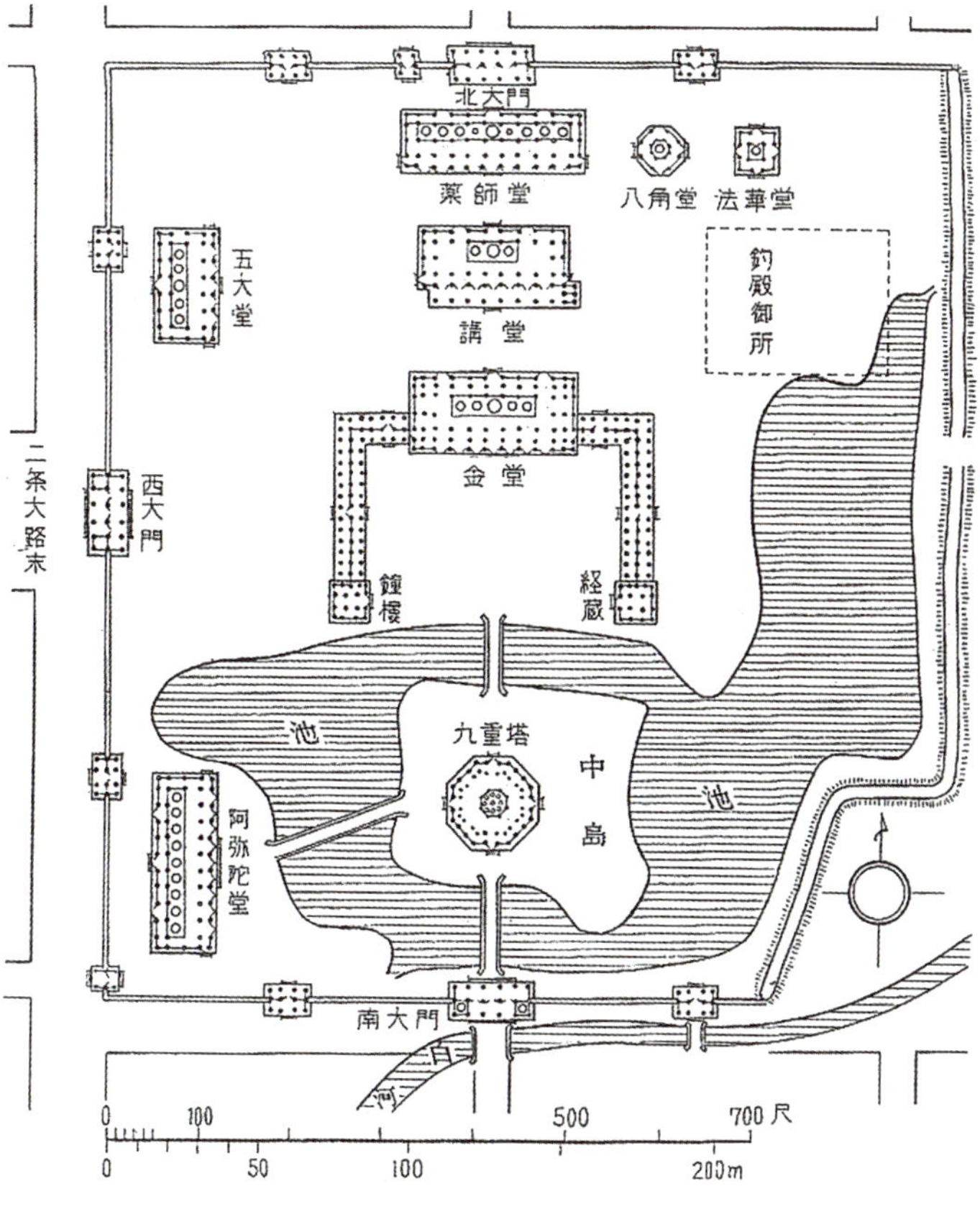

図11　法勝寺伽藍復元図（福山敏男氏復元）

　その後、法勝寺の住寺は、嘉暦元年（一三二六）に後醍醐《ごだいご》天皇の命を受けた円観《えんかん》（恵鎮《えちん》）が勧進職となり、同寺の再興に努めました。しかし、南北朝時代の暦応五年三月二十日に火災に遭って寺の南半分が焼失し（図13）、このときの火災について『太平記』には、寺近くにあった民家の火災の飛び火が

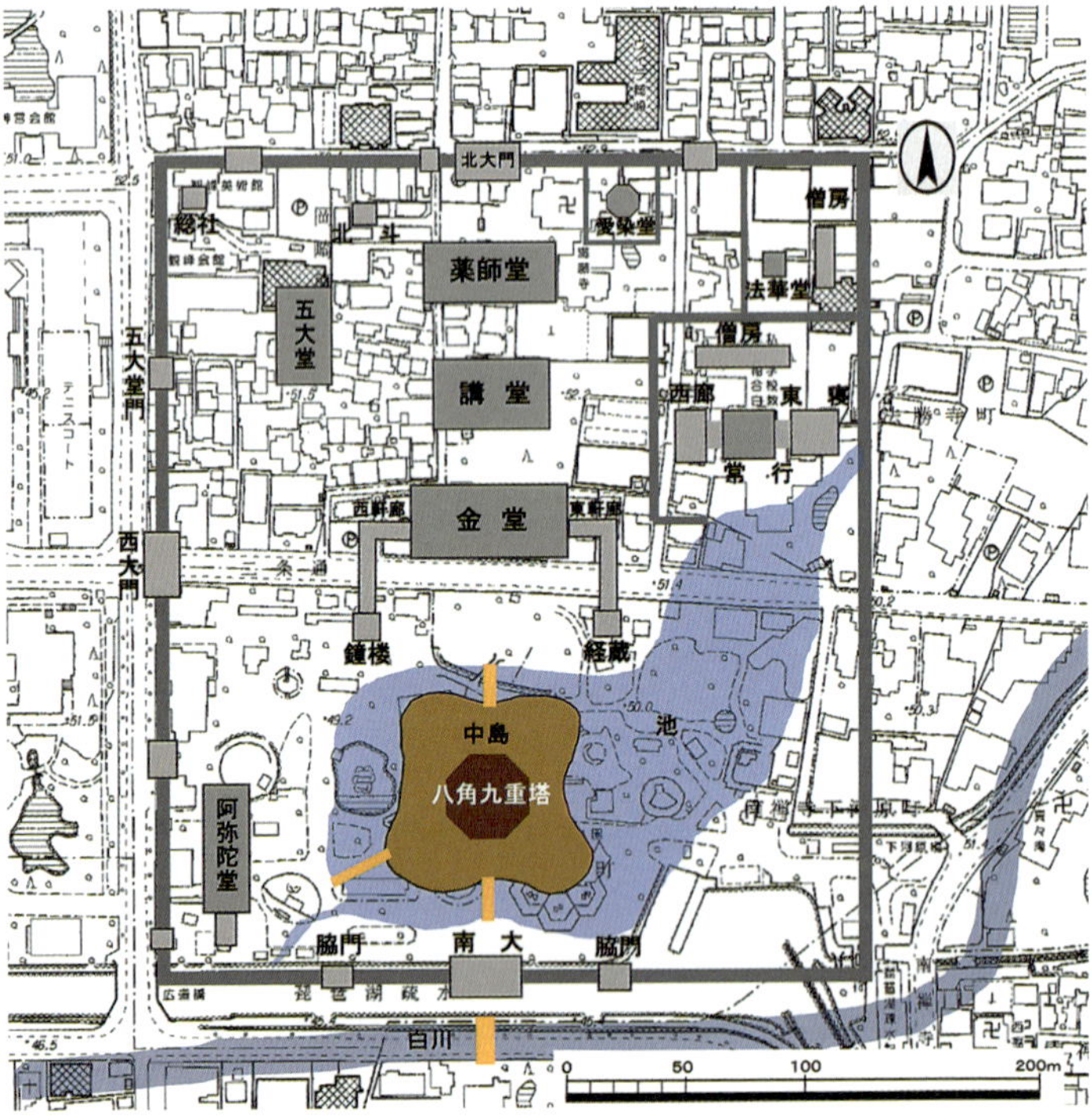

図12　法勝寺の伽藍復元と推定位置図（清水擴氏復元案を参考に作成）

塔の檜皮《ひわだ》屋根に燃え移り、法勝寺伽藍大半が焼失する壊滅的な被害となったと記述され、八角九重塔は檜皮葺屋根と記載されています。ただし、『太平記』は室町時代の軍記物語で信憑性にやや問題があります。

その後、北朝は再度円観を勧進職としますが、七年後の貞和五年（一三四九）十月十五日に再度火災に遭って残りの北半分も焼失してしまいます。その翌年に円観が勧進職《かんじんしょく》を辞した後も、引き続き住持《じゅうじ》の立場で再建に尽力しました。しかし往時の姿はまったく失われ、以後は恵鎮門流、あるいは黒谷流などと呼ばれた天台宗の一分派の小寺院と化し、その後、円観と法勝寺を継承した門人の惟賢《いけん》の元で、延暦寺と一線を画して独自の戒牒を発行するなどしましたが、両人の死後は再び衰退していくことになりました。

さらに相次ぐ戦乱で、応仁二年（一四六八）八月四日、西軍による岡崎攻撃によって青蓮院《しょうれんいん》などとともに焼失、その後は再建できないままの享禄四年（一五三一）正月二十一日には、管領《かんれい》の座を巡る細川高国《ほそかわたかくに》と細川晴元《はるもと》の戦いに巻

図13　法勝寺炎上の図

き込まれて再度焼失しています。山科言継《やましなときつぐ》の『言継卿記《ときつぐきょうき》』には、天文四年（一五三五）の豊楽門院《ぶらくもんいん》逝去の際に法勝寺において供養の読経が行われたと記述していますが、その後について不詳で、永禄五年（一五六二）を最後に法勝寺名義の戒牒《かいちょう》が途絶え、元亀二年（一五七一）に法勝寺領押領を禁じる綸旨《りんじ》が出されたのを最後に記録には出てきません。天正十八年（一五九〇）、勅命によって同じ円観門流に属していた近江国坂本（大津市）にある西教寺《さいきょうじ》に法灯が併合されて法勝寺は廃絶、それ以後、旧境内地は民家や田畑と化してしまったと考えられます。

近代に入って、皇太子嘉仁《よしひと》親王（後の大正天皇）の結婚記念として、一九〇三年（明治三十六）四月一日に法勝寺跡の南半に日本で二番目の動物園「京都市紀念動物園」が開園しました。しかし、太平洋戦争後の一九四五年（昭和二十）、西隣にある美術館がアメリカ軍第五八通信大隊に接収された際、それに必要な駐車場確保のため、動物園敷地南側の約四〇〇〇坪が接収され、それまで小高い丘として残ってい

図14　大正14年頃の「塔の壇」（京都府編『京都府史蹟勝地調査会報告第六冊』〈臨川書店、1983年〉より転載）

た八角九重塔基壇跡（図14）が四月二十六日～五月十九日の間にブルドーザーで削平されました。古瓦が散乱して、美術館に事務所があった京都市の市史編纂所《へんさんじょ》の職員が拾いに走ったといわれ、そのとき以後、塔跡があった場所は不明となって、近年までその近くに説明板と石柱のみが立てられていました。

この法勝寺の規模は、東西二町（約二四〇メートル）、南北四町（約四八〇メートル）と推定され、東は白川、京都市動物園は法勝寺伽藍跡のほぼ南半、境内の南端は明治期に造られた琵琶湖疏水の工事ですでに破壊されたと考えられます。西限は過去の調査で内溝跡とみられる遺構が見つかっていますので現在の動物園の西端が西限、北限は冷泉通り付近と考えられます。

次に、調査で判明した金堂跡と八角九重塔跡についても先にお話しておきます。

先述のとおり現在、動物園北の二条通り北側に二メートルを超す石垣の高台（東西約六八メートル、南北約二七メートル）が残り、これが法勝寺の金堂基壇跡です。法勝寺跡の発掘調査は、一九七二年に動物園内東北の爬虫類館建設にともなって実施され、法勝寺にあった大きな池跡の東端とみられる池汀《ちてい》跡が見つかっています。一九七四年には、二条通り北側の金堂基壇跡西端にあたる高台上の西端（図15）の民家が火事で焼失、その跡地の発掘調査により、金堂の西辺基壇跡の凝灰岩製延石列（図16）が見つかりました。結果この高台が金堂基壇跡を踏襲していることが判明し、金堂の基壇規模は東西約五六メートル、南北約三〇メートルと復元され、その後、金堂基壇の東側に取り

図16　法勝寺金堂の基壇西辺の凝灰岩の延石（1975年、北から）

図15　法勝寺の金堂跡の高台（南西から）

付く東軒廊（回廊、翼廊とも）跡が検出され、そこから廊が南に折れ曲がって先端にある経蔵へつながることも判明（図19）しました。

その後、二〇〇九年（平成二十一）頃から動物園のリニューアル工事にともなって何回かの発掘調査が埋文研によって行われています。二〇〇九年、動物園の中央部にある観覧車の下付近にあったとされ、場所が不明であった八角九重塔の地業跡が試掘調査で見つかり、翌年に遺構確認調査(8)（五〜七月）が行われました（地業とは基壇下の地盤改良のこと）。

地業跡は、白川砂層の地盤の悪い池の中島に、八〇メートルを超えるとされる八角九重塔を支えるために、砂層を一メートル以上掘り下げた底から、粘土と一抱えもある巨礫を積み上げて頑丈に構築されているのが確認され、さらに、地山の砂層を挟んでその周りにもドーナツ状（中島内のためか）に地盤改良されていることが判明しました。中央部の八角形の地業規模は一辺が一三メートル前後で、復元面積は約七五〇平方メートル（最大規模の東寺五重塔基壇は三二四平方メートル）もありました。

この地業跡（図17）は、上部にあった基壇部は不明ながら、八〇メートルを超えるとされる高層塔を、池の中島という悪条件の場所に建立するために、当時の高度な土木技術を使って造られたもので、調査時に京都大学の三村衛教授に依頼して、基礎地盤の力学と支持力特性

図 17　八角九重塔跡発掘調査現場（南から）

図 18　噴水池と石橋

の測定を目的に針貫入試験と簡易動的載荷試験(9)を行ってもらいました。その結果、塔の重さを推定八〇〇〇トンと仮定した場合の支持力は一・六三となり、地業が塔の重さに十分に耐えられる構造で築かれていることが証明され、そのためか塔は、当時発生した大地震（元暦二年〈一一八五〉）で揺れたことが記されていますがこの高層塔は倒れていません。

そのほか、動物園内にある法勝寺の池の名残とみられる噴水のある池には、噴水（図18）へ渡るための花崗岩製の細長い石橋があり、いくつかの石材の端が一三五度前後に加工されていることから、塔の延石に使用されていたものではないかといわれています。現在この石材の一つが池横に置かれ展示に供されています。

（三）　その他の寺院と院御所

次に、法勝寺以外の六勝寺ほかについて簡単にご紹介しておきます。参考文献については「院政と白河」『平安京提要』(10)ほか、埋文研のＨＰを閲覧してください。

尊勝寺（左京区岡崎最勝寺町・西天王町）

堀河天皇（一〇七九〜一一〇七）の御願寺である尊勝寺は、康和四年（一一〇二）に供養、『中右記《ちゆうゆうき》』などの文献から、推定で方二町の広大な境内に、南大門、中門、回廊・金堂・講堂・薬師堂・五大堂・灌頂《かんじよう》堂・曼荼羅堂、東塔・西塔・鐘楼・経蔵・法華堂・准胝《じゆんてい》堂など多くの堂宇（図20）があったことがわかっています。

一九五九年（昭和三十四）の京都会館（現ロームシアター京都）建設時に、杉山信三氏らが中心になって六勝寺跡で最初の発掘調査が実施されました。当時はまだ発掘調査が一般に周知されていない時代で、京都府教育委員会の斡旋で京都市文化局（当時）へ調査の申し入れがされ、建設工事と平行して発掘調査（第一次発掘調査は一九五九年一月七日〜二月二十日、第二次発掘調査は四月十六日〜二十五日）が行われました。その成果は「尊勝寺跡発掘調査報告」(11)として報告書が出されています。この発掘調査は、建設の基礎工事を進めながらのきわめて困難な調査でしたが、建物跡三棟・溝跡・井戸跡などが検出され、大量の平安時代後期の瓦のほか土器などが出土し、この調査で検出された遺構は、東塔跡・金堂と中門を結ぶロ字形の回廊跡と推定されています。その後に行われた同寺の境内推定場所の調査では、阿弥陀堂跡（図22）、観音堂跡、法華堂跡、准胝堂跡、東塔跡、西塔跡などの建物跡や西限・東限溝跡などが確認され、六勝寺中では最も調査が進んでいます。

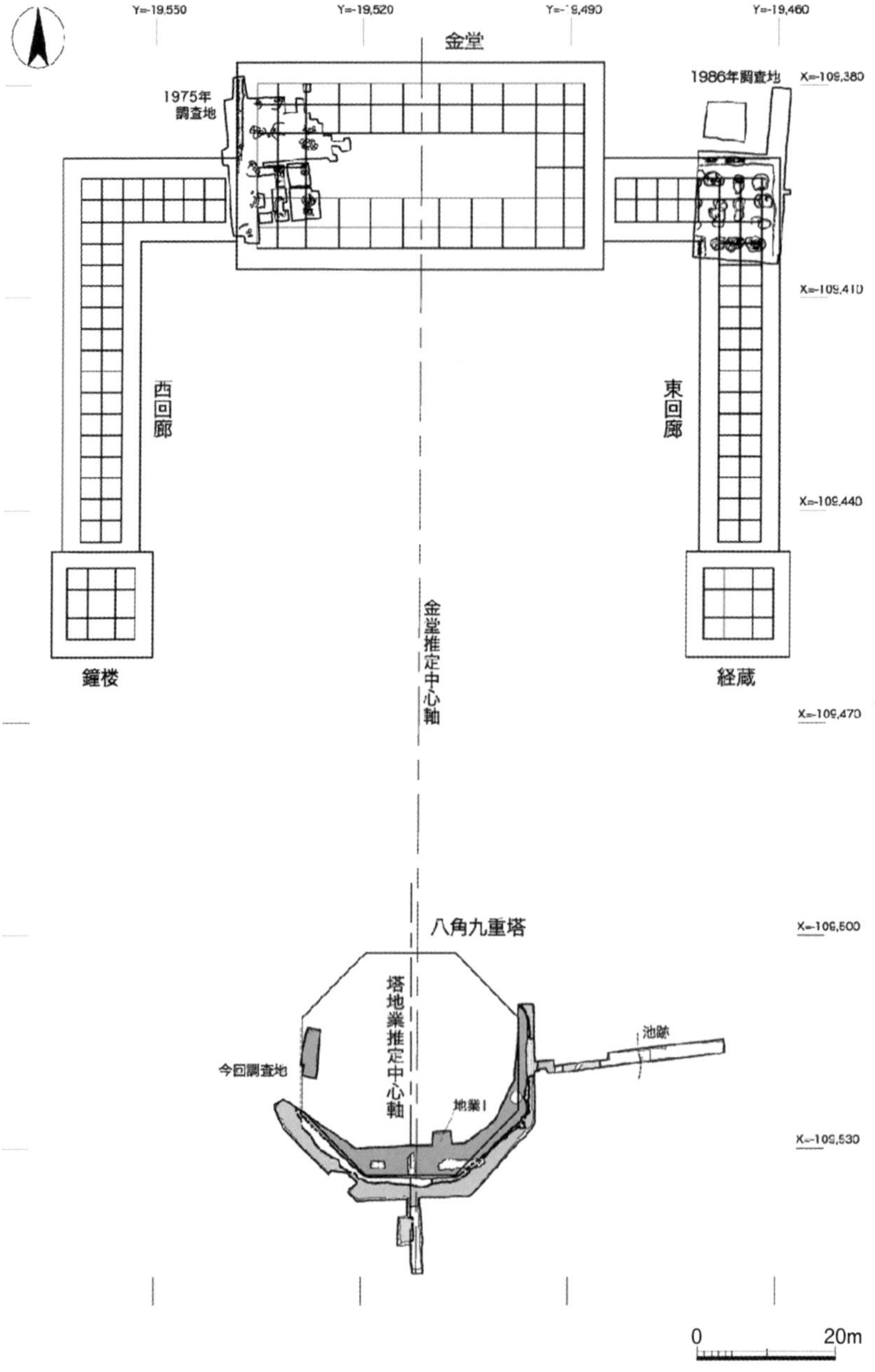

図 19　法勝寺金堂跡と八角九重塔跡の位置関係平面図（註(8)より転載）

表1　法勝寺略年表（ゴチックは八角九重塔の主な出来事）

年　　代	西暦	主なことがら
承保2年6月13日	1075	白河天皇御願寺として造立を計画（造営着手）
承暦元年12月18日	1077	落慶供養 金堂（七間四面）・講堂・阿弥陀堂・五大堂・鐘楼・経蔵・僧坊・北大門・西大門・南大門・釣殿御所。北・西・南は築垣、東は堤など
永保元年8月25日	1081	九重塔の地鎮が行われる
同　　年10月27日		塔の心柱を立てる
永保3年10月1日	1083	**九重塔**・薬師堂・八角堂**落慶供養**
応徳2年8月29日	1085	常行堂落慶供養
承徳2年10月23日	1098	**九重塔の修理完成**
保延6年11月14日	1140	「醍醐寺雑事記」より、塔の心柱修復完了（湿気で2尺ばかり取替え）。東大寺大工の国永・重成が担当
嘉応元年11月12日	1169	九重塔第三層に落雷、焼損
承安4年7月20日	1174	九重塔に落雷、仏像・柱破損
安元2年3月1日	1176	九重塔の第九層に落雷し、下にいた2名が死亡
元暦2年7月9日	1185	「山槐記」より、大地震で「……九重塔頽《くずれ》落重々、垂木以上皆落地、毎層柱扉連子被相残、露盤ハ残其上折落……」、「九重塔過半破損」、瓦も剝がれ落ちるが心柱は無事。
承元2年5月15日	1208	**九重塔に落雷して焼亡**（創建125年目）
承元2年10月14日	1208	「元亨釈書」より、栄西が九重塔の再建に着手
承元4年7月16日	1210	九重塔の心柱を立てる
建暦3年4月26日	1213	**栄西により九重塔落慶供養**（再建塔）
嘉禄元年5月27日	1225	法勝寺法師の承士の子童2人が九重塔の金物を取り放つ
安貞2年10月7日	1228	暴風で九重塔の九輪が北方に傾き破損
建長7年8月28日	1255	九重塔に落雷、出火したが打ち消す
文永5年6月5日	1268	九重塔に落雷、出火したが打ち消す
弘安9年4月26日	1286	九重塔に落雷
歴応3年2月	1340	**「院家雑々跡文」より、再建塔の高さが27丈(総高約81m)と伝える**
暦応5年3月20日	1342	在家からの失火で飛び火し、九重塔五重屋根に燃え移り、**法勝寺伽藍大半が焼失**。「太平記」にも法勝寺塔炎上事の記事あり
応仁・文明の大乱	15C	壊滅的な打撃を受け、残った伽藍も戦国期に兵火で焼亡する
元亀2年	1571	法脈を近江・西教寺に移して法勝寺は廃寺となる
大正14年	1925	西田直二郎ほか「法勝寺遺址」『京都府史蹟勝地調査会報告』第6冊に掲載される
昭和21年	1946	進駐軍が美術館を接収し、駐車場確保のために動物園の南半が削平され、塔の壇が削られる。かつて存在した塔の土壇の径は15間（約30m）
昭和47年	1972	法勝寺跡の東方で池汀跡を調査（現在の爬虫類館）
昭和50年	1975	法勝寺金堂跡(西側)を発掘調査し、版築の基壇や基壇西側延石、根石を検出
昭和61年	1986	法勝寺東軒廊(回廊、翼廊)跡の発掘調査で東軒廊の折れ曲がる部分を
平成21年12月	2009	検出
平成22年5月～7月	2010	京都市文化財保護課が八角九重塔跡を試掘調査、地業を確認する 京都市埋蔵文化財研究所が八角九重塔跡の発掘調査を担当する

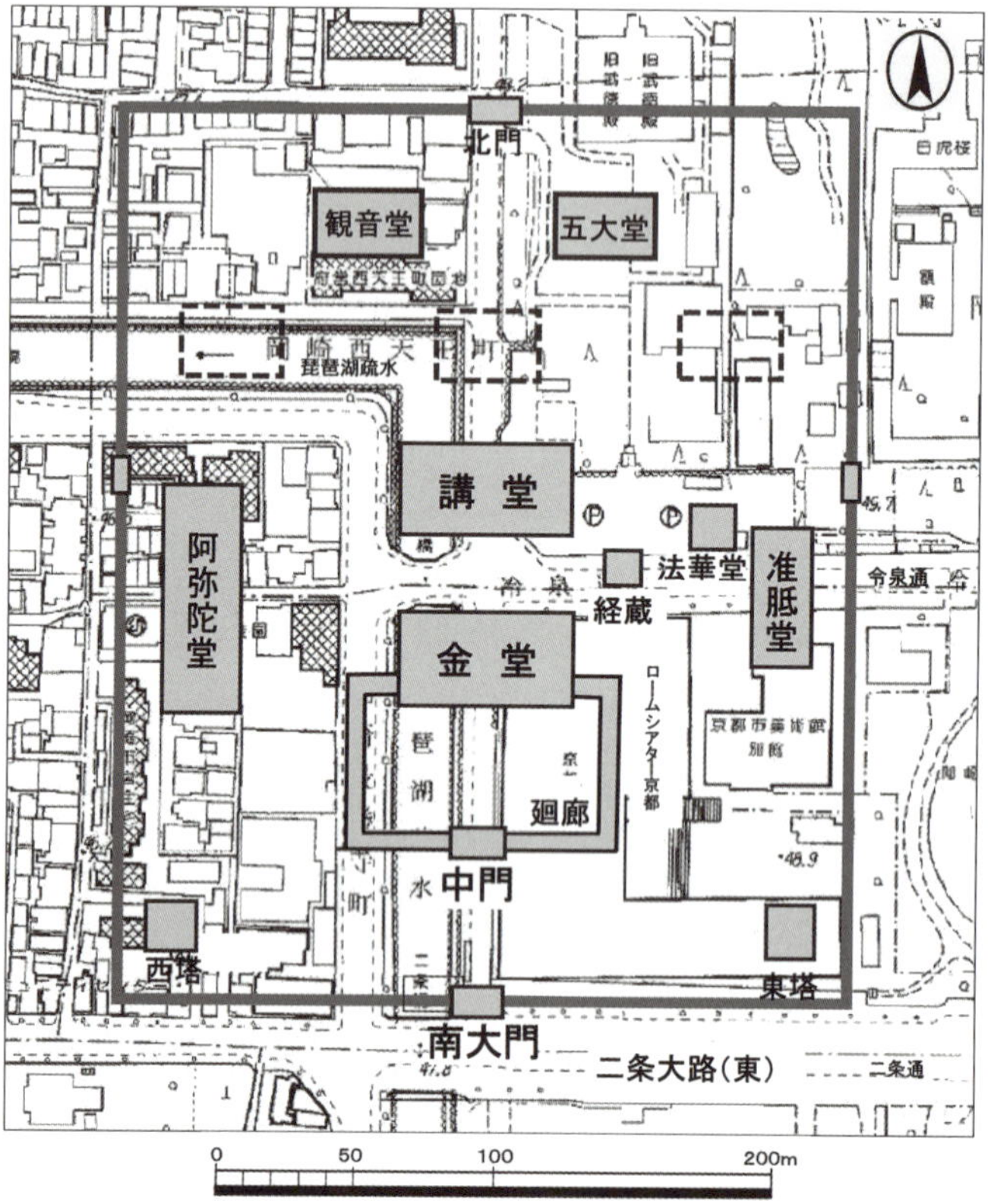

図 20　尊勝寺の伽藍復元と推定位置図

図 22　尊勝寺跡の阿弥陀堂跡（1977 年、南東から）（埋文研）

図 21　美術館別館南側の尊勝寺跡の石柱と説明板

最勝寺（左京区岡崎最勝町）

鳥羽天皇（一一〇三〜五六）の御願寺として創建され、尊勝寺の東側、二条大路の北側に元永元年（一一一八）十二月十七日、鳥羽・白河両天皇の行幸を仰いで落慶供養が行われたのが最勝寺です。史料からは、金堂・薬師堂・五大堂・塔・南大門などの堂宇があり、推定場所は岡崎グラウンドの西側から神宮道を越えてロームシアター京都までの間、方一町規模の寺院であったと考えられています。

岡崎グラウンド（地下駐車場）建設前の調査で、推定二条大路東末北側の築地《ついじ》遺構が検出され、平安神宮南の冷泉通りおよび南方の神宮道での埋設管工事にともなう発掘調査などでは、二条大路東末の北側築地跡や建物の雨落溝跡、地業跡などが見つかっています。

円勝寺（左京区岡崎円勝寺町）

法勝寺と最勝寺とに隣接する場所に、鳥羽天皇中宮待賢門院《たいけんもんいん》（藤原璋子《しょうし》、一一〇一〜四五）の御願寺で、大治三年（一一二八）三月十三日に落慶法要が営まれたのが円勝寺です。規模は、方一町規模かそれ以上とみられ、推定場所は京都市美術館（現在の京都市京セラ美術館）の敷地が、ほぼその位置にあたると推定されています。この寺にあった堂宇は、東（三重塔）・中（五重塔）・西（三重塔）の三つの塔が東西に並び建ち、

図23　美術館北側の円勝寺跡の石柱

図24　2014年の美術館の施設建設にともなう円勝寺跡の発掘現場（北から）

金堂（中央 精舎《しょうじゃ》）・五大堂・九間飛甍《ひぼう》・六時堂・二階門・築垣・西門・鐘楼などがあって、六勝寺の中で唯一の女院による御願寺です。

一九七〇年に行われた敷地北東の収蔵庫建設前の発掘調査で、大量の瓦溜めや塔跡とみられる建物遺構も見つかっています。また、二〇一四年（平成二十六）からは、京都市美術館敷地の北西部で、施設建設にともなって発掘調査が行われ、南北方向の溝跡（図24）が検出されました。その結果、円勝寺は東西一町規模で、西隣にあった成勝寺との間に道路は設けられていなかったのではないかとされ、南北方向の溝があっただけと判明していますが、西側の推定成勝寺との間には幅四〇ｍ《メートル》ほどの神宮道（道路と歩道）が通っており調査ができないのが残念です。

成勝寺（左京区岡崎成勝町）

崇徳天皇（一一一九〜六四）の御願寺で、藤原定家《さだいえ》の『明月記《めいげつき》』に「三条東行、延勝寺南門大路北行、件南門前東折、自成勝寺西出……」とあり、現在のみやこメッセ（京都市勧業館）のある敷地が、ほぼその推定地にあたります。

保延五年（一一三九）十月二十六日に落慶供養が行われ、方一町または東西二町規模と推定される境内地には、金堂・経蔵・鐘楼・南大門・東門・西門・北門・回廊などの堂宇が建立され、以後も、五大堂・観音堂・惣社《そうしゃ》・宝蔵などが増築されましたが塔の記載はありません。

この成勝寺の御願者である崇徳上皇は、保元元年（一一五六）七月の保元の乱で、実弟の後白河天皇らと対立して敗者となり讃岐国（香川県）に配流されています。流された崇徳院は、都の天皇を恨んで彼の地で亡くなったため、その怨霊を慰撫するための御八講《みはっこう》の法要が当寺で修されています。この寺もほかと同様に、応仁・文明の乱により衰退し廃絶に至ったと考えられています。

みやこメッセでは、現在の建物が建設される前に、筆者も一九九一年に敷地北側を試掘調査し、その後、埋文研により大々的に発掘調査が行われましたが、既存の建物基礎の攪乱などにより、溝跡や井戸跡など以外に有力な遺構は検出されませんでした。

延勝寺（左京区岡崎円勝寺町・成勝町・北門前町）

二条大路南で成勝寺の西隣にあったのが延勝寺で、近衛天皇（一一三九〜五五）の御願寺です。現在のみやこメッセ敷地西端から東大路通りを西に越えた辺りまで東西二町、南北一町規模と推定されています。久安五年（一一四九）三月二十日に落慶供養が行われ、堂宇は、金堂と東西回廊・塔・南大門・東門・西門・北門・一宇金輪堂《こんりんどう》などのほか、後に「近衛殿寝殿」を移築して阿弥陀堂も造営されています。

これまでに琵琶湖疏水の西側で、建物基壇基礎地業跡や庭石、井戸跡などが検出され、ほかにも発掘調査が実施されていますが、詳細は今のところ不明です。

図 25　みやこメッセ北西の延勝寺跡の石柱

【その他の陵墓・御所・寺院】

秘塚・鵺塚（左京区岡崎最勝寺町）

かつて岡崎グラウンド内に後高倉《ごたかくら》太上天皇（鵺塚《ぬえづか》）と皇女利子内《りしない》親王《しんのう》（秘塚《ひめづか》）の陵墓参考地がありましたが、移葬にともなって一九五五年六〜七月に発掘調査（末永雅雄「陵墓参考地鵺塚・秘塚の調査」）が行われ、現在は伏見区深草の月輪《つきのわ》南陵（崇徳天皇皇后聖子月輪南陵）へ移設されています。

現在の岡崎グラウンドの地下は市営駐車場になっていますが、その工事前の一九九〇年に埋文研により発掘調査が約一年間にわたって実施され、二条大路東末の北側築地跡のほか、グラウンド（かつて調査された鵜塚跡の下）から六世紀中頃から後半にかけての円墳二基が見つかりました。

皇室関係者が法勝寺へ行幸する際には、西方の平安京から二条大路東末にあった法勝寺西門へ二条大路をまっすぐには進まず、この塚（古墳）前を避けて迂回している例があることから、当時は、塚状に残っていた古墳を鵜塚として恐れ、わざとその前面を通ることを忌避（回避）して法勝寺へ入ったのではないかと考えられています。

図 26　琵琶湖疏水南側の白河南殿跡の石柱

図 27　白河南殿の阿弥陀堂基壇跡（点線部分、1983 年、北西から）（埋文研）

白河北殿と南殿（左京区聖護院蓮華蔵町・川原町）

北殿は、白河上皇（一〇五三〜一一二九）の四町規模を有する院御所で、元永元年創建、南本御所に対して北殿や北新御所と称されました。天養元年（一一四四）に焼失し、その再興にあたっては、平清盛の父である忠盛が再建に功があったとして正四位下に叙されています。保元元年七月二日に鳥羽法皇が崩御、世情が不安となり、その月の十日には、崇徳上皇が鳥羽離宮の田中殿から突然この北殿に遷御、藤原頼長《よりなが》らが軍勢一〇〇〇騎を集めて上皇方の本拠地となりました。七月十一日未明、一方の後白河天皇方の平清盛らの軍勢がこの北殿に夜襲をかけたことにより北殿は全焼し、その結果、敗者側の崇徳上皇は讃岐に配流となったことはよく知られています。

南殿は北殿の南にあって白河御所とも呼ばれ、大僧正覚円《かくえん》（一〇三一〜九八）の房舎であったものを、白河上皇の院御所に改められ、後に設けられ

図28　疏水夷川ダム南側の白河南殿跡の説明板

図29　琵琶湖疏水南側の得長寿院跡の石柱

た北殿に対し、南殿や南本御所とも称されました。推定場所は、得長寿院の西、二条大路北の二町四方の規模を有していたと考えられています。創建は嘉保二年（一〇九五）頃、その後、永久二年（一一一四）には阿弥陀堂、大治五年には三重塔が創建され、天皇の居所である御所と御堂を兼ねていました。平清盛の祖父正盛《まさもり》はこの南殿の中に蓮華蔵院を建立して、丈六の阿弥陀像九体が安置されています。

南殿の跡地は現在、大半が京都市水道局疏水事務所や夷川ダム、旧船溜りとなっており、一部の調査で阿弥陀堂跡とみられる建物跡（図27）が検出され、冷泉通りの南側では石を並べた雨落溝跡二ヵ所が検出されています。現在、冷泉通りの南側に顕彰施設（図28）が置かれています。

得長寿院（左京区岡崎徳成町）

鳥羽上皇の御願寺の一つで、南北二町・東西一町規模とみられ、東大路二条上る（現在の川端警察署）付近にあったと推定されていますが、これまで有力な遺構は検出されていません。

平清盛の父忠盛の造進で長承元年（一一三二）に供養。建物は現在の蓮華王院（三十三間堂）と同じ南北三十三間の大規模建造物で、丈六の観音像を中央に、その左右に等身大の聖観音一〇〇〇体（一体ずつ胎内に一〇〇〇の小仏を納めた）が安置されました。寄進した忠盛は、その功績により内裏昇殿

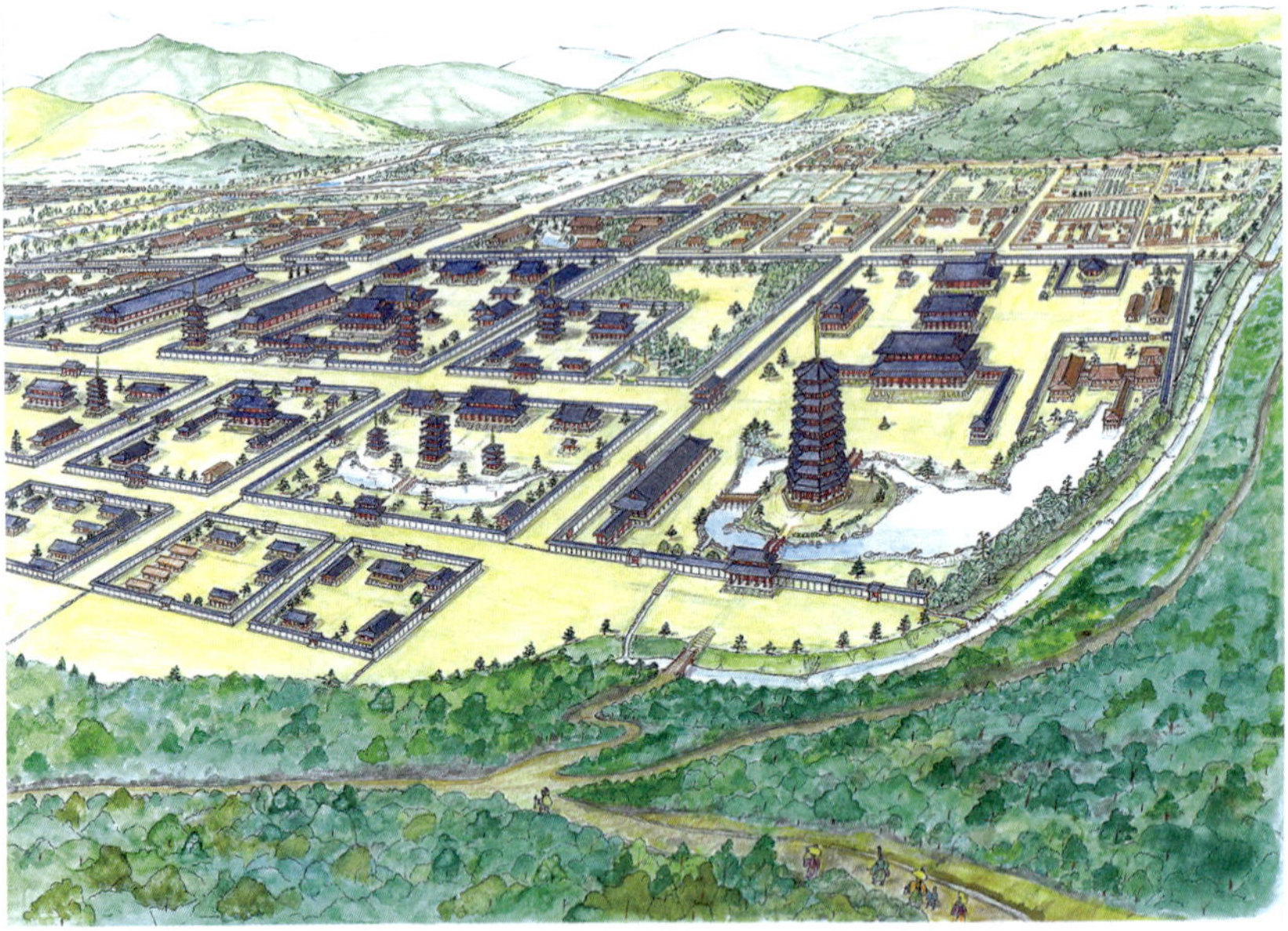

図30　法勝寺の八角九重塔を瓦葺とした六勝寺復元図（南から）

（五位以上）を許され殿上人となり、平家栄達の魁《さきがけ》となったことは『平家物語』にも詳しく書かれています。しかし、建立後の五三年目の元暦二年（一一八五）七月九日に起こった地震で倒壊し、以後は再建されませんでした。

（四）六勝寺の復元図

筆者は六勝寺の復元図をこれまでに何枚か描き、多くの歴史関係図書に掲載していただいています。その中で法勝寺は、一九七五年（昭和五十）に金堂跡を調査したときから、とくに思い入れの深い遺跡の一つとなりました。二〇一〇年の八角九重塔跡の調査では周辺から一定量の瓦が出土したことから、八角九重塔の復元図を描く際、屋根を檜皮葺あるいは瓦葺のどちらで描くべきかを悩み、構造や高さボリューム感も含めてまったくの想像で描いてきました（図30）。そういう理由から、戦後に基壇部が削平され、位置が不明確となってしまった八角九重塔跡の発見を強く待ち望んでいました。

最初の法勝寺池汀跡の調査から三四年が経過、市役所の定年を翌年に控えた二〇〇九年十二月二十一日、ついにその塔跡が姿を現すことになりました。動物園のリニューアル工事にともなう試掘調査で、現場から昼休みに部屋に戻った技師の堀大輔さんから、地表直下から粘土に交じって石がゴロゴロ出てくるので現場を見に来てほしいと頼まれ、すぐに動物園に駆けつけました。現場では、トレンチから茶褐色粘土に交じって巨礫が掘り出され、どこかで見た遺構によく似ていると直観しました。それは、かつて一九八四年に調査を担当した尊勝寺西塔跡で見た地業跡と同様の粘土と巨礫でした。そこですぐ八角九重塔跡の地業跡であると直感し、これは大きな発見につながるものと確信しました。

その翌年に本格的な発掘調査が埋文研によって行われて、基壇下の地業跡の一部が検出され、先述のとおり八角の一辺が一三《メートル》前後で、復元面積が約七五〇平方《メートル》と大規模な基壇を持つ塔であることが判明しました。検出された塔の地業跡の前（図17）に立ち、その上に建てられていた高層の八角九重塔のディテールをイメージしたとき、想定を優に超える塔の巨大さに圧倒されてしまいました。それまで勝手に想像して描いていてきた塔のイメージとはまるで違う世界がそこに存在していたことに気づかされ、改めて復元図を描いてきた一人として、想像力の乏しさを思い知らされることになりました。御願者の白河天皇は、後に受領層や武家出身者などを任用、院近臣を使って最初に院政を敷いた天皇であり、建造物から想像される権力の大きさを改めて再確認しました。

なおこの塔の復元は、これまで長く親交していただいた高橋康夫氏[12]のほか、最近では冨島義幸氏がCGを使って立体的な復元[13]を試みられています。また、京都アスニーの平安京創生館には、法勝寺の模型が展示されていますので是非とも足を運んで見ていただきたいと思います。

4 鳥羽離宮（鳥羽殿）跡

京都市伏見区竹田・中島周辺一帯

鳥羽離宮の歴史

平安京近郊で、院政期を代表する遺跡の一つとして知られるのが、平安京南方の鳥羽の地に造営された天皇家の離宮である鳥羽殿です。史料には鳥羽殿や城南離宮、鳥羽山荘などとして登場しますが、遺跡名としては鳥羽離宮跡としており、ここでは鳥羽離宮としてご紹介します。

院政期（十一世紀後半から十三世紀前半）に上皇（法皇）や天皇が離宮として使用したのが鳥羽離宮です。先の平安京の東方、鴨東の白河の地に造営された六勝寺は、それまで藤原氏が所有する白河別業の土地を、藤原師実が白河天皇に献上し、天皇の御願により最初に法勝寺が建立され、その後、天皇や皇后（中宮）らの御願により相次いで寺院や御所が建立され、上皇らも使用しましたが、鳥羽離宮は、白河天皇が退位後に使用する離宮として出発、その後も、退位した上皇らにより御所や御堂が相次いで造営され、さらに墓所（御陵）も設けられました。

この鳥羽離宮があった場所は、平安京九条大路の羅城門跡（再建羅城門が天元三年〈九八〇〉に暴風雨で倒壊し、この時代は跡地しかない）付近から南方の鳥羽へ延びる「作り道」と呼ばれる古道を南へ三・二キロほど行くと、鴨川の右岸に造営された鳥羽離宮に至ることができました（図31）。この付近は、鴨川下流で桂川と合流する場所のすぐ北側に位置し、

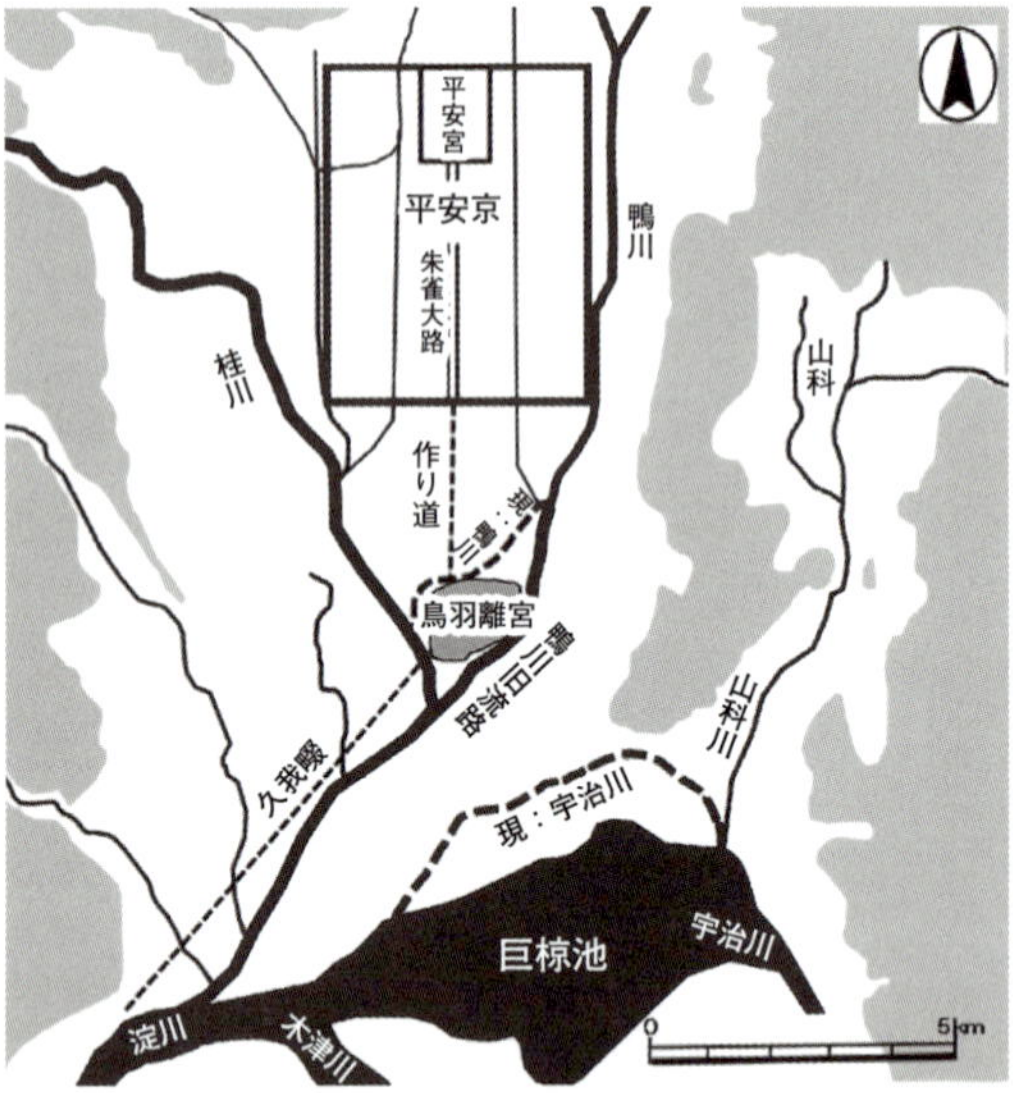

図31　平安京と鳥羽離宮の位置図

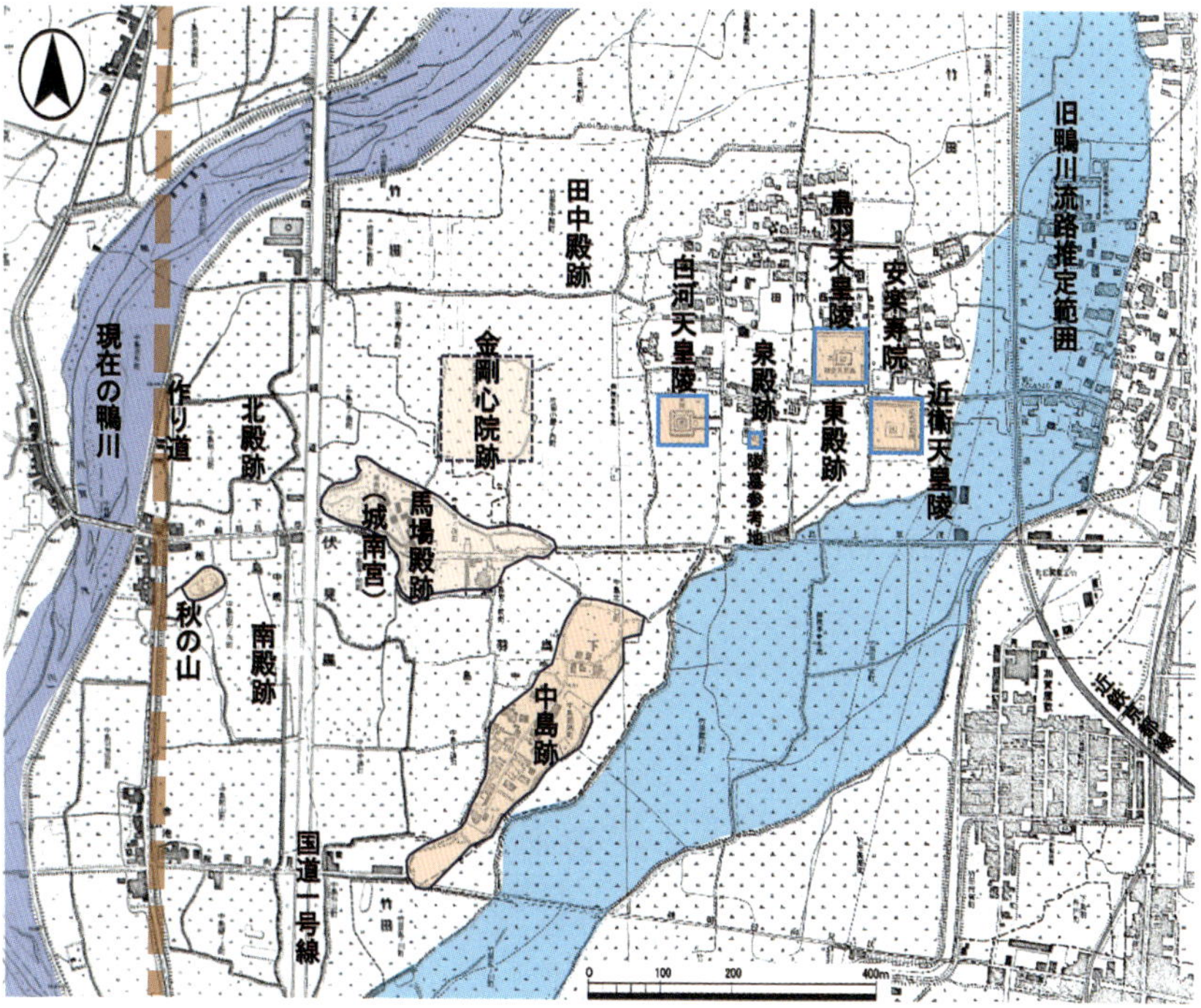

図32　大正11年（1922）頃の鳥羽離宮跡と鴨川の旧流路推定図（1：3000 都市計画図に加筆）

近くの河岸には船が往来する港（鳥羽津）があり、また、久我畷《こがなわて》と呼ばれる西国へ至る街道も通っている水陸交通の要衝で、平安京への南からの入口でもありました。

現在の鴨川は、鳥羽離宮跡の北東から南西を流れていますが、離宮が存続していた時代の鴨川は、離宮の東側から南西（図32）にかけて流れていました。これを裏づける史料に、康治二年（一一四三）の「太政官符安楽寿院《あんらくじゆいん》」があり、安楽寿院の四至について「院家四至　東限加茂川　南限同河流……」とあることや、大正時代に作られた三〇〇〇分の一の地形図上でもその痕跡を知ることができます。しかし、いつの時代に鴨川の流路が変わったのかは判然としません。

この鳥羽離宮の様子がわかる史料の一つ『扶《ふ》桑略記《そうりやくき》』には、次のように書かれています。

応徳三年（一〇八六）十月二十日条

公家近来九条以南、鳥羽山荘新建後院、凡卜百余町焉、近習卿相侍臣地下雑人等、各

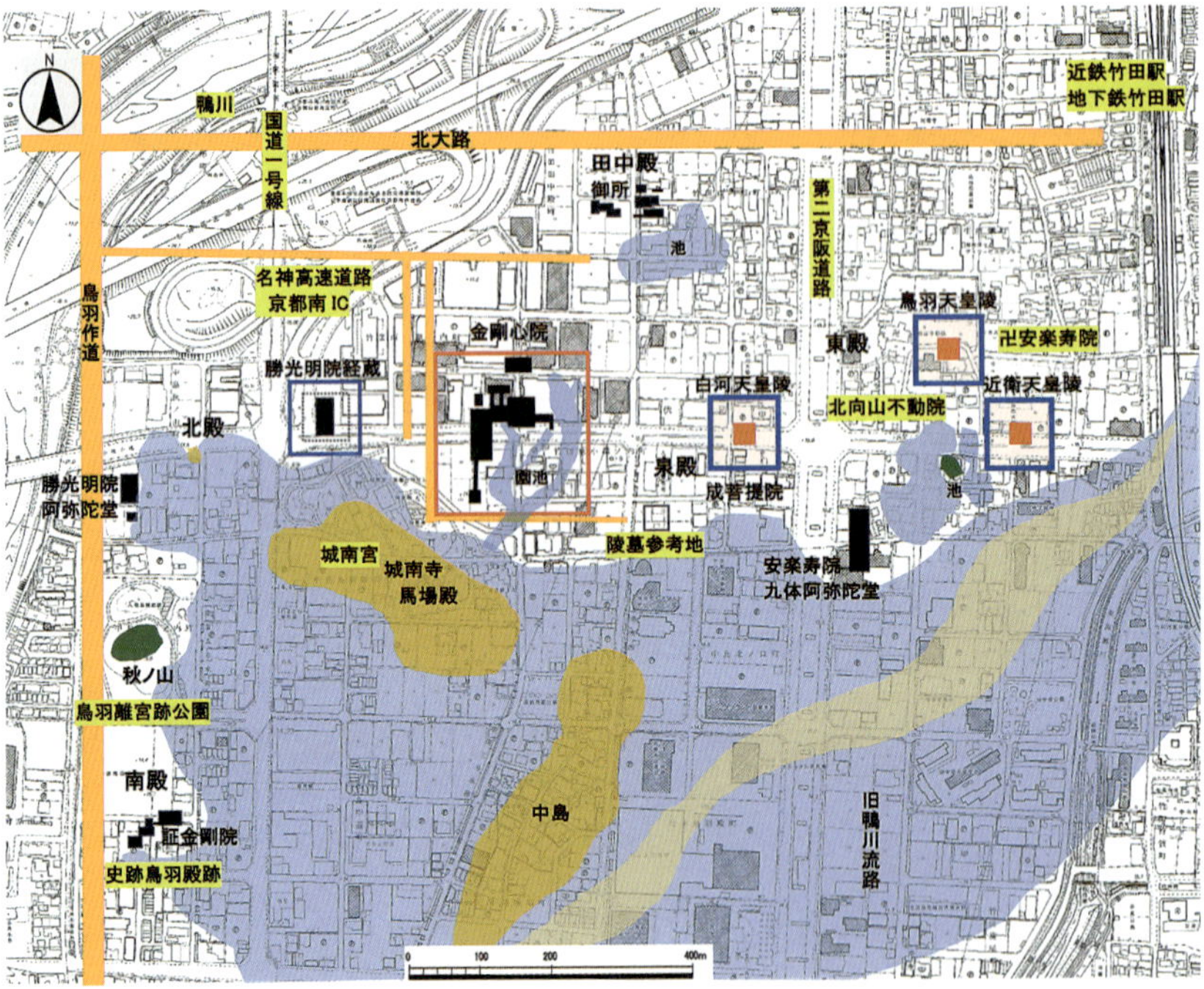

図33　鳥羽離宮の遺跡分布図

賜家地、営造舎屋、宛如都遷、讃岐守高階泰仲、依作御所已蒙重任宣旨、備前守季綱同重任、献山荘賞也、五畿七道六十余州、皆共課役、堀池築山、自去七月、至于今月、其功未了、洛陽営々無過於此矣、池広南北八町、東西六町、水深八尺有余、殆九重之淵或摸於蒼海嶋、或写於蓬山畳巌、泛舟飛帆、煙波渺々、飄棹下碇、池水湛々、風流之美不可勝計

要約すると、平安京の九条以南に、鳥羽山荘を後院として新しく建て、広さはおおよそ百余町（約一キロ四方）あり、近習、侍臣、地下雑人《じげぞうにん》まで宅地を班給されて屋舎が建てられ、その様子は、さながら都が遷ったようである。高階泰仲《たかしなのやすなか》は御所の造営により重任の宣旨を受け、藤原季綱《すえつな》は山荘を提供することで重任された。全国（五畿七道六十余州）に課役して造営が進められ、工事は七月から十月までは終わらず、南北八町（約九〇〇メートル）、東西六町（約七〇〇メートル）の広さをもつ池は蒼海《そうかい》を模し、蓬山《ほうざん》を写したそれらの風景の美しさは勝るも

のが無かった、と書かれています。

この離宮が営まれた城南の地には、平安時代前期には賀陽《かや》親王のほか、『日本紀略』延喜元年（九〇一）の記事によると藤原時平《ときひら》が鳥羽に城南水閣「城南別荘」を営み、平成親《なりちか》も「洲浜殿《すはまでん》」などを設けていることなど、元々風光明媚な環境を有する土地であったことがうかがえます。そのような場所に、十一世紀後半の応徳三年に、白河天皇退位後の離宮とするために、院の近臣であった藤原季綱が鳥羽に所有していた別業を白河天皇に献上し、同年七月頃までには最初に南殿が建立されたとみられています。

鳥羽離宮には、史料のとおり鴨川に接して広大な池が存在し、周辺には築山である秋の山や中島などがあり、池に面して、南殿、泉殿、北殿や宝蔵、東殿のほか、田中殿や馬場殿（現在の城南宮）などが相次いで造営され、それらのいくつかは船で往来することができ、大きな池には船を浮かべて遊興を楽しんだとされます（図34）。鳥羽離宮にあった主な建物と建立年、発願者は以下のとおりです（詳しくは表2を参照してください）。

南　殿　証金剛院は康和三年（一一〇一）供養、白河上皇発願。
馬場殿　寛治四年（一〇九〇）に完成、白河上皇が行幸して競馬を観覧。
北　殿　寛治二年造営、勝光明院は保延二年（一一三六）供養、鳥羽上皇発願。
泉　殿　成菩提院《じょうぼだいいん》、九体阿弥陀堂《くたいあみだどう》・三重塔は十一世紀後建立、鳥羽上皇発願。
東　殿　安楽寿院寿院の三重塔・閻魔堂《えんまどう》・九体阿弥陀堂・不動堂は十二世紀前半建立、白河・鳥羽上皇発願。
田中殿　金剛心院の釈迦堂・九体阿弥陀堂、久寿元年（一一五四）供養、鳥羽上皇発願。

これらの多くは、先述のとおり普請を受領たちが請負って御所の造営や造寺、造仏、作庭などが進められ、その見返りとして国司の職に重任や新任されるなど、官位が与えられる成功が横行しました。また、離宮の時代から法灯を現在に伝える東殿の安楽寿院には鳥羽・近衛両天皇の陵墓が営まれ、その西方にあった泉殿の成菩提院には白河天皇

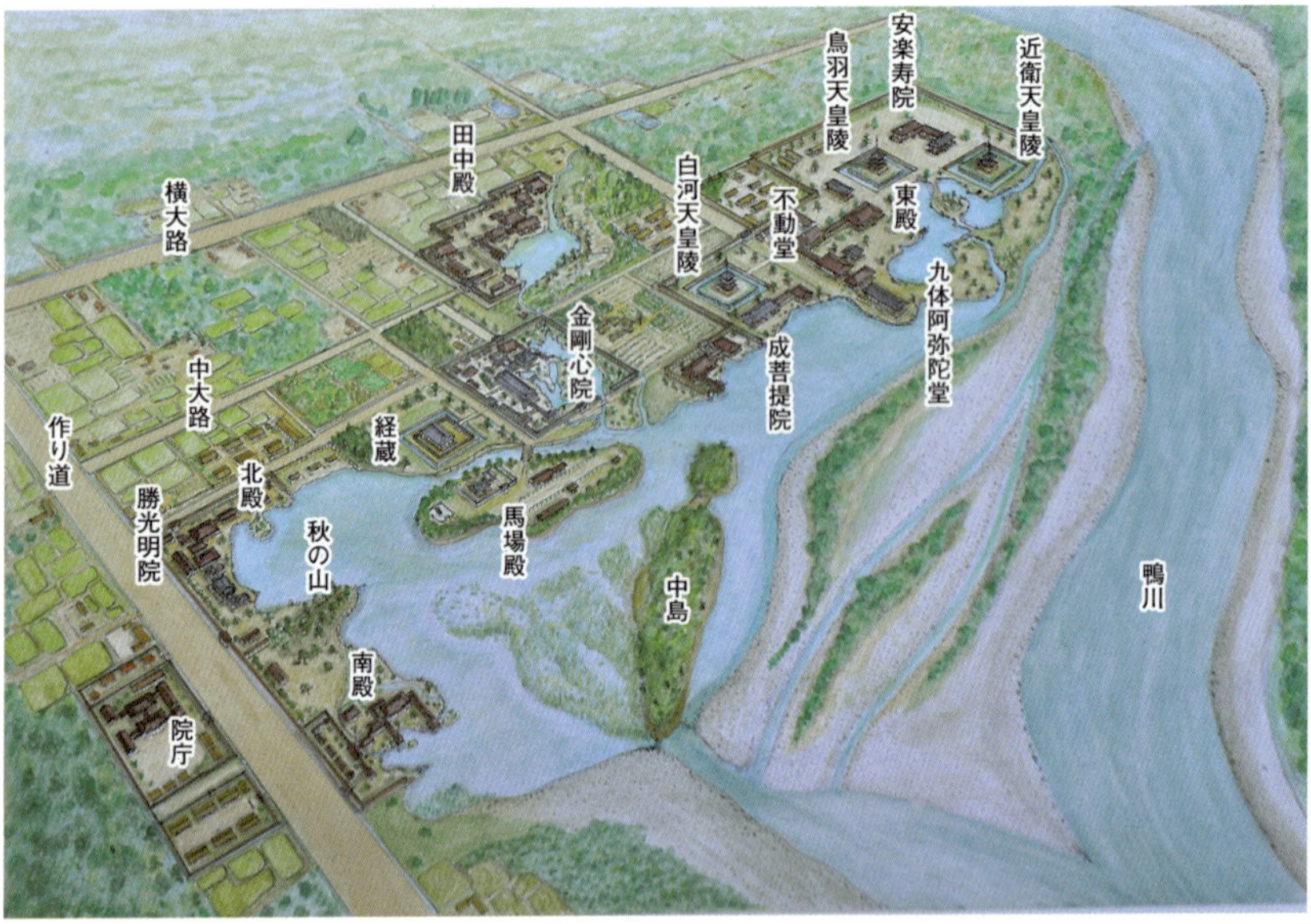

図34　鳥羽離宮復元図（南西から）

陵が営まれており、墓所の周辺には塔や九体阿弥陀堂、不動院（現、北向山動院付近）などの堂宇のほか、広大な園池も造営され、あたかも極楽浄土の世界を現世に再現したような景観（図34）が広がっていました。その後、この離宮は十四世紀頃まで使用されたと考えられています。

なお、鳥羽離宮については、一九六七年（昭和四十二）に出版された『城南』[14]に詳しく紹介されているので、参考にしていただきたいと思います。

鳥羽離宮跡の調査

鳥羽離宮跡では、一九六三年[15]以来、杉山信三氏の指導により数多くの発掘調査が行われてきており、これまでに、南殿跡の秋の山の南方からは、証金剛院の雁行型《がんぎょうがた》（図35）の建物跡や庭園遺構、北殿の勝光明院の建物跡の一部や出島跡、経（宝）蔵跡、田中殿の寝殿造建物跡および金剛心院跡、東殿の九体阿弥陀堂の地業跡などの建築遺構や、それに付属する庭園跡などの遺構や遺物が見つかっています。

それらをまとめてこの紙面でご紹介するのは困難なため、詳しく鳥羽離宮のことを知りたい方は、一九九四年に出版された『平安京提要』所収の「鳥羽殿⒃」あるいは埋文研のＨＰを参考にしていただければと思います。ここでは、筆者が担当した東殿跡の調査と、その後、埋文研が担当して大きな成果があった田中殿付属の金剛心院跡についてご紹介していきます。

東殿の安楽寿院九体阿弥陀堂跡

筆者は一九七一年、初めて発掘調査を経験した平安京の羅城門跡と、洛北の平安時代前期に瓦を焼成していた鎮守庵瓦窯跡の調査を終え、一九七二年年春から参加したのが、この鳥羽離宮跡の発掘調査でした。その後に仕事上で大変お世話になった木村捷三郎・杉山信三両先生に初めてお会いしたところです。木村先生は、六勝寺研究会代表をされ、古瓦研究の第一人者であり、亡くなられる二〇〇四年（平成十六）まで、遺瓦のことや歴史学、考古学など幅広くご教示を賜りました。杉山先生は当時、奈良国立文化財研究所平城宮跡発掘調査部長を定年退職後、近畿大学理工学部教授をしておられたときで、発掘調査の技術を一から薫陶《くんとう》していただきました。後の埋文研の初代所長になられた方です。

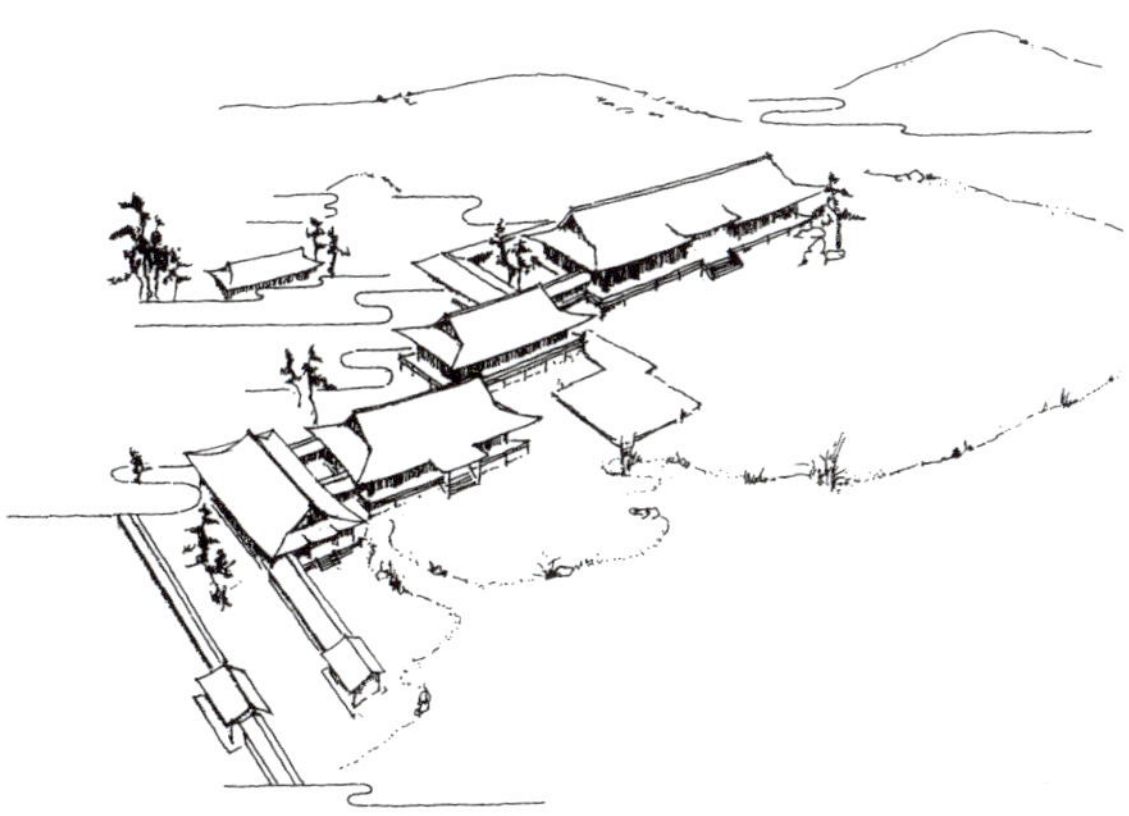

図35　杉山信三氏が描いた鳥羽離宮南殿復元図（南東から）

当時の鳥羽離宮跡は、北側に一九六三年に開通した名神高速道路と京都南インターチェンジが建設され、そのほかは、東殿跡を継承する安楽寿院とその周辺の集落以外は、水田と畑が広がる長閑な近郊農村風景（図32）が広がっていました。そのような場所にインターチェンジができたことで、南側一帯が京都市洛南地区の区画整理事業の対象地となり、鳥羽離宮跡に開発の波が一挙に押し寄せたそんな時代でした。

最初に、国道一号線の東側に堀川通りを南延した幅五〇㍍《メートル》の新油小路道路（現、第二京阪道路）が建設されることになり、その計画地を対象にして調査を行うことになりました。その頃は、調査基地となる場所がなく、安楽寿院の境内の一部をお借りして調査事所を設けることになり、筆者もそれを手伝いました。この施設は後に鳥羽離宮跡調査研究所として調査の活動拠点となり、代表である杉山所長の下で筆者は一時その所員となって調査を担当することになりました。この施設は現在、埋文研の鳥羽の調査事務所となっています。

発掘調査は、地元農家のおじさんたちに声をかけて作業を手伝ってもらい、計画道路予定地東半の畑地を掘ることから始めましたが、次年度からは、長岡京跡の発掘調査を手伝っておられた経験豊富な乙訓《おとくに》の農家の方々にも作業に加わってもらいました。着工後すぐに、畑の床土直下から礫敷き遺構があらわれ、幅三〜五㍍《メートル》間隔で南北に石列が続くことが判明しました。その石列の間を掘ると溝状となって両側に石垣があらわれ、石垣の内側は拳大以上の礫と粘土で積み上げた突堤《とってい》状の堤が南北に四列以上あることが判り、掘り進めると南北八〇㍍《メートル》以上、幅一三㍍《メートル》ほどの規模であることと、さらに遺構が東へ続くことが判明しました。

その時点で、杉山所長は、複数の突堤状遺構の間を水路状の溝であると考え、これを船入りの遺構であると解釈して発表されました。しかし、筆者が担当して掘ったところでは、溝ではなく途中で石垣が逆転している個所や、溝とされる部分が石垣で封鎖されている所もあることから、この遺構は船を入れる構造物ではないと反論したところ、所長の逆鱗にふれ、途中から一時、東福寺の下水道工事の立会調査に回されてしまいました。

そんな頃の一九七三年四月十八日、筆者が東福寺の現場へ調査に出かけて鳥羽の現場に不在の時、調査で掘った試掘トレンチに溜まった水深四〇〜五〇㌢《センチ》の小さな水溜まりで、近所に住んでおられた建設作業員の四歳の女の子が死亡しているのが発見され、大騒ぎとなりました。親の目が届かない調査現場に入り込み、穴で遊んでいるうちに転んで頭を打ち溺れたようであると後で聞きましたが、小さく浅い穴で、まさかこんな所でと思いつつ、ご冥福をお祈りしたことをよく覚えています。この当時の調査では、今と比べて安全対策も疎《おろそ》かで、この現場では筆者が簡単なナイロンロープで囲っていたため不起訴処分となったようですが、これが京都市で初めての発掘現場での死亡事故となり、この事件を教訓に発掘調査現場の安全対策が徹底されるようになりました。

この遺構は、引き続いて東側を発掘調査[17]したところ、突堤状の遺構は全部で一四列あり、東西五〇メートル以上、南北は八〇メートル以上もある大規模（図36）なものと判明、西と南側は池が広がり、池に面した南側は二重の石垣を構築して頑丈に補強され、西面は石垣底部を柵（しがらみ）で補強して池の水で浸食されないように工夫してあり、さらに、その東端からは六石以上の自然石で組まれた庭石（図37）が見つかりました。この庭石から、さらに東方の近衛天皇陵の南方を発掘すると、拳大の川原石を丁寧に並べ、曲線を描くように続く優雅な洲浜跡（図38）が見つかり、この付近には東殿に付属する壮大な園池が存在することが明らかになりました。[18]調査が進むにつれてさまざまなことがわかるようになり、突堤状の石垣遺構は船入りではなく、池の中や低湿地などの軟弱地盤の土地に建物を建てるために工夫された地盤改良の跡、つまり建物の基礎部分を支える大規模な地業跡であることが判明し、後日、杉山所長もそれを認められました。

この遺構は残念ながら上部が後世の削平を受け、建物跡の痕跡を見つけることはできませんでしたが、後年になって、「安楽寿院阿弥陀堂供養願文」に記される久安三年（一一四七）八月十一日に供養された九体阿弥陀堂（檜皮葺屋根で九間四面庇の建物）の地業跡であることが明らかとなっており、その他に北廊や北簀子《きたすのこ》、西門があったと書かれています（『百錬抄《ひゃくれんしょう》』）。この堂内には、本尊丈六金色の阿弥陀像九体と、高さ一丈の観音、勢至《せいし》の脇侍像二体が安置されていました。

この九体阿弥陀堂があった東殿・泉殿は、墓域に当てるために造営されたと考えられ、白河上皇により三基の塔が供養されています。一つ目は天仁二年（一一〇九）八月十八日に建立された三重塔（『殿暦《でんりゃく》』）で、上皇自らの墓所となり、その近くには、白河院の院御所であった三条殿西対《にしのたい》を運搬移築して建立された成菩提院の七間四面庇の九体阿弥陀堂がありました（『長秋記《ちょうしゅうき》』）。この建物跡は見つかっていませんが、復元図（図39）では白河天皇陵の北側に描いておきました。二つ目の塔は天永二年（一一一一）三月十一日建立の多宝塔（『殿暦』）で、三つ目は天永三年十二月十九日建立の多宝塔（『中右記』）がそれです。

鳥羽上皇は、生前より自らの墓所となる御塔（現在の安楽寺院陵）を東殿に建立し、永治元年（一一四一）に落飾《らくしょく》、保元元年（一一五六）七月二日に法皇は安楽寿院で崩御し、この御塔（三重塔）に葬られました（『百錬抄』『兵範記《へいはんき》』）。その

図 36　大規模な地業跡（1973 年、南西から）

図 37　地業跡東側の庭石群（1973 年、南から）

図 38　東殿跡で見つかった洲浜跡（1974 年、北西から）

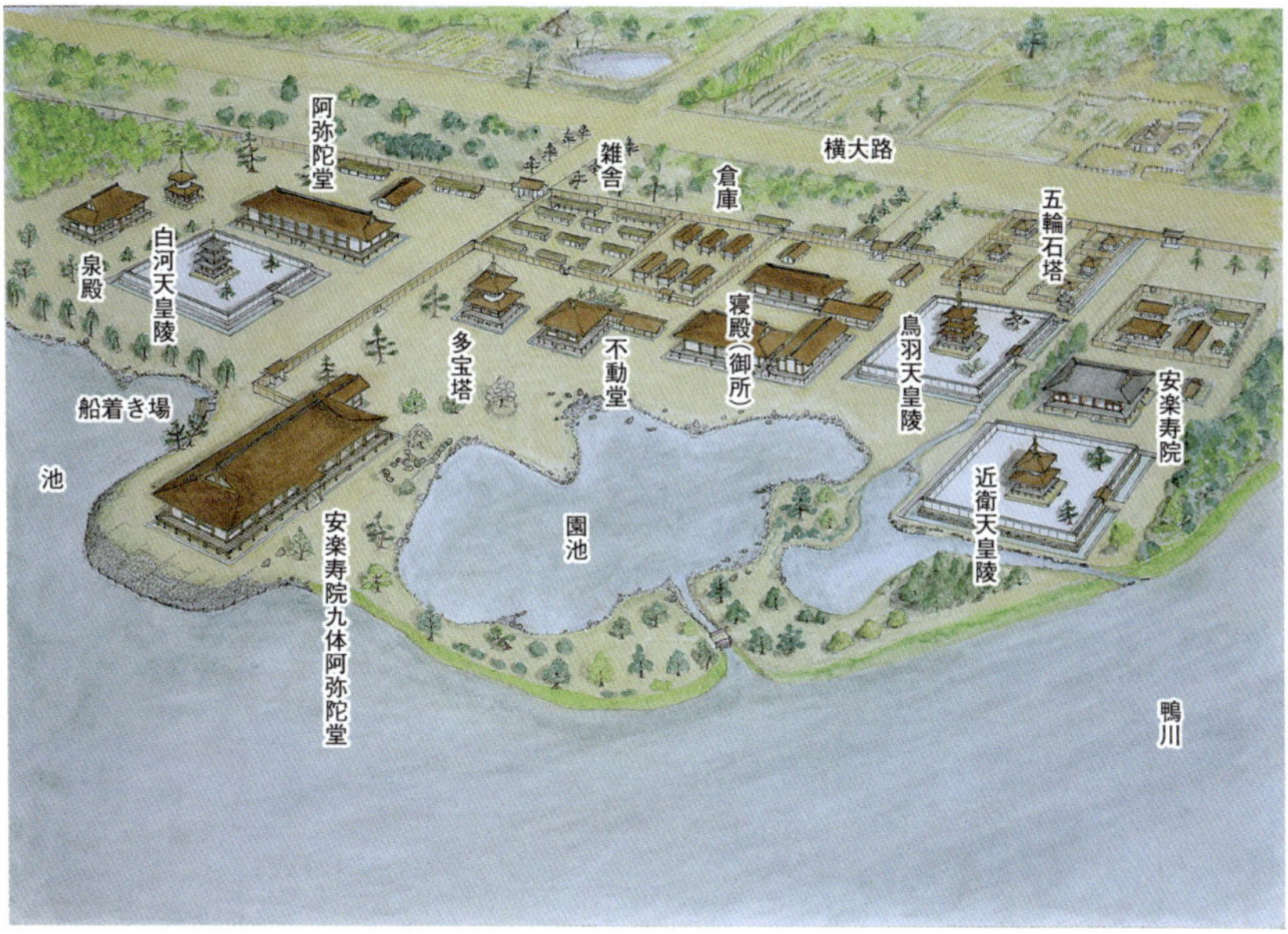

図39　鳥羽離宮の東殿付近の復元図（南東から）

ほか、鳥羽上皇は、菩提を弔うための安楽寿院を保延三年十月十五日に供養されており（『百錬抄』）、その南には、皇后で近衛天皇生母の美福門院得子《びふくもんいんとくし》のための墓所である新御塔を建立しています。しかし、この新御塔に埋葬されるはずであった美福門院は、この塔に葬られるのを拒否し、高野山に遺骨を納めるように遺言して永暦元年（一一六〇）に崩御。そのためこの新御塔は、先の久寿二年に一七歳で崩御した、子の近衛天皇の遺骨が納められることになりました。現在の近衛天皇安楽寿院南陵です。そのほか、東殿には『兵範記』久寿二年二月二十七日に不動明王堂（現在の北向山不動院か）が藤原忠実《ただざね》により供養されています。

安楽寿院西方の成菩提院跡には、周囲に濠を持たない一辺が三〇メートルほどの白河天皇陵が現存します。白河天皇は、「三大不如意」といって、賀茂川の水、双六の賽の目、山法師の三つが朕の意のままにならないものと例えられる専制的な院政を推し進めた天皇として知られます。

この御陵の周囲の開発にともなって発掘した結果[19]、東西五四メートル、南北五六メートルで幅八・五メートル、深さ一・六メートルの濠跡

図40　白河天皇陵北西の濠跡（北西から）（埋文研）

（図40）が見つかり、元々御陵には周囲に外濠が設けられていましたが、後年になって埋まってしまったことが判明しています。この濠跡内からは、鍍金された風招、天蓋《てんがい》の瓔珞《ようらく》、和琴《わごん》や仏像片、柿経《こけらきょう》など、鳥羽離宮の時代を物語るさまざまな遺物が出土しています。

金剛心院跡（京都市伏見区竹田小屋ノ内町）

金剛心院は、鳥羽上皇の発願により創建されたもので、『兵範記』や『本《ほん》朝文集《ちょうぶんしゅう》』によると、仁平三年（一一五三）四月二十一日に木作始事《こづくりはじめのこと》があり、その奉行を平信範《のぶのり》（『兵範記』の著者）が担当して翌四年八月九日に供養されました。場所は「馬場殿北樹北　田中南北六十丈、東西五十丈点定」と書かれ、馬場殿（現在の城南宮）と田中殿との間にあって、その規模は南北約一八〇メートル、東西約一五〇メートルで、主要な建物としては、釈迦堂と九体阿弥陀堂、寝殿などがあったことが史料からわかります。

金剛心院跡の発掘調査は埋文研が担当し、一九八二～八五年まで一八次にわたる発掘調査が実施され、立会調査も一九八三～九一年まで六回行われています。検出された主な遺構は、建物、池、築地、井戸、溝、土坑（図41）などで、瓦、土器のほか木製品や金属製品など豊富な遺物が出土し、それらは院政期の時代を知るうえで欠かせない一級史料として貴重なものです。それらの調査成果については、埋文研がまとめた『鳥羽離宮跡Ⅰ』[20]が出版（HPで閲覧可能）されていますので、参考にしてください。

検出された建物遺構は、三間四面（面は庇のこと）の釈迦堂、九間四面の九体阿弥陀堂を中心として、北方には寝殿、

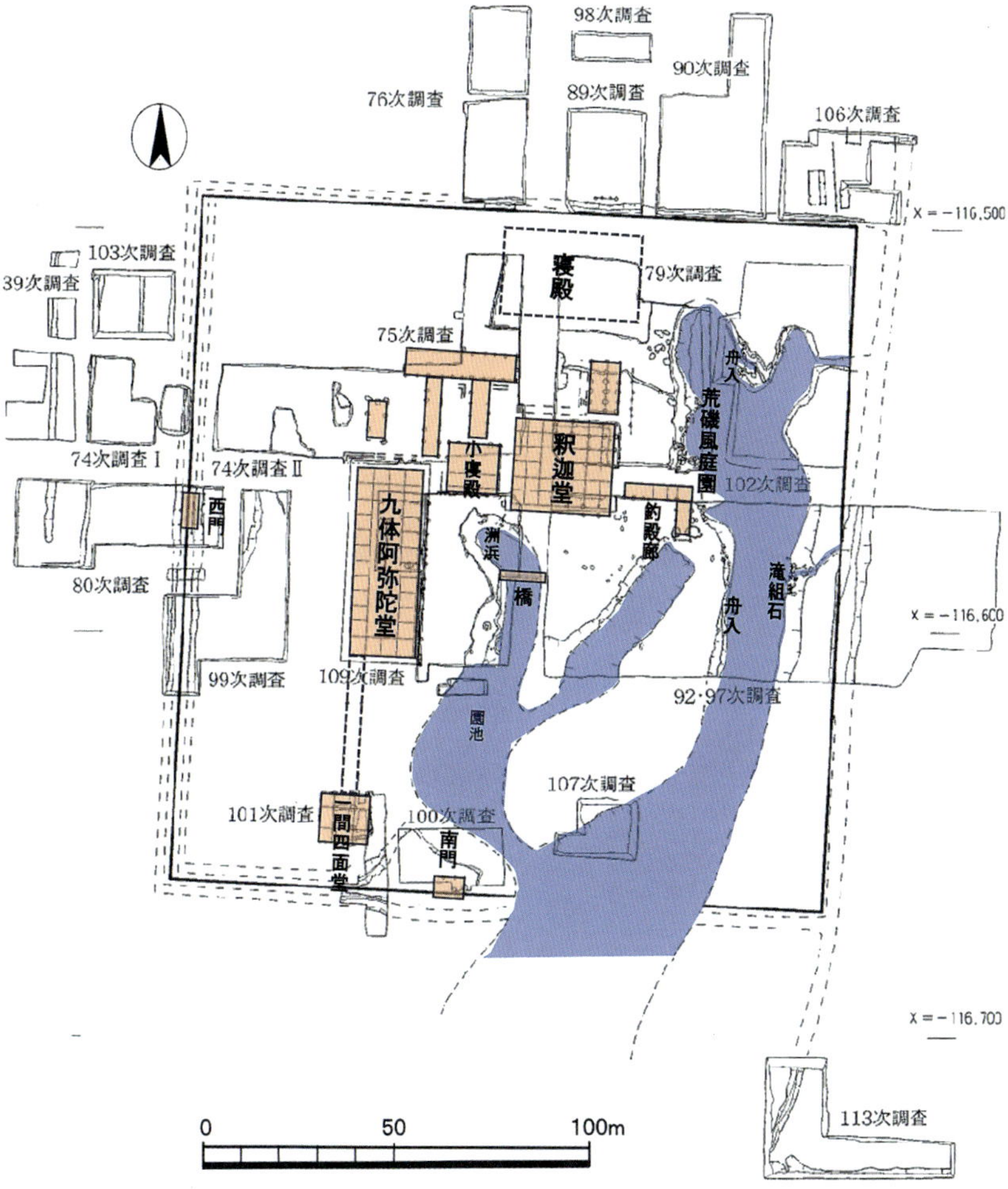

図41　金剛心院跡調査平面図（主な検出建物跡と園池跡）（註(20)より転載、一部加筆）

その寝殿と釈迦堂をつなぐための南北の二棟廊、釈迦堂と九体阿弥陀堂の間には小寝殿、釈迦堂の東には池へと延びる釣殿廊、阿弥陀堂から南へ続く長い廊の先には一間四面堂が設けられていました。そのほかの雑舎、周囲を取り囲む築地（南辺築地は池が入り込み不詳）などが検出されています。さらに池は、釈迦堂の東側（東池）、釈迦堂の南東部（中央池）、九体阿弥陀堂の東側（西池）の三ヵ所で検出され、池は枝状に南北に細長

図42　雨で水が溜まり荒磯風の庭園が出現（南西から）（埋文研）

く造作され、南で大きく開く形状をしています。東岸には滝組石を配し、湾曲した洲浜や荒磯風の石組み（図42）、橋梁、舟入などを各所に配置した浄土式庭園が存在していたことが明らかとなりました。

金剛心院の中央付近で検出された釈迦堂跡は、寝殿御所や舎屋十余宇を合わせて播磨守の源《みなもとの》顕親《あきちか》朝臣が寄進したもので、裳階《もこし》付き桁行七間、梁間六間規模（桁行二二・五メートル、梁間二一・四メートル）の南面する建物と判明、京都市上京区に現存する安貞元年（一二二七）上棟の千本釈迦堂（国宝大報恩寺本堂、桁行二三・二メートル、梁間一九・五三メートル）に近い規模を有しています。堂内には金色一丈六尺（約四・八メートル）の釈迦如来一体、八尺の普賢と文殊の菩薩像、五尺五寸の四天王像各一体が安置され、仏像の後壁に虚空会《こくうえ》・霊鷲山《りょうじゅせん》、四面の扉には、八相成道《はっそうじょうどう》など釈迦関係の図が描かれていことが史料からわかります。

釈迦堂の西南で検出された九体阿弥陀堂は、史料に瓦葺二階建ての九間四面堂舎一宇と書かれ、二階建てとあるのは裳階と考えられ、桁行九間、梁間四間の建物で、四周には庇を巡らせ、桁行一三間（四四・六メートル）、梁間六間（一六・六メートル）の東面する大規模（七四〇・三六平方メートル）な仏殿建築物です。京都府木津川市に唯一現存する国宝浄《じょう》瑠《る》璃《り》寺《じ》九体阿弥陀堂（桁行一一間で二五・二メートル、梁間四間で九・〇九メートル、面積約二三〇平方メートル）の実に三倍以上の規模を誇る建物でした。この九体阿弥陀堂は、備後守藤原家明《いえあき》が造営したもので、堂内には、金色一丈六尺（四・八メートル）の阿弥陀如来像九体が安置され、母屋柱には極楽曼荼羅の絵図があり、四面の扉には九品往生《くほんおうじょう》式《しき》が図絵されていました。この東向きの九体阿弥陀堂正面から東方を臨むと、手前の池には橋（反り橋か）が架かり、

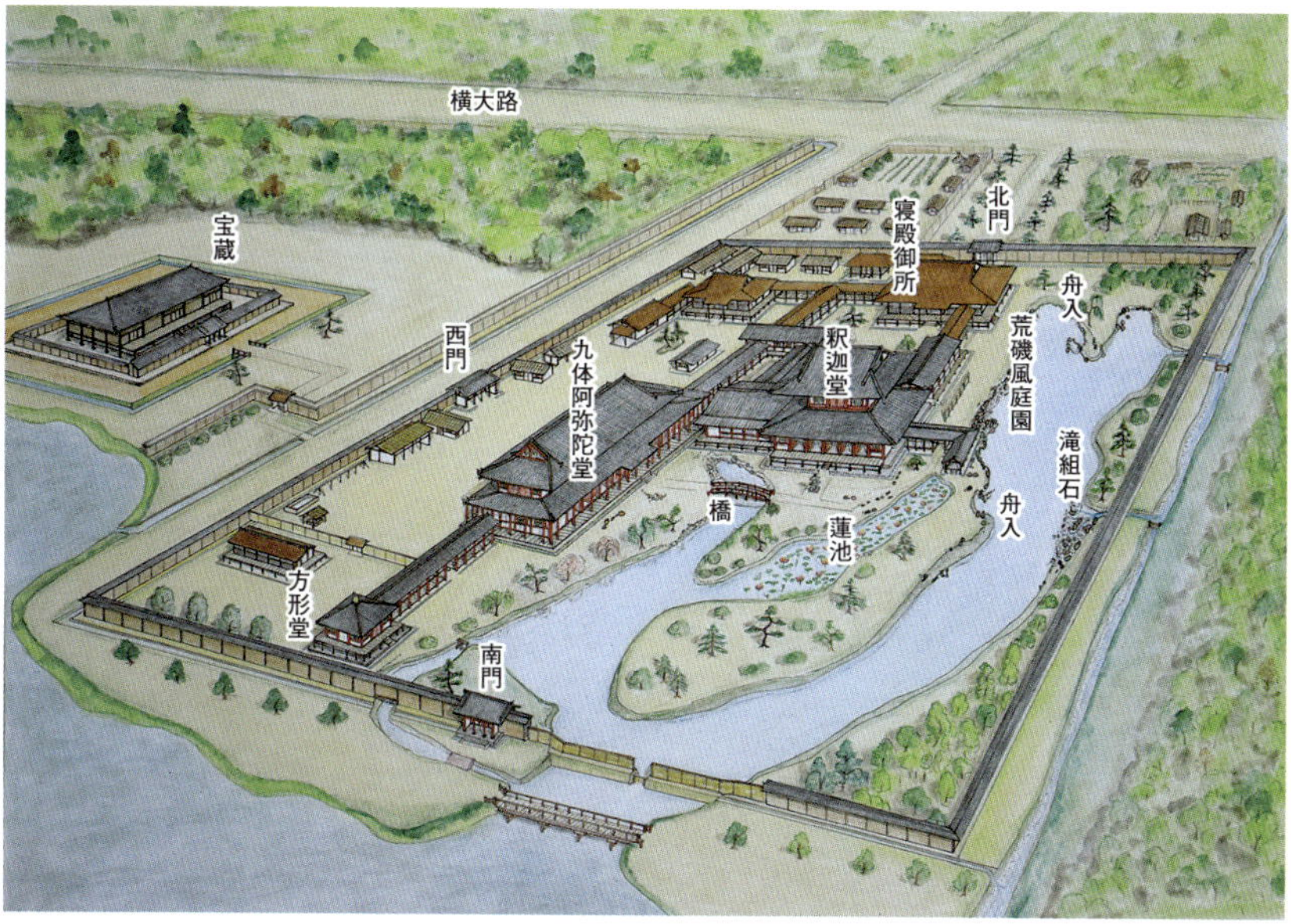

図43　金剛心院復元図（南東から）

さらに浅い池（蓮池か）を経て、釈迦堂東にある池の東岸に設けられた石組の滝が見えるように工夫されているとの見解が示されています（前田義明氏談）。

金剛心院跡からは、先述のとおり壮大なスケールの釈迦堂や九体阿弥陀堂のほか、北側には御所としての寝殿や小寝殿など多くの建物が検出され、それらと堂内を荘厳する仏像や絵画などは成功を願う受領など貴族たちの豊富な財力により築かれたものです。さらに、上皇の御願により現世に極楽浄土の世界を造り上げようとして、それに相応しい園池が建物周辺に作庭されています。池の汀《みぎわ》に複雑に組まれた荒磯風庭園石（図42）や、景石を配した洲浜、滝組石、船入りや船付場など、天皇家の御堂を荘厳するに相応しい浄土式庭園で、植栽は発掘調査では明確（花粉調査は行われていない）にできませんが、極楽浄土を髣髴とさせる世界が、そこに広がっていたことは確実で、発掘現場を訪れる毎にその技術力と造形美には驚かされることばかりでした。

さらに驚いたのは、先述の安楽寿院九体阿弥陀堂跡の地業と同様の地盤改良（図44）が、この金剛心院でも施工されていたことです。釈迦堂と阿弥陀堂の地盤はきわめて軟弱なため、池の中、あるいは池汀近くに掘り込んだ平坦な穴底に湧き出す水をかき出しながら（あるいは水位が低い時期に）作業を進めていったとみられます。底から川原石を丁寧に敷き並べ、その上部に石と粘土を版築状に交互に積み上げて石垣で外装した突堤状の堤を幾筋か構築し、堤と堤の間にできた溝を、同様に埋め立てて積み上げる工法で構築された地業が施工されていました。

鳥羽離宮は、鴨川下流で、桂川と合流する付近の低湿地にあるため、少し掘るとすぐに水が噴き出し、筆者も発掘調査では随分と水処理に苦労させられました。国家最高の権力者の御願とはいえ、建築するには最悪な土地を克服して建てるために創意工夫された土木技術であり、当時、作業に従事した人々の苦労が偲ばれる遺構でもあります。

院政期には、これと同様の地業跡が六勝寺跡や法金剛院旧境内、法住寺殿跡からも見つかっており、建築に向かな

図44　釈迦堂地業跡、底の石敷と土層断面（埋文研）
畔で残した部分の断面に礫と粘土で幾層にも積み上げられた構造がよくわかる。

図45　洲浜と景石、奥は九体阿弥陀堂跡（埋文研）

いような劣悪な土地を、当時の土木技術で克服した人々の知恵と工夫には驚かされます。

そのほか、金剛心院跡の西方からは、推定勝光明院宝蔵跡の一部が調査で検出[21]されています。見つかった宝蔵跡と推定される遺構は、周囲を素掘りの溝（幅一・五メートル、深さ一・一メートル）で囲み、河原石を二列にして並べた雨落溝を持つ南北棟の建物跡の東面部分が検出されました。雨落間の南北寸法は四三・五三メートルで、東西寸法は不明、雨落溝と外溝との間には、河原石を一段並べて段差が付けられていました。東面からは、桁行二間、梁間三間の門跡が検出され、元位置を保って造り出しのある凝灰岩の礎石が四ヵ所見つかっています。この建物の下からも、幅七・二メートル、高さ一メートル以上、川原石と粘土を交互に版築し、外側を石積にして突堤状に積み上げた地業跡が見つかっています。この勝光明院にあった宝蔵の跡とみられる建物は、『本朝世紀《ほんちょうせいき》』久安二年八月二十三日条に「法皇御覧、鳥羽勝光明院宝蔵所納宝物、即有被書目録事……」とあり、鳥羽法皇がこの宝蔵を調査して目録を編輯《へんしゅう》していると書かれ、この建物には貴重な文物が多数納められていたと推定されます。

以上の経緯の中で、金剛心院復元図（図43）を描いてみましたが、発掘調査で見つかった上皇発願の壮大な建物や庭園などを復元してキャンバスに表現することの難しさを改めて痛感させられました。

鳥羽離宮跡調査のまとめ

以上、ご紹介したものを含めて鳥羽離宮跡では、これまで数多くの発掘調査が実施され、南殿・北殿・田中殿・金剛心院・東殿など、当時の建物跡や園池跡、白河天皇陵の濠跡など多くの調査成果があり、さらに、出土遺物も、瓦類のほか土師器《はじき》、瓦器、灰釉陶器《かいゆうとうき》、土製品（土製円塔）、木製品（垂飾《すいしょく》、光背、台座片）、金属製品（飾金具など。図46）や石製品など多種多様なものが見つかり、文献史料からではわからない院政期の歴史や文化のほか、当時の人々の精神性などを含めてその実態を知るうえでも貴重な成果となっています。

これらの成果は、一九六三年から杉山信三氏が中心となって調査を指導し、現場担当の調査員や発掘作業に従事した多くの方々の大変な努力があってこそ明らかになったものです。その間、調査関係者たちが文献史料を精査し、発掘調査の成果と照合しながら地道に推考を重ね、離宮の推定場所を明らかにしつつ、調査を進めて来た成果でもあります。しかし、その調査のほとんどが開発にともなう事前調査によるもので、検出された多くの遺構は調査後、大半が工事により破壊あるいは埋没してしまいました。

一九五五年から一九七三年にかけては、日本の高度経済成長期と呼ばれ、第二次大戦後に日本経済が大きく発展した時代です。その昭和三十年代に、鳥羽離宮跡に交通の拠点である名神高速道路とインターチェンジが完成し、それ以後、区画整理事業による道路などのインフラが整備されるのにともなって、インターチェンジ周辺特有のホテル街の建設ラッシュが始まり、そのほか倉庫やマンション、住宅建設など、開発の波がこの地域に押し寄せ、まさに遺跡にとっては受難の時代だったのです。調査関係者は、次々と出てくる新たな建設計画に日々追われながら発掘調査を担当せざるをえず、鳥羽離宮跡を徹底的に調査したものの、遺構の保存が叶わず、それを受け入れざるをえなかった時代でもありました。

図 46　金剛心院出土の鴛鴦文飾金具（埋文研）

現在の離宮跡は、耕作地がずいぶんと減り、住宅などが増えたことにより開発が一段落しています。筆者は、開発の波が押し寄せた当初から、この遺跡をつぶさに見てきた一人ですが、区画整理がある程度進んだ段階で重要な遺跡が次々と発見される中で、ホテル建設計画などが次々と持ち上がり、その行政指導と発掘調査の対応に忙殺され、結果、遺跡の保存が後回しとなってしまった感はぬぐえません。

金剛心院跡では、保存を文化庁に訴え、現場は調査官にも視察していただきました。しかし、調査官からは、「せめて荒磯風庭園石の部分だけでも土地を買い上げできないか」との返事しか帰ってきませんでした。文化庁の買い上げ予算や、脆弱な京都市（京都府）の財政力の問題もありますが、開発業者側の立場からは、ホテル建設着工直前に、建設計画を頓挫させるような話に応じてくれるはずもなく、結果、この金剛心院跡を含めて鳥羽離宮跡の多くの遺跡は埋没あるいは破壊される運命を辿ってしまいました。

筆者が遺跡復元イラストを描くのは、言い方を変えると、永遠に消え去った遺跡の鎮魂のために描いているのかもしれないと、ふと考えることがあります。

図47　鳥羽天皇安楽寿院陵

図48　近衛天皇安楽寿院南陵

現在、鳥羽離宮を偲べるものは少ないですが、竹田駅の近くにある安楽寿院には、平安時代後期以後の多数の絵画や古文書など什宝類が伝えられています。境内には鳥羽（図47）・近衛（図48）両天皇陵のほか、本御塔には本尊阿弥陀如来座像（重文）が安置されています。また本御塔の前庭には、ご住職のご厚意で、鳥羽離宮跡の調査を長く担当した鈴木久男氏が指導し、離宮跡の発掘調査で検出された庭園石を使って元の形状に近い形で庭石を配置して庭園が復元してあり、離宮時代を偲ぶことができ、また境内は京都市の史跡に指定されています。

そのほか境内には、一九九七年に亡くなられた杉山氏の業績を称える目的で、氏が指導して描かれた鳥羽離宮復元図を陶板で制作した説明板（図49）を置かせてもらっています。また、境内には凝灰岩製の三尊石のほか、北側には鎌倉中期の弘安十年（一二八七）の銘を刻む、高さ三〇八センチの五輪石塔（重文）があり、離宮の時代を偲ぶことができます。鳥羽天皇陵の西側には、東殿にあった不動明王堂を引き継ぐ北向山《きたむきざん》不動院や、その西方には白河天皇陵（図50）があり、さらにその西方には、遺構の一部が地中に残る田中殿公園や馬場殿を踏襲する城南宮などがあります。

ほかにも、国道一号線の西側には、離宮の築山として築かれた秋の山のある鳥羽離宮跡公園や史跡鳥羽殿跡などがあり、鳥羽離宮に興味を持たれたら是非訪ねていただきたい場所です。

図49　安楽寿院の鳥羽離宮の案内板

図50　白河天皇成菩提院陵

鳥羽離宮の復元イラストについて

鳥羽離宮は、幅広い鴨川の流れを眼前にして、東山と西山が遙かに望まれる水郷の地、そんな風光明媚な場所に、天皇家の御願により受領たちが広大な土地に、壮大な仏殿建物や寝殿御所のほか多くの建物を建立し、さらに建物内部は仏像や荘厳具で飾り、それに合わせるように外部には洲浜や景石を設えた優雅な浄土式庭園が広がっていました。まさに極楽浄土をこの世に出現させ、さらに自らの墓所を築かせた、そんな世界が広がっていたのが先に書いた鳥羽離宮の風景です。本書に掲載している鳥羽離宮復元図（図34）は、二〇一六年に出版した図書[22]に掲載するために描いた図で、今回はそれをやや修正しながら、東殿・泉殿と金剛心院を追加して描き掲載しています。

鳥羽離宮復元図は、先に杉山氏の指導でプロのイラストレーターに描いてもらった復元図[23]（図49）があります。その図では、鳥羽離宮の庭園の池と鴨川が仕切りなく描かれてあり、増水で鴨川の水位が上昇すると、離宮の庭や建物が水没することになるため、それを変更して鴨川の流路と鳥羽離宮の池を分けて描きました。

東殿・泉殿の図（図39）は、南東上空からの鳥瞰図として描いています。南を流れる鴨川から取水、洲浜や景石を配した広大な園池に面して鳥羽・近衛天皇の御陵が設けられ、その背後に安楽寿院と寝殿御所があり、不動堂の南には、池に人工的に突き出させた岬状の土地に安楽寿院九体阿弥陀堂が建ち、その西側には成菩提院にあった白河天皇陵や阿弥陀堂、多宝塔を描いています。

金剛心院の図（図43）は、南辺が調査でも不明確で、庭の池の水位を一定に保つためには、池の南に堤が必要と考えて描き加えています。築地は、北面と西面は瓦葺と判明していますが、東・南は不明です。しかし、これだけ見事な仏殿と御所、さらに壮大な浄土式庭園の借景となる築地塀は瓦葺が相応しいと考えて瓦葺で描いています。また、金剛心院の西側で見つかっている北殿の勝光明院の経（宝）蔵は、発掘調査でもそれと考えられる遺構が先述のとおり確認されており、経蔵には、空海《くうかい》直筆の『灌頂歴名《かんじょうれきみょう》』（国宝。現、神護寺蔵）ほか、貴重な什宝物が多数納められていたとされます。実際にはもう少し西方に位置するのですが、ここでは敢えて近くに描いています。

筆者は、金剛心院跡発掘調査現場には、調査の度に訪れ、検出されるさまざまな遺構を見る度に、それまで自身で想像していた鳥羽離宮の世界観と比べて、それをはるかに超える風景が存在していることに驚くとともに、建物や庭

年　　号	西暦	主　な　記　事	出　　典
久寿元年8月9日	1154	鳥羽金剛心院供養	兵範記、百錬抄
久寿2年2月27日	1155	安楽寿院の不動明王堂を供養する	兵範記、百錬抄
保元元年7月2日	1156	鳥羽法皇、安楽寿院にて崩御	百錬抄、兵範記
保元元年7月	1156	保元の乱	
平治元年12月	1159	平治の乱	
応保元年正月7日	1161	北殿焼亡	園太暦
仁安元年11月6日	1166	北殿新造	兵範記
嘉応2年8月8日	1170	大風により、鳥羽殿の北楼門が倒れる	百錬抄
治承3年6月28日	1179	後白河上皇、修理後の鳥羽南殿に渡御	玉葉
治承3年11月20日	1179	後白河法皇、鳥羽殿に幽閉	山槐記
建仁元年4月19日	1201	後鳥羽上皇、鳥羽南殿修理後初めて行幸	猪隈関白記
承久3年5月	1221	承久の乱	
承久3年7月13日	1221	後鳥羽上皇、鳥羽より隠岐国に配流	吾妻鏡
安貞元年3月30日	1227	鳥羽堤を築き、鳥羽を修理	明月記
仁治3年7月1日	1242	鳥羽勝光明院、焼亡	百錬抄
建長2年7月27日	1250	後嵯峨上皇、鳥羽北殿に移る	百錬抄
天正13年11月21日	1585	豊臣秀吉、安楽寿院に五百石の寺領を与える	安楽寿院文書

(『鳥羽離宮跡Ⅰ—金剛心院跡の調査—　京都市埋蔵文化財研究所調査報告第20冊』〈京都市埋蔵文化財研究所、2002年〉をもとに作成)

園を描くことについて、自身の表現力の乏しさを改めて痛感させられたというのが本心です。これは二〇一〇年に法勝寺八角九重塔跡の発掘調査現場で、検出された塔の大規模な地業跡を見て、それまで想像して描いてきた塔の風景とはまったく違う規模に圧倒され、復元イラストを描くことに自信を無くしたときと同じ気持ちでした。

この復元イラストを描くために、調査を担当された長宗繁一氏や前田義明氏からさまざまな意見や情報を提供していただきましたが、白河天皇や鳥羽天皇が目指した極楽浄土の世界を髣髴させる世界を上手く表現できるか迷い、復元図は何回も描き直しましたが、いずれも自身で納得のいく作図は叶いませんでした。

表2　鳥羽離宮関係年表

年　　号	西暦	主 な 記 事	出　　典
応徳3年10月20日	1086	白河天皇、洛南鳥羽に鳥羽殿の造営、都移りのごとし	扶桑略記
寛治元年2月5日	1087	白河上皇初めて鳥羽離宮へ行幸	中右記、百錬抄
寛治4年4月15日	1090	鳥羽殿馬場で競馬	中右記
嘉保2年8月28日	1095	白河上皇、鳥羽殿において前栽合わせ	中右記、古今著聞集
永長元年6月3日	1096	白河上皇、鳥羽殿以南伏見以北を院領とする	中右記
承徳2年4月2日	1098	閑院の舎屋を鳥羽殿に移す	中右記
承徳2年10月26日	1098	北御所（北殿）の造営が成り、白河上皇が移る	中右記、百錬抄
康和3年3月29日	1101	白河法皇、鳥羽御堂（証金剛院）を供養する	百錬抄、殿暦
康和4年3月18日	1102	白河法皇、五十賀	中右記
長治2年5月14日	1105	鴨川、桂川が氾濫し、鳥羽殿が浸水する	中右記
天仁元年3月23日	1108	三重小塔、供養	中右記
天仁元年6月3日	1108	白河法皇、東殿で塔の場所を見学	中右記
天仁2年8月18日	1109	白河法皇、鳥羽御塔を供養する	殿暦
天永2年3月11日	1111	白河法皇、鳥羽殿御塔を供養する	中右記
天永3年12月19日	1112	白河法皇、鳥羽東御所で多宝塔を供養する（合わせて3基）	中右記
永久元年8月21日	1113	大風雨で鳥羽殿の築垣が崩れる	殿暦
大治5年12月26日	1130	鳥羽泉殿、寝殿を建てる	長秋記
天承元年7月8日	1131	泉殿内に九体阿弥陀堂（成菩提院、元の三条殿西対）の供養	長秋記、百錬抄
天承元年7月9日	1131	白河法皇の遺骨を香隆寺から鳥羽殿三重塔に移す	百錬抄
長承3年4月19日	1134	鳥羽御堂（勝光明院）の上棟が行われる	中右記
保延元年7月8日	1135	鳥羽御堂（勝光明院）の造園に着手	長秋記
保延2年3月23日	1136	鳥羽御堂（勝光明院）の落慶供養、宇治平等院を写す	中右記、本朝続文粋
保延3年10月15日	1137	鳥羽上皇、鳥羽東殿御堂安楽寿院を供養	百錬抄
保延5年2月22日	1139	鳥羽上皇、鳥羽東殿の三重塔を供養	百錬抄
保延6年12月12日	1140	鳥羽上皇、鳥羽殿内に炎魔天堂を供養	百錬抄
久安元年12月17日	1145	鳥羽法皇、鳥羽東御所（安楽寿院）に移る	台記
久安3年8月11日	1147	安楽寿院の南に九体阿弥陀堂を供養	百錬抄
仁平2年3月7日	1152	鳥羽法皇、五十賀	兵範記
仁平3年10月18日	1153	鳥羽新御堂（金剛心院）が上棟	兵範記
久寿元年7月29日	1154	鳥羽新御堂（金剛心院）御所造営成り、鳥羽法皇が移る	兵範記、台記

5　法金剛院と平安京

平安京西限の西京極大路に接する現在の右京区花園には、院政期に鳥羽天皇中宮で院号を待賢門院と呼ばれた藤原璋子により法金剛院が建立され、境内地は縮小されながらも現存することから、この法金剛院についても少しふれておきたいと思います。

法金剛院

法金剛院は、双ヶ岡（名勝雙ヶ岡）の南東にある五位山《ごいさん》を囲み、東西約二町（約二五〇メートル）、南北約三町（約三八〇メートル）の規模を有し、璋子は晩年をこの寺院（別業）で過ごしています。ここは元々、天長七年（八三〇）頃に、小倉王《おぐらおう》の五男で右大臣であった清原夏野《きよはらのなつの》が山荘を構えた場所で、『続日本後紀《しょくにほんこうき》』承和元年（八三四）四月条に「先太上天皇降臨、右大臣清原真人夏野双岡山庄、愛賞水木」とあり、嵯峨上皇が夏野の山荘に行幸して水や木を鑑賞されたとの記述があります。そのほか、仁明《にんみょう》天皇も山荘に行幸し、『続日本後紀』承和十四年十月十九日条によると、仁明帝は北背後にある小高い山（内山）に登って景色を眺め、良き景勝から五位の位（五位山）を授けています。

山荘は夏野の死後、土地にちなんで双丘寺《そうきゅうじ》に改められ、さらに、天安年間には天安寺《てんあんじ》とも称したようです。天安二年（八五八）十月七日に崩御した文徳《もんとく》天皇の追福《ついふく》のため、文徳天皇田邑陵《たむらりょう》の辺りで三昧を修するにあたって、『日本三代実録』天安二年十月十七日条には、「陵辺修三昧、沙弥廿口、令住双丘寺、元是右大臣清原真人夏野之山庄、今所謂天安寺也」とあり夏野の山荘で法要が行われたことが書かれています。翌貞観元年（八五九）八月二十一日には「皇太后屈、六十僧於双丘寺、限五箇日、講法華経、為田邑（文徳）天皇、修周忌之斎也、群臣百僚皆悉参会」とあり、母の皇太后藤原順子《のぶこ》により、双丘寺において僧六〇人により五日を限って法華経を講じ、群臣百僚皆が悉く参会したとあり、一定規模の寺院であったことがわかります。

　この寺はやがて衰退したらしく、大治五年（一一三〇）になって、藤原璋子がこの寺を再興し、五位山法金剛院に改めました。『中右記』大治五年十月二十九日条に、「此亭本是昔天安寺旧跡云々」と記述され、法金剛院が天安寺跡を引き継いだものであることがわかるとともに、夏野の山荘以降の長い経過の中で、従来の施設を継承しながら再利用して寺が順次経営されていった様子がうかがえます。

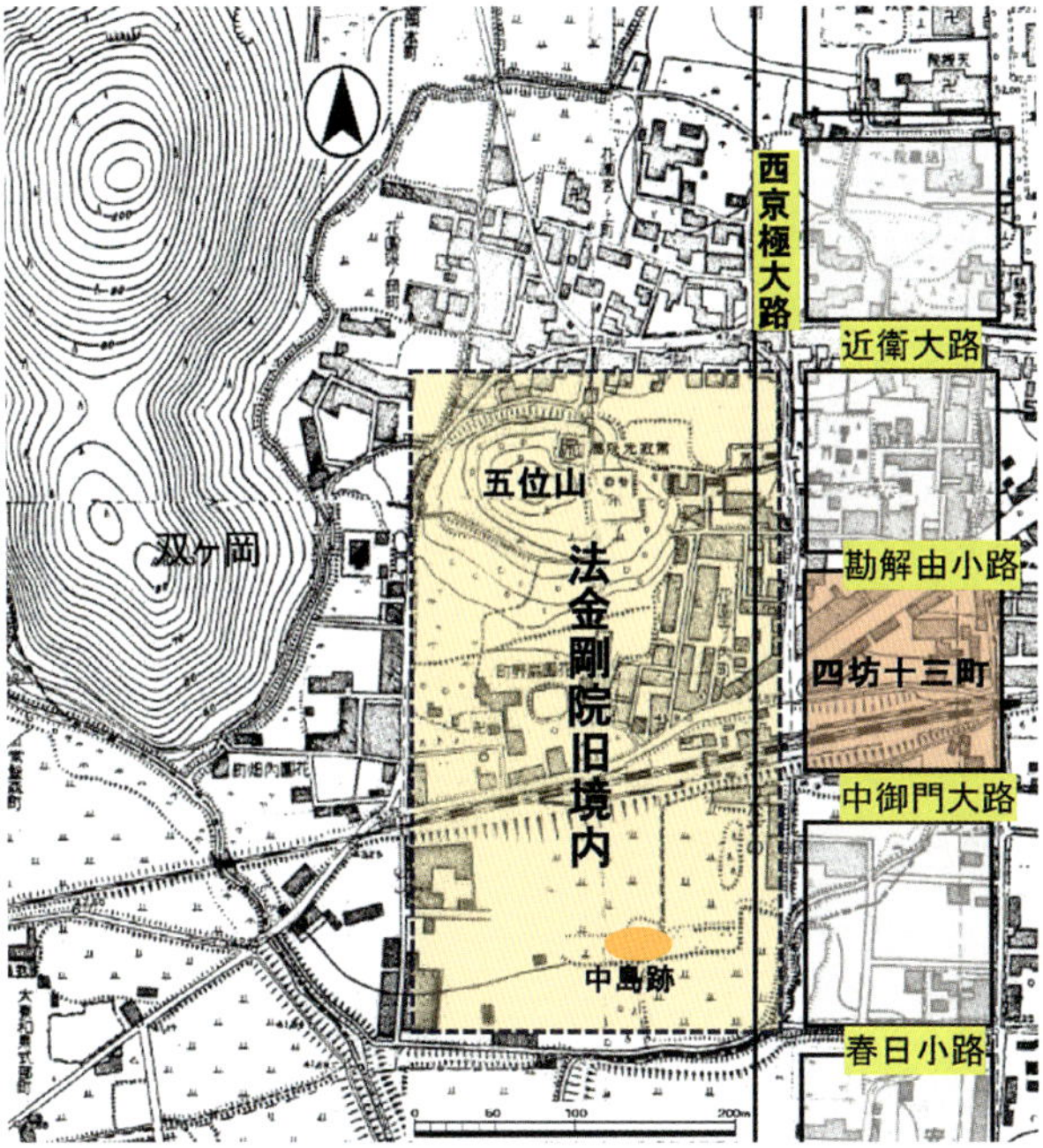

図 51　法金剛院と平安京右京との関係図（大正 11 年〈1922〉の 1：3000 都市計画図に加筆）

　法金剛院にあった建物などについては、『中右記』大治五年十月二十九日の条に「……掘大池、西作御堂、大門西面、池東作御所、御門東面、造営之体、大略一町、宅過差美麗也」とあり、『長秋記』にも北廊などの建物の記述があります。そのほか、『中右記』『百錬抄』などの史料から、大治五年以降、長承四年（一一三五）に北斗堂《ほくとどう》と東新御所、保延二年（一一三六）に西御堂の南に三重塔と経蔵が建立されたことがわかります。保延三年、同四年にはこの院で競馬が行われ、保延五年の三月には南御堂、十一月に三昧堂が完成して伽藍が整えられていきました。

　御願者である藤原璋子は、正二位、権大納言の藤原公実《きんざね》の娘で、七歳のときに実父を失っていま

図 52　法金剛院東門跡の地業跡（埋文研）

す。その後、彼女は白河法皇と寵姫《ちょうひ》の祇園女御《ぎおんのにょうご》に養育され、永久六年（一一一八）に鳥羽天皇に入内し、中宮として鳥羽天皇との間に五男二女を儲け、保元の乱で相争った実子の崇徳上皇・後白河天皇の生母でもありました。また、鴨東の白河の地（現在の岡崎公園）に、大治三年に建立された六勝寺の一寺院である円勝寺は、璋子の御願寺で、六勝寺唯一の女院により建立された寺です。

大治四年、璋子の養父で後ろ盾であった白河院が崩御してからは、鳥羽院から疎外される身となり、鳥羽院は泰子《たいし》（高陽院《かやのいん》）を皇后に立て、また美福門院藤原得子《とくし》を寵愛し、得子所生の体仁親王《なりひとしんのう》（後の近衛天皇）を立太子させています。さらに、鳥羽院は璋子の子である崇徳天皇に譲位を迫り、体仁を即位させるなど、璋子は失意のうちに康治元年（一一四二）に法金剛院で落飾して待賢門院と称し、三年後の久安元年（一一四五）に兄の藤原実行《さねゆき》の三条高倉第にて崩御、法金剛院に埋葬（境内北背後には鳥羽天皇皇后藤原璋子花園西陵がある）されました。

待賢門院（璋子）崩御後、法金剛院は、実子である覚性法親王《かくしょうほっしんのう》に譲られますが、保元三年（一一五八）には娘の統子《とうし》（上西門院《じょうさいもんいん》）の御所となっていたらしく、上西門院が方違《かたたがえ》するのは法金剛院の修理のためかとする記事（『山槐記』保元三年七月廿日条）があります。仁安三年（一一六八）には後白河上皇の御幸があり、承安元年（一一七一）には上西門院が東御堂を建立し、後白河法皇と建春門院《けんしゅんもんいん》（平滋子《しげこ》）の御幸《ごこう》がありました。その後、治承五年（一一八一）に法金剛院御所が火事という記事があるほか、文治五年（一一八九）に上西門院が崩じ、法金剛院に葬送（境内の東側には花園東陵がある）

されたとありますが、それ以降は、法金剛院を皇族が使用する記事はみえなくなります。

JR花園駅のすぐ西北にある法金剛院境内は、「法金剛院青女の滝、附五位山」として、一万八〇〇〇平方メートル《メートル》以上が特別名勝に指定され、また国宝の定朝《じょうちょう》様式の木造阿弥陀如来坐像など多くの什宝を今に伝えています。

法金剛院の調査

法金剛院の境内には、先述のとおり、池を中心に広大な浄土式庭園が広がり、阿弥陀如来坐像を安置する西御堂や、南には南御堂（九体丈六堂）、東方には東御所の寝殿などの建物が建ち並んでいました。この法金剛院境内では、一九六八年（昭和四十三）と翌年に法金剛院境内を東西に横切る丸太町通り新設事業にともなって発掘調査が行われ、平安時代末期の浄土式庭園の遺構が検出され復元されています。[24] また、一九九五年（平成七）から翌年まで、埋文研により、JR山陰本線連続立体交差化事業および花園駅周辺の整備事業にともなって、右京一条四坊から西京極大路、法金剛院にかけての発掘調査が行われています。

法金剛院旧境内跡では、三重塔跡や御所跡のほか園池跡、門の地業跡と思われる痕跡が発見され、一九九六年には、法金剛院の東御門跡、東御所の建物跡、中門廊跡、遣水《やりみず》跡などが検出され、また寺域が西京極大路側に張り出して占地されていることが判明しました。これは西京極大路の西限は不確かながら、西築地（法金剛院東築地）と西側溝が検出された位置は、推定地より東側の地点で、さらに、その南側で検出された建物地業跡は門跡（図52）と考えられ、その位置などからも、西京極大路が、『延喜式』記載の幅一〇丈（築地間距離三〇メートル《メートル》）より約半分に狭められ、法金剛院の寺域が西京極大路側へ張り出した形で占地していたことが明らかとなり、法金剛院旧境内の様相を知る重要な手掛りが得られています。[25]

二〇〇四年六月～八月に行われた、法金剛院東の西京極大路を隔てた右京一条四坊十三町跡（図51）の調査では、平安時代後期から鎌倉時代にかけての池の護岸が約二二メートルにわたって検出され、一町規模の南半に園池を有する邸宅が存在することが明らかとなっています。この十三町に関連する文献史料は不明ですが、藤原璋子によって建立された法金剛院の東御所の推定地とも考えられています。これに関して『中右記』長承四年三月二十七日条に「還御法金剛院、又院女院御同車渡御東新御所、反閇陰陽助宗憲」とあり、北斗堂供養の後に鳥羽上皇と待賢門院璋子が、周防守藤原憲方《のりかた》が二年をかけて造営した「東新御所」に渡ったという記述に相当するものと推定されています。(26)

　この調査では、十一世紀末期から十二世紀初頭に宇多川旧流路を改修し、埋め立てて土地が整備され、法金剛院造営にともなって一町の南半部を占める園池が造られたことが明らかとなり、宇多川が現在の位置に改修されたと考えられています。

　そのほか、ＪＲ花園駅の南側には、法金剛院の寺域が長承三年に、南の春日小路まで境内が拡張された際に築かれた築山（中島？）と考えられる東西五三メートル、南北二〇メートル、高さ三メートルほどの小高い丘状の地形が墓地として現存しており、駅周辺には境内の旧地形が残されていることが判明しています。

6　法住寺殿跡

東山区東大路通七条南西一帯

法住《ほうじゅう》寺《じ》殿《どの》は、平安京東郊外の東山西麓、鴨川を東へ渡った七条大路末に、十二世紀中頃に営まれた後白河上皇（一一二七〜九二）の院御所で、七条殿、東山御所などとも呼ばれ、現在の七条通りに面した京都国立博物館から南方の蓮華王院（三十三間堂）付近一帯にありました。(27) 広大な敷地には、新熊野《いまくまの》社《しゃ》、新日吉《いまひえ》社、西御所、七条上・下御所のほか、後白河上皇の勅で平清盛が長寛二年（一一六四）に建立した三十三間堂（蓮華王院本堂で現存建物は焼失後の文永三年（一二六六）再建）がありました。上皇と女御で高倉天皇生母の平滋子（建春門院）もここに移り住まいしました。

この場所には、それ以前の十世紀末に藤原為光《ためみつ》が創建した法住寺があり、その後は子息たちに伝領されましたが、長元五年（一〇三二）十二月八日の火災で焼失してしまいます。法住寺焼亡から一世紀余り後、この場所に後白河上皇が院御所として法住寺殿を造営し、多くの建物が建立されました。これが法住寺殿の始まりで、上皇は永暦二年（一一六一）四月十三日に初めて移徙《いし》し、上皇の女御である平滋子もここに同居しました。この院御所の近くには、滋子の御願で建立された最勝光院《さいしょうこういん》もあって、付近一帯は、ここより北方にあった京における平氏の本拠地の六波羅《ろくはら》（六原）とともに、平家一門の栄華を物語るところでもありました（図53）。

上皇の院御所であった法住寺殿（南殿）跡は、まだ遺構は見つかっていませんが、大きな法住寺池に面して豪壮な院御所が建立されていたと考えられ、また、池の西岸に造営された滋子御願の最勝光院には、平等院鳳凰堂をまねた壮麗な御堂が建立されていました。

法住寺殿は、平清盛没後の寿永二年（一一八三）十一月十九日に、木曽義仲《きそよしなか》の軍勢による襲撃（法住寺合戦）を受けて焼失し、後白河上皇は幽閉されてしまいます。その後は、源頼朝《みなもとのよりとも》の命を受けた弟の源義経《よしつね》軍により平家が滅亡し、焼失した法住寺殿の院御所も鎌倉幕府により再建されて、後白河上皇は還御しますが、その後すぐに病に倒れ、建久三年（一一九二）三月十三日に六条殿において六六歳で崩御しています。

この法住寺殿跡付近では、これまで多くの場所で埋蔵文化財の調査[28]が行われていますが、その中でとくに記憶に残っているのが、一九七八年（昭和五十三）に、三十三間堂東側のパークホテル（現在のハイアットリージェンシーホテル）建設前に行われた古代学協会による発掘調査[29]です。調査現場からは、約三メートル×三・三メートルの墓穴とみられる遺構が検出され、その内側からは副葬品として五領におよぶ甲冑《かっちゅう》や鍬形《くわがた》、馬具などの武具類が多く見つかりました。

この遺構は、武将の墓（土坑）ではないかと推定されるもので、底に筵《むしろ》を敷き、その上に甲冑を広げて裏返しにして

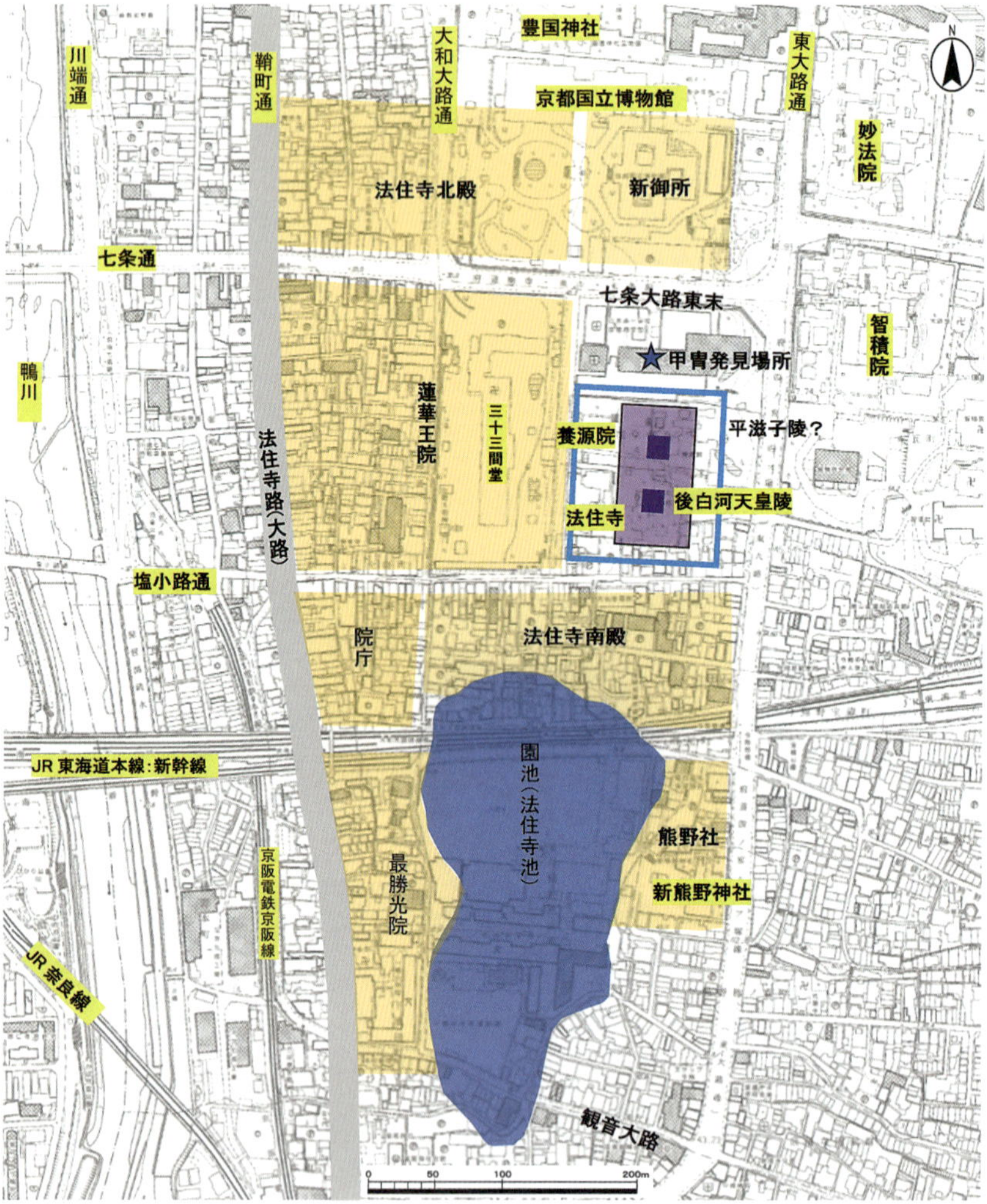

図 53　法住寺殿の推定復元位置図

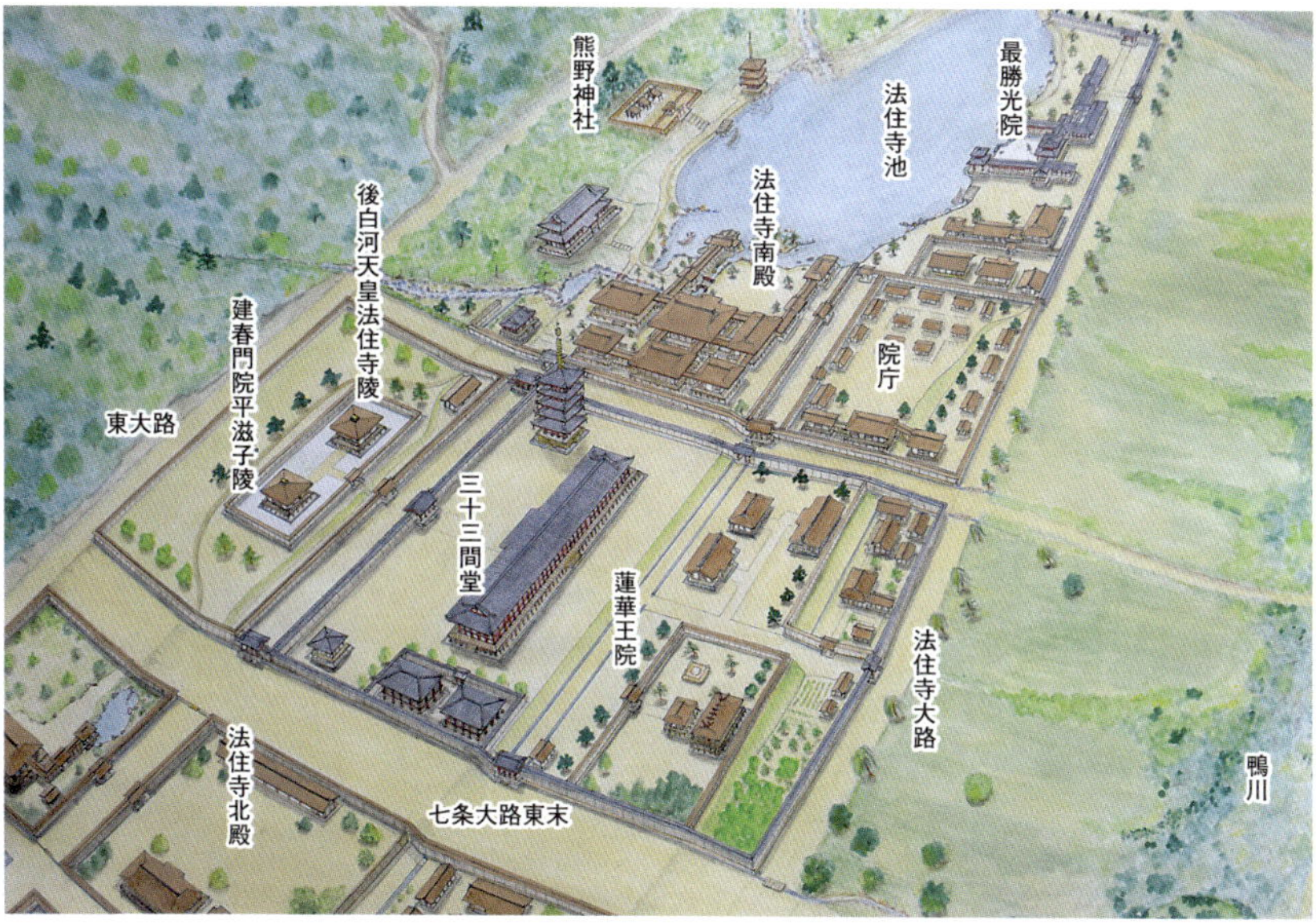

図 54　法住寺殿想像復元図（北西から）

並べ、死者を入れた木棺を置くという他に類例を見ないものでした。時代は平安時代末期か鎌倉時代初期と推定され、この墓のすぐ南には後白河天皇法住寺陵があり、場所は不明ながら上皇が寵愛した女御の平滋子の陵も近くにあると推定される場所であることなどから、死しても上皇らを守護する目的で埋葬された武将の墓ではないかともいわれています。

この発掘調査を担当した調査員の方が、墓坑内に残る複雑な兜の錣《しころ》や小札《こざね》など、漆製品の検出と掃除のため、屋外で地に伏せながら緻密な細かい作業に従事している様子を見て、考古学とは実に根気のいる仕事であるとつくづくと感じ入ってしまいました。

現在、この付近には三十三間堂のほか、後白河天皇陵と御陵を守るために建立された法住寺くらいしか当時を伝える遺構は残っていませんが、かつての蓮華王院には五重塔や宝蔵などがありました。

掲載した想像復元図（図54）は、平安京から東へ延びる七条大路が鴨川を越えて東山へと突き当たり、その北と南に、院御所ほかの多くの建物が建立されている様子を想像して描いたものです。そこには蓮華王院本堂（三十三間堂）や五重塔、宝蔵などがあり、その南には上皇の住まいたる法住寺南殿のほか、その南に広がる法住寺池の西岸には、平滋子御願の最勝光院が見えている様子を描いています。

7 醍醐栢杜遺跡

史跡醍醐寺境内（飛地）、京都市伏見区醍醐柏森町

次に、筆者が一九七三年（昭和四十八）に担当者の一人として発掘調査を行った栢杜遺跡についてご紹介します。この遺跡は、平安時代後期から鎌倉時代にかけての別業兼寺院跡で、興味ある調査成果が含まれるため、少し詳しくご紹介します。

この遺跡[30]は、京都市の南東部（図55）、醍醐山（標高四五一メートル）西麓の谷間、標高五〇メートル付近に位置し、ここから西方には、平安京から見て東方に横たわる東山連山の南端部から、南西の旧巨椋池《おぐらいけ》方面を東から眺めることのできる景勝の地にあります。この寺は、真言宗醍醐派総本山醍醐寺のかつての子院跡で、現在の醍醐寺の南方約一キロにある一言寺《いちごんじ》（醍醐寺の子院）の南に隣接した場所にあります。

最初は大蔵卿堂《おおくらきょうどう》と呼ばれた源師行《もろゆき》（?～一一七二）の別業兼寺院で、鎌倉時代に醍醐寺の歴史を記した『醍醐寺雑事記《だいごじぞうじき》』に、久寿二年（一一五五）頃、大蔵卿堂と呼ばれる八角二階の建物と九体丈六堂および三重塔があり、大蔵卿正四位上の源師行が建立したと書かれています。さらに同年六月二十一日には、大蔵卿（師行）の栢杜堂《かやもり》（現在の地名は柏森町）で供養したことも書かれています。

〔醍醐寺雑記巻第五〕

一大蔵卿堂八角二階

九体丈六堂　三重塔一基　各檜皮葺
本仏阿弥陀丈六像
願主大蔵卿正四位上源朝臣師行之建立也、敷地者三宝院領也
〔醍醐寺雑記巻第七、第八裏書〕

久寿二年具注暦
六月小建　廿一日丁酉火満
「大蔵卿栢杜堂供養御導師　讃衆廿口」

そのほか、醍醐寺の僧で、鎌倉時代に東大寺を再興した俊乗坊重源《しゅんじょうぼうちょうげん》（一一二一～一二〇六）が著わした『南無阿弥陀《なむあみだ》仏作善集《ぶっさぜんしゅう》』には、重源が醍醐の栢杜堂に九体阿弥陀堂を建立し金色の三尺立像を安置したことが記録されています。(31)

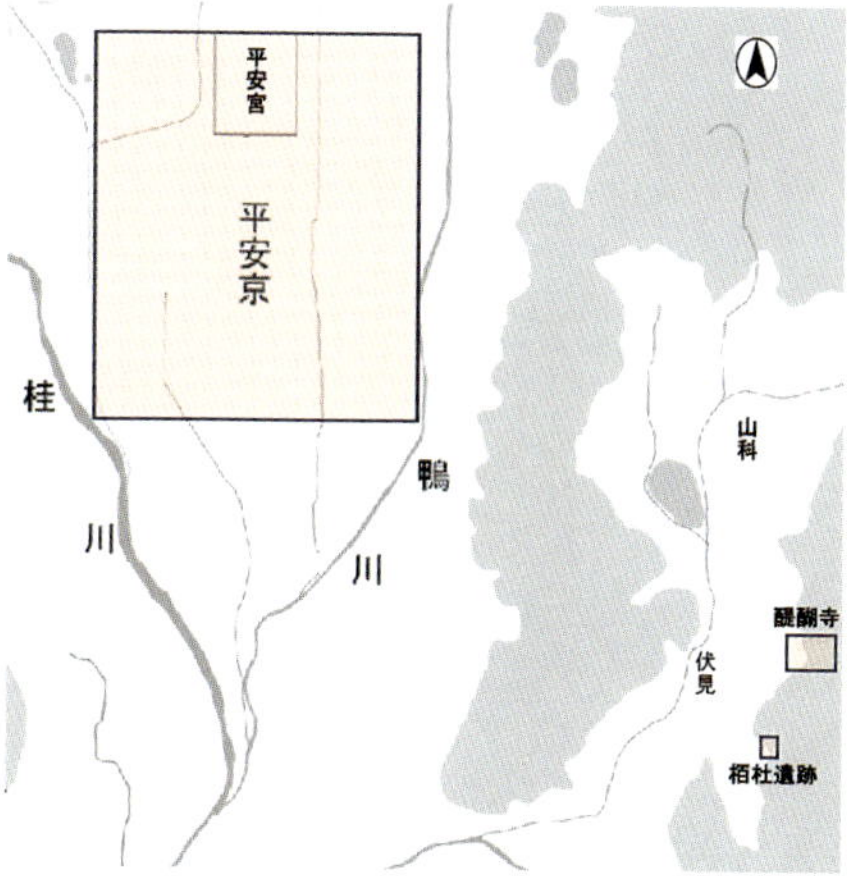

図55　平安京と醍醐寺、栢杜遺跡の位置図

〔南無阿弥陀仏作善集〕
下酉酉栢杜堂一宇幷九体丈六
奉安置皆金色三尺立像一々
上醍醐経蔵一宇奉納唐本一切経一部
＊酉酉は醍醐寺の略字

源師行の父である源師時《もろとき》（一〇七七～一一三六）は、村上源氏の嫡流左大臣源俊房《としふさ》（子の勝覚《しょうかく》は醍醐寺座主）の子（次男）で、鳥羽離宮の北殿にあった勝光明院を造営（師時の日記『長秋記』）したことでも知られています。その子である師行は、永元元年（一一一八）に山城守に任ぜられ、美福門院（鳥羽天皇皇后で近衛天皇生母の藤原得子）の従兄弟にあたることから、鳥羽法皇の信任を得て院司となり、康治元年（一一四二）に正四

位下長門守に任ぜられました。久安二年（一一四六）には高松殿の成功により正四位上に叙され、長門守《ながとのかみ》に重任を許されています。久安五年には、美福門院の別当と大蔵卿に任じられ、支度大蔵卿《したくおおくらきょう》とも称されますが、ほどなくして出家して醍醐寺に隠棲し、久寿二年頃に下醍醐寺に栢杜堂を建立しています。

一方の重源は、俊乗坊と号して醍醐寺で出家した僧で、治承四年（一一八〇）の平重衡《しげひら》による南都焼き討ちで焼失した東大寺再興のために、大勧進職となって復興を果たしたことで知られ、僧でありながら優れた建築家でもありました。重源は、自ら「入唐三度聖人」と称して中国（南宋）に三度渡海し、わが国に伝えたとされる独特の建築様式「大《だい》仏様《ぶつよう》」（天竺様とも）の技術を活かし、東大寺大仏殿や南大門などの再建を果たしています。そのほか、建久八年（一一九七）に播磨国に建立され、現存する浄土寺浄土堂（国宝、兵庫県小野市）など、多くの堂宇建設などにも携わり、自らの著作『南無阿弥陀仏作善集』にその事跡を書き残しています。

鎌倉時代の建築様式として知られる大仏様は、柱に直接穴を空けて桁や梁材を差し込む工法で、巨大な木造建造物の建立を可能とし、また屋根の下に大きく空間（化粧屋根裏）を取れるなどの利点があり、独特の建築部材（挿し肘木や、斗の下に皿状の台を付ける皿斗《さらと》ほか）を使用するため、このような建築部材が見つかれば大仏様の建築物とすぐにわかるものです。奈良市の東大寺を訪れる機会があれば、是非とも重源建立の国宝南大門の天井を下から見上げてみてください。その技術力が偲ばれます。

発掘調査とその成果

この寺は後述しますが、東背後からの山津波により埋没して廃絶したものと推定され、近年まで寺があった場所は不明のままとなっていました。その場所で、たまたま窯跡を探していた山科区在住の陶芸家が、ここを訪れたときに古瓦が散布しているのを発見し、その情報を受け『京都市遺跡地図』には、古瓦散布地として登録されていました。

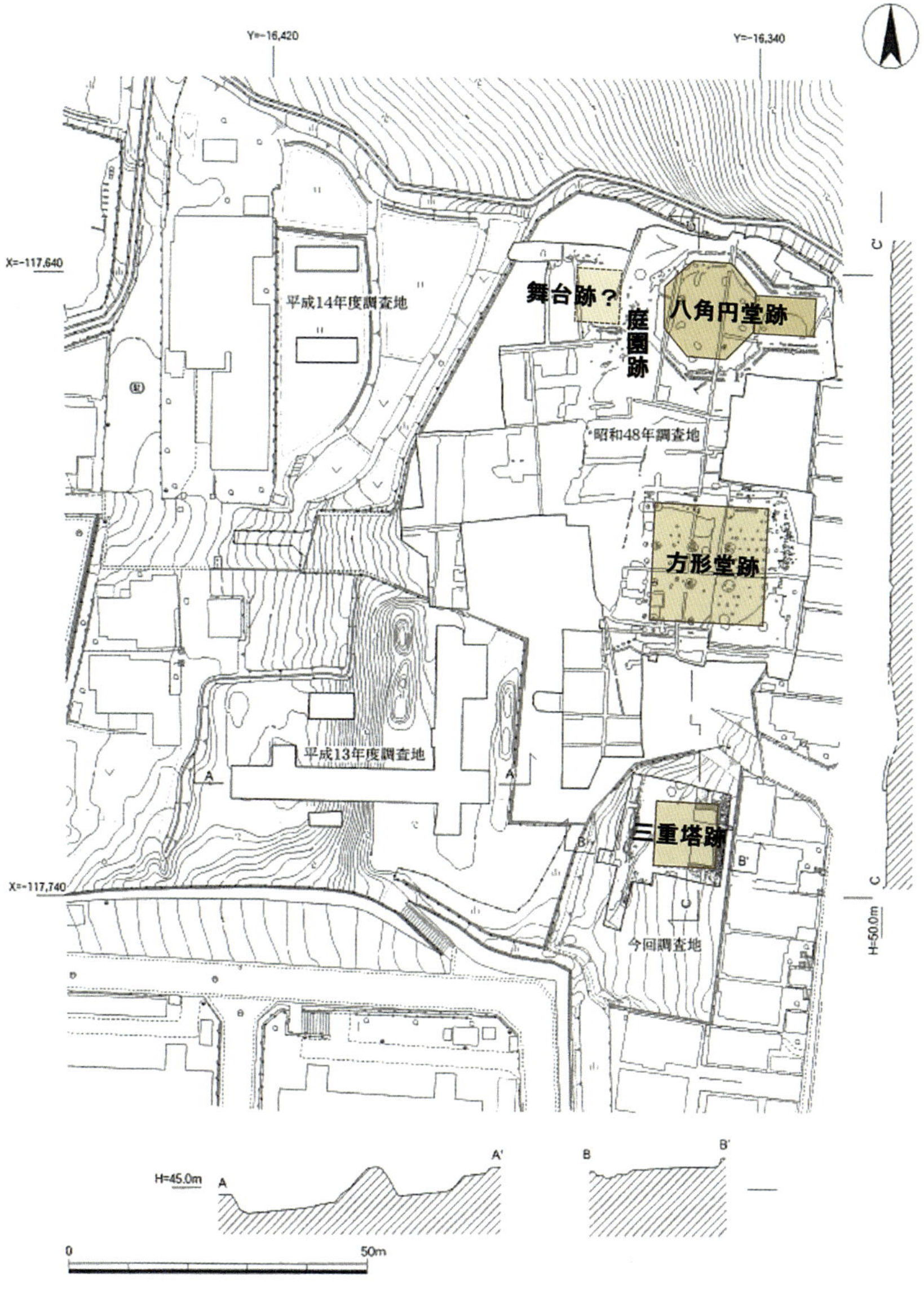

図 56　栢杜遺跡調査平面図（京都市文化財保護課提供、一部加工して掲載）

図57　1973年に撮影した遺跡全景写真（西から）

一九七〇年代に入って、この土地を含む付近一帯がデベロッパーによる宅地の造成計画地となったことから、六勝寺研究会（木村捷三郎代表）による事前の予備調査を経て、一九七三年七月から翌年三月まで、鳥羽離宮跡調査研究所（杉山信三所長）により発掘調査[32]が行われました。調査の陣頭指揮は杉山所長が執り、筆者はこのとき京都市役所の文化財保護課に就職する前で、同研究所の調査員としてこの遺跡の発掘調査を担当することになりました。

発掘調査では、敷地の北側から一辺が約九メートルもある大規模な八角円堂跡（以下「八角円堂」と呼ぶ）が見つかり（図58・59）、さらに、この建物の南側からは一辺一八メートルを超す方三間建物跡（九体丈六堂）が検出（図66・67）されました。

八角円堂跡

調査地の北側で見つかった八角円堂跡は、史料に書かれた大蔵卿堂八角二階と一致します。平面八角形の建物は、奈良県の法隆寺東院伽藍にある国宝夢殿や栄山寺《えいさんじ》の国宝八角堂のほか、京都市では太秦《うずまさ》にある広隆寺《こうりゅうじ》の国宝桂宮院《けいきゅういん》本堂《ほんどう》などが現存し、広く知られていますが、この八角円堂は史料上では二階建てとされ、東側に方形建物が取り付き、眺望のよい西側には、せせらぎや滝を意識した庭園が設けられるなど、他に例を見ない構造の建築物（図58・59・60）でした。

さらに、庭園（図61）から西へ低くなる斜面上には、南側の雨落溝（北側はやや残りが悪い）が西へ続くことから、ここには小規模な懸崖造《けんがいづくり》というべき簡易な舞台風の建物が存在していた可能性があります。庭園には、北側を流れる谷川から八角円堂北西の雨落溝沿いを通って水を引き込み、西側で幅約五・五メートルのせせらぎを髣髴させる石敷きから、段差

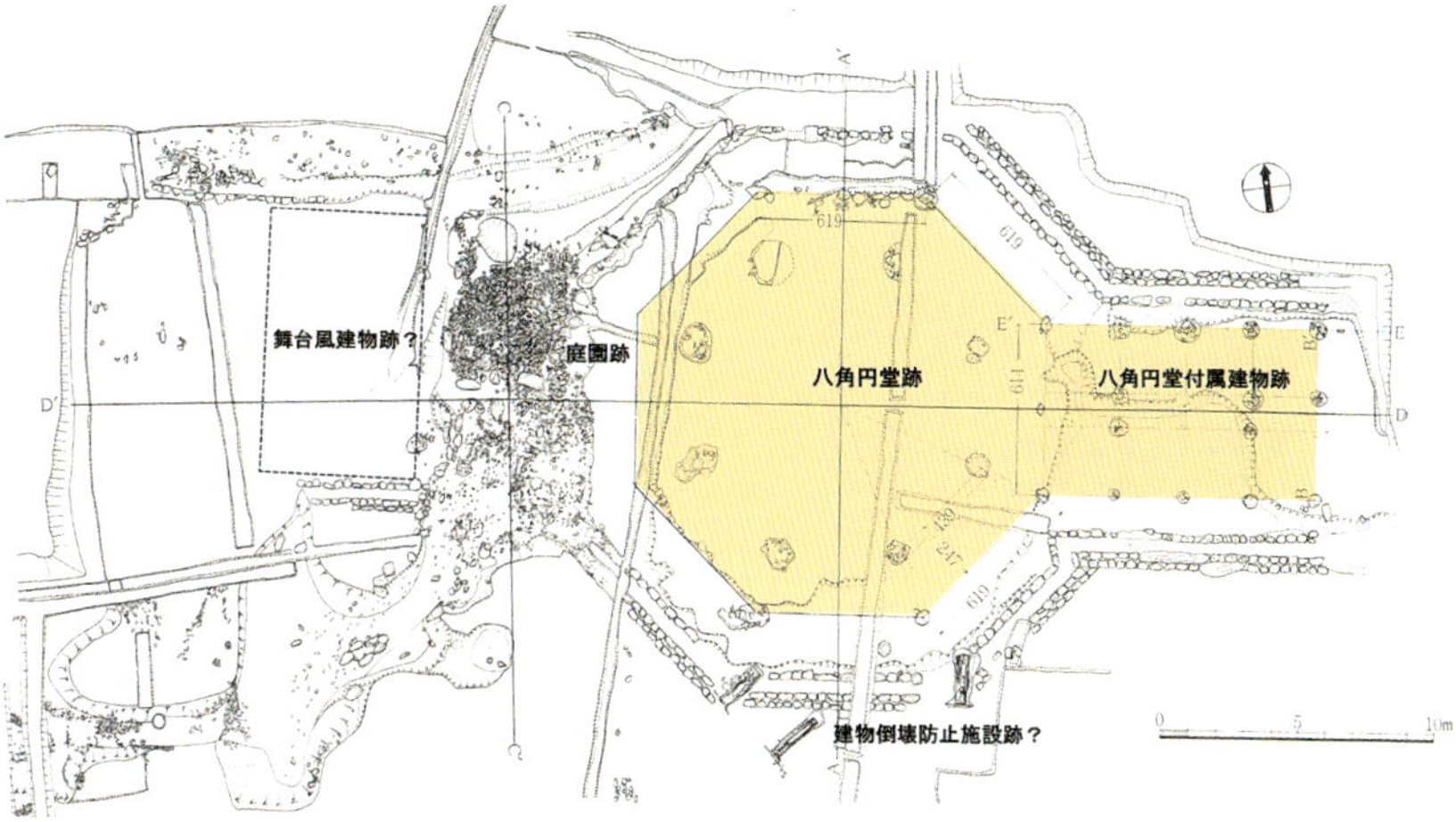

図 58　八角円堂跡実測図（註(32)より転載）

図 59　調査中の八角円堂跡（南から）
人と比べてその大きさがよくわかる。

図 60　八角円堂跡と庭園跡（北西から）

の低い双滝《そうだき》を流れ落ち、小さな中島を経て池へとつながっており、小規模ながら貴族好みのきわめて味のある庭園が設けられていました。

建物の基壇は、付属建物を含めて中央が亀腹状に盛り上がり、周囲は、内側一列、外側二列の自然石を丁寧に並べた雨落溝が設けられていました。雨落溝は付属建物の東側では検出していませんが、北と南側は良好に残り、八角円堂部分では、南東辺・西辺と南西辺の半分、北東辺が良好に残り、庭に接する西辺は水田の段差部分で削平を受けて残りはよくありませんでした。八角円堂の北辺は、谷川の影響か残り

図 61　庭園跡（北から）

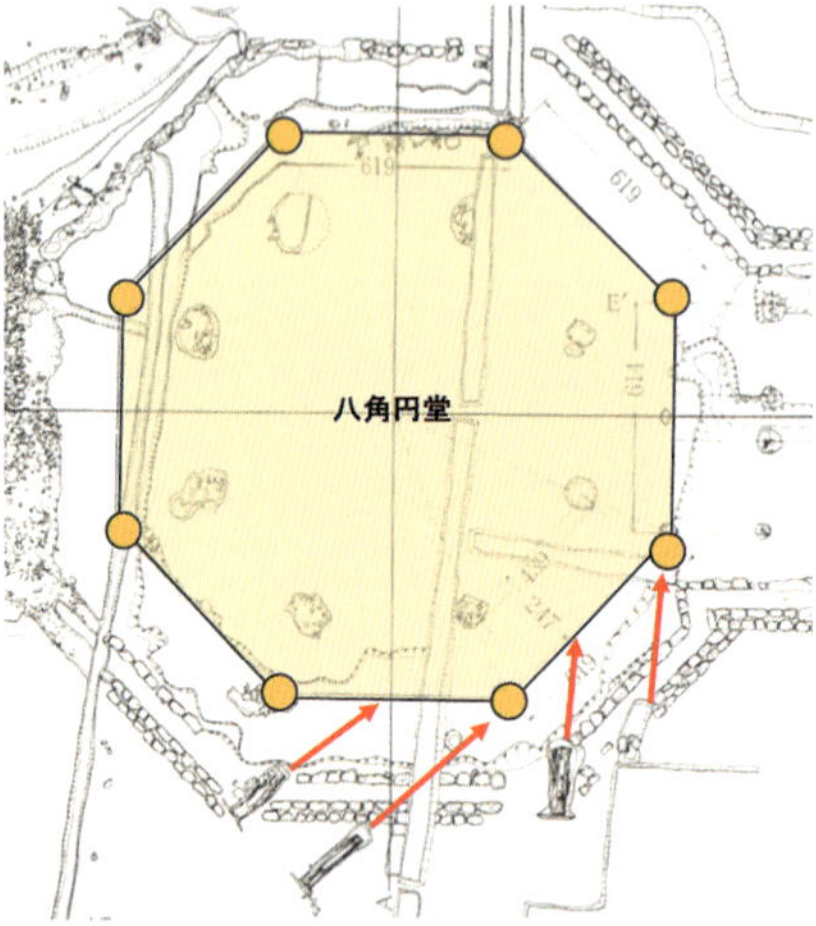

図 62　4ヵ所の倒壊防止の支柱が支えた方向想定図

図 63　取り上げた加工木材

図 64　倒壊防止の遺構

が悪く、北西辺は西側の庭への遺水部分と雨落溝が兼用であったのか、石の抜き取り跡のみで石列は見つかりませんでした。また、史料に屋根は檜皮葺と書かれていますが、雨落溝からは大量の平安時代後期の瓦と檜皮などの建築部材が混ざって出土し、大屋根か初層屋根（あるいは裳階）には瓦が葺かれていた可能性のあることが判明しました。

　八角円堂の東に取り付く建物跡からは、元位置を動いていない四個の礎石が見つかり、他の柱抜き取り穴から桁行四間、梁間三間で、梁間中央の柱間が極端に狭く、床貼りの建物であった可能性があります。八角円堂は土間とみられますが定かでなく、外側柱は残る礎石から規模の復元は可能ですが、内陣の柱の位置は

図65　八角円堂の倒壊防止工事の様子を想像した図

礎石が見つからないため不明確で、一段高い亀腹状基壇の上に礎石が置かれていた可能性があります。

この八角円堂の南側の雨落溝からは、雨落の一部を壊して四ヵ所（図62）の長方形の穴が見つかりました。穴の中には長方形の材木（長さ一・八メートル、幅〇・四メートル、高さ〇・二メートル、図63）が埋められていることから、この穴は、当初は棺桶を埋めた遺構かと考えましたが、よく観察すると埋められていた材木の中央には幅〇・一五メートルの溝（枘穴《ほぞあな》）が繰り抜かれ（図64）、中にクサビ状の木片が何点か残存していました。さらに、この材木を埋めた四ヵ所の穴は、八角円堂の南と南東の柱の延長部分に設けられ、埋められた材木の円堂と反対側には、材木にかかる力を受けるために横板を埋めて二本の杭と石で支える構造となっていました。

この遺構は、八角円堂が後世になって地震か山津波の影響で、上方から見て時計回りにねじれて倒れかけたため、それを支えようと、軒下からこの材木の穴まで支え棒を据え、楔を打って固定する仕組みで（図62）、建物倒壊防止のために工夫された大変珍しい構造物（図64・65）であることが判明しました。時期は不明ですが、室町期頃と推定されています。

図66　方形堂跡（北東から）

方形堂跡（九体阿弥陀堂）

八角円堂の南約一七メートル付近から見つかったこの建物跡（図66）は、時期は不明ですが東側にある谷川が氾濫したことによる影響で、西側に押し倒されて埋没したと考えられます。建物跡の西半は、後世の水田化により削平を受けて遺構の残りは悪く、東半は流されてきた土砂で埋まり、水田化された時点では一メートルほど高い段差となっていたことから、遺構や遺物は土砂でパック状態が保たれたため良好に残っていました。

建物跡（図67）は、一辺一八・二七メートルの方三間堂で、全部で一六個あった礎石の内、東辺の礎石三個が元位置を保ったままで検出され、床束柱《つかばしら》を受ける小さな礎石も多数見つかりました。また周囲からは東と北側の縁束柱を受ける礎石も九石が元位置で見つかり、周囲には縁側が取り付くことも判明し、建物の規模や構造を正確に知ることができました。結果、この身舎の柱を受ける礎石間距離は、通常では一〇尺（三メートル）前後であるのに対して、約二〇尺（六・〇九メートル）ときわめて長いことが判明しました。今となっては恥ずかしい話ですが、残りの良くない建物西半では、調査当初から建物の礎石抜き取り穴を検出していたにもかかわらず、柱間寸法が余りにも長いため建物跡とは認識できず、後日、東側で元位置に据わる礎石が見つかったことで、当初見つけていた穴が礎石抜き取り穴であることがわかるという初歩的なミスを犯していました。

この方形堂跡の発掘調査で一番驚いたのは、山側の建物東側から、瓦や檜皮などに交じって沢山の建築部材が出土（図69）したことです。これは、先述のとおり水田の床土下の土中で、湿気が保たれ残ったものと考えられます。この場所の発掘調査中に、著名な建築史家である福山敏男先生がたまたま現場を見学に来られ、偶然にも目の前で建築部材の一つである皿斗が出土（図70）したのを見て、「その建築部材は、明らかに大仏様の建築である証拠ですよ」と興奮ぎみに大喜びされていたことを思い出します。

結果、この建物跡は柱間寸法が六メートルを超え、出土した斗《ます》や肘木《ひじき》などの斗栱《ときょう》、瓦座《かわざ》、木鼻《きばな》などさまざまな建築部材の特徴から、大仏様の建築物であることが明らかとなりました。さらに建物跡を実測した結果、重源が建久八年に建立し、兵庫県小野市に現存する浄土寺浄土堂[33]（図71）とほぼ同じプランで建てられていることが判明し、『南無阿弥陀仏作善集』に記載された栢杜堂に九体阿弥陀仏を安置した堂を建立したという記録と一致しました。これらの記録から、検出した方形堂跡は、鎌倉時代に重源が建立した九体阿弥陀堂の跡であることは確実ですが、重源による大仏様の建

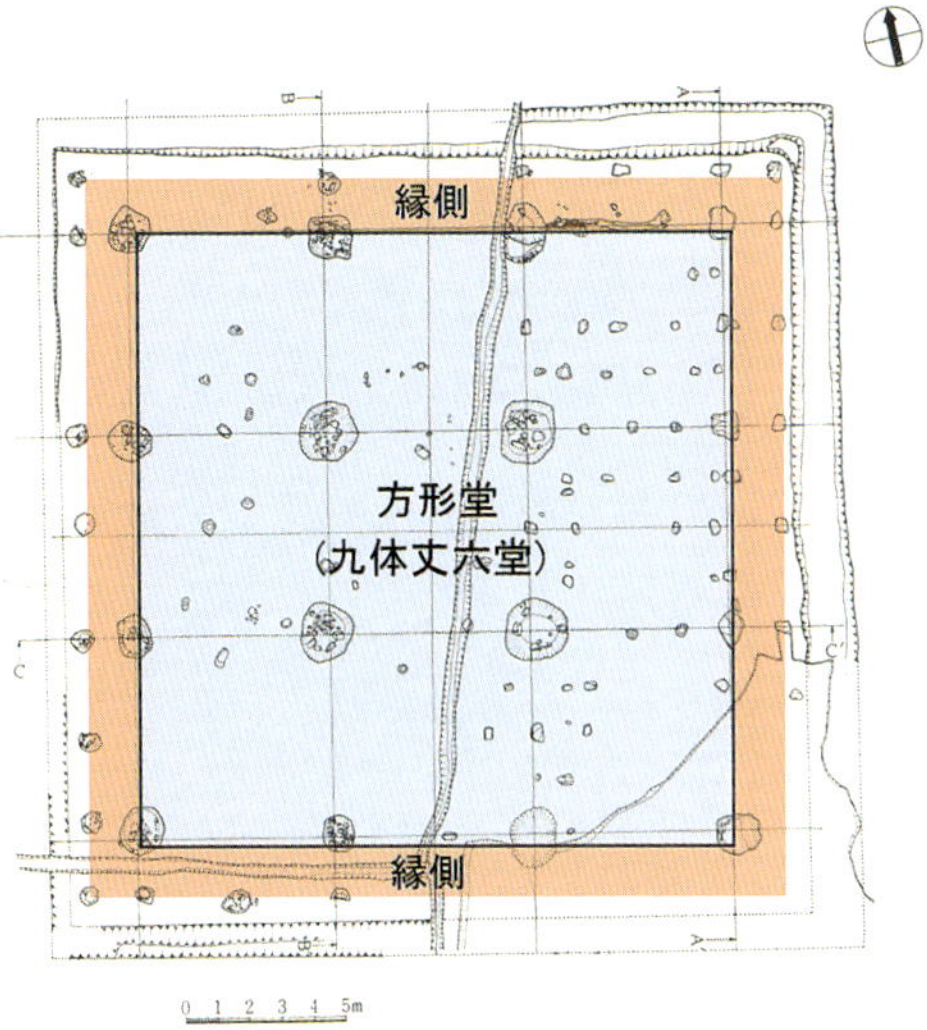

図67　方形堂跡（九体阿弥陀堂）実測図
方三間に縁側が巡る建物。

図68　手前の八角円堂側から南の方形堂を見る

図69　方形堂東側から建築部材が大量に出土

立時期は、大仏様が導入されたとされる文治元年（一一八五）の東大寺大仏殿開眼供養以後と考えられています。ところが、それより三〇年ほど前の記録『醍醐寺雑事記』に、久寿二年頃に、大蔵卿堂と呼ばれる八角二階の建物と九体丈六堂および三重塔があったと書かれてあり、この九体丈六堂は、重源の大仏様が導入される時代より以前ということになります。これは、史料の誤記か、あるいは当初に別の九体阿弥陀堂が存在し、それを重源が建て替えたのかなど判然としませんが、将来史跡公園として整備されるときの再調査時に解明できればと考えています。

三重塔跡の発見と復元イラスト

一九七四年までの発掘調査では、史料に書かれた八角円堂跡と方形堂跡が見つかりましたが、三重塔跡だけが見つ

図70　腐らずに出土した肘木と斗

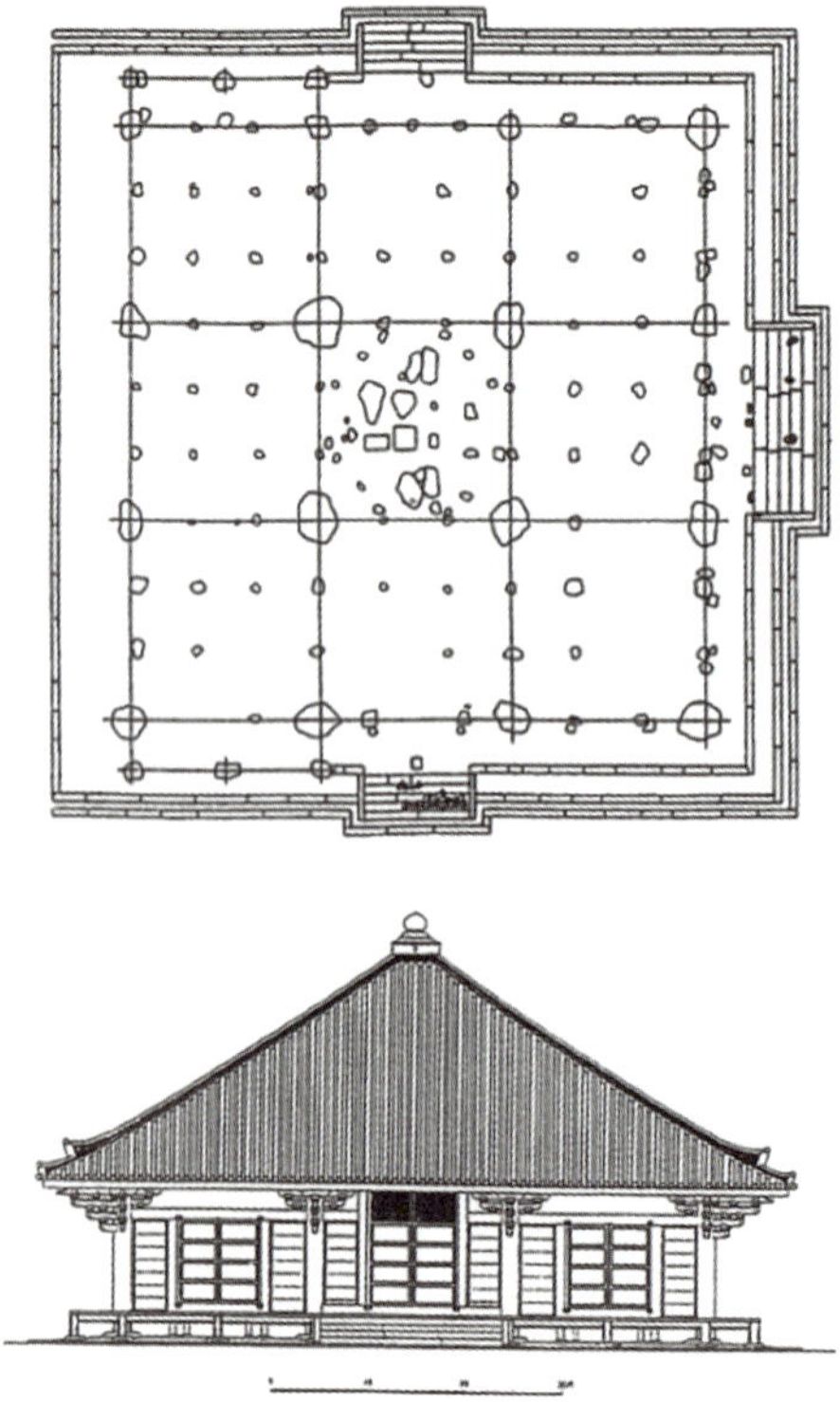

図71　浄土寺浄土堂の平面図と立面図（正面）
（『国宝浄土寺浄土堂修理工事報告書』〈1959年〉より転載）

からないまま、検出遺構を埋め戻して一時的に保存し、調査を終了せざるをえませんでした。そのような経緯の中で、栢杜遺跡は文化庁や京都府を交えての協議で、歴史的にもきわめて貴重な遺跡であると判断され、土地は業者が所有したまま周辺は開発が進められ、史跡指定と土地の公有化を待つばかりとなりました。

その後、栢杜遺跡の史跡指定と土地の公有化を認めてもらおうと、当時は東京にあった文化庁に出張で訪れる度に、ひたすら担当者の方や上司の方に史跡指定のお願いをし、頭を下げ続けました。調査終了から九年目の一九八三年になって、ようやく史跡醍醐寺境内（飛地）に追加指定されることが決まり、文化庁の補助を受け、京都市が土地を公有化し仮整備されました。この間、調査期間を含めて土地公有化までに一〇年以上、土地所有のデベロッパーの担当者の方には多大なご迷惑をおかけすることになってしまいました。

その後、二〇〇一〜〇四年に、調査区外であった南側に残る民有地を埋文研が発掘調査[34]したところ、一辺約一〇《メートル》の基壇跡が発見され、付近からは瓦のほか、風鐸片が見つかったことから、これまで見つからなかった三重塔跡であることが判明、この塔は当初は檜皮葺で後世に瓦に葺き替えられたと考えられています。長年にわたる調査の結果、栢杜遺跡は、西面した西下がりの山腹の土地を造成し、北から順に東側に付属建物と西側に庭園をともなう八角円堂、方形堂（九体阿弥陀堂）、三重塔が南北一直線で並ぶ西向きのきわめて特異な伽藍を持つ寺院であることが判明し、その後、三重塔の土地も追加指定され公有化して保存されることになりました。

この栢杜遺跡で特筆されることとしては、方形堂（九体阿弥陀堂）は、重源が建久八年に播磨国に大仏様によって建立した浄土寺浄土堂とほぼ同じプランで建てられていることです。浄土寺浄土堂の堂内には、快慶《かいけい》作の阿弥陀三尊《あみださんぞん》立像《りゅうぞう》（国宝）が安置され、夕暮れに西側の蔀戸《しとみど》を開けると夕陽が堂内に差し込み、三尊像は赤い陽光に包まれ、堂内は極楽浄土を髣髴させる世界が広がることはよく知られています。この醍醐の地においても、寺のある東方の高台から西側に見える京都東山の連なる間際、あるいは南西に見えたであろう広大な旧巨椋池に沈む夕日を背景に、堂内に

図72　栢杜遺跡復元図（西から）

安置されていた九体の阿弥陀如来像が陽光に赤く浮かび上がるという重源が目指した極楽浄土の世界がここにも存在していたということです。

これまで述べてきたとおり、検出された遺構は、文献史料に裏づけされた醍醐寺に付属する平安時代後期から鎌倉時代にかけての寺院跡であり、遺構の残りもきわめて良好で、出土遺物（京都市指定有形文化財）も貴重なものが多く、土地は先述のとおり史跡指定、公有化して保存され、後は史跡公園などとして環境整備を待つばかりです。これは筆者の在職中の責任でもあったのですが、実現が叶わず現在も仮整備の状態であることから、早期の史跡公園化などの環境整備が望まれるところです。

なお、想像復元イラストは、西から見た図（図72）を掲載しています。方形堂と三重塔は瓦葺屋根、八角円堂跡からは、雨落溝から創建当初の平安時代後期の瓦が出土し、合わせて檜皮も見つかっていることから、初層（裳階か）を瓦葺とし、大屋根と付属建物および庭園西側の舞台風建物を檜皮葺として描いています。

註

(1) 加納敬二「法成寺の緑釉軒瓦」『リーフレット京都』No.173、京都市埋蔵文化財研究所・京都市考古資料館、二〇〇三年。
(2) 『仁和寺境内発掘調査報告—御室会館建設に伴う調査—　京都市埋蔵文化財研究所調査報告第九冊』京都市埋蔵文化財研究所、一九九〇年。
(3) 平安宮内裏跡と推定される京都市上京区出水通智恵光院西入田村備前町で、一九八九年十一月の立会調査時に土坑から十世紀の遺物とともに出土した。
(4) 梶川敏夫「法勝寺金堂跡発掘調査概要」『京都市埋蔵文化財年次報告一九七四—Ⅱ』京都市文化観光局文化財保護課、一九七五年。
(5) 西田直二郎ほか「法勝寺遺址」『京都府史蹟勝地調査会報告第六冊』京都府、一九二五年。
(6) 福山敏男「円勝寺の歴史の概要」『寺院建築の研究（下）』中央公論美術出版、一九八三年。
(7) 清水擴「六勝寺の伽藍とその性格」『建築史学』第五巻、一九八五年。
(8) 柏田有香「法勝寺跡」『京都市内発掘調査報告　平成二二年度』京都市文化市民局、二〇一一年。
(9) 三村衛「法勝寺八角九重塔の基礎地盤の力学と支持力特性」『京都市内発掘調査報告　平成二二年度』京都市文化市民局、二〇一一年。
(10) 上村和直「院政と白河」古代学協会・古代学研究所編『平安京提要』角川書店、一九九四年。
(11) 杉山信三ほか「尊勝寺跡発掘調査報告」『奈良国立文化財研究所学報第一〇冊　平城宮跡第一次伝飛鳥板蓋宮跡発掘調査報告』奈良国立文化財研究所、一九六一年。
(12) 高橋康夫「法勝寺」『甦る平安京』京都市、一九九四年。
(13) 冨島義幸「法勝寺八角九重塔の復元について」『京都市内発掘調査報告　平成二二年度』京都市文化市民局、二〇一一年。

(14) 城南文化研究会編『城南―鳥羽離宮址を中心とする―』一九六七年。

(15)『院の御所と御堂―院家建築の研究―　奈良国立文化財研究所学報第一一冊』奈良国立文化財研究所、一九六二年。その他、杉山信三「鳥羽離宮跡発掘調査概要」『埋蔵文化財発掘調査概報　一九六四』京都府教育委員会、一九六四年。

(16) 長宗繁一・鈴木久男「鳥羽殿」古代学協会・古代学研究所編『平安京提要』角川書店、一九九四年。

(17) 杉山信三「鳥羽離宮跡発掘調査報告」『京都市埋蔵文化財年次報告一九七二』京都市文化観光局文化財保護課、一九七三年。

(18) 杉山信三「鳥羽離宮跡発掘調査概要」『史跡西寺跡・鳥羽離宮　京都市埋蔵文化財年次報告一九七三―Ⅱ』京都市文化観光局文化財保護課、一九七五年。

(19)『昭和五八年度　京都市埋蔵文化財調査概要』京都市埋蔵文化財研究所、一九八五年（鳥羽離宮跡第九一次・九六次調査〈白河天皇陵濠跡の調査〉）。

(20)『鳥羽離宮跡Ⅰ―金剛心院跡の調査―　京都市埋蔵文化財研究所調査報告第二〇冊』京都市埋蔵文化財研究所、二〇〇二年。

(21)「鳥羽離宮跡第六五次発掘調査」『鳥羽離宮跡発掘調査概要　昭和五五年度』京都市埋蔵文化財調査センター、一九八一年（宝蔵跡推定地の調査）。

(22) 梶川敏夫『よみがえる古代京都の風景』京都市生涯学習振興財団編集、山代印刷株式会社出版部、二〇一六年。

(23)『週刊朝日百科六〇　日本の歴史　古代から中世へ　⑩院政時代』朝日新聞社、二〇〇三年。

(24) 杉山信三「法金剛院発掘調査概要」『埋蔵文化財発掘調査概報　一九六九』京都府教育委員会、一九六九年。

(25) 小松武彦・吉村正親・小檜山一良「平安京右京一条四坊・法金剛院境内」『平成八年度　京都市埋蔵文化財調査概要』京都市埋蔵文化財研究所、一九九八年。

(26) モンペティ恭代・津々池惣一『平安京右京一条四坊十三町跡　京都市埋蔵文化財研究所発掘調査概報二〇〇四―八』京都市埋蔵文化財研究所、二〇〇四年。

(27) 上村和直「法住寺殿の成立と展開」『研究紀要』第九号、京都市埋蔵文化財研究所、二〇〇四年。高橋昌明編『院政期の内裏・大内裏と院御所　平安京・京都研究叢書一』文理閣、二〇〇六年。

(28) 小檜山一良ほか『法住寺殿跡　京都市埋蔵文化財研究所発掘調査報告二〇一二―一〇』京都市埋蔵文化財研究所、二〇一三年。寺島孝一ほか「法住寺殿跡」『平安京跡研究調査報告　第一三輯』古代学協会、一九八四年。
(29) 飯島武次ほか『法住寺殿跡発掘調査概報』古代学協会、一八七八年。
(30) 前田義明「栢杜遺跡の調査―遺跡から見た平安時代以降の寺院―」第八八回文化財講座資料、京都市考古資料館、一九九六年。
(31) 梶川敏夫「醍醐寺と重源」第二六〇回文化財講座資料、京都市考古資料館、二〇一四年。小林剛『俊乗坊重源史料集成　奈良国立文化財研究所史料第四冊』奈良国立文化財研究所、一九六五年。
(32) 杉山信三ほか『栢杜遺跡調査概報』鳥羽離宮跡調査研究所、一九七五年。
(33) 『国宝浄土寺浄土堂修理工事報告書』国宝浄土寺浄土堂修理委員会、一九五九年。
(34) 小森俊寛「栢ノ杜遺跡」『京都市内遺跡発掘調査概報　平成一三年度』京都市文化市民局、二〇〇二年。同「栢ノ杜遺跡」『京都市内遺跡発掘調査概報　平成一四年度』京都市文化市民局、二〇〇三年。南孝雄「栢ノ杜遺跡」『京都市内遺跡発掘調査概報　平成一六年度』京都市文化市民局、二〇〇五年。

院政期の画期的な有段瓦の発明

京都左京区岡崎にある院政期を代表する六《りく》勝寺《しょうじ》跡、その内の鳥羽《とば》天皇御願寺である最《さい》勝寺《しょうじ》跡を筆者が一九七六年（昭和五十一）に発掘調査したとき、不思議な瓦が見つかりました。

一般の瓦とは異なり、写真と図に示すとおり、軒丸瓦《のきまるがわら》、丸瓦、平瓦に段が付くもので、とくに軒丸瓦と丸瓦に焼け歪みのものが多く見つかりました。

同じ瓦が鳥羽離宮跡の白河《しらかわ》天皇成菩提院《じょうぼだいいんの》陵《みささぎ》付近からも出土することから、古代瓦に詳しい前田義明さんは、播磨（兵庫県）の工人が鳥羽離宮にやって来て工夫して焼いたものと考えておられます。

古瓦研究の第一人者である木村捷三郎氏によれば、瓦を葺くためには、屋根に土を敷き、

丸瓦側面

有段瓦

その上に平瓦を並べ、その間に土を堤状にして丸瓦を乗せ、安定させながら雨水が入り込まないように葺き上げてあり、瓦を葺くためには、ある程度のゆとりが必要であるといわれ、また、古代瓦は現在のように均一な製品は焼けず、複雑な形状の瓦を焼成すると、どうしても歪んだり凹凸のある製品ができて、組み合わせること自体が困難であり、この有段瓦は実用に向かないといわれました。

有段瓦は、均一な製品が焼成できれば、図のように葺き上げた状態の密閉性が確保され、瓦がずれにくく、防水効果が期待できる画期的な瓦といえます。

瓦作りの工人が、古来の伝統技法を打ち破って工夫した発明品というべき瓦ですが、院政期の六勝寺と鳥羽離宮でしか見つかっていませんので、後世には残念ながら伝わりませんでした。

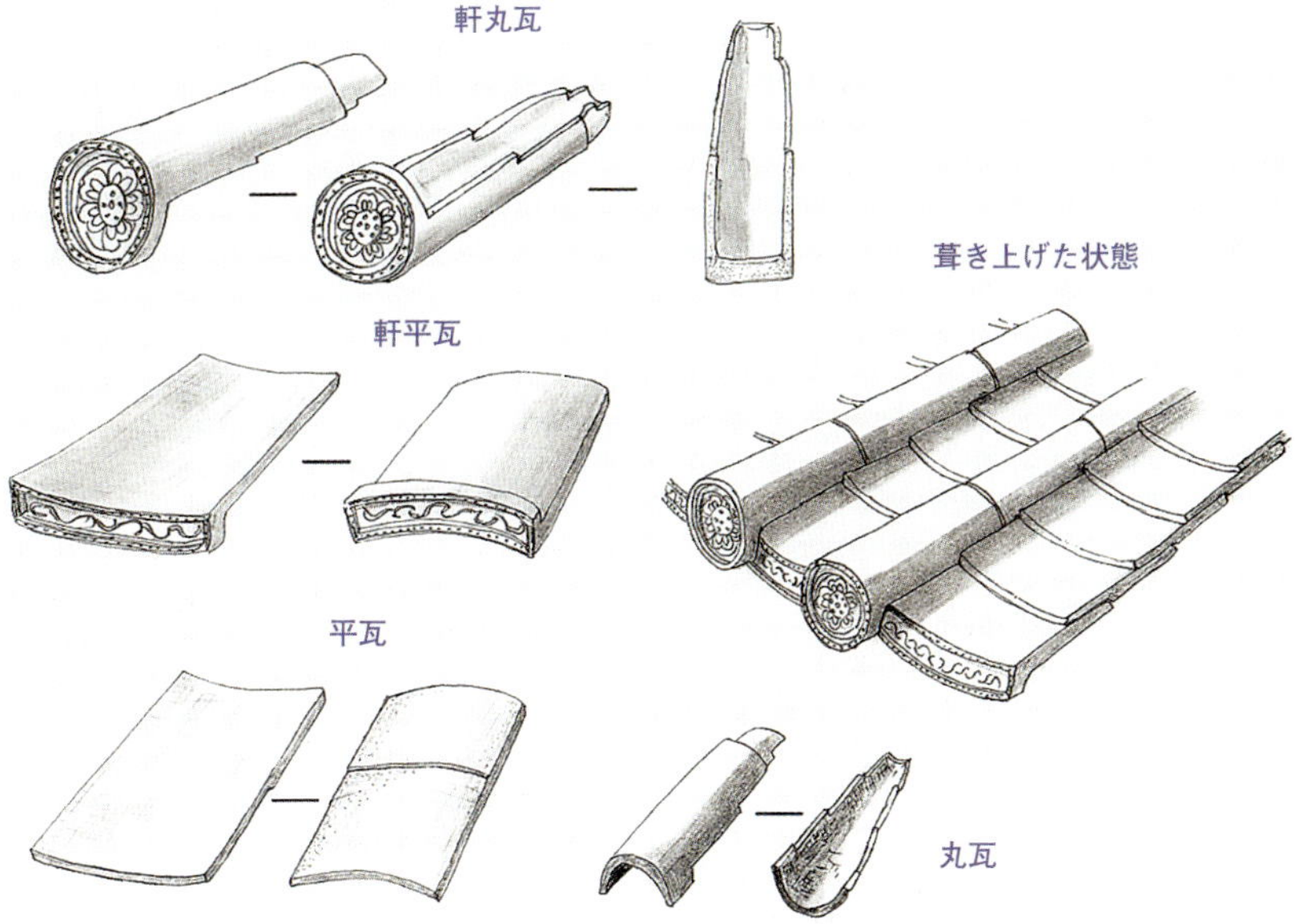

各種の瓦

七 平安京周辺の山林寺院

1 山林寺院とは

古来、山岳域に建立された仏教寺院の例として、すでに七世紀代には滋賀県大津市にある崇福寺《すうふくじ》（志賀山寺《しがさんじ》）のように南北三ヵ所の自然尾根を巧みに造成（図1）して創建された山林寺院（南尾根は桓武《かんむ》天皇創建の梵釈寺《ぼんしゃくじ》か）が存在し、また奈良県大淀町にある比曽《ひそ》（比蘇）山寺のように、飛鳥時代には創建され、薬師寺式の伽藍配置を採用した山林寺院の例もあります。通例、山岳域に建立された寺院は山岳寺院や山寺とも称されますが、ここでは山林寺院として話を進めます。

山林寺院が数多く建立されるようになるのは、密教が隆盛する九世紀代に入ってからであると考えられますが、それより以前の奈良時代では、山林寺院に関してよく引用される養老令《ようろうりょう》の僧尼令《そうにりょう》禅行条[1]によると、僧尼は一定の手続きさえすれば本寺を離れ、禅行修道を目的に山居で修行することが許されましたが、また一方では勝手に他所へ移動してはならないとされ、僧侶が本山を離れ山に籠って修行することを国家が条件を付して認めていたことが書かれています。

奈良時代末から平安時代にかけて、天台・真言など密教系寺院の隆盛により、山岳域に数多くの山林寺院が造られました。国分寺などを除いて全国で知られている山林系寺院は、山嶺を覆うかの如く大伽藍を出現させたものから、小堂や草庵程度の小規模なものまで、北は岩手県から南は熊本県まで三七〇ヵ所以上あるとされ[2]、現在確認されていないものを含めると、さらにその数は相当数に上るものと考えられます。

平安時代、律令国家の中心都市である平安京の周辺においても、多くの山林寺院が建立されていきますが、延暦寺《えんりゃくじ》や神護寺《じんごじ》、醍醐寺《だいごじ》のように現在に至るまで法灯を伝える寺院以外に、立地環境を含め、檀越《だんおつ》（支援する信者ら）などの

図１　崇福寺想像復元図（東から）

後ろ盾を失って維持存続が困難となり、または兵火にさらされて罹災し、人知れず山中に廃寺となり、跡地も不明となった山林寺院(3)も数多くあると考えられます。

山岳域に建立された寺院は、修行本位とするものもあれば、山岳域であっても平地と同様の伽藍を有し学解《がくげ》（仏教の知識や見識）を中心とするもののほか、位置的に平地伽藍との区別が困難なものもあり、さらに文献史料に記載されない廃寺となれば、修行本位かどうかを判断するのはきわめて困難といえます。

このような山林寺院の立地環境は、創建当初以後に開発が進み、現在においては環境が激変している京都市東山区にある清水寺《きよみずでら》（元は清水山寺）の例を引くまでもなく、それらを定義することはきわめて困難であるといえます。

2　平安京周辺の山林寺院の歴史

平安京周辺に建立された山林寺院は、ほかにはない政治都市というコスモロジーの空間に創建され、平安時代前期は、天皇を頂点とする律令体制下の王権に最も近いエリアに建立された仏教寺院という性格を有しています。天皇家や高級貴族らが高僧を開基として招聘《しょうへい》して創建された寺院が多く、後に定額寺《じょうがくじ》（一定の資格が与えられた寺院）に列せられるもの、あるいは御願寺《ごがんじ》と呼ばれる寺院も多く出現するなど、他の地域とは異なる環境下にあることが特徴でもあります。

現在、確認されている山林寺院は、図2に示すとおり、現存するものを含めて二七ヵ所ほどが確認されており、山中には未発見の寺院跡も存在するものと思われます。

桓武天皇は、西暦七九四年、山背《やましろ》国乙訓《おとくに》郡の長岡京から、葛野《かどの》郡への遷都を敢行し、盆地の中央付近に平安京が建都されることになりました。遷都にともなって、国名は山背国から山城国に改められ、京域内には東・西寺の両官寺のほか寺院建立は認められず、最近までの考古学の成果でも、平安時代前・中期の寺院遺構は京域内では確認されていません。

一方、平安遷都前の七世紀から八世紀にかけて、盆地周辺に建立されていた寺院（図3）として考古学上で知られる

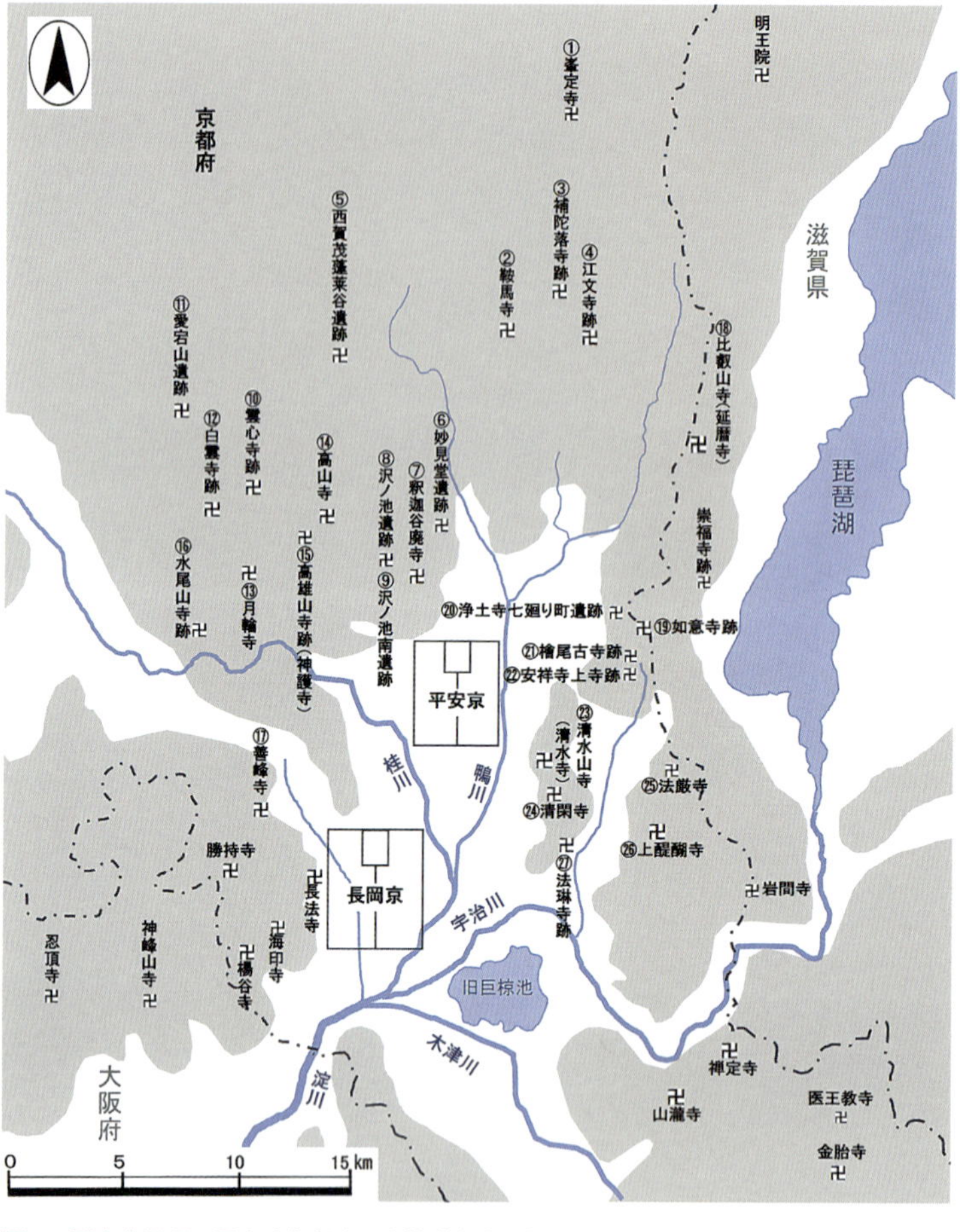

図２　平安京周辺の平安時代創建の山林系寺院分布図

ものは、北野廃寺・北白川廃寺・八坂法観寺・珍皇寺《ちんのうじ》・大宅《おおやけ》廃寺・醍醐廃寺・法琳寺・オウセンドウ（ガンゼンドウ）廃寺・広隆寺旧境内・御香宮《ごこうぐう》廃寺・樫原《かたぎはら》廃寺・南春日町廃寺ほかがあり、多くが集落の中核部や主要幹線道路近くなどに建立されています。

これら多くの古代寺院が造営された背景には、仏教伝来とともに天皇を頂点とする律令国家による仏教公認の歩みに合わせるように、飛鳥地方から始まった仏教寺院建立の波が地方へと広がり、地域豪族の支配エリアに文化サロンというべき仏教寺院の建立へと発展していったと考えられます。その後、平安京遷都を契機に、京を取り巻く周辺山岳域においても仏教寺院の建立が始まり、とくに九世紀から十世紀代の密教隆盛期に入ると、多くの山林寺院が建立されていきます。その中には、先述のとおり、皇室や高級

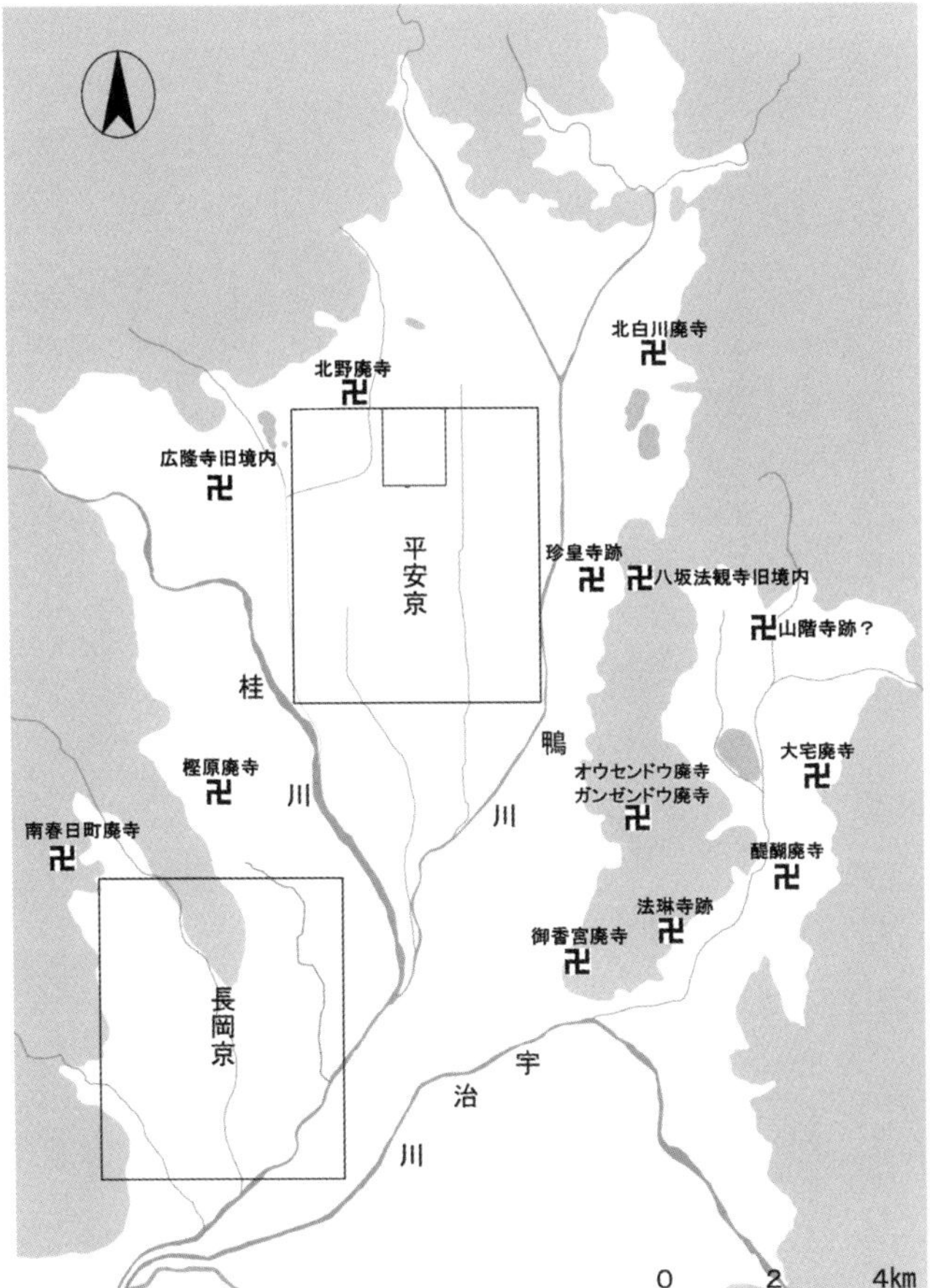

図3　平安京遷都前の京都盆地内の主な寺院位置図

図4　船岡山から見た比叡山（西から）

貴族が檀越となり、高僧を開基として創建されたものや、僧が山域に分け入り独自に建立した寺院など、建立形態にはさまざまなものがありました。

その中で、比叡山寺《ひえいさんじ》（延暦寺、図4）を一つの例として取り上げると、最《さい》澄《ちょう》が延暦四年（七八五）に比叡山に登って草庵を結び、平安京遷都後は平安京鬼門（丑寅）を守護するわが国最初の元号寺院である延暦寺となって飛躍的に発展しました。後には多くの高僧、たとえば後に鎌倉新仏教を打ち立てた祖師（良忍《りょうにん》・法然《ほうねん》・親鸞《しんらん》・栄西《えいさい》・道元《どうげん》・日蓮《れん》など）を輩出させ、「日本仏教の母山」と称されるようになります。強大な仏教教団となった延暦寺は、僧兵による朝廷への強訴など、他の山林系寺院とは様相を異にしており、勢力拡大や武力闘争のあげく、中世末には織田信長《おだのぶなが》による比叡山焼き討ち（元亀の法難）により、西塔《さいとう》にあった瑠璃堂《るりどう》を除く三塔十六谷の堂塔はことごとく灰塵に帰したとされます。その後は、豊臣政権や徳川幕府ほかの再建協力もあって、現在も東塔・西塔・横川《よかわ》ほか比叡山中の広範に伽藍が点在し、天台宗総本山延暦寺として法灯を伝えています。

そのほか京の都では、鎌倉時代から戦国時代にかけて、京内および近郊にあった多くの寺院は、宗派間や為政者との対立などから、主要堂宇は門や築地、堀などで厳重に囲み、防御能力を持つようになりました。さらに居住環境などの条件が整っていたことから、軍事目的で陣営化されるなど、応仁・文明の乱に代表される戦国期の動乱などの兵火によって、多くの寺院が罹災しました。同じく山林寺院も戦災は避けられず廃絶の道を辿った寺院も数多くあります。後年になって再興された寺院も多くありましたが、明治初期における廃仏棄釈運動により、廃絶の憂き目にあった寺院も少なくありません。

3 平安京周辺の山林寺院の実態

次に、最近までの平安京近郊にあった山林寺院跡の調査成果の内、ここでは東山の如意ヶ嶽《にょいがたけ》周辺山中に平安時代に創建された三ヵ所（図5）の山林寺院跡と一ヵ所の下寺跡についてご紹介します。

如意寺跡（京都市左京区鹿ヶ谷菖蒲谷町・粟田口如意ヶ嶽町ほか）

如意寺《にょいじ》は、大津市にある寺門派総本山園城寺《おんじょうじ》（三井寺《みいでら》）三別所の一寺院で、平安時代中期から室町期にかけて存続した大規模な山林寺院です。この山林寺院は、京都の夏のお盆の行事で知られる大文字五山送り火の「大」の火床のある東山の如意ヶ嶽（四六五メートル、図6）の南方山中から大津市の園城寺に至る山岳域にあって、東西二キロ以上、南北約一キロの広範な山岳域に、本堂ほか子院が点在していました。その景観は、十四世紀前半に描かれた『園城寺境内古図』「如意寺幅」（図7。以下「古絵図」という）に活写され、『寺門伝記補録《じもんでんきほろく》』『三井続灯記』などの史料から概略を知ることができ、如意寺本堂安置仏とされる重要文化財指定の木造千手観音立像なども園城寺に伝わっています。

如意寺の創建については、藤原忠平《ふじわらのただひら》『貞信公記《ていしんこうき》』天慶元年（九三八）四月十三日条に記載があり、創建はそれ以前にさかのぼります。また『阿娑縛抄《あさばしょう》』第二「諸寺略記上《しょじりゃっき》」には、平時望《たいらのときもち》の孫にあたる親信《ちかのぶ》が如意寺を建立したとし、親信の日録『天延二年記』（九七四年）六月十三日条にも親信が花を摘んで如意寺に墓参りをしたことを記しています。そのほか、慶滋保胤《よししげのやすたね》『日本往生極楽記《にほんおうじょうごくらくき》』「沙門増祐《しゃもんぞうゆう》」の項には、如意寺僧の増祐が天延四年正月晦日に死去したことを伝えています。鎌倉時代に入って『吾妻鏡《あずまかがみ》』巻四三、建長五年（一二五三）十月二日の条には、鎌倉鶴ヶ岡八幡の若宮の別当が如意寺興隆のために上洛したことを記し、また、先述の境内古図の大慈院には「鎌倉右大将家の朝敵

図5　山科区北方山中に残る山林寺院跡位置図

図6　京都東山の如意ヶ嶽（標高465m、南西から）

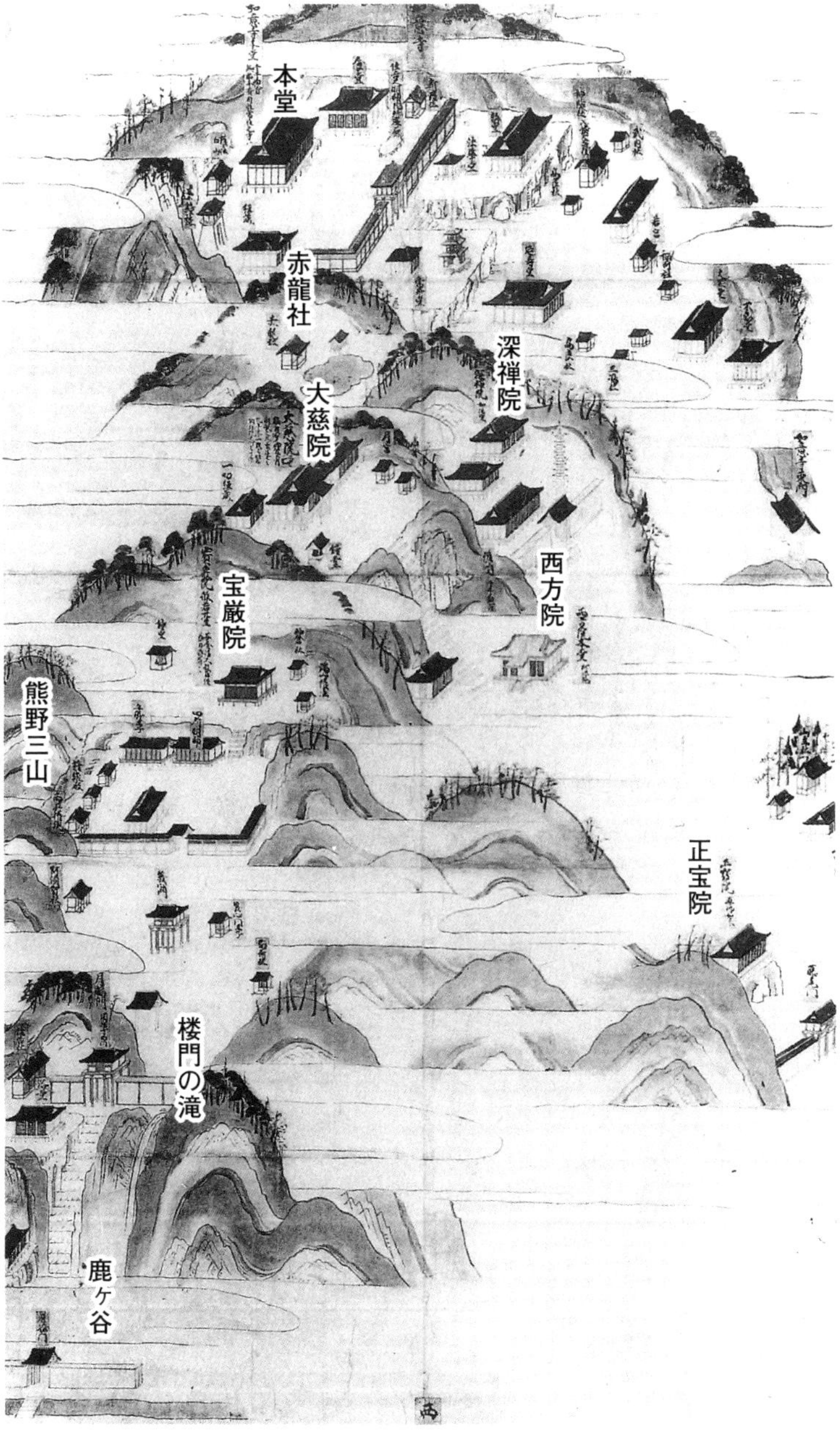

図７　『園城寺境内古図』「如意寺幅」（一部加筆、園城寺所蔵）

図8　鹿ヶ谷の楼門ノ滝

図9　赤龍社跡の埋まった池上に建つ雨神社の祠（西から）

の怨霊を宥《なだ》めんがため、平家一族の姓名を記し、弥陀丈六の尊像に納む」と墨書された貼紙があり、鎌倉右大将家（源《みなもとの》頼朝《よりとも》）の鎌倉幕府と園城寺との深いつながりが読み取れます。しかし、この時期隆盛を誇った如意寺も、南北朝期から応仁・文明の乱の時代に大きく罹災し、その後、山中に廃寺となってしまったものと推定されます。

如意寺は古絵図および『補録』などの史料を見ると、山岳域に大きく五ヵ所に分かれて六七棟もの堂塔社殿などが描かれ、それぞれ建物配置や構造・規模などを含めて、当時の山林寺院の実態を如実に伝えており、平地伽藍と比べても、ほとんど遜色なく山中にさまざまな堂塔社殿が建立されていたことがわかります。この如意寺跡は、如意ヶ嶽の山中にあったことはわかっていましたが、一九八〇年代までは遺跡のあった具体的な場所は、ほとんど不明でした。

一九八三年（昭和五十八）、筆者が遺跡地図改訂作業で、山間域に残る遺跡調査をしているとき、京都国立博物館で偶然「如意寺幅」が展示されているのを見て、この古絵図を頼りにすれば如意寺跡の発見につながるのではないかと考えました。早速、コピーを入手し調査を開始しましたが、山中は広くどこから探してよいのやら見当がつきませんでした。

古絵図をよく観察してみると、下方に滝が描かれ、この滝は鹿ヶ谷の山中に楼門ノ滝（図8）として現存しているのがわかり、一つの定点が見つかりました。さらに、古絵図の本堂下方に描かれている赤龍社には、山中には珍しく池が描かれてあり、山中で池が存在する地形は限られるため、この池を発見すれば寺跡解明の重要なヒントになると考えました。そこで、広い山中を歩き回って池を探した結果、現在も山中に祭祀されている雨神社（図9）の祠が、かつて存在していた池が土砂で埋まった上に建てられていることを突き止め、ここが赤龍社跡であることが判明しました。

この二ヵ所を定点として、古絵図と照合しながら広範な山中を探し回り、一九八五年まで二年以上を費やして、如意寺の本堂跡や複数の子院跡の場所を探し出し確定[4]することができました。その結果、本堂跡地区（図10・11）からは、本堂跡と講堂跡の基壇や礎石などが見つかり、そのほか石段跡や、古絵図に住吉大明神礼拝座石と書かれた石が、後

図10　如意寺本堂跡（南から）

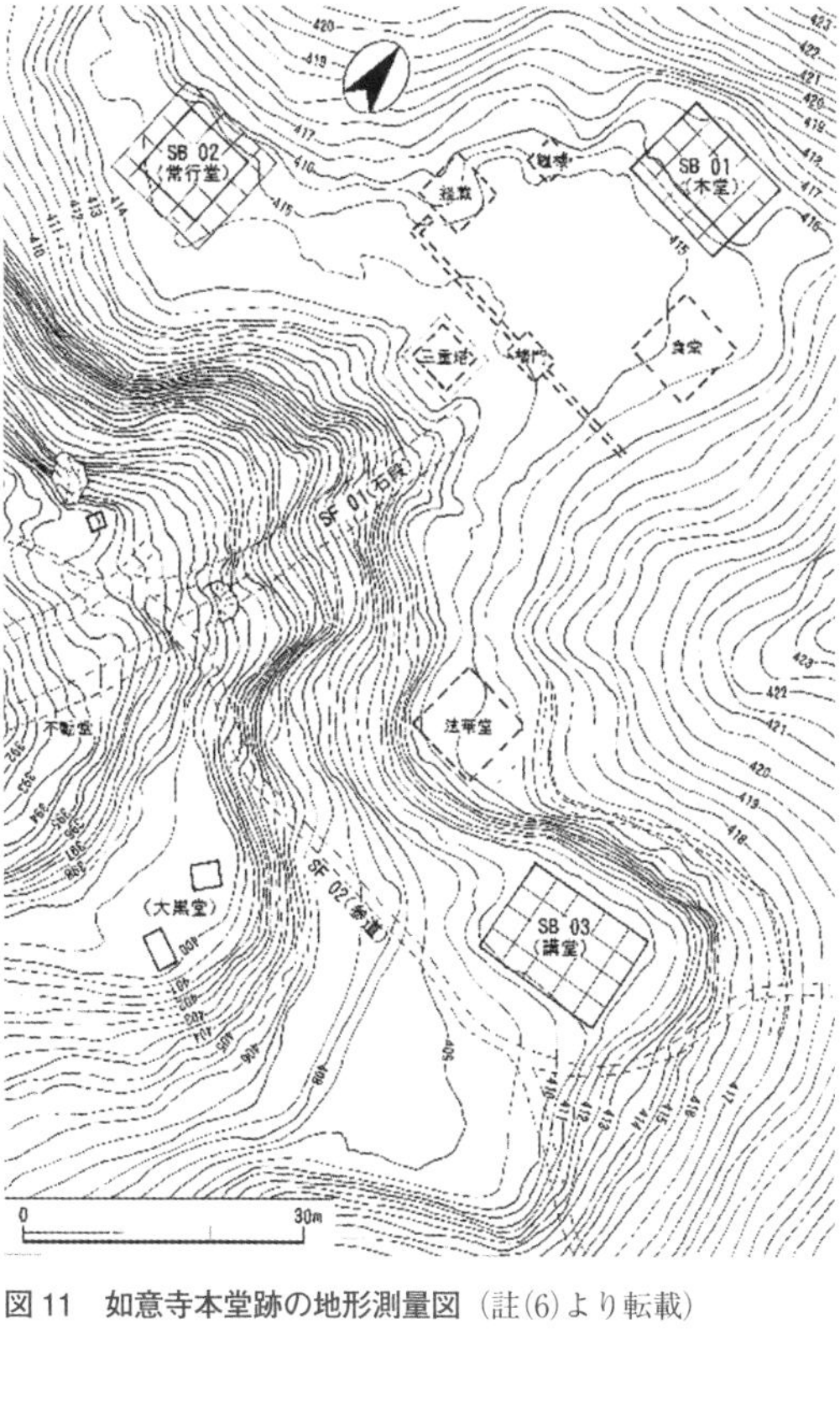

図11　如意寺本堂跡の地形測量図（註(6)より転載）

年になって本堂跡の上に移動している可能性のあることなどが明らかとなりました。さらに、深禅院跡《しんぜんいんあと》（図12・13）からは、礎石の残る基壇跡のほか、五輪塔の石材や一石五輪塔などを発見。京都市側の鹿ヶ谷にある楼門ノ滝の上方で発見した熊野三所跡は、東・西端に土塁《どるい》が築かれているのがわかり、戦国期に城塞化されていることが判明しました。また、その近くの宝厳院《ほうごんいん》跡では、般若台《はんにゃだい》とされる建物の礎石がそのまま残っていることが明らかとなり、大津市側の正宝院・山王社跡からは多数の建物跡を示す平坦地のほか、一部で庭園跡も見つかっています。

そのほか、大慈院跡・西方院《さいほういん》跡推定地は、古絵図に描かれた地形に近い場所から造成平坦地や建物跡を発見していましたが、二〇一七年（平成二十九）までの京都女子大学考古学研究会の調査で[5]、九世紀前半代にさかのぼる檜尾古寺《ひのおのふるでら》

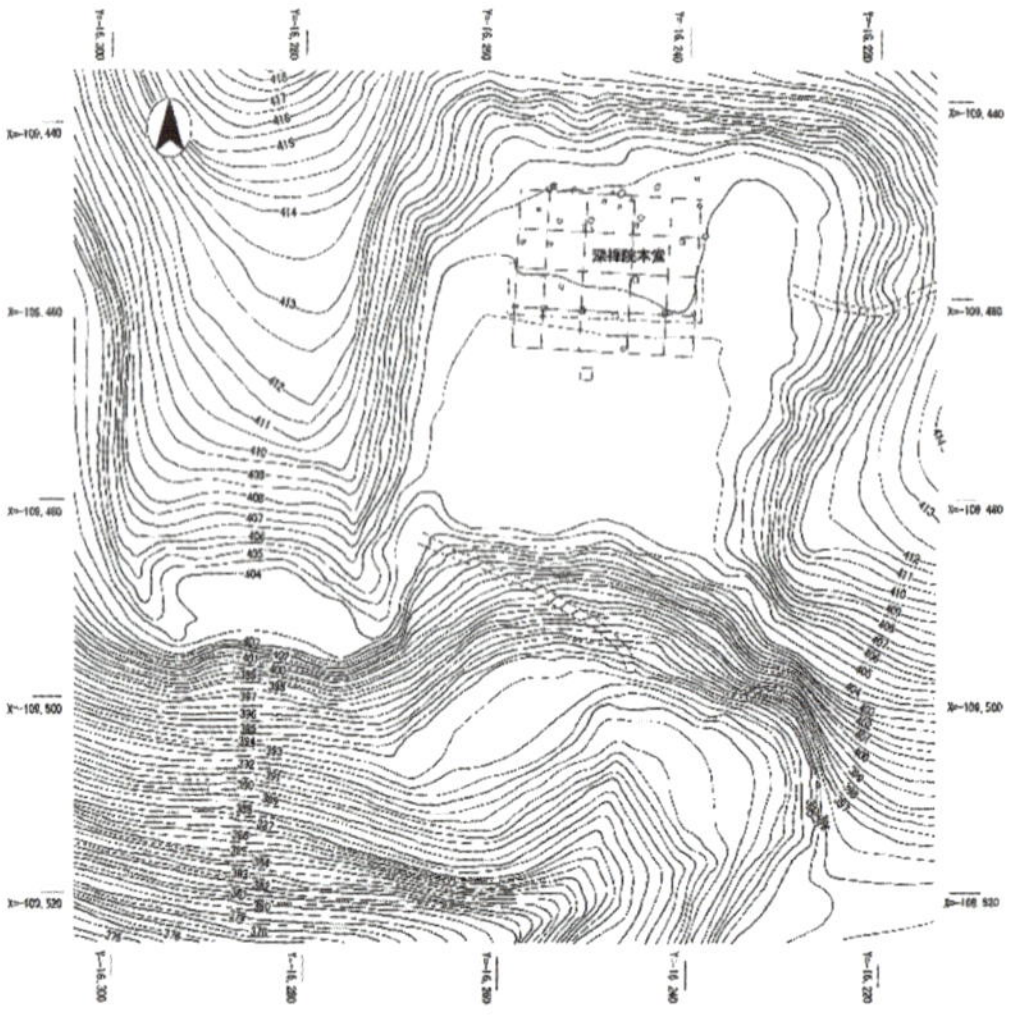

図12　如意寺深禅院跡の地形測量図（註(6)より転載）

図13　如意寺深禅院跡の平坦地（西から）

図14　如意寺本堂跡発見の懸仏（金銅製千手観音坐像、高さ9.7cm）（京都市所蔵）

跡（後述）であることが明らかとなり、その結果、如意寺の大慈院・西方院があった場所は不明となってしまいました。

如意寺跡の表面採集遺物は、平安時代中期から中世にかけての瓦・土師器《はじき》・緑釉陶器《りょくゆうとうき》・灰釉《かいゆう》陶器・輸入陶磁器のほか花崗岩製一石五輪塔、懸仏《かけぼとけ》の破片など数多く見つかっています。そのほか、本堂跡前の楼門跡付近から、鎌倉時代頃の懸仏の仏像片が表面採集（図14）されており、鎌倉時代における如意寺の実態を知るうえで貴重な資料となっています。

如意寺跡の調査は、一九九一年と翌九二年に、古代学協会による本堂跡と深禅院跡を対象に、トレンチ掘りによる掘削調査や地形測量(6)が行われました。その結果、古絵図に描かれた位置に近い場所から、本堂跡、講堂跡、常行堂跡、三重塔跡のほか石段跡（図11）などが確認され、深禅院跡からも礎石建ちの建物跡が調査（図12）されています。如意寺跡は、二〇一八年九月四日、関西地方に大きな被害が出た台風二一号の強風で、遺跡内のスギやヒノキの大半が倒され、根返りや土砂崩れなどにより遺跡に影響が出ており、倒木のために遺跡の詳細な調査が行えないままとなっています（如意寺本堂跡はコラム④にも掲載しています）。

安祥寺上寺跡（京都市山科区安祥寺山国有林内）

京都市の東北部を占める山科区の北方山中に、九世紀中頃に創建されたのが安祥寺《あんしょうじ》（上寺《かみでら》）で、その寺跡が良好に残っています。遺跡のある場所は、先述の如意寺本堂跡から南西に一・二キロほどの距離に位置（図5）します。

この寺に関しては、幸いにも安祥寺開基の恵運《えうん》（七九八〜八六九）が、貞観九年（八六七）に自ら勘録《かんろく》した『安祥寺資《し》財帳《ざいちょう》』（以下「資財帳」という）の書写(7)が伝わり、創建経緯や規模、什宝《じゅうほう》や財産などを詳細に知ることができ、そのほか『続日本後紀《しょくにほんこうき》』『日本紀略《にほんきりゃく》』『文徳実録《もんとくじつろく》』などからも寺歴を知ることができるきわめて希な山林寺院です。資財帳によると、安祥寺は山中の上寺と麓の下寺《しもでら》があって、上寺は早くに廃絶、下寺は江戸時代に現在地に移転し、京都府立洛東

図15　山科区から見た安祥寺上寺跡ほか遺跡位置（南西から）

高校の西隣に現存しますが、下寺が元あった場所は現在も不明のままです。また、安祥寺の創建に関しては、上寺・下寺のどちらが先行するのかも不明です。(8)

願主は仁明《にんみょう》天皇女御で文徳天皇生母の藤原順子《のぶこ》（八〇九～八七一）で、創建に関しては、資財帳に「嘉祥元年（八四八）八月、得前摂津国少掾上毛野朝臣松尾之松山一箇峰、謹奉為」と書かれ、また、創建理由については「太皇太后幷四恩、始建立安祥寺」とあり、上毛野松尾《かみつけのまつお》の所有する松山の一箇峰を得て、願主である太皇太后藤原順子並びに父母・国王・衆生・三宝（仏・法・僧）の四恩の為に始めて建立に着手したとされます。その後、仁寿元年（八五一）三月には「太皇太后宮始置七僧、以持念薫修……」と順子が七名の僧を置いて法会が修されています。また、仁寿二年閏八月には「穎稲《えいとう》（穂が付いた稲）一千斤以為常灯分、即下官符、付之山城国……」とあり、さらに『文徳実録』斉衡二年（八五五）六月一日には「以安祥寺預於定額、施稲一千束以充灯油」として安祥寺は定額寺となっています。さらに、同三年には、太皇太后順子によって、上寺周辺の土地の山五〇町（約五九万四〇〇〇平方メートル）が買い上げられ安祥寺に施入《せにゅう》されています。

この願主である藤原順子は、父が左大臣の藤原冬嗣《ふゆつぐ》で母は藤原美都子《みつこ》、兄は初めて人臣摂政となった良房《よしふさ》、弟には右大臣の良相《よしみ》、従兄弟には初めて関白となった基経《もとつね》など藤原北家の嫡流として身内には歴史上でもよく知られる人物がいます。

一方の開基である恵運は、資財帳やその他の史料から、入唐八家（最澄・空海《くうかい》・常暁《じょうぎょう》・円行《えんぎょう》・円仁《えんにん》・恵運・円珍《えんちん》・宗叡《しゅうえい》）の一人で、承和九年（八四二）に唐の商人李処人《りしょうじん》の船で唐に渡り、長安の青龍寺《せいりゅうじ》で義真《ぎしん》に灌頂《かんじょう》を受け、五台山・天台山を巡拝。承和十四年に帰国し『八家請来目録《はっけしょうらいもくろく》』を呈上《ていじょう》しています。帰国後に藤原順子発願の安祥寺開基となり、その後、貞観三年には、東大寺大仏修理落慶開眼供養の導師に任じられています。

願主の順子は、夫である仁明天皇が安祥寺創建二年後の嘉祥三年に四一歳で崩御《ほうぎょ》、さらに息子の文徳天皇が天安二年（八五八）に三二歳の若さで崩御しており、その追善供養の寺として、安祥寺は皇室の後ろ盾により順調に寺院経営され、平安時代の仏教界でも一定の役割を果たす重要な寺院であったとみられます。しかし、創建から一四〇年程後、『小右記《しょうゆうき》』永祚元年（九八九）五月一日条には、「上安祥寺山籠法師等飢饉云々、仍米塩……」と書かれ、上寺の山籠法師が飢饉で餓え、米塩を持参しようとしたが寺への道も不案内で、翌二日には「昨日観泉寺僧三人引道上安祥寺仍差使今日施身米塩等」として、上寺へ救援の品を運んでいる記録があり、安祥寺上寺の衰退の兆しがうかがえます。

また中世では、東寺の『賢宝法印記《げんぽうほういんき》』によると、先年、安祥寺金堂が大風で顛倒して本尊以下が大破、その折に安祥寺に参詣した東寺の観智院《かんちいん》二世賢宝（一三三三〜九八）は嘆き悲しんだが、わずかに残った五大虚空蔵菩薩像を見出し、永和二年（一三七六）二月に勧修寺《かじゅうじ》の先の門主《もんす》に願い出てこの像を観智院へ持ち帰り修理したとされます。現在、東寺の観智院本尊となっている五大虚空蔵像（重要文化財）の法界像の台座の銘文に、「上安祥寺根本北堂安置像也」とあり、これらの仏像は、安祥寺上寺の根本北堂（推定五大堂）[9]にあったものとされています。このような記述から、

図16　安祥寺上寺跡から見た山科方面の眺望（北から）

上寺は十四世紀後半頃には廃絶状態であった可能性があります。その後は、『山科安祥寺誌』[10]によると十五世紀後半の応仁・文明の乱などによりさらに荒廃し、下寺も江戸時代の寛文六年（一六六六）に幕府により、安祥寺山内十万坪が毘沙門堂に譲渡され、安祥寺は宇治郡御陵村内に一〇石の土地を与えられて再興したのが現在の安祥寺とされます。このような経過で、下寺が元あった場所については現在のところ不明で、上寺の廃絶時期も明らかではありません。

安祥寺では、宝暦九年（一七五九）七月建立で五智如来を安置していた多宝塔が一九〇六年（明治三十九）に原因不明の失火で焼失、幸いにも堂内安置の五智如来坐像五躯は京都帝室博物館に寄託されていて難を逃れています。この五智如来坐像は、二〇一九年度には重要文化財から格上げされ国宝に指定されていますが、元は上寺の礼仏堂《らいぶつどう》に安置されていた仏像と推定されています。

上寺跡の調査は、一九五一年には京都国立博物館の影山春樹氏が踏査し、その後の一九五三年には、下寺にある青龍権現の祠内にあった蟠龍《ばんりゅう》石柱を発見し、京都国立博物館へ運搬して調査し[11]、現在は同博物館に寄託されています。その後、上寺跡では地元の橘女子大学（現・橘大学）により礎石が残存しているのが確認され、土器・瓦などが採集されています。一九八一年には、初めての考古学調査として、京都国立博物館の八賀晋氏により上寺跡の地形実測が行われ[12]、礼仏堂跡、五大堂跡の位置などが確定されました。

その後は、筆者を含めた埋蔵文化財専門の関係者らの個人的な調査[13]を経て、二〇〇二年からは京都女子大学考古学研究会による上寺跡の調査で、多くの礎石が発見され、遺構の残りがきわめて良好であることが判明しました。その成果について、畏友の京都大学大学院教授の上原真人氏に相談したところ、二〇〇二年度に発足した京都大学大学院文学研究科二十一世紀COEプログラムによる研究テーマの一つに取り上げられることになりました。「グローバル化時代の多元的人文学の拠点形成」第一四研究会「王権とモニュメント」と題し、同年十二月から翌年にかけて、京都大学・京都府立大学・花園大学・京都女子大学の学生や教員が参加して、下寺である安祥寺の調査を含めた学際的な調査研究が行われました。その成果は、『安祥寺の研究Ⅰ』(14)ほかにまとめて報告されています。

上寺跡は、通称「観音平」と呼ばれる標高三五〇《メートル》ほどの山腹尾根上の狭小な造成平坦地（東西約五〇《メートル》、南北約六五《メートル》）にあって、寺跡からの眺望（図16）は、手前の山越しに南方が開け、山科盆地を一望に眺めることができる場所で、北方以外は急傾斜で谷へ落ち込み、現在ではアクセスがきわめて困難となっています。平坦地の中央部には明瞭な礼仏堂の土壇跡と、そのすぐ北側に一段高く、五大堂跡が残っており、東側は一段低い場所に等高線に沿って南北の細長い平坦地があります。

この上寺に建立されていた堂宇について資財帳の上寺条には、

堂院

礼仏堂一間長五丈

五大堂一間長四丈

仏頂尊勝陀羅尼石童（幢カ）一基唐

恵蕚大法師所建

宝幢二基各高四丈一尺、金銅葱台獣頭、太皇太后宮御願

僧房

東房二間一檜皮葺、各長一（七カ）丈、一板葺二面有庇

西房二間一檜皮葺、各長七丈、一板葺二面有庇

東西軒廊各長二丈、並檜皮葺

庫頭

檜皮葺屋一間長□□

檜皮葺井屋一間長□□

檜皮葺客亭十一間長一丈

板葺大宜所一間長二丈

浴堂一院

檜皮葺屋二間各長三丈二尺、床代二所

釜一口着（または著）二石五斗

湯槽一口

巳上々寺

と書かれ、創建当初に上寺にあった堂宇の様子がよくわかります。

上寺跡の調査は発掘調査ではなく、遺跡保存を前提とした測量調査で、主に地表直下の礎石は掃除し、埋まっている礎石は金属棒を地面に突き刺して位置を確認（図17）しました。その結果、礼仏堂跡および東・西軒廊跡、礼仏堂両脇で見つかった東・西二棟の檜皮葺《ひわだぶき》僧房跡、五大堂跡のほか、伽藍北西域では背後からの土砂に埋まった状態で文献に記載のない方三間の建物跡が新たに発見されました。この建物跡は、東西一九尺、南北二一尺と南北に若干長い

建物で、礎石も他の建物よりも一回り大きく長辺八〇センチほどの自然石が使用されていました。この建物西辺の礎石は、やや地盤沈下が認められ、重量のある建物が建っていた可能性があります。

この建物に関しては、資財帳の上寺の条に該当する建物が見当たらず、後世に建立された建物と考えられます。『延喜式《えんぎしき》』「主税寮式」には、安祥寺に土佐国の正税・公廨稲《くがいとう》計二〇万束の中から「修理安祥寺宝塔料五千束」が計上されており、新たに見つかった方三間堂はこの宝塔の可能性も考えられますが確定はできません。

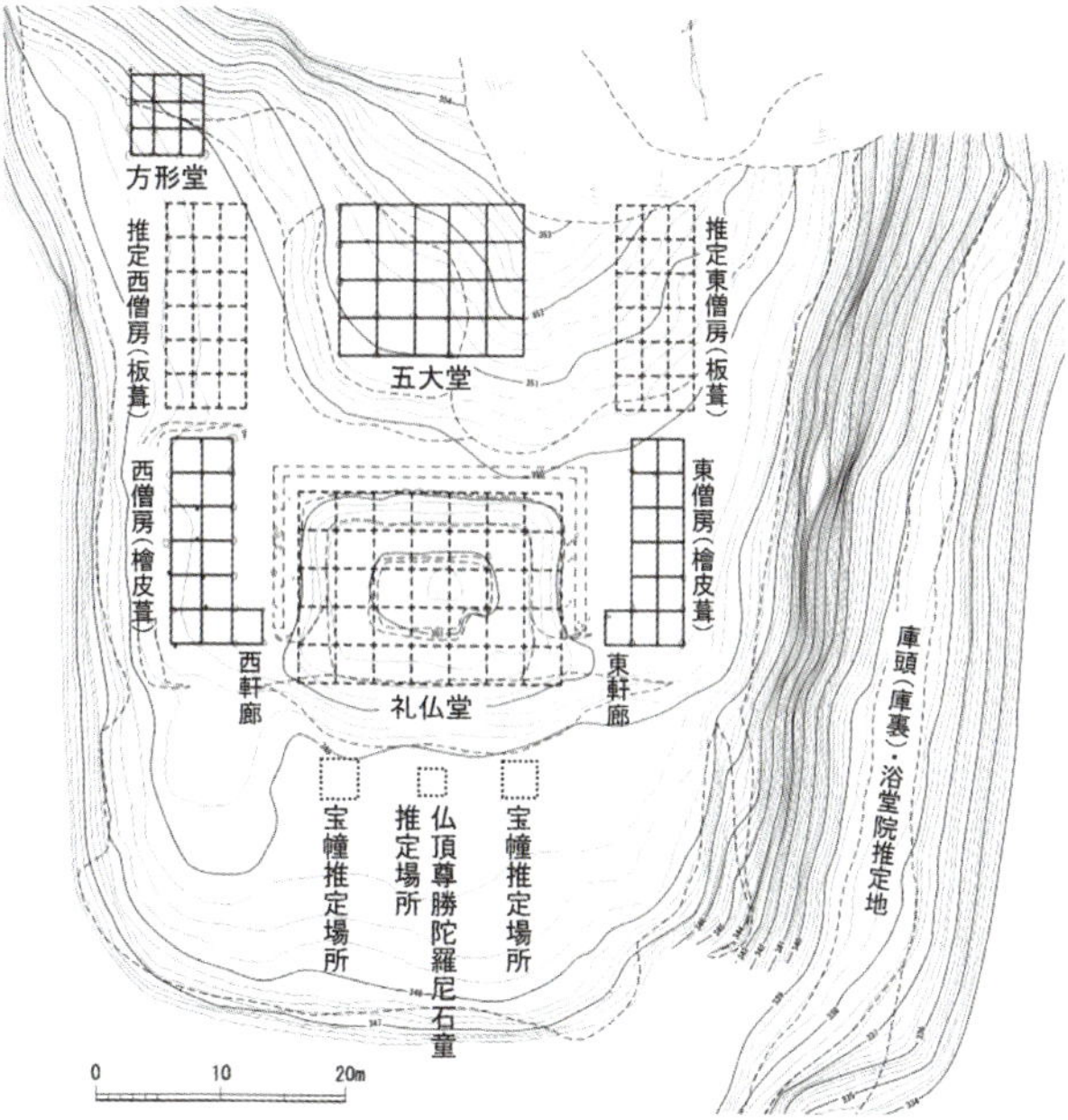

図 17　安祥寺上寺跡伽藍復元図（註(14) 上原真人・梶川敏夫ほか『安祥寺の研究Ｉ』より転載、一部加筆）

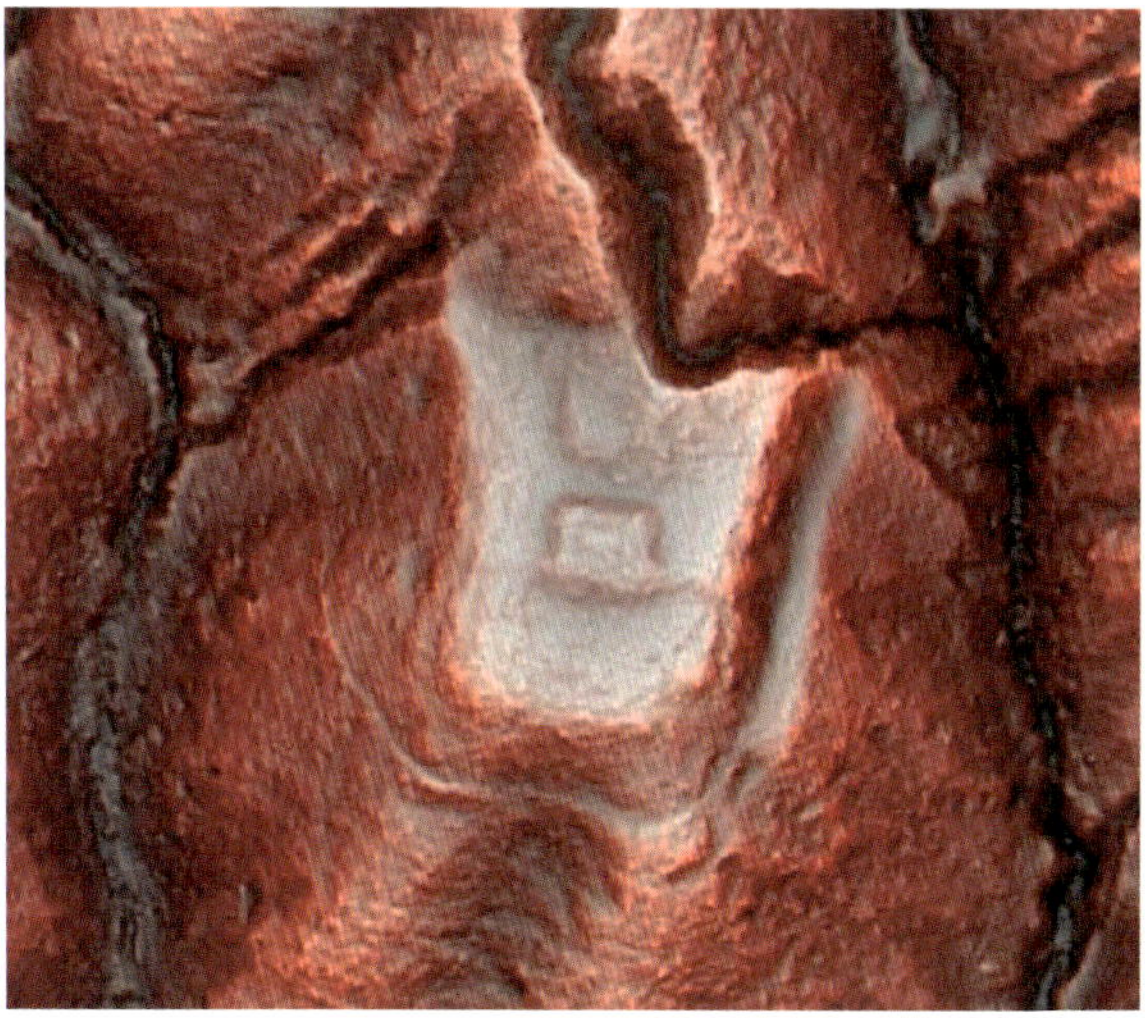

図 18　赤色立体地図による安祥寺上寺跡（京都市文化市民局文化財保護課提供）

中央の礼仏堂基壇跡では、礎石が一石も見つからず、西辺から南北雨落溝跡の一部を発見し、伽藍中心線から得た寸法から屋根の東西幅が約二四メートルと判明しました。仮に建物の桁行の柱間寸法一間を一〇尺等間と仮定すれば、この中央基壇の建物は桁行七間（二一メートル）、梁間四間（一二メートル）または五間（一五メートル）規模の建物と復元することができ、基壇南面が緩やかな傾斜を持つことから、堂名から推測して前面に礼堂の庇が取り付く建物の可能性があります。

五大堂跡は、桁行は五間で一四・七メートル、南北梁間は四間で一二メートルの建物と判明、そのほか、礼仏堂前面の東と西に翼状に張り出すスロープを確認しましたが、これは軒廊より南に外れるため、基壇へ上るための造作と考えられます。

西僧房は、確認した礎石から南北六間（一六・二メートル、九尺等間）、東西二間（四・八メートル、八尺等間）の建物と判明、南端は軒《こん》廊《ろう》により礼仏堂へつながることも明らかになりました。一方の東僧房は礎石を一三ヵ所確認した結果、南北六間（一六・二メートル、九尺等間）、東西二間（四・二メートル、七尺等間）と判明、東僧房の梁間とは柱間寸法に一尺の差があり、また資財帳の

図19　上寺跡では礎石が何ヵ所かで地表に露出している（南から）

図20　上寺跡の東谷で表面採集した大型緑釉壺の破片

僧房は七丈と書かれてありますが、六丈または五丈四尺の誤記の可能性があります。

そのほか資財帳にある東・西板葺二面庇僧房、庫頭《くじゅう》（庫裏《くり》）および浴堂関係の建物は未確認です。そのうち東・西板葺僧房は、確認した東・西檜皮葺僧房北側の空間地がその跡と考えられますが、今のところ建物跡を示す礎石などは確認していません。それ以外の建物は、主要伽藍の東側一段下方にある南北に長い平坦地がその候補地と考えられますが、ここからは元位置を保つ礎石などはまったく確認できませんでした。また、礼仏堂前面の平坦地（広場）に置かれていたと推定される仏頂尊勝《ぶっちょうそんしょう》陀羅尼《だらに》石幢《せきどう》や宝幢《ほうどう》の痕跡についても、金属棒を使ってボーリング探査を行いましたが礎石や台座石などの痕跡は確認できませんでした。

図21　藤原順子後山階陵（東から）

以上述べてきたとおり、安祥寺は、豊富な文献史料も含めて、下寺が元の地から移転しながらも現在に法灯を伝えて現存し、上寺跡は山中に創建当初からの伽藍の姿を良好に保ったまま遺構が残っています。また、現在の安祥寺には、上寺の礼仏堂の本尊であったとみられる国宝の安祥寺五智如来坐像や、上寺の仏頂尊勝陀羅尼石幢ではないかとされる蟠龍石柱（ともに京都国立博物館寄託）、現在の安祥寺本尊（重要文化財の木造十一面観音立像、客仏か）ほかの諸仏など、平安時代製作のものを含む貴重な什宝類が多く伝えられています。そのほか、東寺の観智院には、上寺の五大堂に安置されていたとされる重要文化財の本尊五大虚空蔵像が伝わっています。

さらに、安祥寺上寺跡のある安祥寺山の麓には、願主である仁明天皇女御で太皇太后藤原順子の後山階《やましな》陵（図21）があり、いずれも天皇家の創建に関わる平安時代前期創建の山林寺院のあり方を知るうえできわめて貴重なものです。

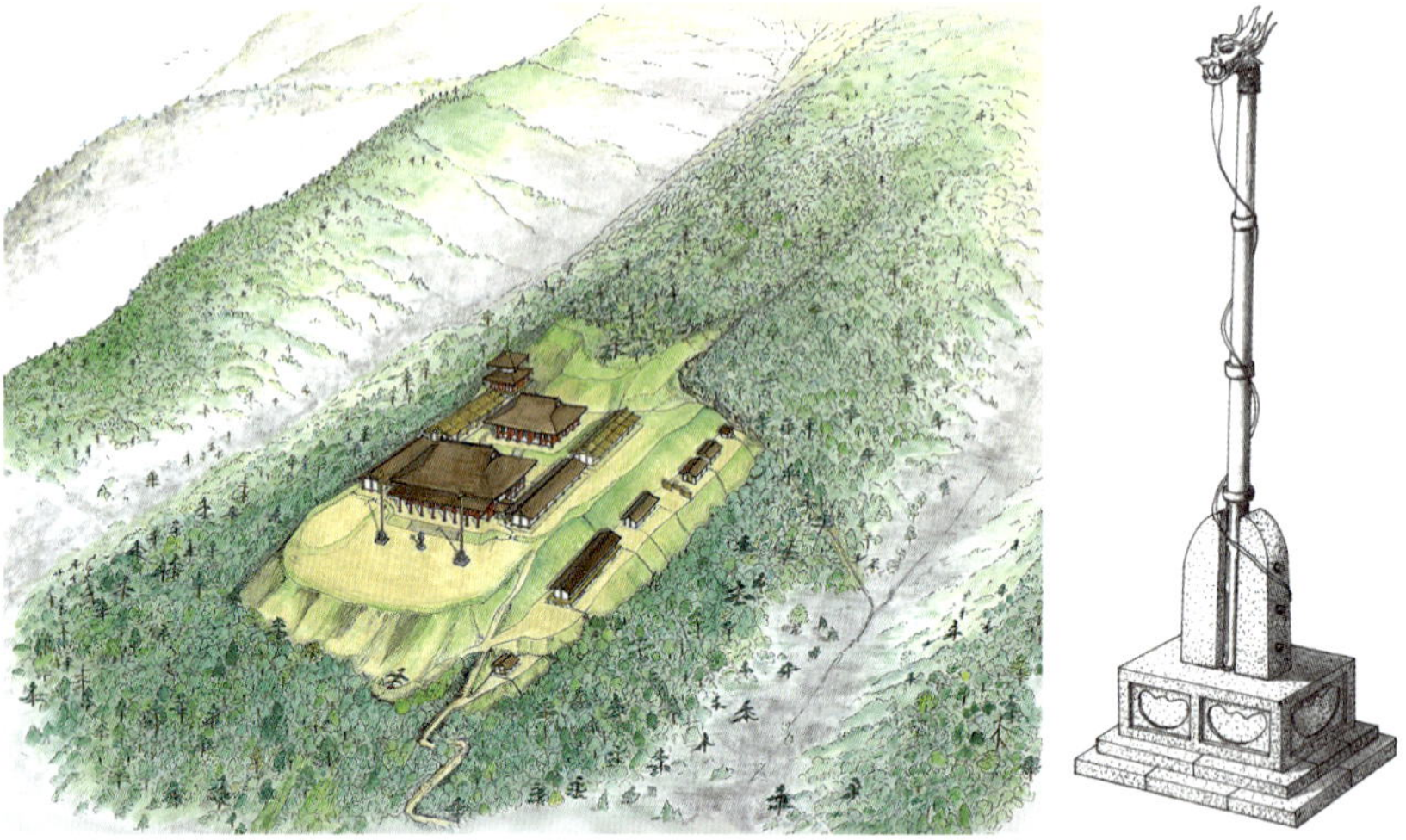

図22　安祥寺上寺推定復元図（南東から）と宝幢推定復元図

安祥寺下寺とその復元

次に、少し長文になりますが資財帳を使って、創建場所が不明な安祥寺下寺の復元を試みてみたいと思います。

先に述べたとおり、現在の安祥寺（京都市山科区御陵平林町）は、山科区の北方、琵琶湖疏水右岸の京都府立洛東高等学校の西隣に、真言宗の吉祥山宝塔院として法灯を今に伝え現存しています。本堂には、この時代には珍しい像高の高い本尊十一観音菩薩立像（二五二・五センチで奈良末から平安時代初期作）が安置され、両脇には四体の四天王像が置かれてあります。その他の堂宇には薬師如来座像や、祖師の大師像、開基の恵運像ほかの像が安置され、京都国立博物館には、国宝五智如来坐像や蟠龍石柱が寄託されています。しかし、元の下寺は中世以後に衰退し、江戸時代に入って土地を毘沙門堂に割譲され、慶長十八年（一六一三）、徳川《とくがわ》家康《いえやす》の帰依を受けていた第二十八世政遍が復興を上訴し、山林および境内地復旧の令を受けて復興されたものとされます。(15)

当初の安祥寺下寺のあった場所は、山田邦和氏による位置の復元案(16)のほか、京都府立洛東高等学校元教諭の島田雄介氏と学生たちによる下寺跡所在地の推定「安祥寺下寺の所在地」(17)もありますが、現在までのところ下寺跡の遺構は見つかっておらず、伽藍の復元は、発掘調査などによる考古学的な成果を活かすことはできません。

資財帳に書かれた下寺の寺地は、拾町八段十二歩（一〇万平方メートル以上）で、その四至（境内四方の境界）は、東限諸羽山《もろはやま》、南限興福寺《こうふくじ》地、西限山陵、北限山川とあり、東は現在の諸羽神社付近、南は南都興福寺の土地（東海道付近か）、西は天《てん》智《じ》天皇陵北域の東限、北は山川と書かれています。その中で、築垣《ついがき》（築地《ついじ》）に囲まれた主要伽藍の規模は、築垣内縦七十二丈五尺（南北約二一七・五メートル）、広卅二丈（東西約九六メートル）で、面積は約二万八八〇平方メートルと、南北に極端に長い境内地でした。

そこで、資財帳と先述の上寺跡の測量調査で確認された建物跡、および推定伽藍復元の成果を活かしながら、下寺の復元を進めていきますが、基本史料である資財帳の記述内容に関しては、上寺跡の調査成果からも信憑性が高いと思慮されます。そこでまず、資財帳に記述されている下寺の様子について見ていきましょう。

堂院

毘盧舎那五輪率都婆一基

金翅鳥王宝幢二基各高四丈一尺、金銅葱台同鳥形

檜皮葺仏堂一間長五丈六尺、四面有庇

檜皮葺軒廊二間各長三丈五尺

檜皮葺門楼一間（一カ）丈四尺

檜皮葺僧房二間各長五丈六尺、二面有庇

庫頭

檜皮葺倉一間長三丈二尺

板葺屋四間二長八丈八尺、二面有庇、一（二一カ）長五丈六尺

檜皮葺門屋三間、各長一丈五尺
築垣内縦七十二丈五尺　広卅二丈
已上下寺

記述される寸法は、上寺と同様に「間」は建物の数、「長」は建物の幅（主に桁行）を意味するものと解釈しています。上寺と同様、重要なものから順に記述されているとみられ、境内を大きく堂院と庫頭（庫裏）に二分し、主たる堂宇である堂院内には、五輪率都婆《そとば》や宝幢のほか六棟の建物と楼門の存在が記述されています。庫頭には檜皮葺倉一棟のほか板葺建物四棟、三つの門と境内を囲う築垣（築地）の寸法がそれぞれ記述されています。

今回の下寺復元の基準尺は、上寺跡の調査成果から一尺を約三〇センチとしています。

下寺には、上寺にあった井屋や客亭、大宣所、浴堂などの記述はなく、さらに一般の寺院にみられる塔や金堂、講堂、鐘楼、食堂《じきどう》、閼伽井《あかい》などの記載もありません。これは、上寺があくまでも本寺としての役割を持ち、下寺は仏堂と僧房を中心に築地に囲まれた二万平方メートル以上の境内地を有し、倉の存在からも、什宝類や儀式で使用する法具などを保管していたとみられ、下寺は上寺を含めて寺の維持管理や、経営の役割を担っていたと考えられます。

最初に書かれた堂院では、毘盧舎那《びるしゃな》五輪率都婆一基とあり、毘盧遮那とは、真言密教における大日如来と同一視される重要なものを意味することから、上寺にあった仏頂尊勝陀羅尼石童と同様に、この五輪率都婆が下寺を象徴する宗教上のモニュメントであったと考えられます。形状は不明ですが、五輪率都婆と記述されることから一般的な五輪塔（下から上に地・水・火・風・空輪を積み上げた石塔）のような立体的な形状をしたものではないかと想像されます。しかし、一般的に木造を含む五輪塔は、平安時代後期の十二世紀前半頃から出現するようになると考えられており、安祥寺創建の九世紀後半頃の毘盧遮那五輪率都婆がどのような形状をしていたかは定かではありません。

この下寺の五輪率都婆は、上寺の宝幢二基とセットで置かれていたと考えられる仏頂尊勝陀羅尼石童一基とは異なり、石製とは書かれていないため、金銅製あるいは木製であった可能性もあり、これを多宝塔（五智如来安置）と解釈[18]する立場もあります。これは先述の上寺でもふれましたが、『延喜式』主税寮に、土佐国の正税、公廨稲計二〇万束の中から「修理安祥寺宝塔料五千束」が計上されており、安祥寺には宝塔が存在していたと考えられるためです。筆者は、上寺跡の調査時、五大堂跡の北西で新たに発見した方三間堂跡（平面は正方形ではない）が、資財帳に記載が無く、後世に上寺に建立された宝塔のことを指すものではないかと考えています。

資財帳には、もう一つ毘盧舎那五輪率都婆が書かれています。資財帳の「仏菩薩像」条には、田邑（文徳）天皇御願により、仏像など一二点が寄進され、その最後の行に「毘盧遮那五輪率都婆壹基樫木（樫か）高五尺五寸」と書かれているのがそれです。この木製の卒塔婆が上・下寺のどこに置かれたかは不明ですが、これが下寺の毘盧舎那五輪率都婆一基と同形のモノ、あるいはそのモノならば、樫木製で高さ一六五センチほどで、成人男性の身長くらいの高さを持つ五輪率都婆であったことになります。

これについて、上寺の調査を担当した上原真人氏は、もしこの小規模な率都婆が下寺にあった毘盧遮那五輪率都婆と同じとすると、仏堂正面を飾った二基の高さ四丈一尺の宝幢と比べて小さすぎて釣り合わないと主張[19]しています。また、内藤栄氏の研究[20]によると、安祥寺の五輪率都婆は、現存する作例や文献史料を見る限り最も古い例であるとされ、なおかつ五輪塔の火輪が三角形状をした三角五輪塔ではないかと論考しています。

一方、上寺の高さ四丈一尺の宝幢二基の間に置かれていたと推定される仏頂尊勝陀羅尼石童について、下寺の青龍社の祠下から一九五三年に発見された漢白玉製の蟠龍石柱（高さ一〇五センチで三匹の龍を刻む）を、石灯籠の竿と台座に相当する部分と解釈[21]し、その上部に、形状は不明ですが仏頂尊勝陀羅尼を刻んだ石材が置かれていたと考えると、高さは極端に大きくはないと考えられます。ただし、上寺の仏頂尊勝陀羅尼石童が、下寺の青龍社の祠下で見つかった蟠龍石柱であるとの証拠はありません。

これらのことから、今回の復元案では、上寺で推定復元した高さ四丈一尺の宝幢と仏頂尊勝陀羅尼石童との関係をそのまま活かし、通常、寺の本堂前面に置かれる灯籠のように、仏堂の前面に木製（または石製か金属製）で火輪が三角形状をした五輪率都婆を配置し、その両側には後述する宝幢二基が立っていた形（図23・25）としてみました。ただし、この五輪率都婆が石製であれば問題ありませんが、木製とすれば、屋外に野ざらしの状態にしておくこと自体が不自然なため、覆屋《おおいや》など構造物を考慮する必要がありますが、今回の復元図には覆屋は描いていません。

資財帳には毘盧遮那五輪率都婆の次に、「金翅鳥王《こんじちょうおう》宝幢各高四丈一尺、金銅葱台《そうだい》同鳥形」が二基あったと書かれ、先述の上寺にあった太皇太后御願の二基の宝幢（各高四丈一尺、金銅葱台獣頭、太皇太后宮御願）と同規模の、高さ四丈一尺（一二・三メートル）の宝幢が二基あったことがわかります。これは、仮に上寺における仏頂尊勝陀羅尼石童と両側の二基の宝幢と同様に、二基（雌雄？）の金翅鳥王宝幢と合わせて、中心建物である仏堂前面を荘厳するために置かれていたと考えるのが最も相応しいと考えています。この宝幢は、上寺と同様、葱《ねぎ》の文様（格座間《こうざま》に葱の文様を刻んだものか）の台に、所謂「幢竿支柱《どうかんしちゅう》」（長い幡竿を立てる支柱・図22）があって、それに固定した長い竿の頂部に、雌雄の鳥形をした金翅鳥王（仏教の迦楼羅《かるら》の別名とされる想像上の鳥。garuda）[22]を取り付けたものとみられます。

伽藍を荘厳するために毘盧舎那五輪率都婆の左右に、この宝幢が立てられ、法事の際には、頂部の金翅鳥王から吊された幡《ばん》が翻っていたとみられ、山上にある上寺の「獣頭→天上に居る龍？」に対して下寺は空を飛ぶ「鳥」を象徴（四神では東が青龍、南が朱雀）したものとみられ、仏堂前のファサードは上寺と同形になると考えられます。これらは、本堂たる仏堂の前面に置かれていたと考えると、南の楼門から境内に入って最初に目に入るのがこの毘盧舎那五輪率都婆と二基の宝幢ということになります。

次に堂宇ですが、堂院の中心建物は「檜皮葺仏堂一間長五丈六尺、四面有庇」とあり、桁行の長さを標記しているものと解釈すると、母屋の四面に庇が取り付く建物で、桁行の長さが五丈六尺（一六・八メートル）であれば、桁行は五間、梁間四間規模の建物と考えられます。

仏堂と僧房をつなぐ軒廊については、資財帳には「檜皮葺軒廊二間各長三丈五尺」とあり、長さ一〇・五メートルの軒廊と書かれています。上寺では礼仏堂南側の東・西で礎石が見つかっており、軒廊の礎石間の実測値は、西が東西で八尺（二・四メートル）、東が東西七尺（二・一メートル）で、それぞれ礼仏堂側にもう一間分の軒廊礎石（未確認）があった可能性があることからも、下寺の軒廊は、仏堂南側の左右にあったとみられます。その長さは各長三丈五尺（一〇・五メートル）とあることから、狭隘《きょうあい》な土地で制約があった上寺（二丈）と比べて、下寺では、仏堂と東・西の僧房との間は少し長いことがわかり、今回は桁行三間、梁間一間として復元しています。

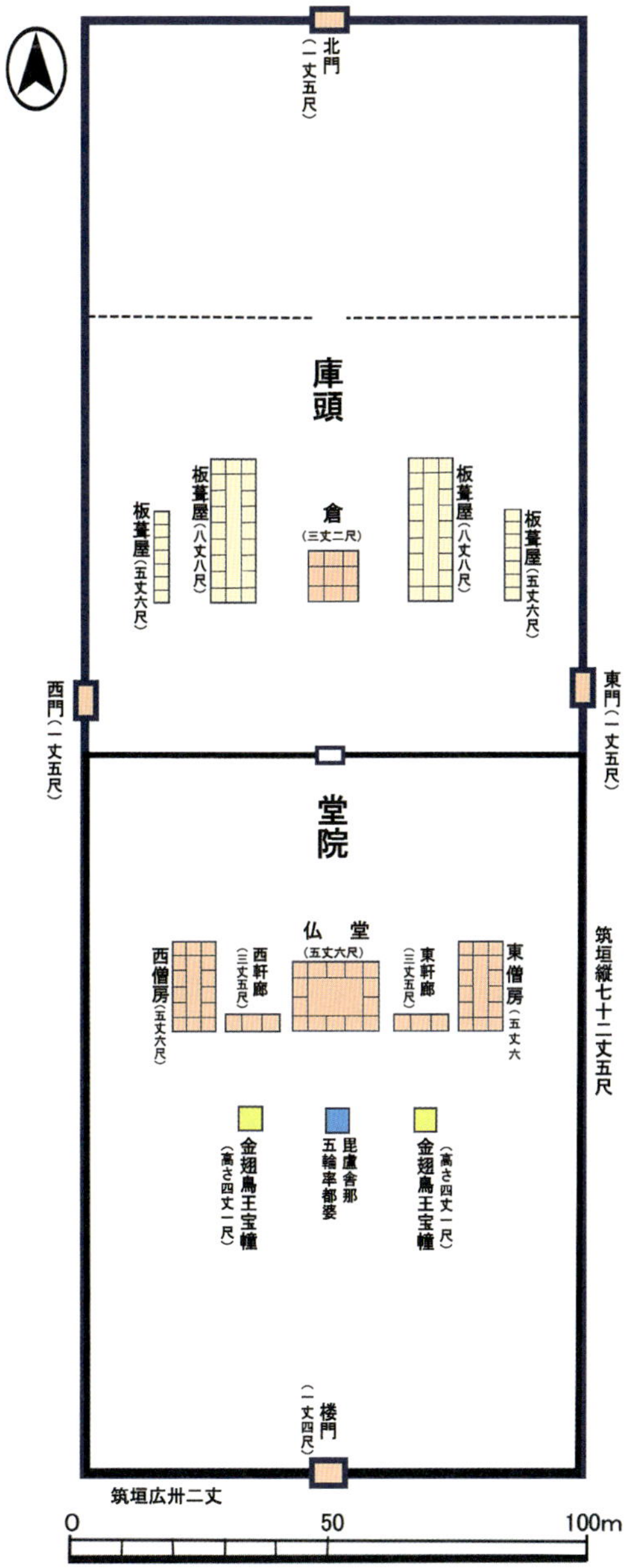

図 23　資財帳にもとづく安祥寺下寺の伽藍想像復元図

仏堂の左右にあったとみられる僧房は、「檜皮葺僧房二間各長五丈六尺、二面有庇」と書かれ、長さが一六・八メートルで二面（東・西）に庇がある檜皮葺の建物と書かれています。一方の上寺の東・西僧房は、資財帳には檜皮葺建物で庇の記述は無く、各七丈（二一メートル）と書かれていますが、調査の実測値では、梁間二間（西僧房が八×八尺、東僧房が七×七尺と異なる）で、桁行六間で五四尺（九尺等間、長さ一六・二メートル）の建物であったことから、資財帳の記述とは四・八メートル（一丈六尺）の差があり、資財帳には寸法を六丈または五丈四尺と書くべきであったと思われます。

そこで、資財帳をそのまま信用することはできませんが、下寺の僧房の寸法は、五丈六尺（一六・八メートル）と書かれ、上寺の僧房実測値の五丈四尺に近いことから、下寺の僧房の復元では、二面庇のある長さ五丈五尺（一六・八メートル）で約九尺等間の桁行六間建物とし、仏堂の左右に対称的に配置して復元することにしました。

楼門は、「檜皮葺門楼一間丈四尺」と書かれ、「丈」の前には寸法の記入がなく、一丈と解釈すれば、桁行一間の四・二メートルの楼門となります。これを信用すれば、下寺の正門としては小規模な楼門であったことになります。また後述しますが、庫頭の条に書かれた楼門以外の三棟の門は、各長一丈五尺（四・五メートル）と書かれ、楼門よりも若干大きかったことになります。

以上が下寺の堂院内にあった堂宇で、門を含めて檜皮葺建物が六棟でした。この堂院については、「院」と標記されていることや、以下で述べる庫頭の建物が、倉を除いて質素な板葺建物であることなど、堂院と庫頭は視覚的にも築地や塀などで仕切る必要があったと考え、築地塀で囲う形で復元しています。

次に庫頭ですが、「檜皮葺倉一間長三丈二尺」とあり、倉は一棟しか記述されておらず、儀式に使用する仏具や什宝類が納められていたと考えられます。倉の長さが九・六メートルほどの規模で、桁行三間、梁間二間（または方三間建物）規模で、校倉造構造であったとみられますが確証はありません。倉があった場所は推定するしかありませんが、上寺の例でわかるように山腹尾根上の狭隘な土地を造成して、山林寺院には珍しくシンメトリックに伽藍が構成されており、これを参考すれば、下寺の倉は一棟しかなく、伽藍の中央で仏堂の背後に置くのが適当であると思われます。

ほかに「板葺屋四間二長八丈八尺、二面有庇、一（二ヵ）長五丈六尺」と書かれた板葺屋根の建物が四棟あったことが書かれてあります。その内の二棟は両面に庇がある長さ二六・四メートルの建物で、一間を約三メートル（一〇尺）とすると、九間または八間の建物と推定できます。もう二棟（資財帳には一長と書かれる）は、長さ五丈六尺（一六・八メートル）の板葺建物で、庇の記述はなく、一間を三メートル（一〇尺）で割ると、五または六間、梁間一間の細長い板葺屋根の建物とみられます。この板葺四棟の建物位置については、上寺のシンメトリックな配置の例から、仏堂背後の倉の左右に建てられていた建物と解釈して復元しています。

次に、正門である楼門以外の門については「檜皮葺門屋三間各長一丈五尺」とあり、檜皮葺で長さ四・五メートルの門が三ヵ所あったことが書かれ、それぞれ東・西と北門と解釈できます。しかし、幅が四・五メートルとすると、先述の正門である楼門が「丈四尺」（丈の前に数字が書かれていない）とあり、これを一丈四尺（四・二メートル）と解釈すると、先述のとおり楼門以外の三ヵ所の門がそれぞれ一尺（三〇センチ）大きいことになります。これについては、現在のところ資財帳しか頼る術がなく、文面どおりに解釈するしかありません。楼門以外の三ヵ所の門の内、北門は当然、境内北限の中央に設けられたと解釈（あるいは堂院の北門か）できますが、東・西の門の位置については不明で、庫頭の東・西にあったと推定して描いています。

資財帳によると安祥寺下寺境内地は先述のとおり「築垣内縦七十二丈五尺　広卅二丈」と、南北二一七・五メートル、東西九六メートルの築垣があったとされ、面積は約二万八八〇平方メートルで、南北に極端に長い境内地を持っていたことになります。また、築垣の屋根は、瓦葺や檜皮葺、上土塀《あげつちべい》などの記載はありませんが、下寺があったと推定される現在の安祥寺よりも東方、JR山科駅北方一帯からは、これまで瓦などが見つかっていないため、復元では築垣を上土塀としています。

下寺境内にあった堂宇は、堂院エリアには仏堂を中心に、東・西の軒廊で檜皮葺の僧房が東・西に建ち、その背後には、庫頭エリアと記述される檜皮葺の倉と板葺建物が四棟あったとすると、建物規模を勘案しても東西幅が九六メートルあれば、南北二一七・五メートルの半分程度の土地でも、全建物を配置することは可能であり、堂院と庫頭以外の境内空間地に何があったかは今のところ不明です。

さて、この下寺の伽藍があった旧地については、筆者にも責任がありますが、『京都市遺跡地図』でも、改訂の度に何回か推定地の場所が変更された経緯があり、また、最初に述べたとおり現在のところ下寺跡の場所は不明のままとなっています。そこで、筆者が私的に考えている推定場所についてご紹介しておきます。

その推定地は現在の安祥寺の東方（西側は山地）で、資財帳に書かれた下寺境内地の具体的な大きさのほか、付近の町名「安朱山川町」「安朱堂ノ後町」や、安祥寺川の不自然な流路の形状を考慮し、さらに、安朱の中央を南北に通る毘沙門道（上寺へ至る古道と考えている）の位置を考えると、毘沙門道よりも西方と考えられます。これは、この道より東方には、場所は不明ですが同時代に、仁明天皇と藤原沢子《たくし》の間に生まれた文徳天皇の母違いの弟である人康《さねやす》親王の山荘跡があった（諸羽神社付近）と推定され、『伊勢物語』（七七段の「安祥寺のみわざ」・七八段の「山科の宮」）にも書かれていることなどから、現在の毘沙門道から東ではなく、西側に下寺があった可能性があると考えられます。

資財帳に書かれた下寺の四至は、東限諸羽山、南限興福寺地、西限山陵、北限山川で、面積は拾町八段十二歩（約一二万八〇〇〇平方メートル）と書かれてあり、その面積と推定される伽藍の大きさから勘案すると（方形の土地であれば一辺が約三五八メートル）、現在の安祥寺の東にある安祥寺川の東方で、北は京都市立安朱小学校、南は洛東高校のグラウンド南東にある三年橋の東西道路附近、あるいは南限が一町南までと考えられ、その範囲の東南部に下寺の主要伽藍があったと推定しています（図24）。ただし、この推定地案では、一九九三年に山科駅前で発見された安朱古墓[23]（図24）について、同墓が下寺の境内地内（ただし寺領域の可能性はある）にあったとは考えていません。

今回の復元図を描くにあたっては、下寺は南北に極端に長い境内地であり、資財帳に堂院と庫頭とを分けて書かれていることなどを考慮し、檜皮葺建物である堂院エリアと、粗末な板葺建物のある庫頭エリアとを塀で分け、そのほか、築垣の屋根については上土塀、その他は簡易な板葺塀とし、残りの境内地は、僧たちの食事を賄うための板葺屋

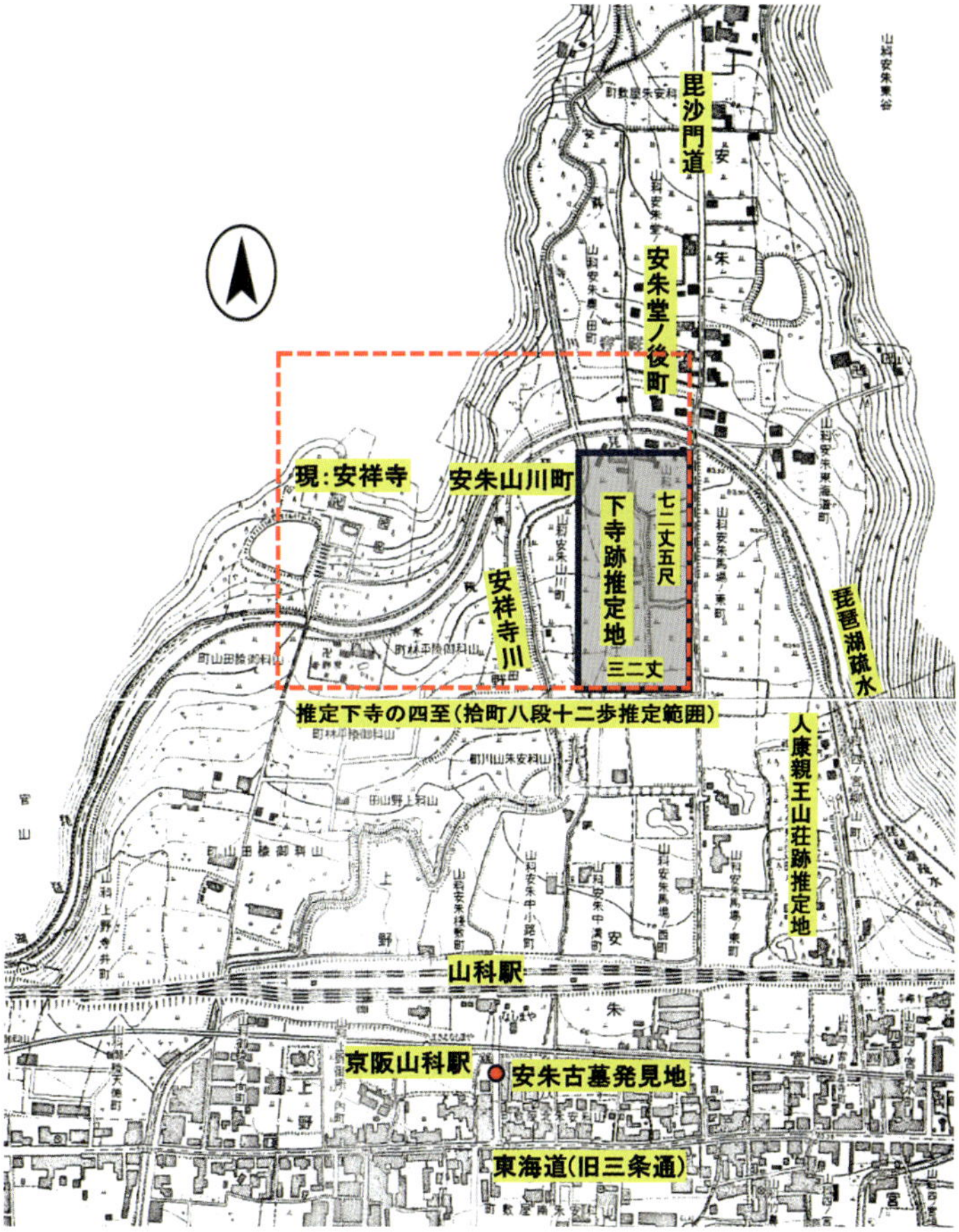

図24　安祥寺下寺領と下寺跡推定地
（大正11年〈1922〉測量〈昭和10年修正〉の1：3000都市計画図に加筆）

のほか、寺で働き雑務を担当する人々の雑舎、その他を閼伽井、花園、農地、雑木林など政所的な場所として描いています。

最後に、下寺を復元する中で、先述のとおり資財帳の下寺には、一般の寺院にある主要伽藍以外の食堂、鐘楼、経蔵、浴堂、井屋などの記載がなく、上原真人氏の指摘(24)のとおり上寺が本寺の役割を持ち、下寺は本寺のサポート的な役割を担っていたものと考えられます。

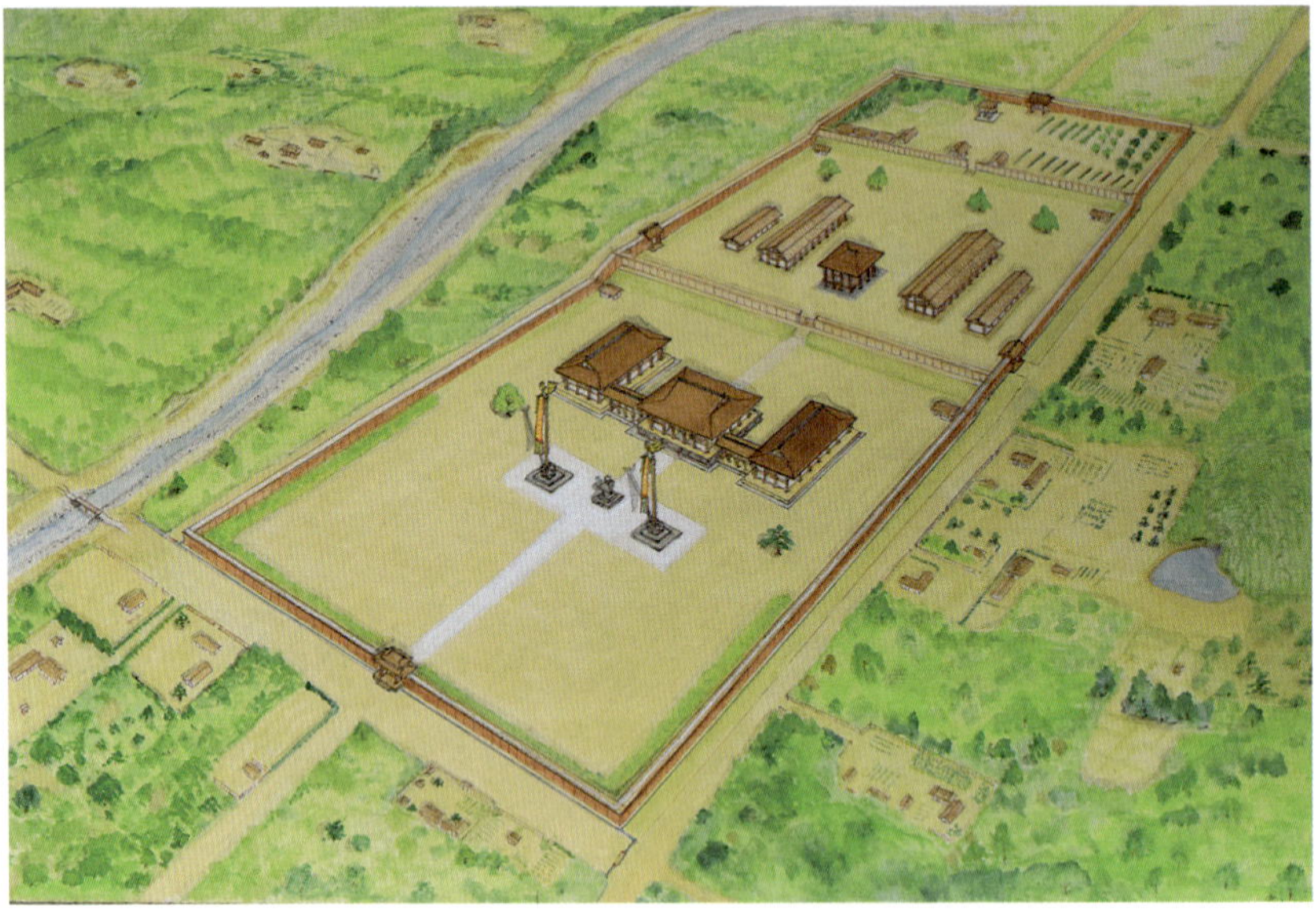

図25　安祥寺下寺推定復元図（南東から）

以上のとおり、今回の安祥寺下寺の復元（図25）は、下寺跡の推定位置も定かでなく発掘調査も行われていないため、資財帳の記載内容と上寺跡の調査成果から勘案して推定し作画したもので、今後の下寺跡の発見などにより、変わる可能性があることもご了解ください。

檜尾古寺跡（京都市左京区鹿ヶ谷菖蒲谷町）

この寺跡は、二〇一四年から二〇一八年まで、筆者が指導していた京都女子大学考古学研究会による如意ヶ嶽（通常の地図には大文字山と表記されている）周辺の調査で、これまで如意寺の大慈院跡・西方院跡としていた遺跡の再調査をした際に、新たに檜尾古寺跡と確認された山林寺院跡です。如意ヶ嶽の頂上から三六〇メートルほど南下した、南向き山腹（標高約四〇〇メートル）に創建された寺院で、先にご紹介した安祥寺上寺跡からは真北方向に約六六〇メートル北方に位置します。

　この寺跡は、安祥寺の寺歴が書かれた九世紀後半の『安祥寺資財帳』に唯一記録された「檜尾古寺所」であることを突き止め、さらに寺跡周辺の表面採集遺物から、創建は安祥寺上寺よりも古い、九世紀前半の山林寺院跡であることが判明しました。また、この寺跡は、先にご紹介した一九八五年頃に行った平安時代中期創建の如意寺跡の踏査[25]により複数の本堂跡のほか、複数の子院跡を発見し、園城寺に伝わる南北朝期の『園城寺境内古図』「如意寺幅」（図7）との比較検討から、当初は如意寺の大慈院跡および西方院跡と推定した場所で、これまでこの遺跡名でさまざまな図書にも紹介してきた経緯[26]があります。

この寺跡発見時は、地表にあらわれていた礎石一個のほか、付近からは如意寺の時代よりさらに古い平安時代前期の軒先瓦や土器が見つかるものの、如意寺の時代である平安時代中期や南北朝期の遺物は発見できず、また地形も古絵図に描かれた寺院景観と比べて遺跡の規模が大きいなどの矛盾があり、大慈院に先行する前身寺院の存在を考慮する必要が生じましたが、このときの調査は踏査が主目的で発掘調査ではないため、それ以上の追及はできませんでした。

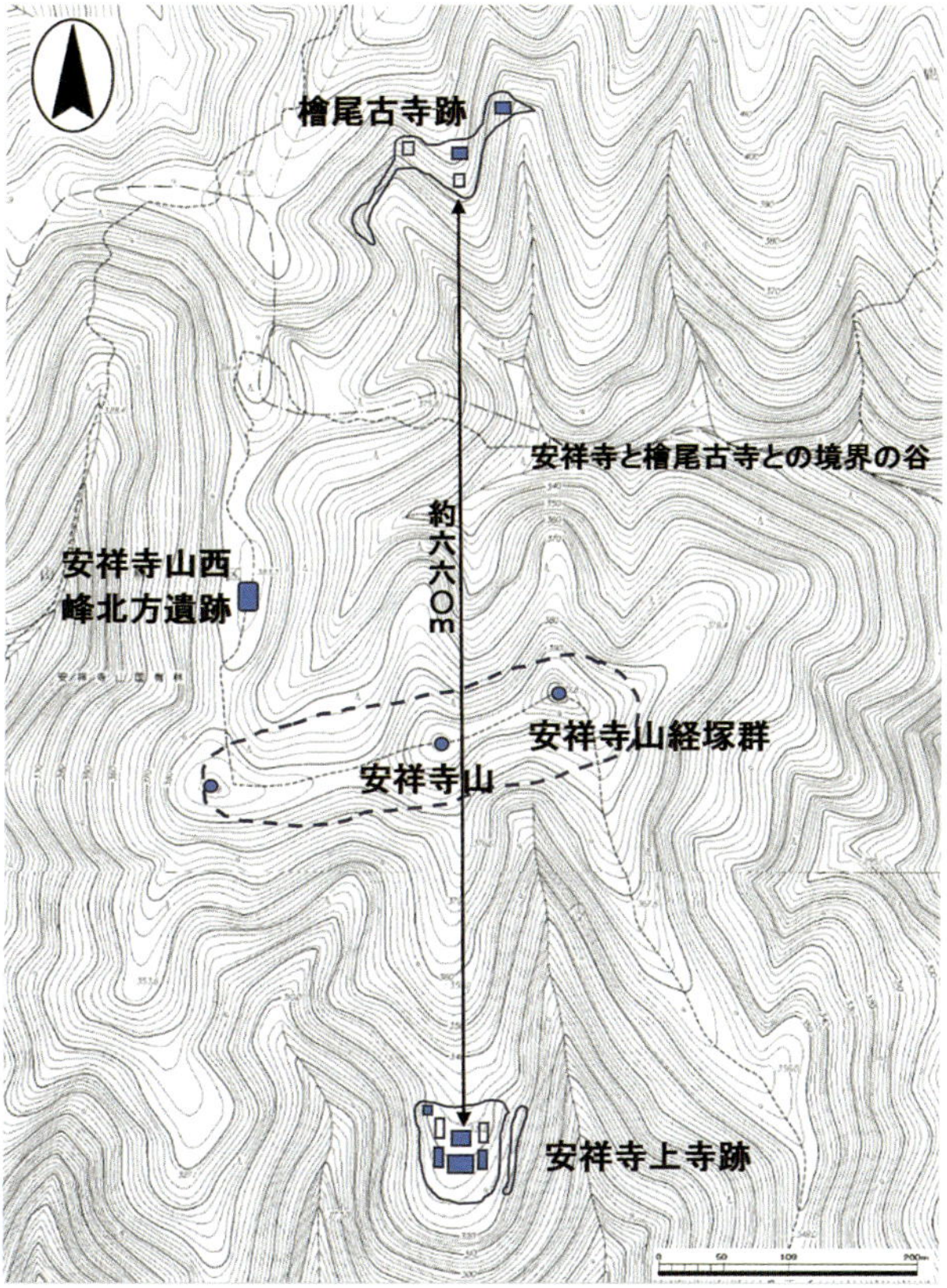

図26　檜尾古寺跡と安祥寺上寺跡の位置関係図

この件について古文書に詳しい恩師の木村捷三郎氏に相談すると、資財帳の中に、願主である仁明天皇女御の藤原順子が、斉衡三年（八五六）

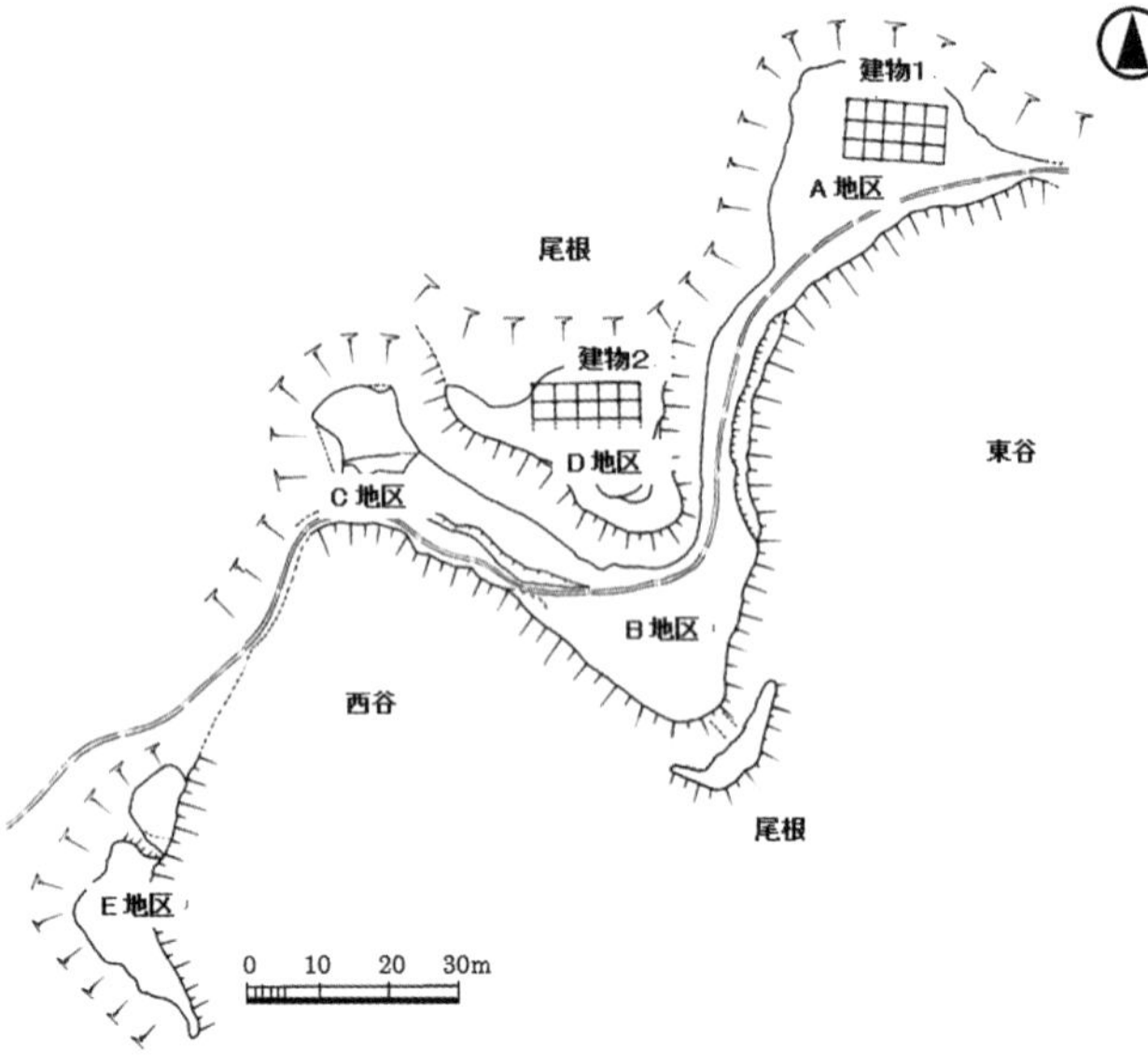

図27 檜尾古寺跡の地形測量図と検出建物跡（註(5)より転載）

に山五十町（約五〇万平方メートル）の土地を買い上げ、安祥寺上寺に施入した四至の記録に、「山五十町、東限大樫大谷、南限山陵（天智天皇陵）、西限堺峰、北限檜尾古寺所」とあり、安祥寺（上寺）の北限は「檜尾古寺所」と書かれていることをご教示いただきました。しかし、その後はこの遺跡を調査する機会も無いまま発見から約三〇年が経過してしまいました。

筆者は、京都市役所在職中の二〇〇一年から京都女子大学で非常勤講師に就任し、その翌年からサークル活動である考古学研究会の指導を担当するようになり、平安京の周辺の山中に残る遺跡調査を学生たちと進めていました。二〇一〇年春に京都市を定年退職し、その頃から如意ヶ嶽山中に残る寺跡の探査を、学生たちと改めて開始することにしました。先に発見していた謎の大慈院跡推定地は、礎石が露出するほど遺構が浅く、山中に生息するイノシシなどの動物が地中の虫などの餌を求めて地面を掘り返したことにより、浅く埋まっていた遺物が地表にあらわれる（図29）などしていたことから、[27]その保存のための緊急調査が必要であると判断しました。

二〇一四年になって部員たちと相談し、地権者不明で地主の許可が必要な発掘調査ができないため、ボーリング棒による礎石探査と露出礎石の清掃のほか、遺跡全体の地形測量および建物跡の礎石の位置確認と、地表の遺物採集を主な目的として調査を実施することになりました。その結果、二棟の礎石建ちの建物跡を発見し、遺跡周辺から発見した瓦や土器などの遺物は遺物コンテナに三箱分ほどとなり、点数は小片を含めて五〇〇点以上にもなりました。

遺跡の規模（図27）は、東西約一四〇メートル、南北約一三〇メートルで、大きく五ヵ所の平坦地やそれらをつなぐ通路跡を確認し、他の平坦地にも堂宇が存在していた可能性があることが明らかとなりました。発見した東側の建物1は、東西桁行五間（一四・四メートル）、南北梁間三間（八・一メートル）で、全体の礎石二四個のうち一五個を確認しました。遺跡の中央付近の一段高い尾根部で見つかった建物2は、礎石一一個を確認、東西桁行五間（一五メートル）と判明しましたが、発掘調査でないため、南北梁間は二間（四・八メートル）しか確認できませんでした。

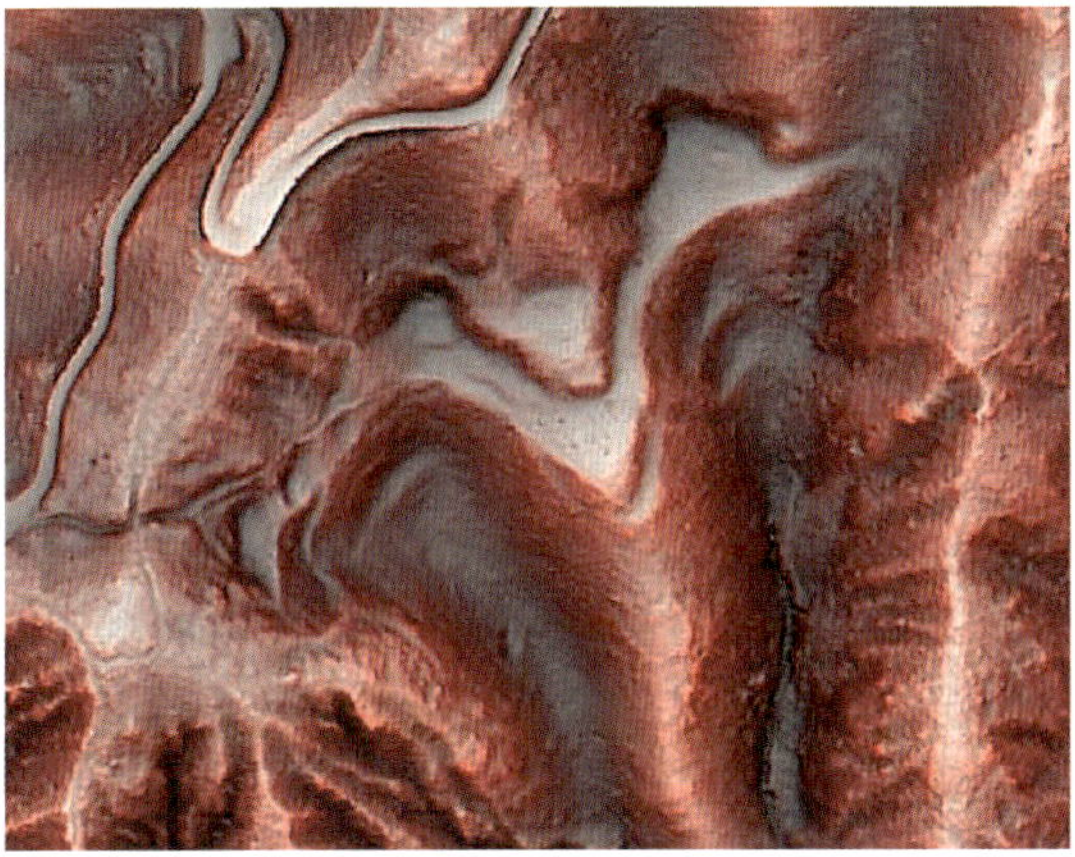

図28　檜尾古寺跡周辺の赤色立体地図（京都市文化市民局文化財保護課提供）

図29　遺跡では地表に平安時代の須恵器が散布

この両建物は、付近の発見遺物から創建時期が平安時代前期の九世紀前半にさかのぼる可能性があり、廃絶時期は、焼けた遺瓦の存在や十世紀中頃の土師器片が見つかっているため、その頃に火災に遭って廃絶し、埋没したまま人知れず現在まで山中に残ったものと考えられます。遺跡周辺からの表面採集遺物は大半が九世紀代の土器や瓦で、

図30　焼けた痕跡を残す唐草文軒平瓦（左）と丸瓦（右）

そのうち軒平瓦（図30）には、平安京の嵯峨《さが》天皇の後院である冷然院跡《れいぜんいんあと》から出土する平安時代前期の軒平瓦と同じで、土器類には猿投《さなげ》産の高級な緑釉陶器（図31）のほか、灰釉陶器、須恵器（図32）・土師器など、九世紀前半代の遺物が多く含まれていました。遺物の中でとくに注目されるのが塑像《そぞう》片（図33）で、京都市内ではこれまで四例しか見つかっておらず、分析の結果、漆に金箔を貼った漆箔《しっぱく》の塑像片と判明しました。塑像は奈良市の新薬師寺の十二神将が現存するので広く知られ、奈良時代の天平期には盛んに造られますが平安時代に入ってからはあまり造られなくなるといわれ、京都の山林寺院跡では初めての発見例となりました。

この遺跡は、人里離れた山中にあることから、後世に遺物が紛れ込む可能性は低く、如意寺の時代である平安時代中期以後の遺物も見つからないため、如意寺の大慈院跡ではないことが遺物からも明らかとなりました。発見遺物から推定される創建年代は九世紀前半代で、資財帳に書かれた斉衡三年の記述に、安祥寺上寺の四至の北限は「檜尾古寺所」と書かれていることや「古寺」という記述からも、創建は少なくとも九世紀前半代にさかのぼりうる可能性があることが判明しました。しかも、この遺跡は安祥寺上寺の北方に位置し、この両寺の位置関係や表採遺物の時代も資財帳の記述と一致することから、この山林寺院跡は檜尾古寺跡であると断定しました。

なお、史料中の「檜尾古寺所」とは、檜の繁茂した尾根を檜尾（地名）とし、「古」と書かれていることから、少なくとも安祥寺創建以前の寺で、その境内地

図 32　須恵器小壺

図 31　猿投産の高級な緑釉陶器

図 33　漆箔の塑像の破片

図 35　見つかった礎石の清掃をするクラブ員たち

図 34　京都女子大学考古学研究会の調査風景（南から）

図36　檜尾古寺の想像復元図（南西から）

を意味すると考え、遺跡名はそのまま檜尾古寺跡と呼ぶことにしました。(28) そのほか、現在の安祥寺の本尊（重要文化財木造十一面観音菩薩立像）は、奈良時代末から平安時代初期の高さ二五二・五センチの巨像で、安祥寺創建の九世紀中頃とは時代が合わず客仏とされています。この仏像の元の寺は同じ山科にあった藤原鎌足所縁の山階寺ではないかともいわれてきましたが、今回の檜尾古寺跡の発見から、この寺の本尊仏が廃絶後に安祥寺へ移された可能性も考慮する必要があることになりました。

平安京が遷都されて間もない九世紀前半代は、延暦二十三年（八〇四）に最澄や空海が大陸の唐へ渡り、またその他の入唐八家と呼ばれる僧たちが、新たな仏教を伝授されて多くの仏具や経典を持ち帰り、全国に密教が広まっていった時代でもあります。檜尾古寺跡は、その初期段階に平安京近傍に建立された密教系山林寺院とみられ、標高四〇〇メートルほどの南向きの尾根を削り、谷を埋めて造成された大きな境内地を有し、今回発見された二棟の建物以外にも堂宇の存在が予想されます。また、発見された高級な緑釉陶器や漆箔の塑像などの遺物から、創建に関わる願主や経済的な後ろ盾の檀越など、開基の僧も含めてかなりの人物が関わったものと推測されます。

檜尾古寺創建者の考察

檜尾古寺の推定される願主の候補者については、資財帳に寺院名が唯一書かれているだけで、今のところ文献史料から願主を特定するのは困難です。そのような中で、平安時代前期の九世紀前半代に活躍し、ある程度の地位があり、近くにある安祥寺(上寺)とつながりのありそうな人物の一人に右大臣の藤原三守《みもり》がいます。

三守は、藤原真作《まつくり》の子として延暦四年に誕生、生母は御井《みい》氏とされ、藤原南家の祖である藤原武智麻呂《むちまろ》の曽孫にあたります。大同元年(八〇六)に桓武天皇が崩御、その五月に安殿《あて》皇太子が即位して平城《へいぜい》天皇となり、三守は春宮《とうぐう》主蔵正《くらのかみ》(『公卿補任《くぎょうぶにん》』)に任じられています。三守はこの年の前後に橘安万子《たちばなのあまこ》を妻にしたとされ、安万子の妹は橘嘉智子《かちこ》で、神野《かみの》皇太弟(後の嵯峨天皇)の后に迎えられています。さらに、三守の異母姉の藤原美都子は藤原北家の嫡流である藤原冬嗣の妻となって、子には長良《ながら》、良房、順子、良相らがおり、安祥寺願主の藤原順子(仁明天皇女御)は三守とは叔父と姪の関係になります。冬嗣も神野皇太弟の春宮大進、春宮亮を務め、三守と冬嗣は神野皇太弟の側近でした。

大同四年四月、平城天皇が神野皇太弟に譲位して、十三日には神野皇太弟が即位し嵯峨天皇が誕生。三守は六月に従五位下に叙され、皇太弟のときからよく仕え、嵯峨天皇から信頼を得て重用されていたと考えられます。また、義妹の嘉智子が嵯峨天皇の夫人の地位に昇り、三守の後ろ盾ともなっています。弘仁元年(八一〇)十一月二十三日、嘉智子が従三位となり、同時に三守の妻の安万子(嵯峨天皇典侍《てんじ》)は従五位下に叙され、安万子は上級女官として廟堂で三守を支える立場となります。その後、三守は、弘仁五年正月には従四位下へと順調に昇進を重ねていきます。弘仁六年七月に、嘉智子が立后すると翌七年正月には但馬守となり、十月には参議に任命されています。

図37　檜尾古寺跡東側の建物跡の平坦地（東から）

弘仁八年七月、典侍として後宮から三守を支えていた妻の安万子が死去、安万子には従三位が追贈されています。三守はその後、順調に昇進し、弘仁十一年には従四位、翌年には権中納言に任じられ従三位に昇進、弘仁十四年四月には嵯峨天皇が譲位、大伴《おおとも》皇太弟が淳和《じゅんな》天皇として即位します。このときに三守は、正三位に進み、嵯峨上皇の仙洞御所である嵯峨院で勤務を望む旨を上奏し、勅許を得て中納言を辞退し、引き続き嵯峨上皇の元で重臣として仕えることになります。

天長二年（八二五）に藤原冬嗣が左大臣となると、三守は朝堂に必要とされ宮内卿に任じられます。天長四年には刑部卿に任じられ、翌天長五年には前中納言から大納言に抜擢され、さらに兵部卿を兼任しています。三守は、嵯峨天皇との関係で空海とも親交があったとみられ、平安京にあった三守の所有地である平安京左京九条二坊十一町と十四町の二町（約一万六〇〇〇平方メートル）を空海のために寄進し、綜芸種智《しゅげいしゅち》院《いん》（図38）が創立されます。

天長七年十月には、かねてより編纂事業に参加していた『弘仁格式《こうにんきゃくしき》』を完成させ撰上しています。天長十年に淳和天皇が譲位、正良《まさら》皇太子が践祚して仁明天皇が即位すると従二位に昇進し、皇太子傅《ふ》を兼任しています。承和五年（八三八）には右大臣に任じられますが、二年後の承和七年七月七日に薨去し、三守は生前の功績を称えて従一位を追贈されています。

三守は、『続日本後紀』承和七年七月七日の条にあるように、藤原南家の傍流ともいえる出自（図39）ながら、学問を尊び個人的な野心を抱くことなく、嵯峨天皇、淳和天皇、仁明天皇に仕え、最終的には右大臣にまで昇進した人物です。弘仁十三年には、最澄の延暦寺の大乗戒壇設立に尽くし、天台（台密）から信頼され、弘仁十四年の嵯峨天皇宸翰光定戒牒《しんかんこうじょうかいちょう》（国宝）には別当として名を連ねています。また、嵯峨天皇の重臣の立場から真言（東密）の空海との関係も深く、先述のとおり天長五年には所有地であった平安京の二町を空海に寄進し綜芸種智院が創建されており、三守は台密や東密からも信頼が厚い人物といえます。

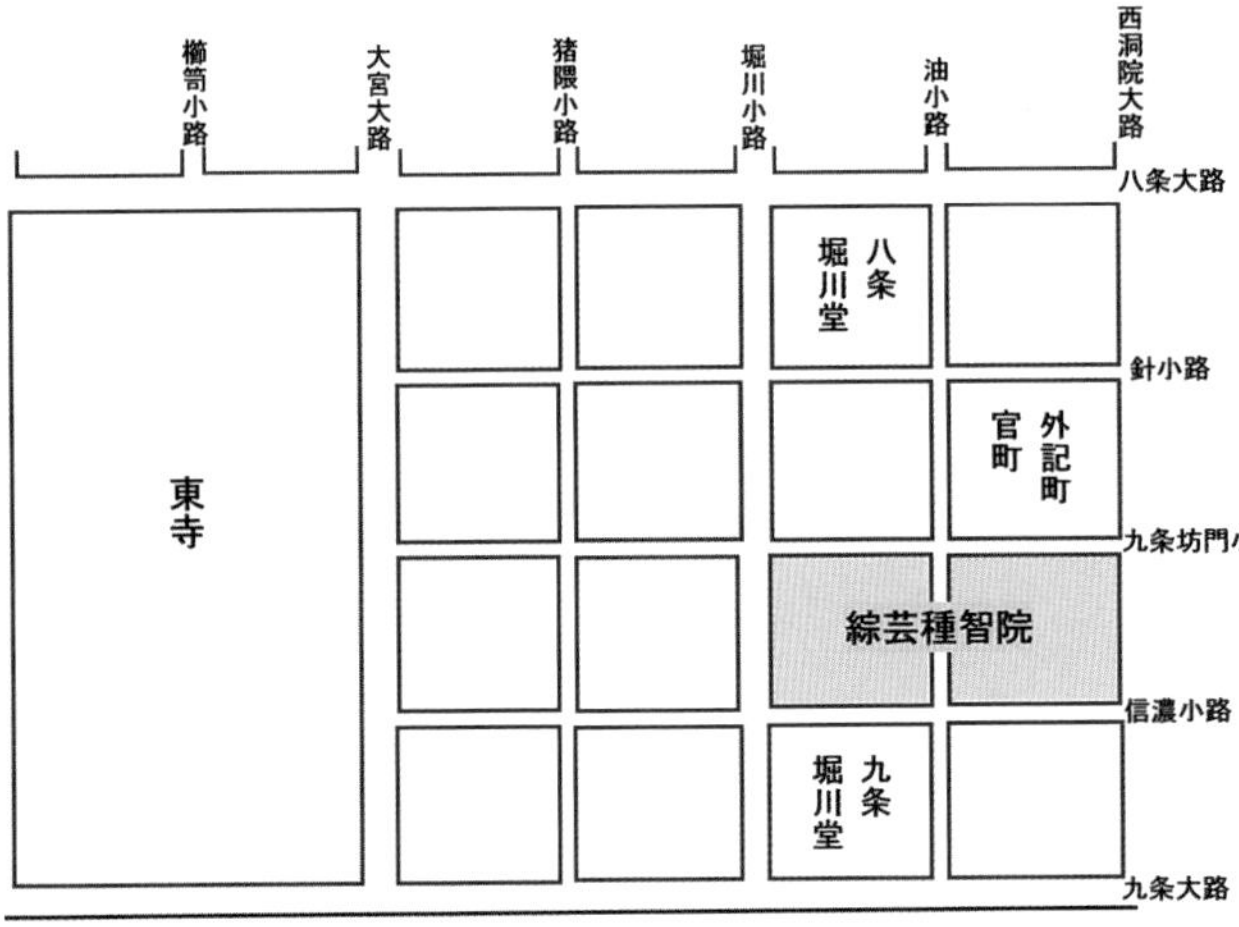

図38　平安京の綜芸種智院の位置図

弘仁八年には妻の橘安万子が逝去、その一一年後の天長五年九月には異母姉の藤原美都子が逝去、天長七年四月三十日には、頼りとしていた実弟の三成《みなり》が四五歳で逝去しています。三守はこのような晩年の不幸から、天長七年に『弘仁格式』を完成させた後の頃に、世の無常を感じ、空海の勧めもあって、藤原氏所縁の山科北方の山中に、山林寺院の創建を思い立ったと考えてもおかしくはないと考えられます。さらに、三守の異母姉（美都子）の子である姪の藤原順子が、叔父の三守が山科北方山中に創建した寺のことを知って、太皇太后並びに四恩の為に安祥寺の創建を思い立ち、山科北方の山中で叔父の創建した寺の南方峰に、嘉祥元年八月安祥寺を創建、さらに斉衡三年十月に、檜尾古寺所の南側に接する土地五十町を買い上げ、安祥寺に施入したとも考えられます。

この山階《やましな》（山科と同じ）には七世紀後半に天智天皇陵が営まれ、天皇の重臣で藤原氏の祖である中臣鎌足《なかとみのかまたり》（天智天皇から藤原姓を賜う）の陶原館《すえはらやかた》があった所です。鎌足の死後に妻の鏡女王《かがみのおおきみ》が釈迦三尊像・四

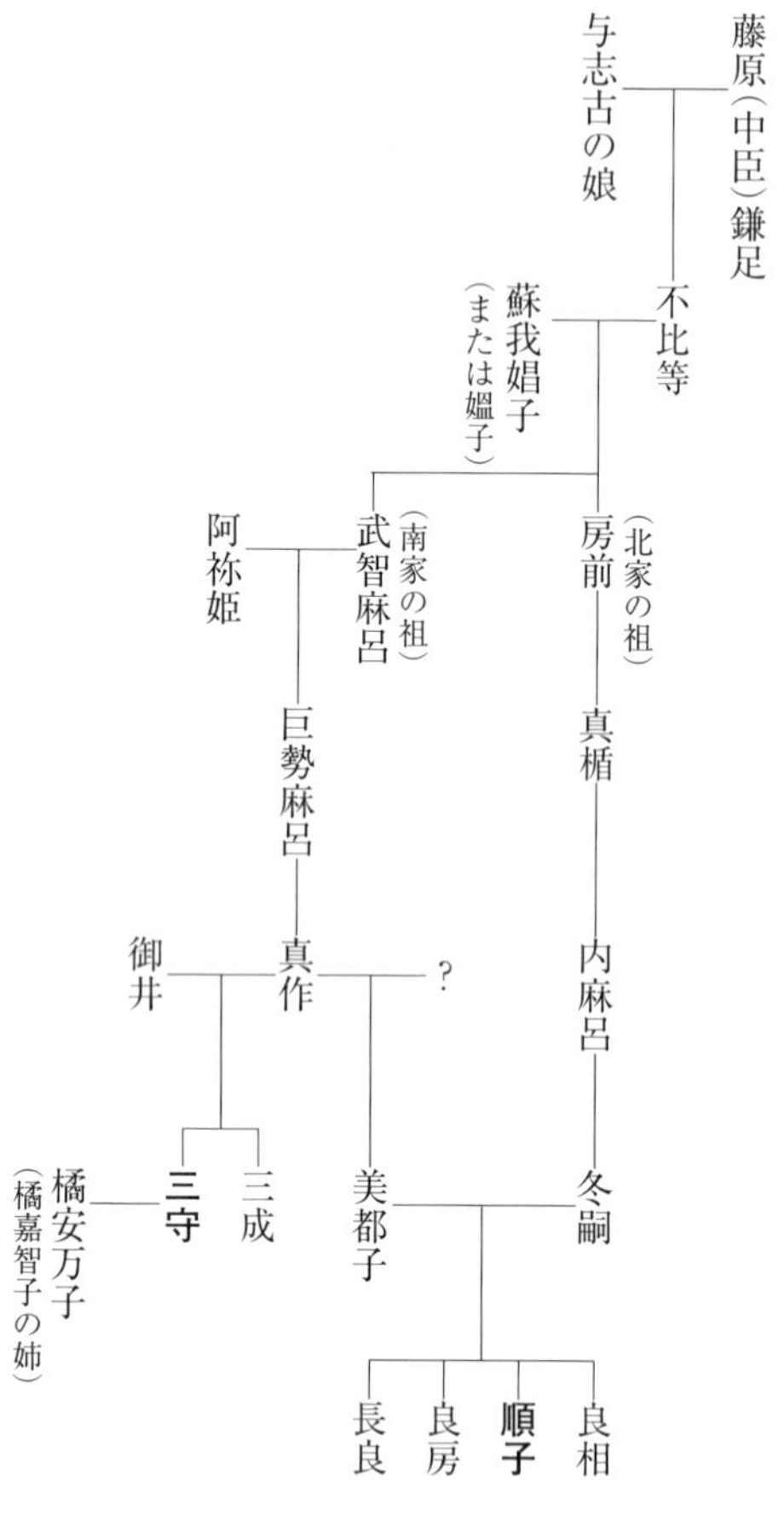

図39　藤原氏系図

天王像を安置して山階（科）寺（山階精舎《しょうじゃ》）となり、やがて都が飛鳥の地に遷都したため、山階寺は飛鳥へ移転して厩坂寺《うまやさかでら》となり、平城京遷都にともなって再移転して興福寺へとつながっていくとされ、山階は藤原氏の祖である鎌足ゆかりの地でもあり、三守は、別名を後山科大臣と号しています。

さらに、三守の曽祖父にあたる藤原武智麻呂《むちまろ》については、漢詩集『懐風藻《かいふうそう》』（天平勝宝三年〈七五一〉）によると、麻田《あさだの》連《むらじ》陽春《やす》の詩に「近江は惟《こ》れ帝里《ていり》、裨叡《ひえい》は寔《まこと》に神山、山静けくして俗塵寂《ぞくじんしず》み、谷閑《しず》かにして真理専《もっぱ》らにあり云々」(29)とし、最澄によって比叡山寺が創建される前に、武智麻呂が神山「裨叡（比叡山）」に宝殿を建て、ひとり修行にいそしんでいたことが記されています。三守は曽祖父に倣って、比叡山に近く、平安京にも近い藤原氏所縁の山科の北方山中に寺院を建立したのではないかと推測しています。

以上、藤原三守を檜尾古寺の願主と仮定して(30)、筆者が勝手に思考・想像して書いたもので、考古学の立場からは不適切であるかもしれません。この謎の山林寺院は、最澄や空海ら入唐僧らが大陸から新たな仏教をわが国にもたらし、平安仏教として発展していく初期段階の山林寺院の例であり、創建に関する史料は今のところ見当たりませんが、日本仏教史を語るうえできわめて重要な遺跡と考えています。

山林寺院跡の成果の追加

今日では考古学の調査でもよく利用されるようになった赤色立体地図を使って、最近新たに判明した山林寺院跡に関する興味ある事例を最後にご紹介しておきます。

安祥寺上寺跡（標高約三五〇メートル）と檜尾古寺跡（標高四〇〇メートル前後）以外に、山中で新たに発見された遺跡との位置関係を、最近広範に利用されているグーグルアースと、赤色立体地図を利用して確認したところ新たな事実が判明しました。これまでご紹介した安祥寺上寺跡の北方背後にある安祥寺山は、東西に三つの峰を持ちますが、その西峰（標高三八七メートル）の北方尾根上で、二〇二〇年（令和二）に、平安時代前期と推定される新たな遺跡が見つかり、仮に安祥寺山西峰北方遺跡と名付けました。

この遺跡は、如意ヶ嶽方面から南の安祥寺山の北側の谷へ至る林道工事の掘削法面から偶然遺物が見つかり、法面上方の尾根上にある狭小な平坦地に何らかの遺跡が存在することが明らかとなりました[31]。この遺跡の東側の谷下では、一九八五年頃に如意寺跡の調査をしていた際に、西方院跡と推定していた遺跡（後の檜尾古寺跡）の南方の西側谷で、平安時代前期の遺物が散布する場所が見つかり「西方院下方西谷遺跡」と名付け遺跡地図に登録されていました。二〇〇二〜〇三年に行われた京都大学ＣＯＥによる安祥寺上寺跡の調査時も、この谷底にある遺跡の調査を行いましたが、遺構は見つからず不明のまま遺物散布地として登録されていました。今回、新たに見つかった遺跡は、西方院下方西谷遺跡の西上の南北尾根上にあり、谷下で見つかっていた遺物は、この遺跡から谷へ転落したものであることが明らかとなりました。この遺跡は、標高三八〇メートル前後にあって、約二五メートル四方のやや南下がりの尾根上平坦地で、遺跡の中央を南北に山道が通っています。

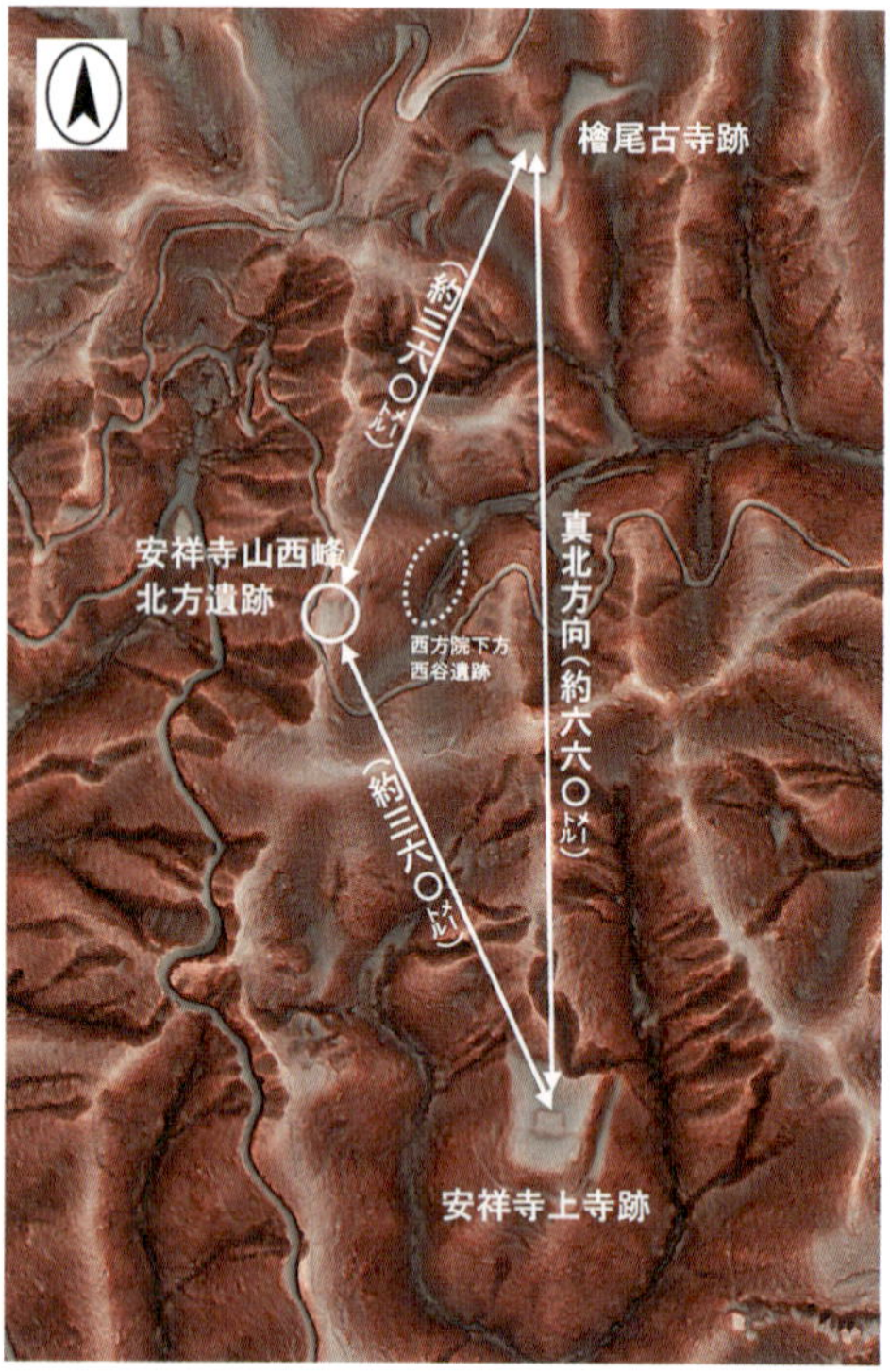

図40　赤色立体地図による3ヵ所の遺跡の位置関係図
（京都市文化市民局文化財保護課提供）

これまでこの遺跡は調査が実施されていませんので、遺構の性格などはわかりませんが、付近から見つかる遺物が平安時代前期（須恵器、緑釉陶器、黒色土器など）で、瓦は見つかっておらず、礎石もまだ見つかっていないことから小さな堂宇の存在が想定されます。今回、安祥寺上寺跡の中心建物の礼仏堂跡と、その北方にある檜尾古寺跡の中心建物と推定される一段高い場所にある堂跡の位置を、赤色立体地図とグーグルアースで確認したところ、両建物跡はほぼ南北（真北）のライン上に位置し、水平距離は約六六〇メートル、さらに今回新たに発見された安祥寺山西峰北方遺跡の位置は、両寺跡からほぼ三六〇メートル前後と二等辺三角形（トライアングル）の位置関係にあることが判明（図40）しました。

平安京周辺の山岳域では、平安時代前期にさかのぼる遺跡はきわめて少なく、偶然にもこの三つの遺跡は、お互いの距離も近く、発見遺物も同時代であり、何らかのつながりがあって設けられた可能性が考えられます。両寺の共通した奥院的な施設とも予想され、今後の調査の進展が期待されます。

註

（1）『令義解』巻二所収、僧尼令第七。「凡僧尼有禅行修道、意楽寂静、不交於俗、欲求山居服餌者、三綱連署、在京者、

僧綱経玄蕃、在外者、三綱経国郡、勘実並録申官、判下山居所隷国郡、毎知在山、不得別向他処」とし、山居して修行したければ、所属の寺の三綱に申出て、三綱は玄蕃寮に上告。地方の僧尼であれば三綱は国郡より官に上申し、官符が下れば、他処に移動しないという条件で山林修行することができるとする。別の箇所では「凡僧尼卜相吉凶、及小道、巫術、療病者、皆還俗、其依仏法持呪救疾、不在禁限」として、仏法による呪を持することのみは禁限としないとする。また「凡僧尼非在寺院、別立道場、聚衆教化、幷妄説罪福、及殴撃長宿、皆還俗……」とし、僧尼は寺院に非ずして別に道場を立て民衆を教化するようなことは禁止するという内容がある。

（2）松村知也「山岳寺院・山岳寺院一覧表」摂河泉古代寺院研究会編『山岳寺院の考古学』摂河泉文庫、二〇〇〇年。

（3）洛北の山林寺院であった補陀落寺跡《ふだらくじあと》（清原深養父《きよはらのふかやぶ》の別業）は、文化財保護にもとづく届け出もないまま、二〇一八年の台風二一号の前に、林道工事で完全に破壊されてしまった。

（4）梶川敏夫「如意寺跡発見への挑み」『園城寺』第五六・五七・五八号、総本山園城寺、一九八六年。同「如意寺跡―平安時代創建の山岳寺院―」『古代文化』四三、一九九一年。

（5）梶川敏夫・新開悠・常見紗榔・佐伯綾音『檜尾古寺跡―京都東山如意ヶ嶽山中の平安時代前期山林寺院跡―』京都女子大学考古学研究会、二〇一九年。梶川敏夫「クラブ活動による調査とその成果―京都東山の山林寺院跡―」『史窓』第七八号、二〇二一年。

（6）江谷寛ほか「平安時代山岳伽藍の調査研究―如意寺を中心として―」『古代学協会研究報告第一輯』古代学協会、二〇〇七年。

（7）『安祥寺資財帳』安祥寺開基の恵運が貞観九年（八六七）に自ら勘録したもので、寺の創建経緯、規模、資財などを詳細に記す。それを保延二年（一一三六）に写本したものを、至徳二年（一三八五）に東寺観智院の賢宝が書写させた南北朝期の古写本を現在京都大学（図書館）が所蔵（重要文化財）。そのほか、中町美香子・鎌田元一編『安祥寺資財帳　京都大学史料叢書一七』思文閣出版、二〇一〇年。

（8）安祥寺の創建については、上寺が先に創建されたとする説（紺野敏文「創造期の安祥寺と五智如来像」〈『美術史』一〇一号、一九七六年〉、八賀晋「安祥寺上寺跡」〈京都国立博物館編『京都社寺調査報告Ⅱ』一九八一年〉）と、下寺が先に創建されたとする説（毛利久「安祥寺五智如来像考」〈『仏教芸術』二四号、一九五五年〉、福島弘道「安祥寺五智如来像の造立年代と承和以後の作風展開」〈『仏教芸術』一三三号、一九八〇年〉などがある。

(9) 根立研介「安祥寺の仏像彫刻をめぐる諸問題—創期彫像の国際性と新奇性の問題を中心として—」上原真人編『皇太后の山寺—山科安祥寺の創建と古代山林寺院—』柳原出版、二〇〇七年ほか。

(10) 上田進城編『山科安祥寺誌』古義真言宗別格本山安祥寺、一九二九年。

(11) 景山春樹・毛利久「安祥寺新出の蟠龍石柱について」『佛教藝術』第二〇号、一九五三年。

(12) 前掲註(8)八賀晋「安祥寺上寺跡」。安祥寺上寺の地形測量調査は、一九八一年二月一日から二十日まで京都国立博物館スタッフらの手で行われた。

(13) 調査の成果は、梶川敏夫「山岳寺院」(古代学協会・古代学研究所編『平安京提要』角川書店、一九九四年)に掲載。

(14) 上原真人・梶川敏夫ほか『安祥寺の研究Ⅰ—京都市山科区所在の平安時代初期の山林寺院—』第一四研究会「王権とモニュメント」(京都大学大学院文学研究科二一世紀COEプログラム「グローバル化時代の多元的人文学の拠点形成」二〇〇四年)、『安祥寺の研究Ⅱ』(京都大学大学院文学研究科二一世紀COEプログラム「グローバル化時代の多元的人文学の拠点形成」成果報告書、二〇〇六年)。

(15) 前掲註(10)。

(16) 山田邦和「太皇太后藤原順子の後山階陵」前掲註(9)『皇太后の山寺』。

(17) 二〇一三年二月九日、京都府立洛東高校の地理歴史科の島田雄介教諭の指導で、学生たちによる「安祥寺下寺の所在地」の復元研究が「第六回全国高校生歴史フォーラム」で発表され、優秀賞を受賞している。

(18) 足立康「安祥寺五智如来像の造顕年代」『建築史』第二巻六号、一九四〇年。

(19) 前掲註(9)『皇太后の山寺』で、下寺の毘盧遮那五輪卒塔婆について上原真人氏は、『延喜式』主税寮に書かれた土佐国の正税・公廨稲計二〇万束の中から「修理安祥寺宝塔料五千束」が計上されている記録から、「安祥寺宝塔」がこの卒塔婆に該当する可能性があることを示唆している。また、文徳天皇御願の小規模な卒塔が、下寺の毘盧遮那五輪卒塔婆と同じとすると、正面を飾った高さ四丈一尺の宝幢とは釣り合わないと主張している。

(20) 内藤栄「三角五輪塔の起源と安祥寺毘盧遮那五輪卒塔婆」『美術史論集』八、二〇〇八年。

(21) 前掲註(11)。

(22) 迦楼羅ともいい、『総合仏教大辞典』によると、インドの伝説でヴィシュヌ神の乗り物とされる聖鳥。竜を取って食うとされ鳥類の王といわれる。仏教では八部衆の一に数えられ、太陽の高熱を神格化したものといわれる。密教では大梵天、大自在天の化身とし、これを本尊として病難、風雨の難などを避けるために修する法を迦楼羅法という。

(23) 高正龍・平方幸雄「安祥寺下寺跡」『京都市埋蔵文化財調査概要　平成五年度』京都市埋蔵文化財研究所、一九九六年。

(24) 上原真人「古代山林寺院研究と山科安祥寺」前掲註(9)『皇太后の山寺』。

(25) 梶川敏夫「京都周辺の山林寺院」仁木宏・山田邦和編『歴史家の案内する京都』文理閣、二〇一六年。同「平安京周辺における山林寺院の実態」中尾芳治編『難波宮と古代都城』同成社、二〇二〇年ほか。

(26) 前掲註(4)梶川「如意寺跡」や前掲註(13)梶川「山岳寺院」。

(27) 梶川敏夫「鹿のおかげで見つかった幻の密教寺院」『文藝春秋』第九六巻第三号、二〇一八年。

(28) 前掲註(5)『檜尾古寺跡』。

(29) 天平勝宝三年（七五一）撰述の『懐風藻』の麻田連陽春作の詩

和藤江守詠裨叡山先考之旧禅処柳樹之作

近江惟帝里　裨叡寔神山　山静俗塵寂　谷閑真理専　於穆我先考　独悟闡芳縁　宝殿臨空構　梵鐘入風伝（後略）

〔訳文〕近江は惟れ皇里　裨叡はまことに神山　山静けくして俗塵寂み　谷間にして真理専らにあり。ああうるわしき我が先考　独り悟りて芳縁を闡く、宝殿空に臨みて構え　梵鐘風に入りて伝う。（後略）

天平十七年（七四九）九月に近江国守に任ぜられた藤原仲麻呂の亡父藤原武智麻呂（藤原南家の祖）が俗塵を離れた神山（比叡山）に宝殿を建てて修行にいそしんでいたことを記す。

(30) 前掲註(5)梶川「クラブ活動による調査とその成果」。藤原三守が願主ではないかとの一文を載せている。

(31) 黒須亜希子「如意寺跡、西谷遺跡」『京都市内遺跡詳細分布調査報告　令和二年度』京都市文化市民局、二〇二一年。

遺跡調査における航空レーザー測量（赤色立体地図）の成果

山林寺院跡は、山間域の高低差のある複雑な地形の場所に遺跡が残っている例が多く、雑草や蔓草《つるくさ》、樹木が繁茂している場所では見通しがきかず、測量や写真撮影がきわめて困難でした。

最近では、国土地理院でも活用されている航空レーザー測量（赤色立体地図）の利用が可能となってきており、古墳や山城跡などの**遺跡**調査でも広く利用されています。利点は木や雑草類を透して直接地形の凹凸を可視化できることで、現地を訪れる前段階での地形の確認や、新たな遺跡の発見にもつながる画期的な測量技術として注目されています。とくに、上空から樹木で見えないような山岳域や人が近づけないような場所にある遺跡の調査にはきわめて有効です。土砂崩れの場所や崩壊が予想される場所の特定など、防災面での活用も大いに期待されます。

埋蔵文化財の調査では、樹木に覆われた遺跡の新たな発見やアクセス道の確認、遺跡の広がり方や形状などの範囲確認、他の遺跡との位置関係の把握のほか、どのような地形や環境の中に遺跡が築かれているのかを知ることも可能となり、遺跡の残存状況など詳しい情報を得ることができることから、遺跡の調査や保存・保護にも役立つことが期待できます。

今回、京都市文化財保護課の馬瀬智光さんの協力を得て、下図のように如意《にょい》ヶ嶽《がたけ》周辺の赤色立体地図を活用し、如意寺跡やその近くにある安祥寺《あんしょうじ》上寺《かみのてら》跡の周辺を確認したところ、未知の遺跡がまだ数多くあることが判明しました。

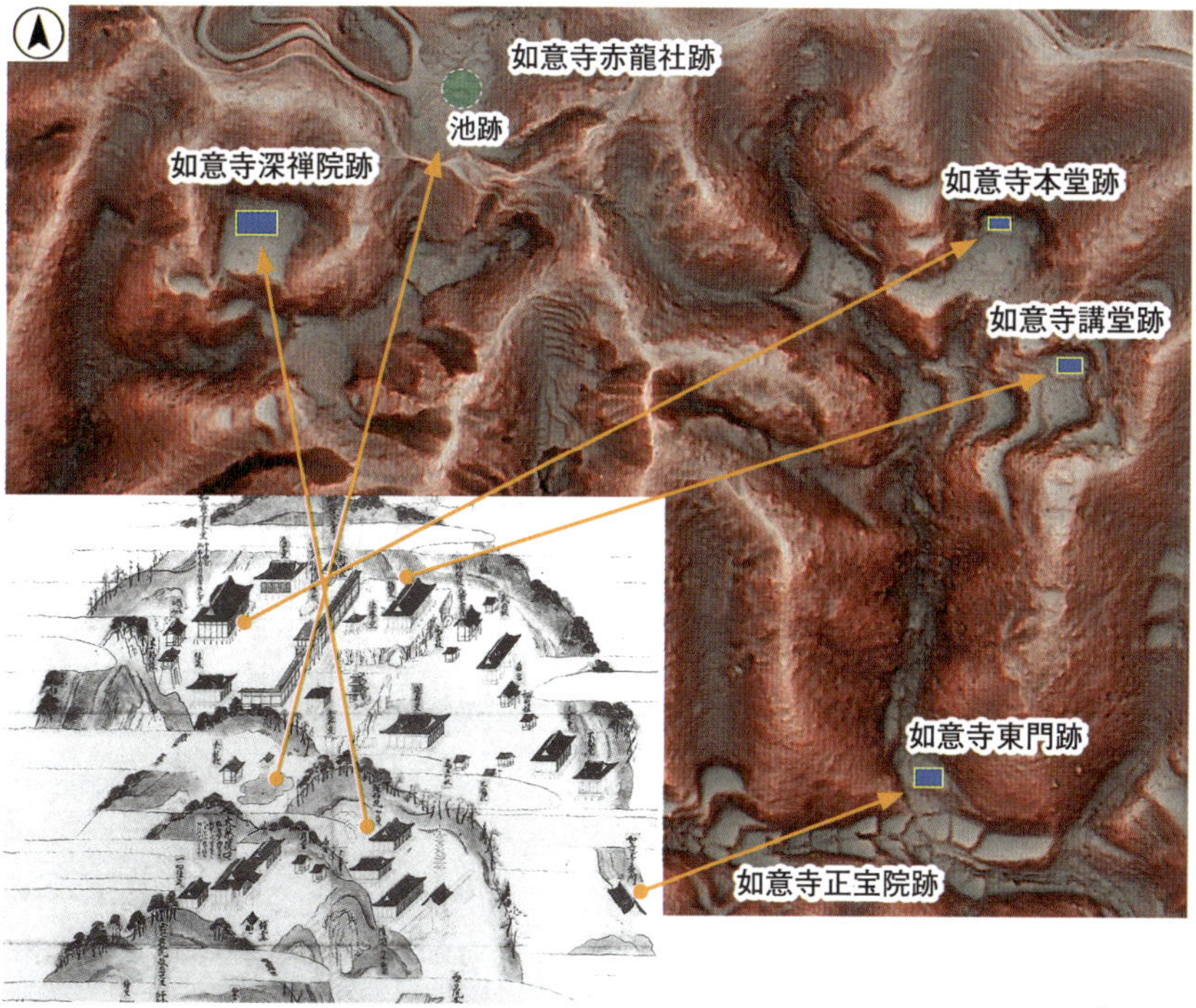

赤色立体地図の如意寺本堂跡地区と
『園城寺境内古図』「如意寺幅」との比較
(京都市文化市民局文化財保護課提供)

今後は、この地図を活用して遺跡の場所を特定し、現地調査を効率よく行えるものと考えています。

【参考文献】新田和央「円成寺、中尾城、浄土寺七廻り町遺跡、如意ヶ嶽経塚、如意寺跡、鹿ヶ谷経塚、岩座遺跡、安祥寺経塚群、安祥寺上寺跡」『京都市内遺跡詳細分布調査報告、令和四年度』京都市文化市民局、二〇二三年。

八

平安京跡周知への歩み

ここでは、筆者が個人的に関わったことを含めて、市街地中心部に残る大規模な遺跡である平安京跡を如何にして周知していったかについて、その経緯を説明しておきます。

筆者が京都市の文化財保護行政の業務に携わった一九七〇年代以前は、各市町村には、史跡や名勝、天然記念物、埋蔵文化財など、記念物に関する専門技師がほとんど配置されていませんでした。京都府教育庁指導部文化財保護課でも、一九六一年（昭和三十六）に全国都道府県で三番目となる技師が初めて採用され、京都府下全域の広範なエリアを技師が担当するというような時代でした。

平安京跡で最初に行われた発掘調査は、一九二七年に、平安京右京四条二坊の淳和院《じゅんないん》跡（西田直二郎「淳和院旧蹟」『京都府史蹟勝地調査会報告　第八冊』所収、京都府、一九二七年）とされています。京都市内では、それ以前の一九二〇年（大正九）に西京区の妙見山古墳の調査が行われ、その後の一九三四年には、左京区の北白川廃寺、北白川小倉町遺跡、一九五八年には山科区の大宅廃寺《おおやけはいじ》や伏見区の鳥羽離宮跡、その後、一九六二年には西寺《さいじ》跡の発掘調査が行われ、翌年には右京区の梅ヶ畑から京都市内で初めて銅鐸《どうたく》が出土しています。そのほか、一九六〇年には左京区岡崎の六勝寺《りくしょうじ》の尊勝寺《そんしょうじ》跡、一九六六年には西京区の樫原《かたぎはら》廃寺や伏見区の深草遺跡、一九六八年には法金剛院旧境内、一九七〇年には六勝寺の円勝寺《えんしょうじ》跡の発掘調査が行われています。

一九六八年に、中京区に平安博物館が開館（図1）、この博物館は、一九五七年に財団法人に認可された角田文衞氏を中心とした古代学協会により運営されました。この協会により、早くも同年には勧学院《かんがくいん》跡、一九五九年から六四年にかけては平安宮朝堂院《ちょうどういん》跡や羅城門《らじょうもん》跡、内裏《だいり》跡、豊楽院《ぶらくいん》跡など平安京跡や平安宮跡などの先駆的な発掘調査が行われ、さらに、左兵衛府跡、中和院《ちゅうかいん》跡、土御門《つちみかど》内裏跡、西院跡、太政官跡、三条東殿跡、押小路殿跡、内裏内郭回廊跡、三条西殿跡、広隆寺旧境内、西賀茂角社《にしがもすみやしろ》東郡瓦窯跡、西寺跡などの数多くの発掘調査を手掛け、それらの成果は一九五七年から同協会が発行する『古代文化』ほかの刊行物に掲載されています。

このように、京都市内では、京都府教育委員会や古代学協会、市内の大学の協力などにより、わずかながらでも京都市内各所で発掘調査が行われていましたが、平安京跡は遺跡地図に掲載されていないため、文化財保護法による法的規制がかかる周知の埋蔵文化財ではありませんでした。一九六五年に、京都府の広報で「平安宮跡」が周知の遺跡と公示されましたが、実際には遺跡調査などの行政指導はほとんど行われていませんでした。

図１　平安博物館のあった現在の京都府京都文化博物館（三条通高倉角）

一九七〇年四月、京都市文化観光局内に文化財保護課（現在は京都市文化市民局文化芸術都市推進室文化財保護課。以下「市文化財保護課」という）が新たに設置され、市役所内で初めての文化財保護の専門技師として浪貝毅氏が採用されました。市文化財保護課で浪貝氏が取り組んだ最初の業務は、それまで京都市が行っていなかった遺跡調査を、文化庁の国庫補助金を受けて実施すること、発掘調査などの埋蔵文化財を調査できる組織を立ち上げること、そして京都市には独自の遺跡地図がないため、それを作成することでした。その結果、一九七一年から翌年にかけて、文化庁国庫補助事業として、京都市として初めて平安京の羅城門跡と、平安時代の造瓦所の一つである洛北の鎮守庵瓦窯跡の発掘調査が行われました。

筆者は、一九七二年三月に大学（理工学部）を卒業しましたが、定職には就かず、卒業する少し前に友人の紹介で京都市文化観光局内にあった観光課でアルバイトをしていました。その事務所近くに市文化財保護課があり、筆者が理工学部出身ということを聞かれたのか、浪貝氏から羅城門跡と西賀茂の鎮守庵瓦窯跡の発掘調査をするので参加してみないかとの声がかかりました。発掘調査に参加したものの、改めて考古学の知識が必要であることを痛感し、卒業後に聴講生として大学へ戻って一年間考古学を学びながら、市文化財保護課でアルバイトをし、別に杉山信三氏が立ち上げた鳥羽離宮跡調査研究所の調査員として発掘調査を担当していました。その後、一九七四年から二年間、市文化財保護課の嘱託職員を勤め、一九七六年から正式に京都市の文化財保護課の技師として採用されました。

この頃は、一九七二年に、奈良県明日香村の高松塚《たかまつづか》古墳の発掘調査が行われ、極彩色の壁画が発見されてマスコミに大きく報道され、ようやく埋蔵文化財に国民の目が向けられるようになってきた頃でした。京都府教育庁指導部文化財保護課では、一九七一年（翌年刊行）に初めて遺跡地図が発行されましたが、その当時、京都府でも埋蔵文化財担当技師は三名しか在席していませんでした。

筆者は、浪貝氏から遺跡地図作成を命ぜられ、京都府の文化財保護課を訪ねて、技師の方から京都市内に残る遺跡の情報を教えてもらい、一九七二年には京都市で最初の『京都市遺跡地図・台帳』を作成し、同じ事務所内にあった京都市文化観光資源保護財団から発行してもらいました。

遺跡地図発行以前は、先述のとおり京都府の指導も京都市内のわずかな場所でしか行われておらず、京都市には指導できるセクションもなかったことから、それまで京都市内にあった多くの遺跡は、一部を除いて何の調査もされず大半が工事によって破壊されているのが実態でした。京都市では、この遺跡地図を発行したことにより、周知の埋蔵文化財包蔵地（遺跡）として遺跡内で土木工事などを行う場合は、文化財保護法にもとづく届出（公共機関の場合は通知）が義務づけられ、漸く行政指導ができるようになりました。しかし、この当時は、市文化財保護課には埋蔵文化財に関する指導マニュアルもなく、発掘調査の受け皿となる調査機関は、京都府教育委員会や古代学協会と大学くらいで、調査を担当してもらえる組織作りや、マニュアル作りから始めなければなりませんでした。

その後、市文化財保護課では、浪貝氏の斡旋で、考古学や建築史の専門の先生方に代表になっていただき、任意の調査団体である平安京調査会（田辺昭三）、鳥羽離宮跡調査研究所（杉山信三）、六勝寺研究会（木村捷三郎）、伏見城研究会（江谷寛）をそれぞれの代表者に立ち上げてもらい、しばらくの間、市内の発掘調査を担当してもらっていました。

一九七六年十一月には、京都市が任意の調査団体を統廃合して、京都市埋蔵文化財研究所（以下「埋文研」）が設立され、右京区の花園にあった旧スーパーマーケットの建物を借りて業務が開始され、ようやく京都市域内の埋蔵文化財調査を担当できる組織が誕生することになりました。その時点で、埋文研には、調査課長として先輩技師の浪貝氏が、他の市文化財保護課職員二名とともに出向されたため、筆者一人が技師として市文化保護課に残ることになり、それ以後は多忙を極めたのはいうまでもありません。

この当時は、平安宮跡は遺跡として周知され、調査の対象としていましたが、先述のとおり平安京跡は周知の遺跡とはなっておらず、何の法的な規制もなく行政指導も行っていませんでした。また、京都市では、遺跡地図を発行して一般に周知しても、市内には約八〇〇ヵ所以上の埋蔵文化財包蔵地が存在し、それらを代表する平安京跡は市街地のほぼ中央部に位置しています。その内、平安宮（大内裏）跡だけでも、東西約一・二キロ、南北約一・四キロ、さらに、それを含めた平安京跡全体では、東西約四・五キロ、南北約五・二キロと大規模な遺跡で、そのエリア内は市街地であり、連日さまざまなかたちで大小の工事が行われており、遺跡は日々破壊されている状態でした。

このように、市街地の中央部に大規模な都城遺跡が存在し、その中で行われる掘削工事の数は相当数に上ることが予想されることから、市役所内の建築や開発を行政指導する部局に協力してもらって、平安京跡内で行われる一年間の開発面積を計算したところ、そのときのペースで開発が進むと、平安京跡はわずか五二年で消滅してしまうという結果となりました。

これは、遺跡を壊さない掘削深度の浅い工事や、既存の基礎で遺跡がすでに破壊された再開発工事などを含むため、

図2　覆工板の下で行われた地下鉄の調査で旧二条城跡の石垣が見つかる
（烏丸線遺跡調査会所蔵）

正確な数字ではありませんが、その結果に驚くとともに、何とかしなければならないとの思いを益々強くすることになりました。しかし、文化財保護法にもとづいて提出される数多くの申請物件を受理して指導し、それを受けて調査を実施できる体制を整えない限りは、平安京跡を周知の遺跡とすることは実質的に困難であり、行政側にとっても、それを受けて調査を担当する側にとってもきわめて重い課題となってしまいました。

そのような中で、地下鉄烏丸線の工事計画が持ち上がりました。工事は大規模な公共工事で平安京跡を南北に縦断することから、一九七三年、京都市交通局内に高速鉄道烏丸線内遺跡調査会が発足しました。市文化財保護課からは、先輩の嘱託技師一名が職員として採用されて調査の指導を担当、発掘調査を担当する調査員も配置されて、翌年の一九七四年には、トレンチ（試掘溝）による平安京跡の調査が開始されました。

この烏丸線地下鉄工事の発掘調査では、事前の試掘調査を経て、烏丸通りの道路中央部などに設けた狭いトレンチ内から、重層するさまざまな年代の遺構や多数の遺物が見つかり、京都御苑西南からは、第一五代将軍足利義昭《あしかがよしあき》のために織田信長《おだのぶなが》が短期間で築城した旧二条城《にじょうじょう》跡（図2）が見つかるなど、平安京跡を中心に遺跡の残存状況は良好であることが改めて確認され、その重要性が認識されるようになりました。

このような経過の中で、平安京跡に含まれる京都府の公共建物建設工事で、埋蔵文化財の調査が行われずに工事が着工されたことなどから、同志社大学の森浩一教授（考古学）や、そのほかの専門の先生方からも、文化財保護行政に対する批判の声があがることとなりました。

市文化財保護課では遺跡地図改訂の作業を進め、行政内部での協議の結果、前年に調査の受け皿となる埋文研が発足していることを含めて、一九七七年に平安京跡を周知の埋蔵文化財包蔵地として遺跡地図に登録し、行政指導を開始することになりました。しかし、この決断は行政指導を担当する市側の技師がわずかしかいないため、行政指導部門は連日多忙を極めることになりました。その結果、京都市内の埋蔵文化財包蔵地内の届出（通知も含む）件数は、一九七一年には年間わずか二件であったものが、七二年の遺跡地図発行後は一一九件、平安京跡が周知された翌年の七八年では七四七件、八二年には届出が年間一〇〇〇件を超え、さらにバブル期の八九年には一七八五件となり、一時は行政指導がマヒ状態となりました。調査機関側もオーバーワークとなって、発掘調査着工までに何ヵ月も待ってもらわないといけないような苦しい状況がしばらくの間続き、博物館や大学のほか民間の調査会にも協力してもらって何とか凌いでいました。

図３　京都市考古資料館（今出川通大宮東入る北側）

また、この当時は、埋蔵文化財やその調査について市民にもまだよく理解されていない時代で、法的根拠の乏しい所謂「原因者負担（受益者負担）」（発掘調査期間にかかる費用は施主側が負担すること）による施工主や設計業者、開発業者との厳しい折衝や交渉などを要する指導件数が増加し、より早く、より安くを求める施主側との対応に追われ、担当していた技師たちも精神的に追い詰められる日々が長く続くことになりました。

その後、一九七八年になって、京都市埋蔵文化財調査センター建設が市議会で議決され、文化庁補助金を受け、筆者もその一員として建設工事を担当することになりました。上京区の西陣にあった旧西陣織物館を改修し、収蔵庫を新築して、一九七九年には、それまで花園に事務所を構えていた埋文研がここに移転し、十一月には京都市考古資料館がオープン、翌年四月には市文化財保護課から埋蔵文化財担当部門の職員がここに配置され、京都市埋蔵文化財調査センターの事務所が開設されました。

この結果、西陣には、著者を含めた埋蔵文化財に関する行政指導部門、発掘や試掘、立会調査などを行う調査研究部門、調査成果などを一般市民や観光客に見てもらうための公開部門の三つの組織が集約され、平安京跡などの埋蔵文化財に関わる事務がよりスムーズに行えるようになりました。

それ以後、今日に至るまでさまざまな紆余曲折がありましたが、ここでは、平安京跡を如何にして周知の埋蔵文化財として取り扱うようになったかという経過や、それにともなう調査や組織、施設の変遷などをご紹介するだけに留めておきます。

なお、西陣にあった京都市埋蔵文化財調査センターは機構改革により、二〇〇六年（平成十八）に市文化財保護課（現在は京都市役所本庁舎にある）に吸収合併となり、現在は存在しません。

【参考文献】

梶川敏夫「京都市の文化財保護四四年を振り返って（その一・その二）」『古代文化』第六八巻第一号・第六九巻、二〇一六年。
梶川敏夫「京都市の文化財保護行政とその歩み」『京都市文化財保護課研究紀要』創刊号、京都市文化市民局文化芸術都市推進室文化財保護課、二〇一八年。市文化財保護課のホームページに掲載。

九

「源氏物語ゆかりの地」ほか平安京関係遺跡顕彰施設

延暦十三年（七九四）、桓武《かんむ》天皇の勅命により長岡京から京都盆地の中央部に遷都されて平安京が建都され、それから明治維新までの約一〇〇〇年にわたってわが国の首都であり続けました。

本書でこれまで紹介してきたとおり、平安京の北中央部に設けられたのが平安宮（大内裏《だいだいり》）で、天皇の住まいと政治の場である内裏のほか、現在の国会議事堂に相当する朝堂院《ちょうどういん》（八省院）、国家の饗宴施設である豊楽院《ぶらくいん》を中心に、二官八省（神祇官・太政官・中務省・治部省・兵部省・民部省・大蔵省・式部省・宮内省）と呼ばれる官衙《かんが》（役所）など国政を掌る中枢施設が建ち並び、平安時代における国家政治の中心地でした。

内裏では天皇を中心とした雅な宮廷生活が繰り広げられ、そこは政治の舞台であるとともに、天皇を中心とする王朝文化が開花し、紫式部《むらさきしきぶ》の『源氏物語』や清少納言《せいしょうなごん》の『枕草子』など、多くの古典文学作品を生みだす根源にもなりました。

しかし、千年以上のときの流れによって、現在では平安宮跡は市街地化し、地上には往時を伝える遺構はほとんど残っていません。

京都市内では、一九七〇年代から本格的に平安京跡を含む数多くの埋蔵文化財の発掘調査や試掘・立会調査が行われた結果、数多くの調査成果をもたらし、平安京跡や平安宮跡などの実態が目に見える形で具体的にわかるようになってきました。それにともない測量成果や、古絵図などとの照合により、とくに平安宮内にあった宮殿官衙の位置や、その構造の復元もある程度可能になってきています。

そのような経緯のなかで、二〇〇八年（平成二十）十一月一日は、『源氏物語』が世に流布したことを記す『紫式部日記』の記述日から数えて、ちょうど一〇〇〇年目の節目の年であったことから、源氏物語千年紀事業として源氏物語に関係した場所を広く一般の方に知っていただくことを目的として「源氏物語ゆかりの地」説明板設置事業を前年の二〇〇七年から翌年にかけて実施しました。この事業は筆者が担当することになり、係長の坂根朋子さんにも手伝ってもらいながら平安時代貴族研究の第一人者である朧谷寿先生（当時、同志社女子大学教授）に全面的に協力いただき、また、平安宮跡の地元からは山中恵美子さん（当時、上京歴史探訪館副館長）の協力を得ながら、京都市域内の中から四〇ヵ所を選定して説明板を設置し、それに合わせて、地元の全京都建設共同組合の寄付で、いくつかの場所に石柱も設置することができました。

それ以降も文化庁の補助事業費を活用し平安宮跡などに説明板を追加して設置してきましたが、二〇二三年度には、京都市が予算化して、市文化財保護課が新たに一〇ヵ所（そのうち新規が七ヵ所）の「源氏物語ゆかりの地」の説明板を設置しました。

ここでは、これまで設置したものと、市文化財保護課の協力により新たに設置された「源氏物語ゆかりの地」の説明板を合わせてご紹介し、説明板の画像は、プロジェクト岡見の岡見昇氏から提供を受けて掲載しています。

二〇二四年（令和六）のＮＨＫ大河ドラマは、平安時代中期の紫式部を主人公とした「光る君へ」です。番組を通じて、『源氏物語』に興味を持たれ、改めて『源氏物語』を学ぶ方も増えることが予想されます。平安京に実在した紫式部が執筆した『源氏物語』は、世界的にも知られる長編小説であり、平安京という古代都市に住まいした天皇家や貴族、庶民などの人間関係を通して物語が展開していきます。

そのような『源氏物語』に関わる場所を選定して「源氏物語ゆかりの地」の説明板を設けていますので、この機会にぜひ、本書を活用して現地を訪れ、説明板を通して歴史を深く学び、より楽しく『源氏物語』の世界を満喫していただければ幸いです。

NO	説明板の名称	説明板建立場所の住所
37	廬山寺(紫式部実家推定地)	上京区寺町通広小路上る北之辺町(廬山寺境内)
38	梨木神社(中川の家候補地)	上京区寺町通広小路上る染殿町(梨木神社境内)
39	鳥辺野(葬送の地)	東山区妙法院前側町(豊国廟参道・七条通東大路東入北側)
40	大原野神社(藤原氏ゆかりの神社)	西京区大原野南春日町(大原野神社)
2023年度設置		
41	紅梅殿(光源氏の人物の邸宅跡)	下京区綾西洞院町(綾西公園内)
42	六条河原院(光源氏のモデルの邸宅跡)	下京区高倉通六角上る堺町(六条院公園)
43	西三条第(推定百花亭)	中京区西ノ京小倉町(佛教大学南側)
44	晴明神社(陰陽師安倍晴明ゆかりの地)	上京区晴明町(晴明神社)
45	宝塔寺(源氏物語に登場する極楽寺の跡)	伏見区深草宝塔寺山町(宝塔院境内)
46	小野といふわたり(小野瓦窯跡)	左京区岩倉三宅町(おかいらの森)京都市指定史跡小野瓦窯跡
47	松ケ崎(一条御息所の別荘から見た小山)	左京区上高野流田町(宝ヶ池こどもの楽園)
その他		
48	平安宮朱雀門跡	中京区西ノ京小堀町(傍らに石柱あり)
49	平安宮式部省跡	中京区西ノ京式部町(京都府立朱雀高校東側南門前)
50	平安宮民部省跡	中京区竹屋町通千本東入主税町(市立二条中学校東側校門前)
51	平安宮太政官跡	上京区竹屋町通千本東入主税町(京都市児童福祉センター南側)
52	平安宮中務省東面築地跡	中京区丸太町通智恵光院西入中務町北側マンション入口
53	平安宮内裏跡(内郭回廊跡)	上京区下立売通千本東入田中町(史跡内裏内郭廊跡内)
54	平安宮内裏承明門跡	上京区下立売通千本東入田中町(下立売通南側)
55	平安宮蔵人所町屋跡	上京区下立売通千本東入田中町(下立売通北側民家)
56	平安宮内裏綾綺殿跡	上京区下丸屋町
57	平安宮蘭林坊跡	上京区土屋町通出水上る弁天町(民家)民間が建立
58	平安宮一本御書所跡	上京区下立売通智恵光院西入下丸屋町(山中油店前)
59	平安宮内酒殿跡	上京区智恵光院通下立上売上る分銅町(東側福祉施設前)
60	平安宮内裏釆女町跡	上京区西神明町(出水通南側民家)
61	平安宮朝堂院、大極殿跡	中京区聚楽廻東町(千本丸太町交差点歩道)
62	平安宮朝堂院跡	中京区聚楽廻東町(銀行の南東角)、古代学協会建立
63	平安宮跡全体の説明板	中京区聚楽廻東町(千本丸太町交差点南西角)
64	平安宮豊楽院豊楽殿跡	中京区聚楽廻西町(史跡指定地)
65	平安宮造酒司跡	中京区丸太町通七本松西入(京都アスニーのピロティ)
66	平安宮宴松原跡	上京区七番町(石材店北西角)
67	平安宮治部省跡	中京区西ノ京車坂町(京都市立朱雀第六小学校南門西側)
68	平安宮北西域と漆室跡	上京区鳳瑞町(京都市立仁和小学校東門南側)
69	平安宮主水司跡	上京区丸太町通西日暮通東入南伊勢屋町(丸太町通南側)
70	鵺塚跡	上京区主税町(二条公園北側)、南入口にもあり
71	平安宮跡案内施設	中京区西ノ京東栂尾町(JR二条駅東ロータリー南側)

2007〜2023年建立「源氏物語ゆかりの地」説明板およびその他の顕彰施設一覧表

NO	説明板の名称	説明板建立場所の住所
1	平安宮内裏跡(源氏物語の中心舞台)	上京区下立売通智恵光院西入下丸屋町(山中油店前広場)
2	平安宮内裏凝華舎(梅壺)跡	上京区土屋町通出水下る西神明町(民家)
	平安宮内裏飛香舎(藤壺)跡	
3	平安宮内裏弘徽殿跡	上京区出水通千本東入下る東神明町(民家)
4	平安宮内裏清涼殿跡(天皇の居所)	上京区下立売通千本東入田中町(民家)
5	平安宮内裏承香殿跡	上京区浄福寺通出水下る西入東神明町(民家)
6	平安宮内裏蔵人町屋跡	上京区下立売通千本東入田中町(民家・店舗)
7	史跡平安宮跡内裏跡(内郭回廊跡)	上京区下立売通千本東入田中町(史跡指定地)
8	平安宮内裏紫宸殿跡	上京区下立売通浄福寺西入田中町(民家)
9	平安宮内裏淑景舎(桐壺)跡	上京区出水通浄福寺東入田村備前町(民家)
10	平安宮内裏昭陽舎(梨壺)跡	上京区浄福寺通出水下る東入田村備前町(ガレージ)
11	平安宮内裏温明殿(内侍所)跡	上京区下立売通智恵光院西入下丸屋町(ガレージ)
12	平安宮内裏東限跡と建春門跡	上京区智恵光院通出水下る分銅町(松林寺北門)
13	平安宮内裏南限跡と建礼門跡	上京区浄福寺通下立売下る中務町(京都市立二条城北小学校)
14	平安宮内裏宜陽殿跡	上京区浄福寺通下立売上る下丸屋町(ガレージ)
15	平安宮大蔵省跡・大宿直跡	上京区中立売通裏門西入多門町(京都市立正親小学校)
16	平安宮朝堂院大極殿跡	上京区千本通丸太町上る小山町 (内野児童公園)
17	平安宮西限と左馬寮跡・藻壁門跡	中京区西ノ京左馬寮町(京都市立朱雀第二小学校内北側)
18	史跡平安宮跡豊楽院跡(豊楽殿跡)	中京区聚楽廻西町(史跡指定地)
19	平安宮朝堂院昌福堂跡	上京区千本通丸太町下る東入主税町(民家)
20	平安京一条大路跡	上京区一条通大宮東入下石橋南半町(民家)
21	一条院跡(一条院内裏跡)	上京区大宮通中立売上る糸屋町 (名和児童公園)
22	二条院候補地(陽成院跡)	中京区夷川通小川東入東夷川町(夷川児童公園)
23	大学寮跡	中京区西ノ京北聖町(京都市立中京中学校)
24	斎宮邸跡	中京区西ノ京東中合町(京都市立西京高校)
25	朱雀院跡	中京区壬生花井町(日本写真印刷株式会社)
26	西鴻臚館(平安時代の迎賓施設)	下京区朱雀堂ノ口町(ホテルエミオンの敷地内)
27	羅城門跡	南区九条通新千本東入唐橋羅城門町(唐橋・花園児童公園)
28	鞍馬寺北山の「なにがし寺」候補地	左京区鞍馬本町(鞍馬寺境内、由岐神社横)
29	大雲寺旧境内北山の「なにがし寺」候補地	左京区岩倉上蔵町 北山病院敷地内(旧大雲寺境内)
30	雲母坂(比叡山延暦寺の横川への上り口)	左京区一乗寺竹ノ内町(関西セミナーハウス敷地)
31	雲林院	北区紫野雲林院町(雲林院)
32	遍照寺境内(夕顔のモデル大顔の舞台)	右京区嵯峨広沢西裏町(遍照寺境内)
33	棲霞観跡(清凉寺)(源融別業跡)	右京区嵯峨釈迦堂藤ノ木町(清凉寺境内)
34	野宮(野宮神社)	右京区嵯峨野々宮町(野宮神社境内)
35	大堰の邸候補地(明石君邸推定地)	右京区嵯峨天龍寺芒ノ馬場町(宿泊施設 らんざん)
36	法成寺跡(藤原道長建立の寺院跡)	上京区荒神口通寺町東入荒神町(鴨沂高校北側グラウンド南塀沿)

平安宮内裏復元図と「源氏物語ゆかりの地」ほか

説明板設置位置および写真

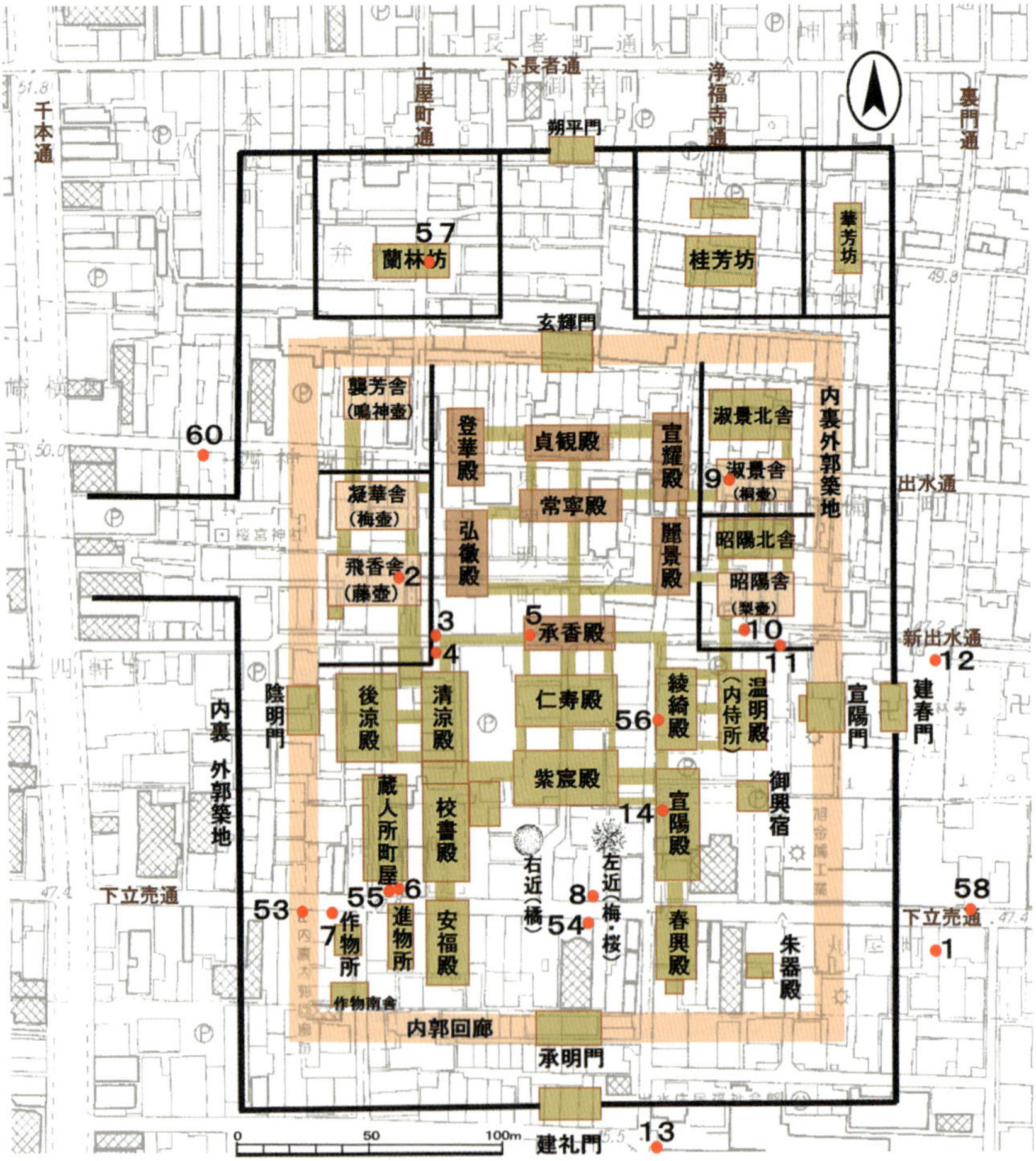

1　内裏跡

2　飛香舎(藤壺)跡
凝華舎(梅壺)跡

3　弘徽殿跡

4　清涼殿跡

5　承香殿跡

6　蔵人所町屋跡

7　内郭回廊跡

8　紫宸殿跡

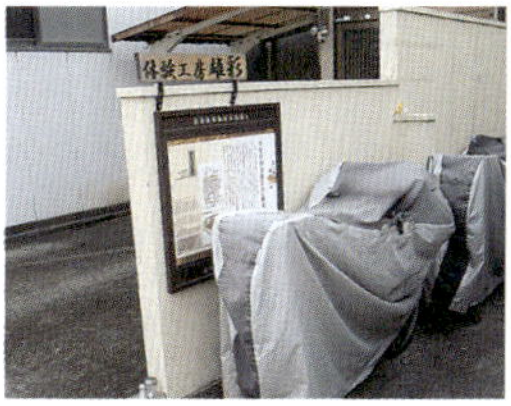
9　淑景舎(桐壺)跡

10　昭陽舎(梨壺)跡

11　温明殿(内侍所)跡

12　建春門跡

13　建礼門跡

14　内裏宜陽殿跡

53　内郭回廊跡

54　承明門跡

55　蔵人所町屋跡

56　綾綺殿跡

57　蘭林坊跡

58　一本御書所跡

60　采女町跡

内裏跡以外の平安宮跡内「源氏物語ゆかりの地」

顕彰施設の位置および写真

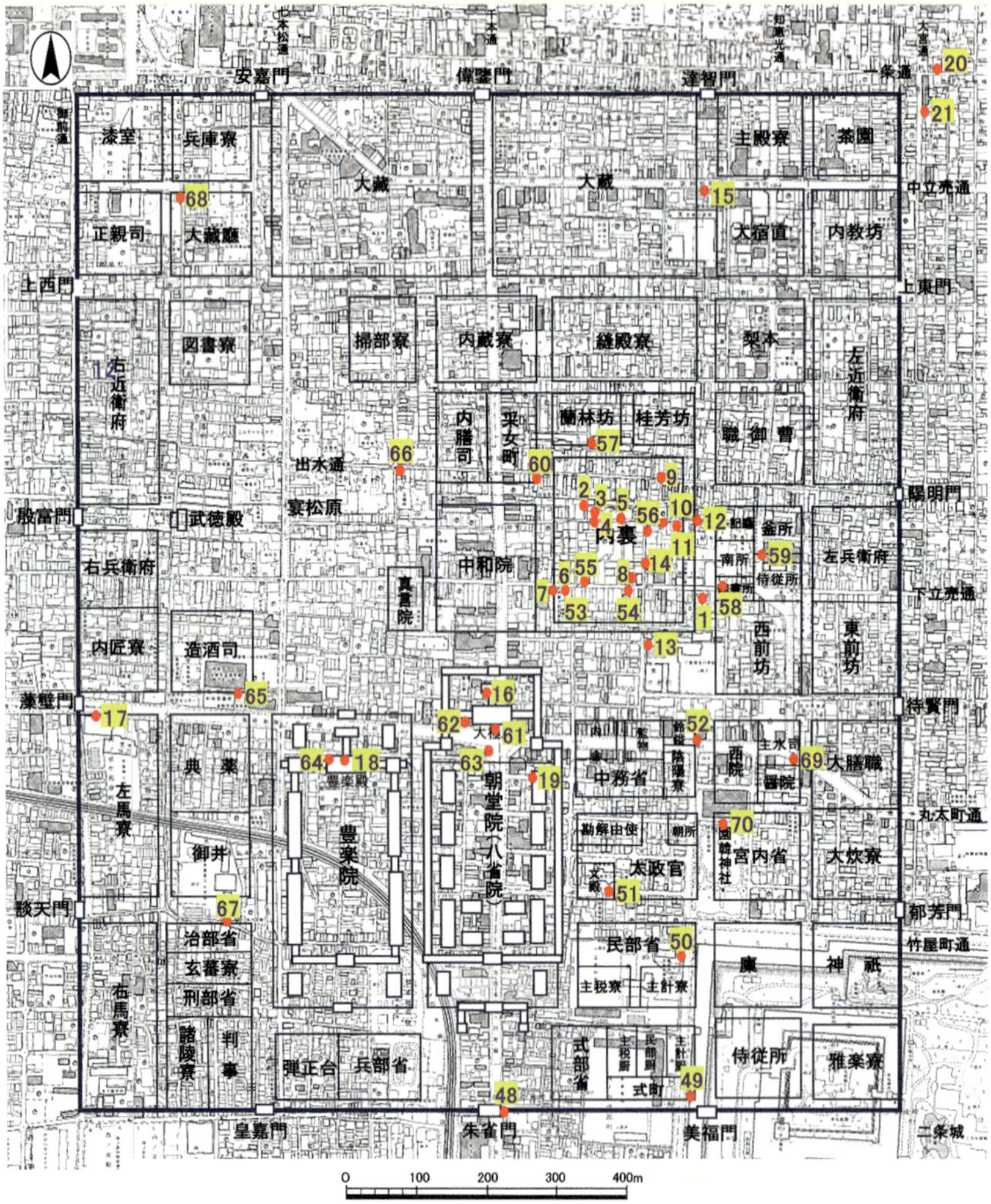

※このほか、平安宮跡案内施設が二条駅東にあります（318〜319頁、71参照）。

15　平安宮大蔵省跡

16　平安宮大極殿跡

16　大極殿遺阯の碑

17　藻壁門跡

18　豊楽殿跡（北側）

18　豊楽殿跡（南側）

19　昌福堂跡

20　一条大路跡

21　一条院跡

48　朱雀門跡

49　式部省跡

50　民部省跡

51　太政官跡

52　中務省東面築地跡

59　内酒殿跡

61　朝堂院跡

62　朝堂院跡

63　平安宮跡全体の説明板

64　豊楽院豊楽殿跡

65　造酒司跡
（京都アスニー）

66　宴松原跡

67　治部省跡

68　漆室跡

69　主水司跡

70　鵺塚跡（二条公園）

平安京条坊復元図と「源氏物語ゆかりの地」ほか

説明板設置位置および写真

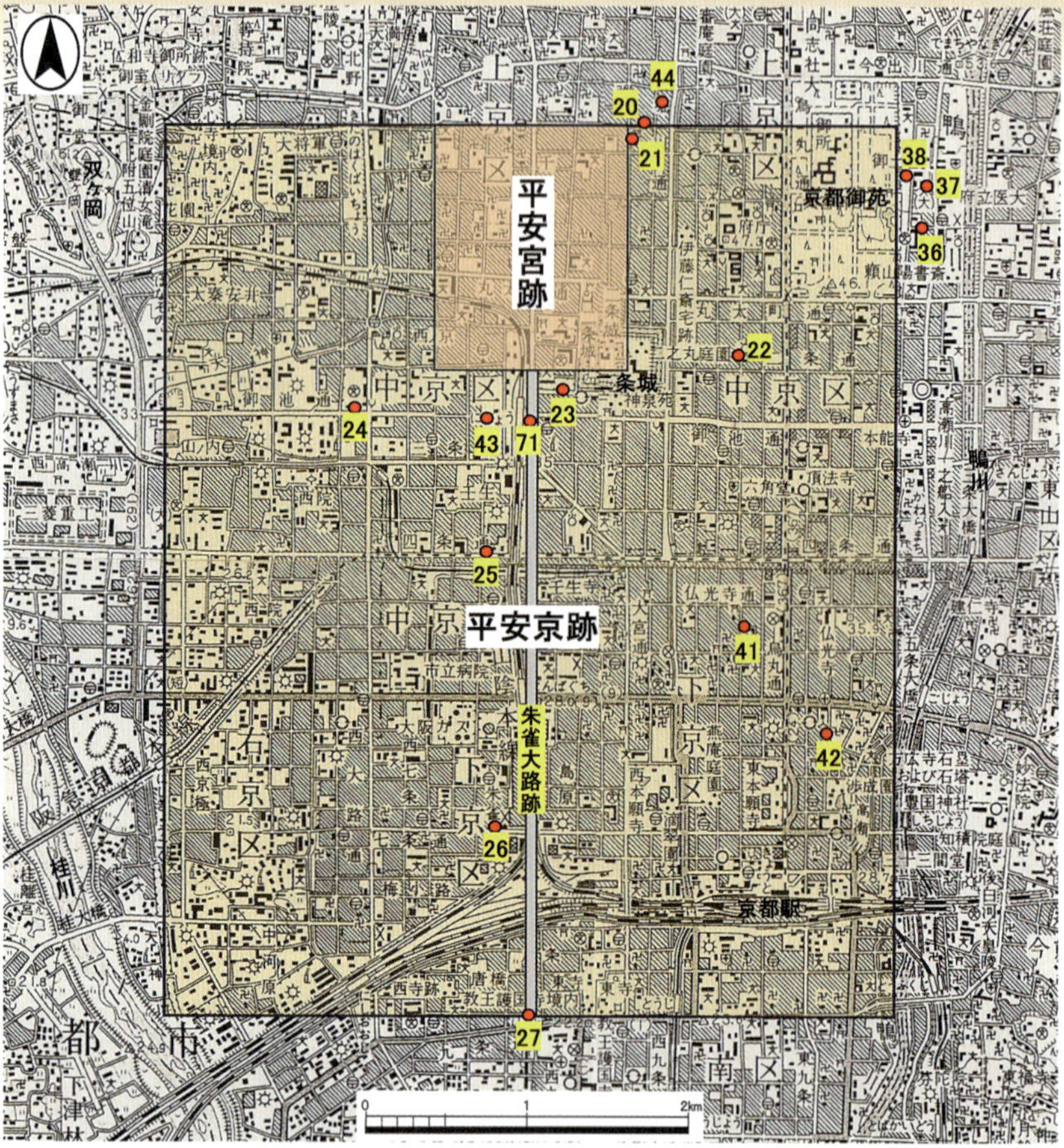

※ 20・21 の写真は 317 頁に掲載しています。

22　二条院候補地（陽成院跡）

23　大学寮跡

24　斎宮邸跡

25　朱雀院跡

26　西鴻臚館跡

27　羅城門跡

36　法成寺跡

37　盧山寺

38　梨木神社

41　紅梅殿跡

42　六条河原院跡

43　西三条第跡

44　晴明神社

71　平安宮跡案内施設
（JR 二条駅東にあり）

平安京外の「源氏物語ゆかりの地」ほか

説明板設置位置（京都市都市計画図　1/2,500を調整使用）

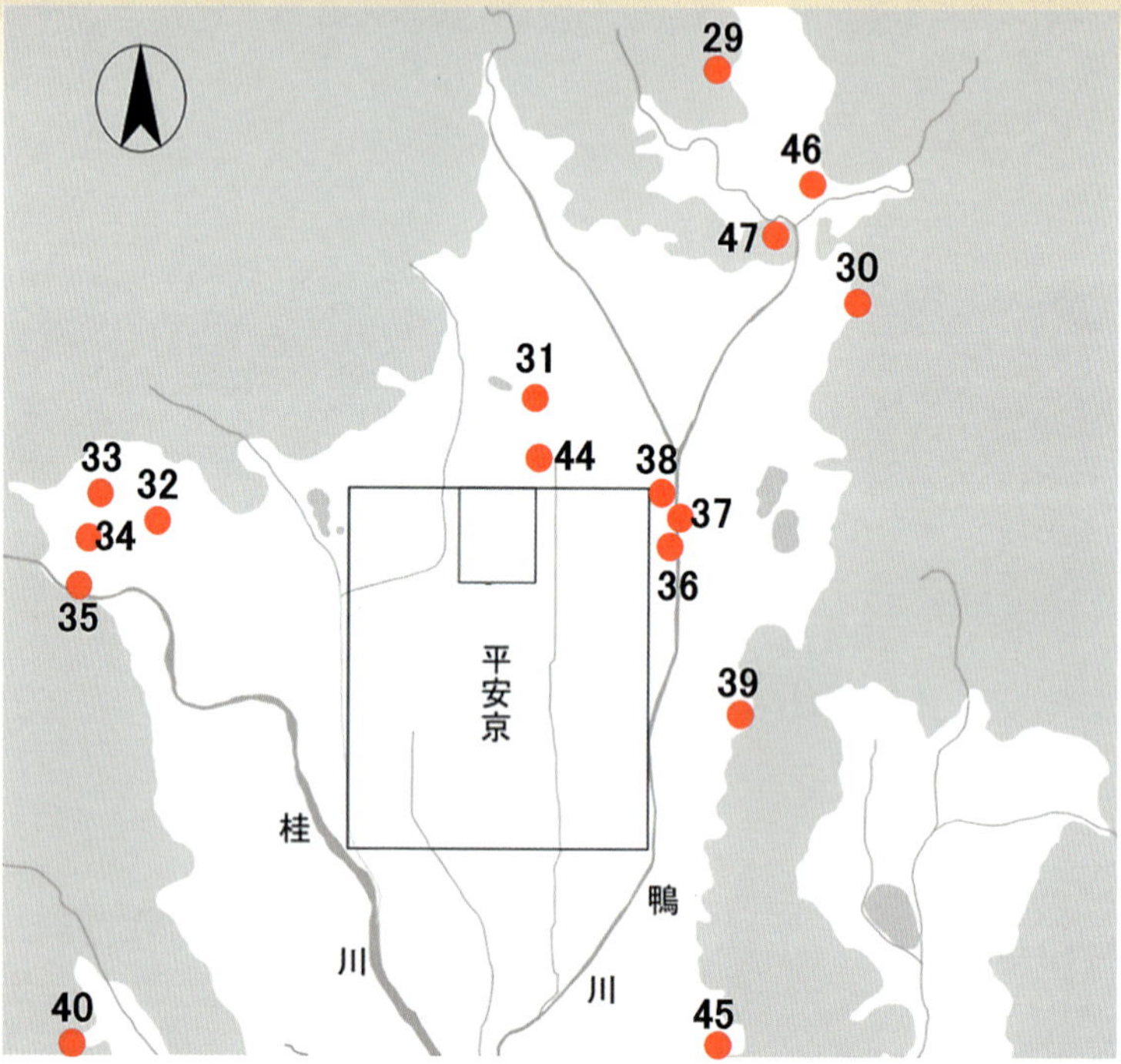

※28 鞍馬寺は地図外（洛北）にあります。44の詳細な位置は318頁参照。

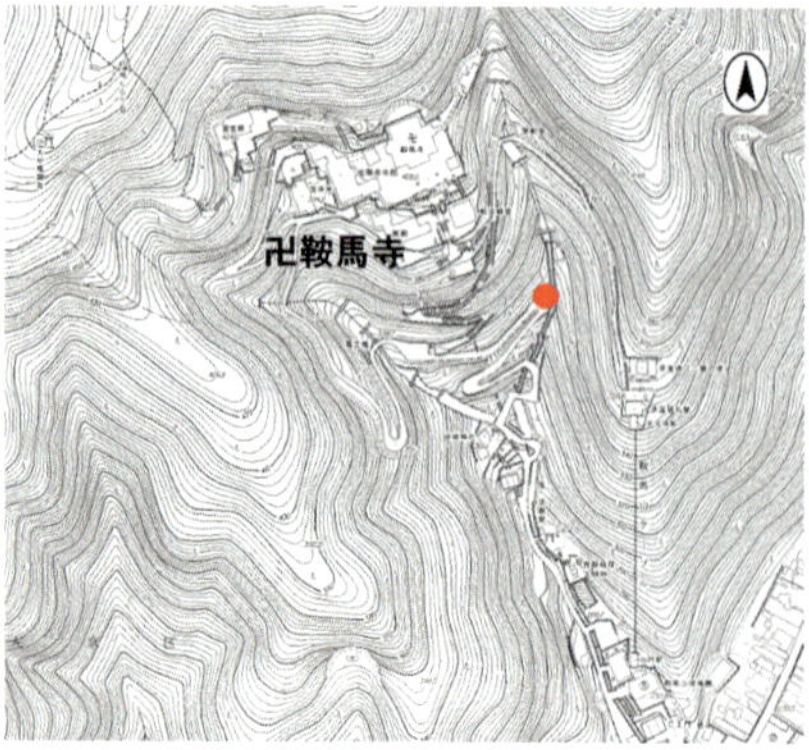

28　鞍馬寺（北山のなにがし寺候補地）①※

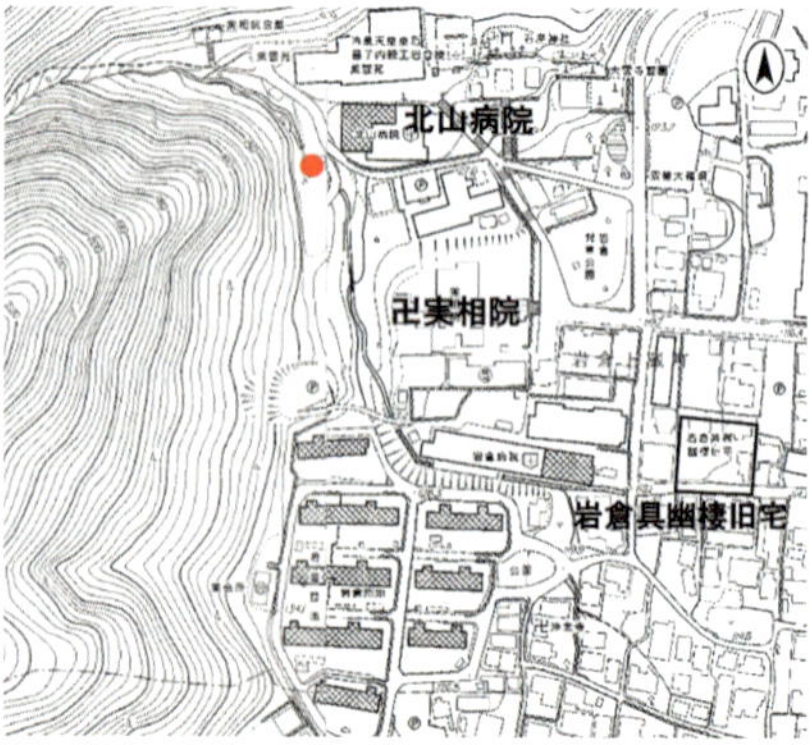

29　大雲院旧境内（北山のなにがし寺候補地）②

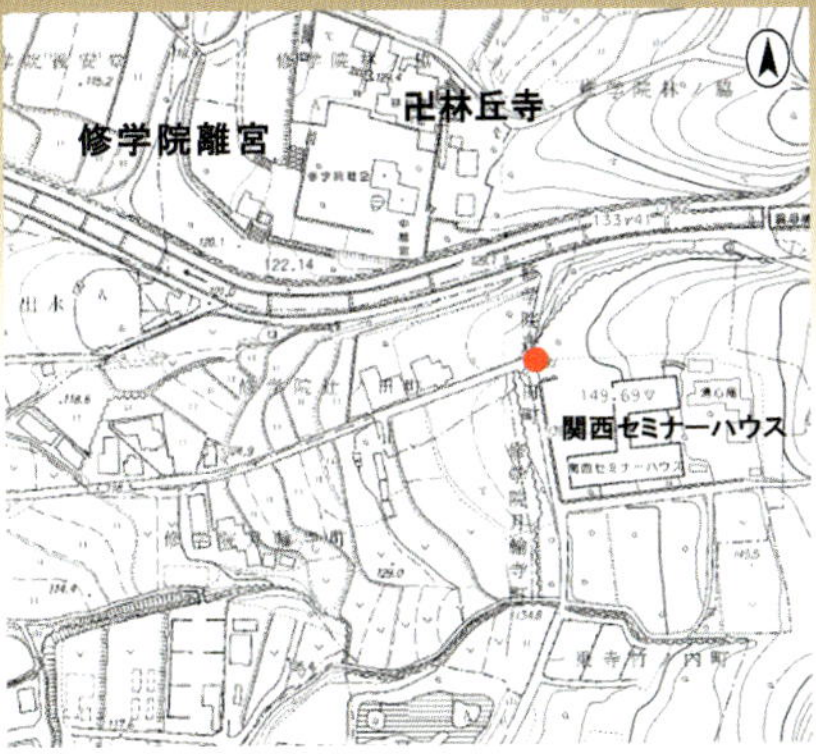

30　雲母坂（比叡山延暦寺の横川への上り口）

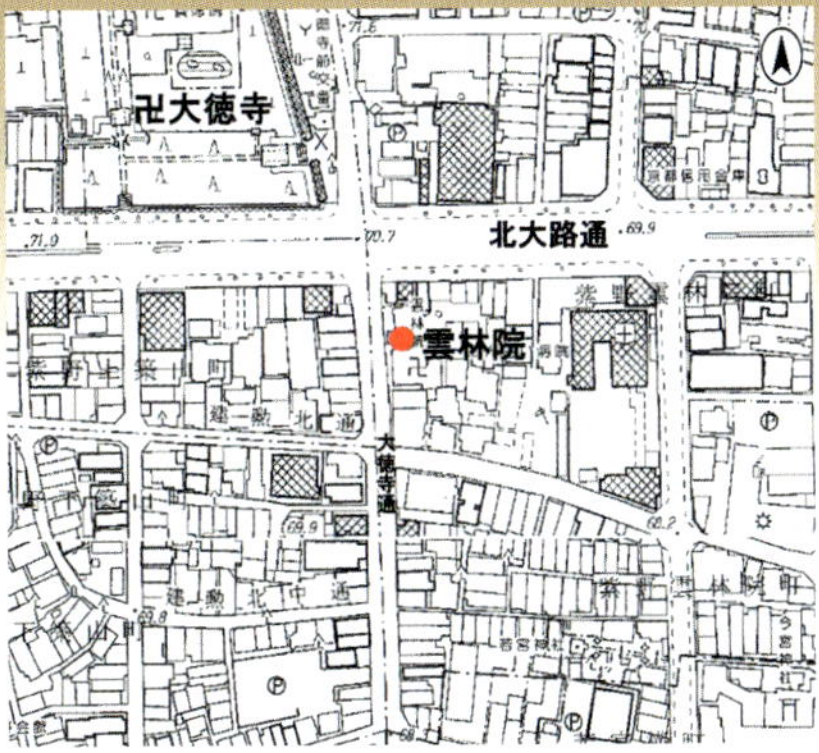

31　雲林院

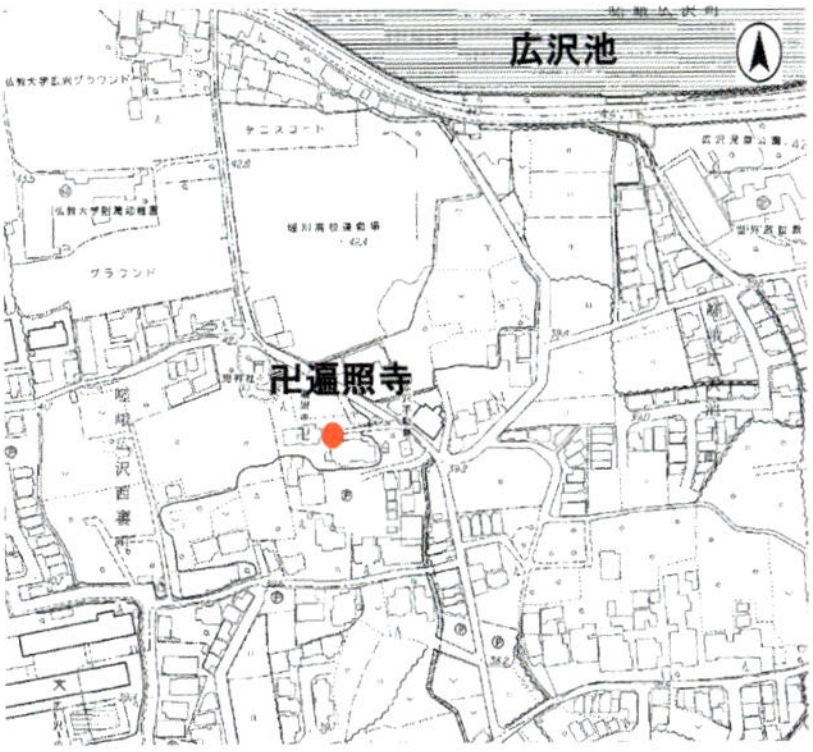

32　遍照寺境内（夕顔のモデル　大顔の舞台）

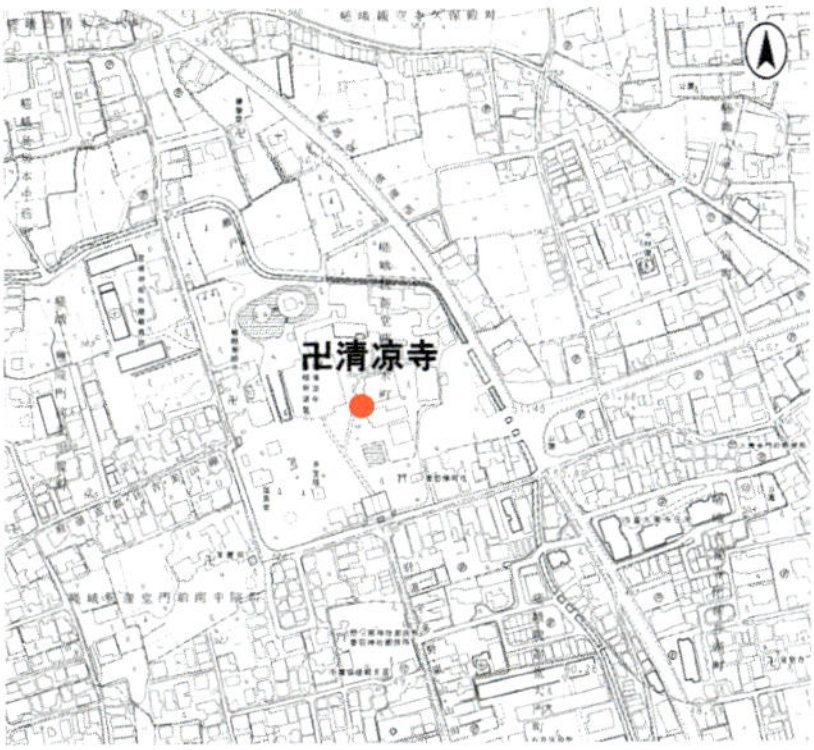

33　棲霞観跡（清凉寺）

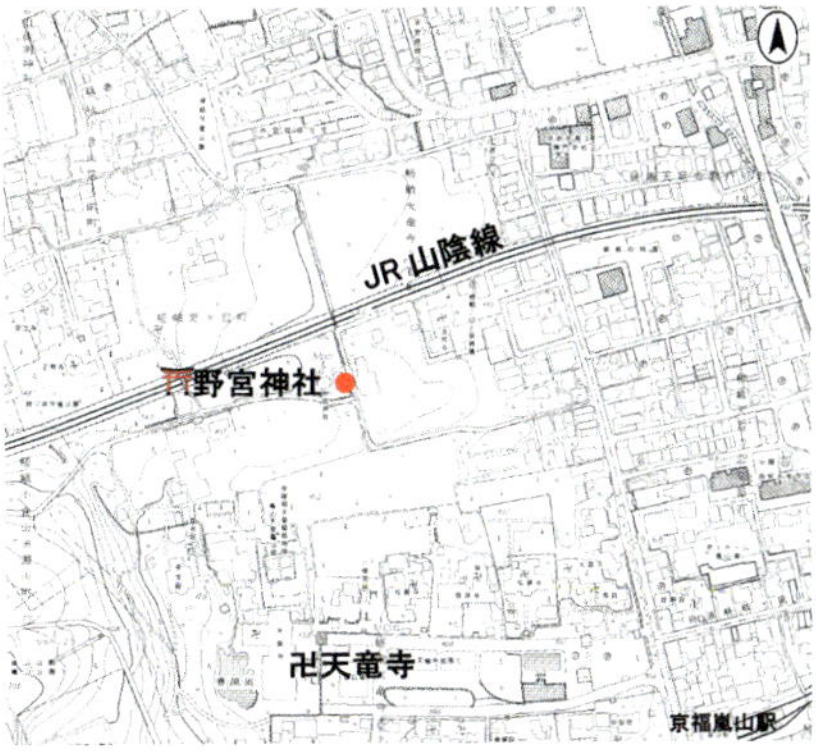

34　野宮（野宮神社）

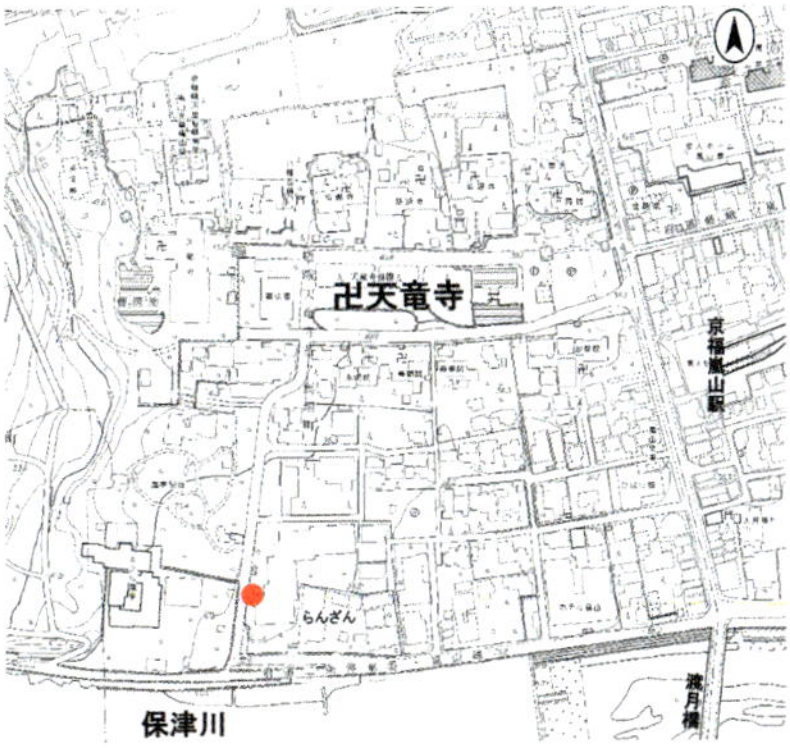

35　大堰の邸候補地

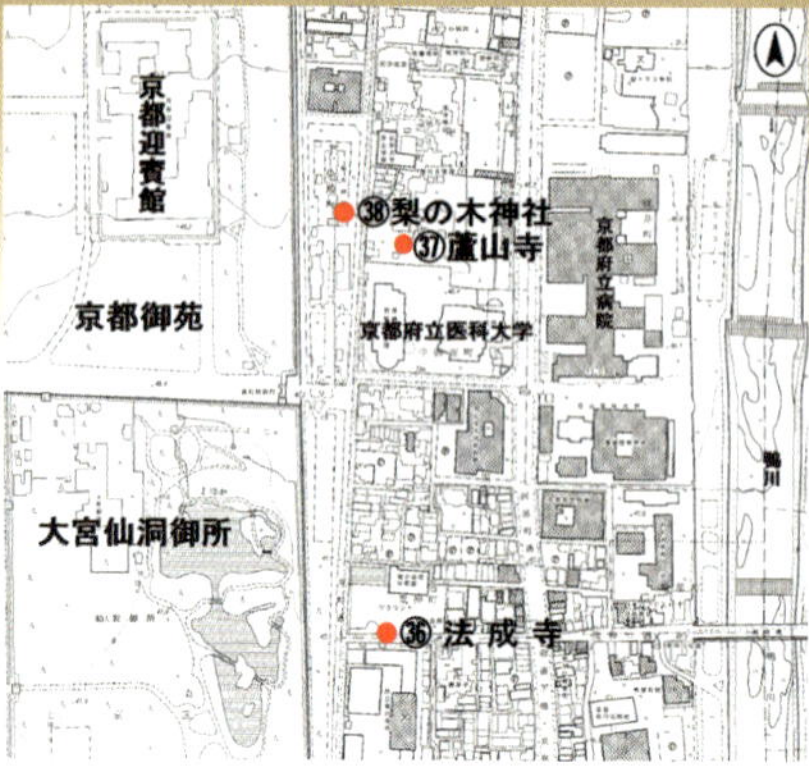

36　法成寺跡
37　梨の木神社
38　蘆山寺

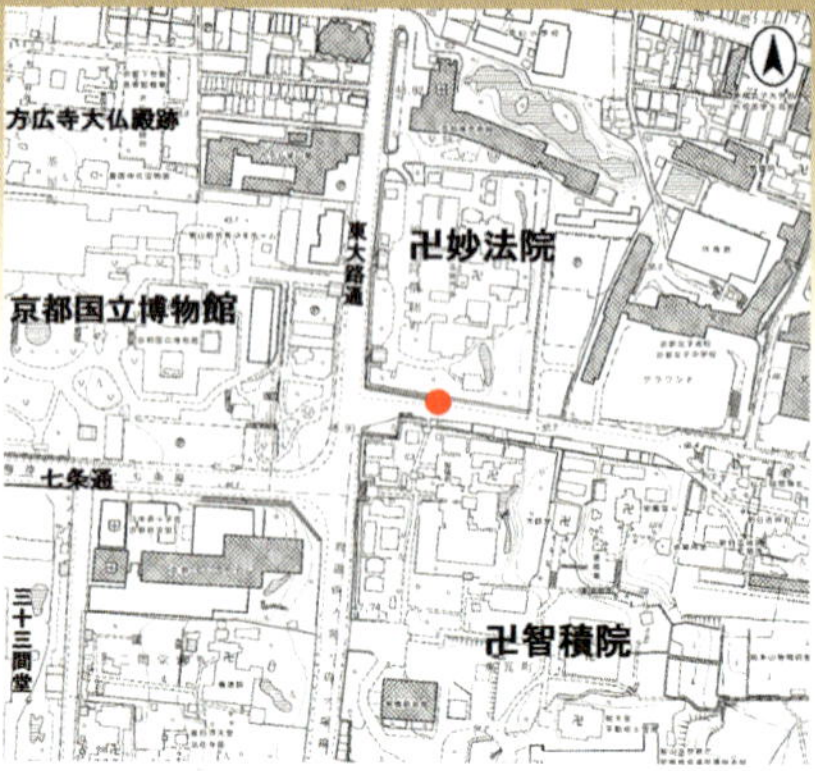

39　鳥辺野（葬送の地）

40　大原野神社（藤原氏ゆかりの神社）

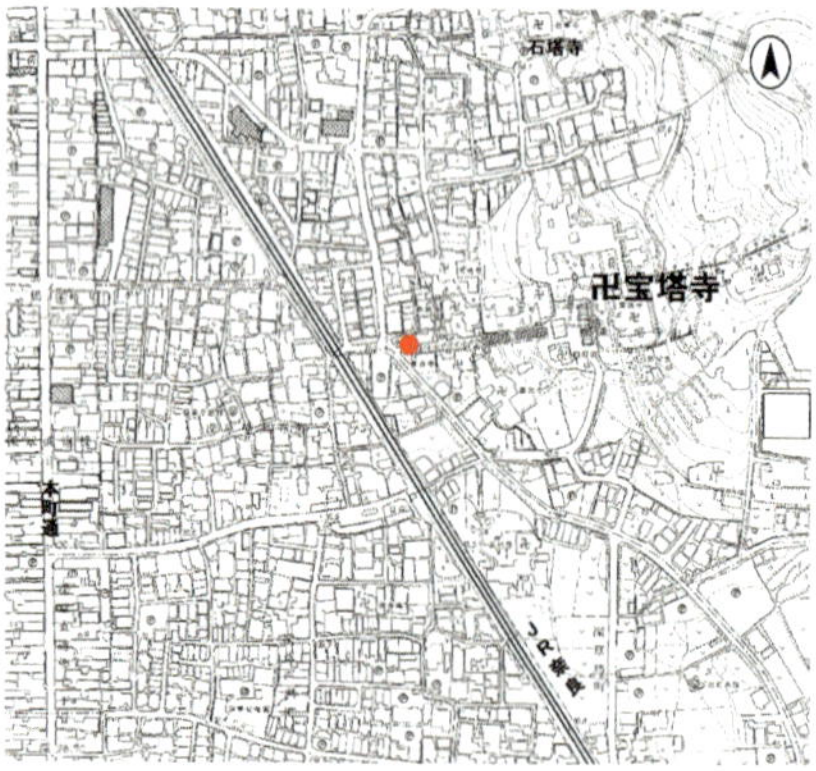

45　宝塔寺（源氏物語に登場する極楽寺の跡）

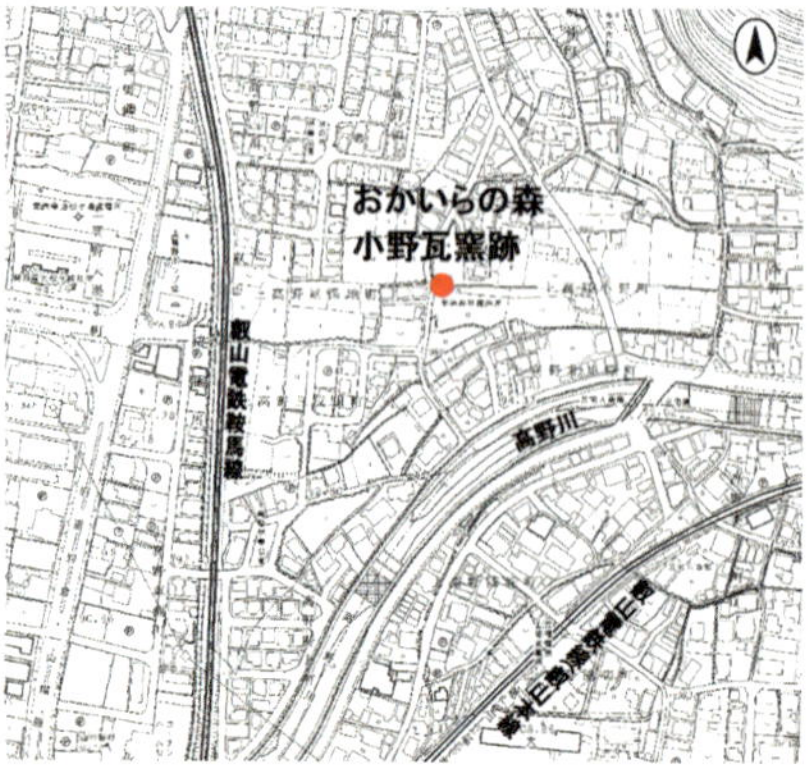

46　小野といふわたり（小野瓦窯跡）

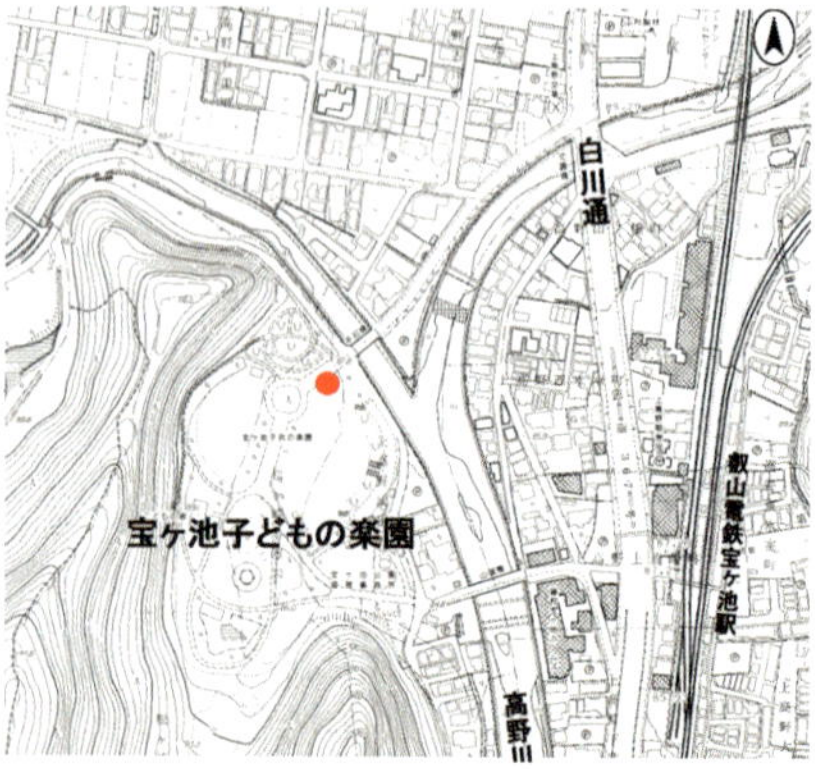

47　松ヶ崎（一条御息所の別荘から見た小山）

「源氏物語ゆかりの地」説明板 総覧

ここでは「源氏物語ゆかりの地」説明板の画像のみを掲載しています。
説明板写真提供：岡見プロジェクト

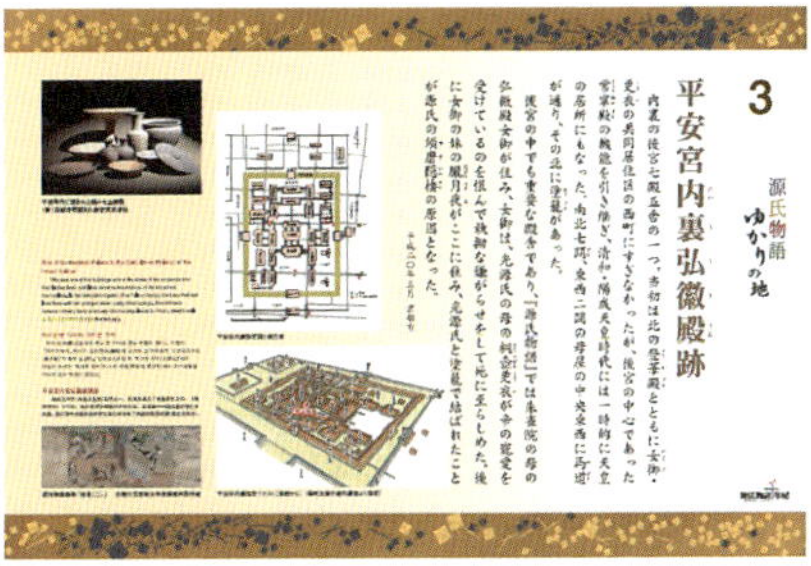

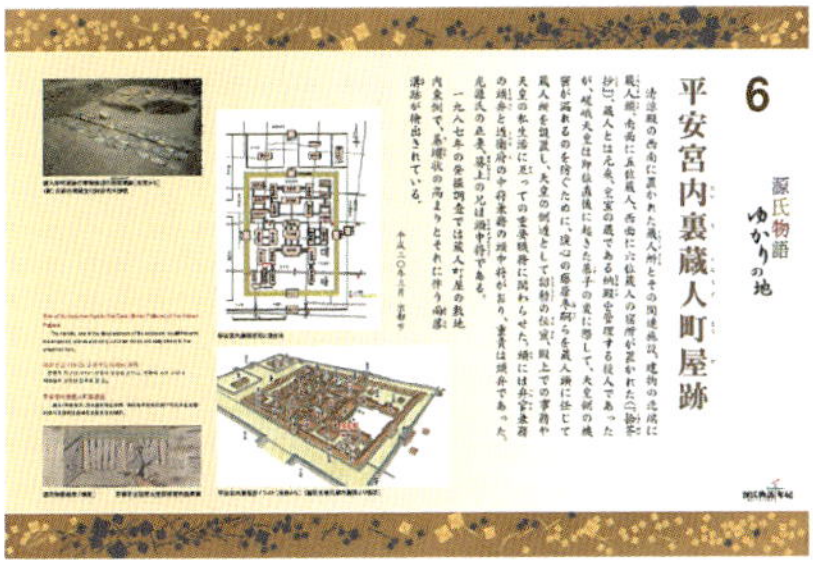

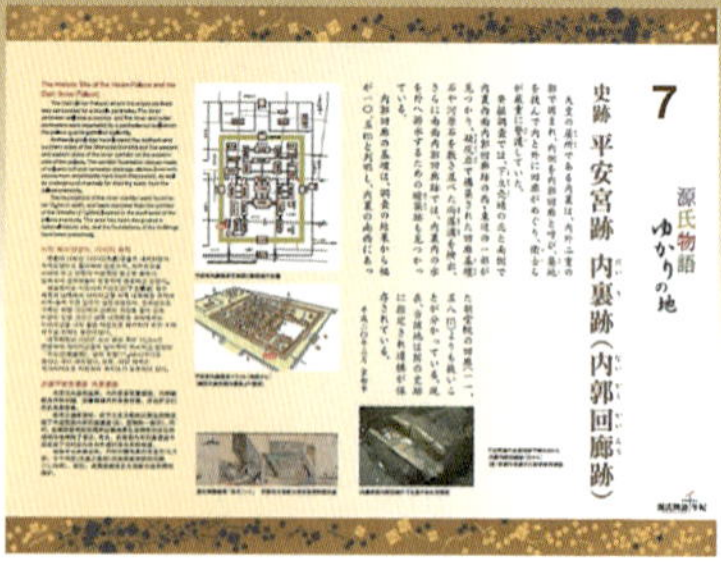
7
源氏物語 ゆかりの地
史跡 平安宮跡 内裏跡（内郭回廊跡）

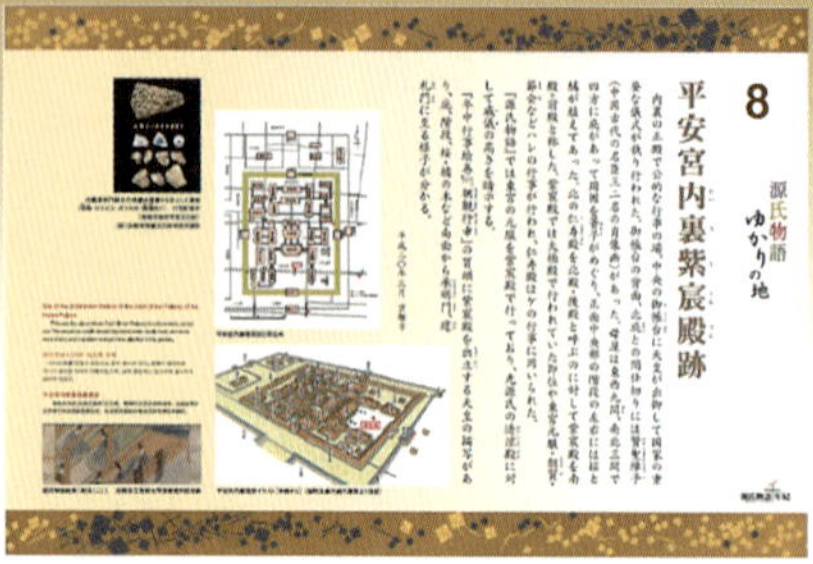
8
源氏物語 ゆかりの地
平安宮内裏紫宸殿跡

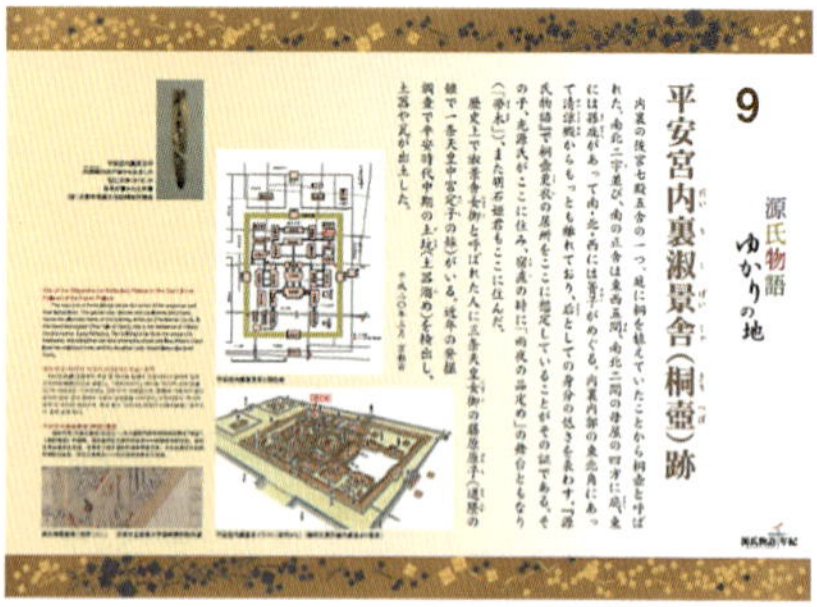
9
源氏物語 ゆかりの地
平安宮内裏淑景舎（桐壺）跡

13
源氏物語 ゆかりの地
平安宮内裏南限と建礼門跡

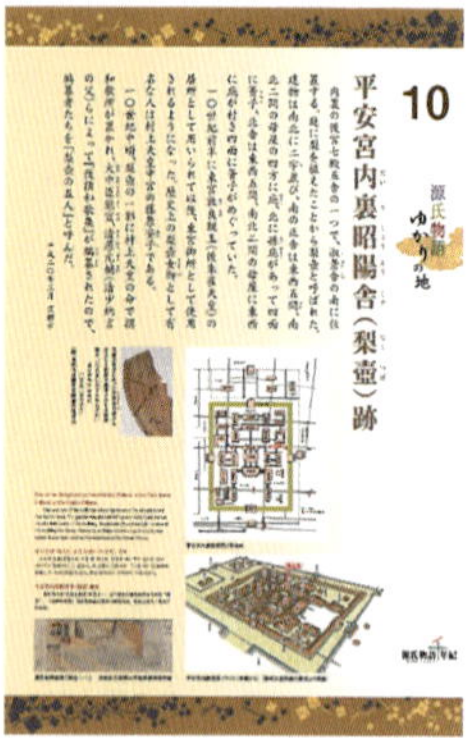
10
源氏物語 ゆかりの地
平安宮内裏昭陽舎（梨壺）跡

12
源氏物語 ゆかりの地
平安宮内裏東限と建春門跡

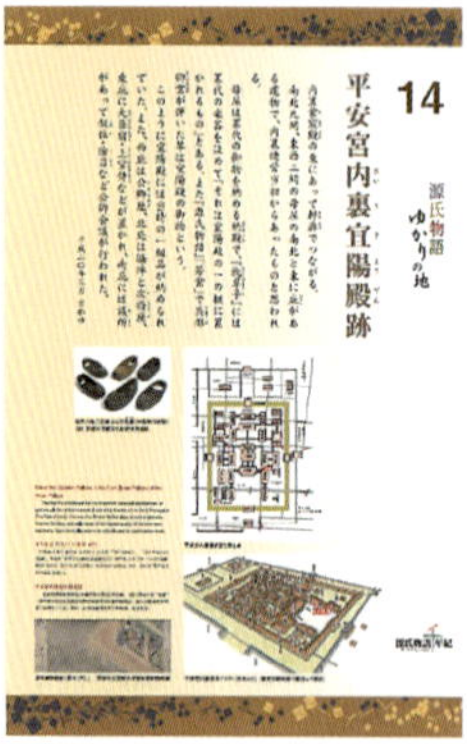
14
源氏物語 ゆかりの地
平安宮内裏宣陽殿跡

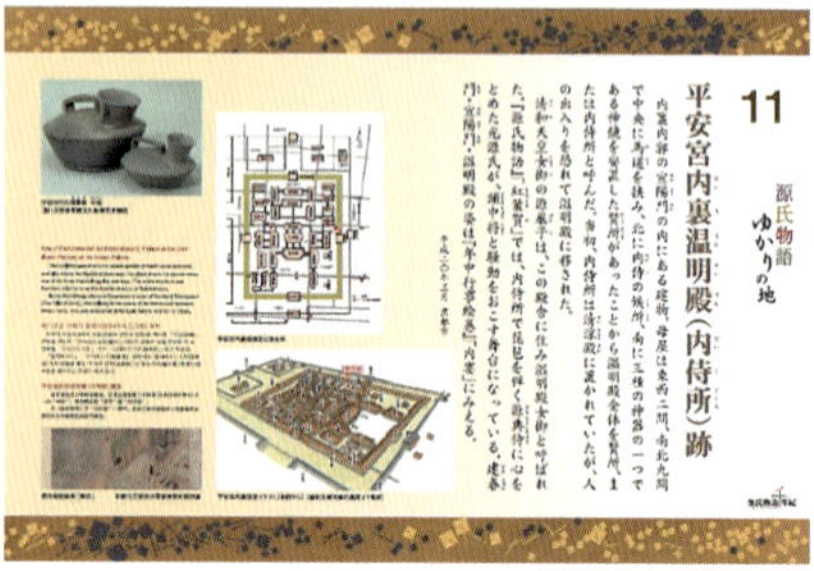
11
源氏物語 ゆかりの地
平安宮内裏温明殿（内侍所）跡

15
源氏物語 ゆかりの地
平安宮大蔵省跡・大宿直跡

16
平安宮朝堂院大極殿跡
源氏物語ゆかりの地

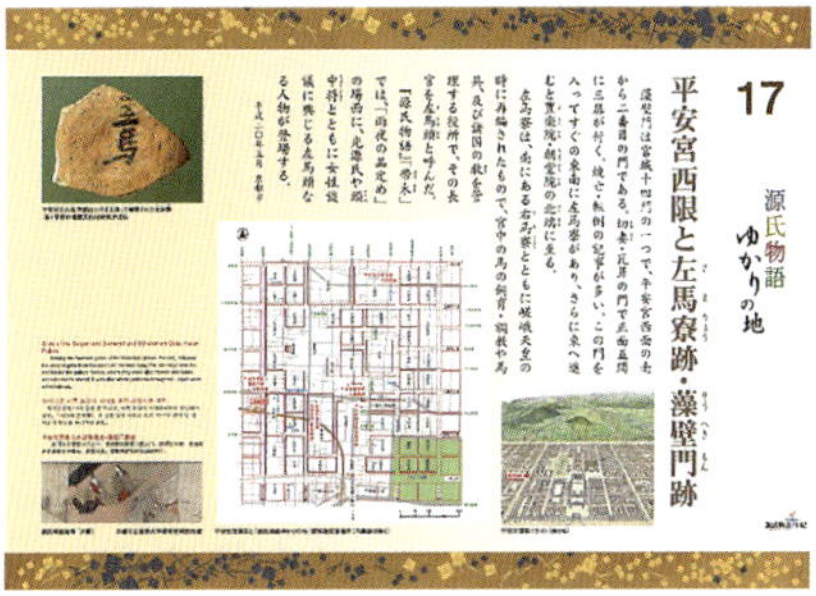
17
平安宮西限と左馬寮跡・藻壁門跡
源氏物語ゆかりの地

18
史跡 平安宮跡 豊楽院跡（豊楽殿跡）
源氏物語ゆかりの地

19
平安宮朝堂院昌福堂跡
源氏物語ゆかりの地

20
平安京一条大路跡
源氏物語ゆかりの地

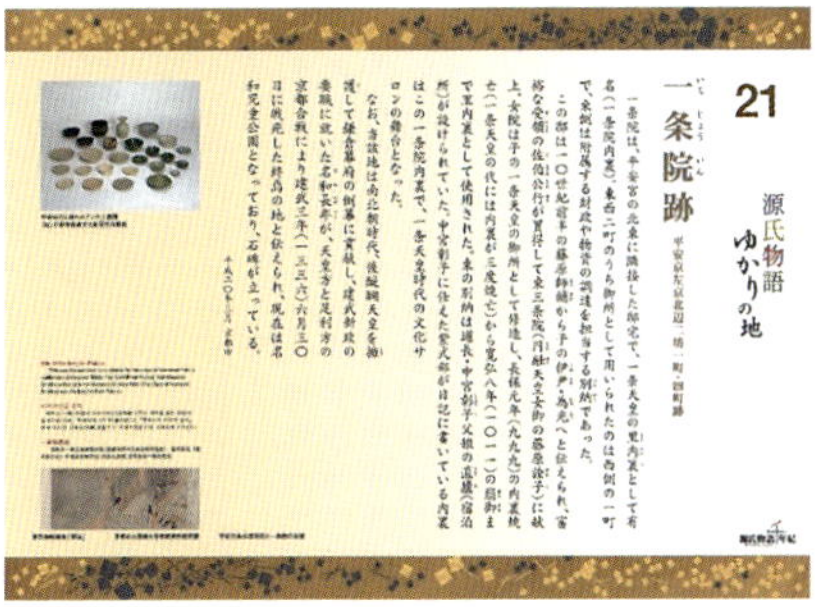
21
一条院跡
源氏物語ゆかりの地

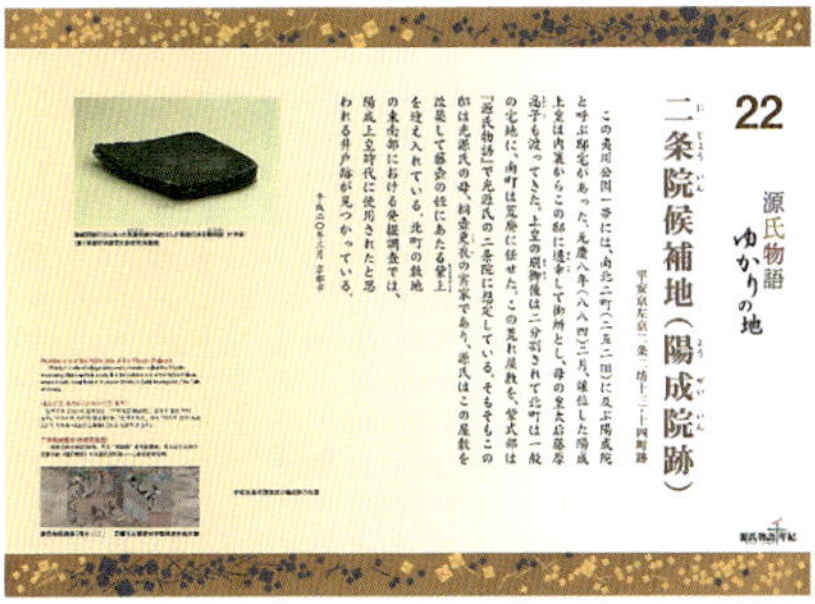
22
二条院候補地（陽成院跡）
源氏物語ゆかりの地

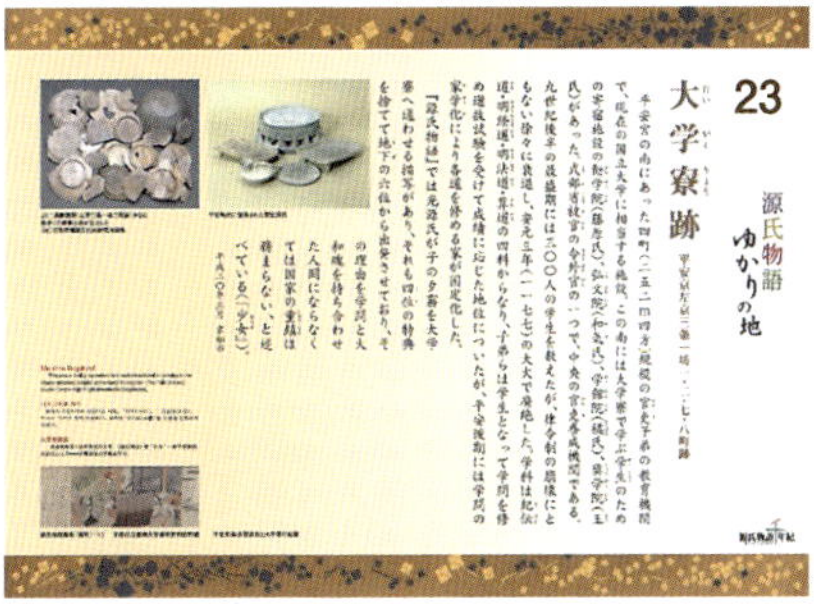
23
大学寮跡
源氏物語ゆかりの地

24
斎宮邸跡
源氏物語ゆかりの地

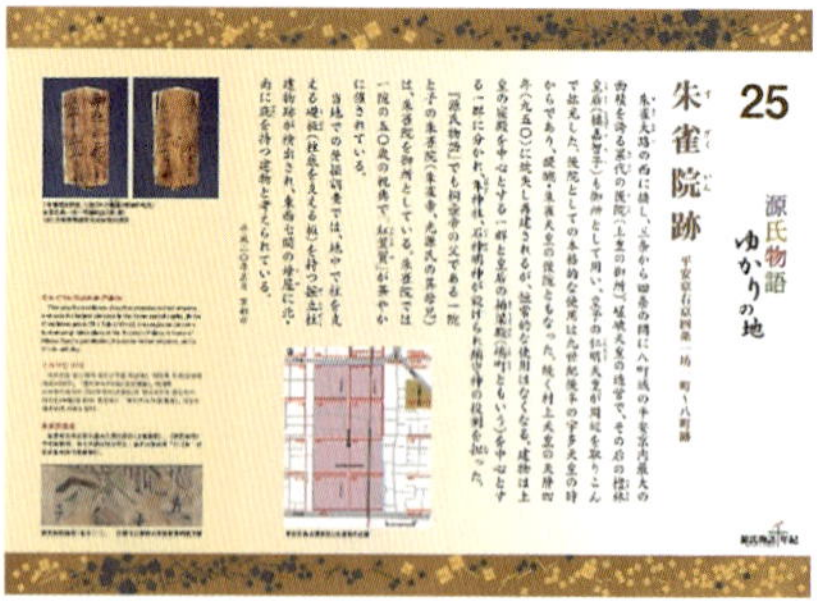
25
朱雀院跡
源氏物語ゆかりの地

26
西鴻臚館
源氏物語ゆかりの地

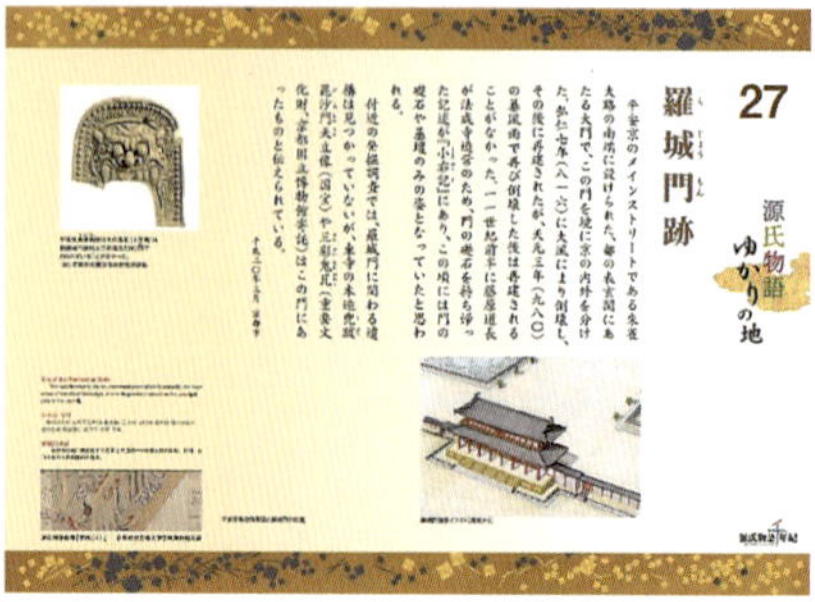
27
羅城門跡
源氏物語ゆかりの地

28
鞍馬寺
源氏物語ゆかりの地

29
大雲寺旧境内
源氏物語ゆかりの地

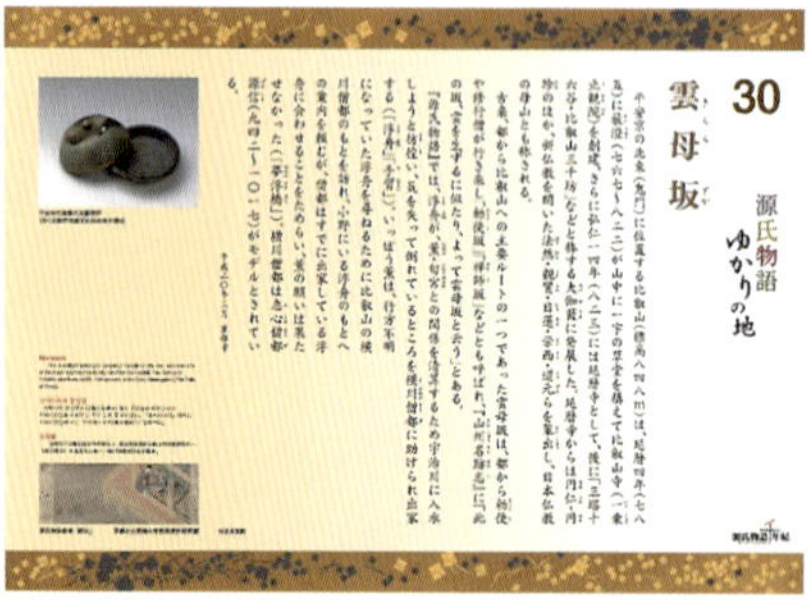
30
雲母坂
源氏物語ゆかりの地

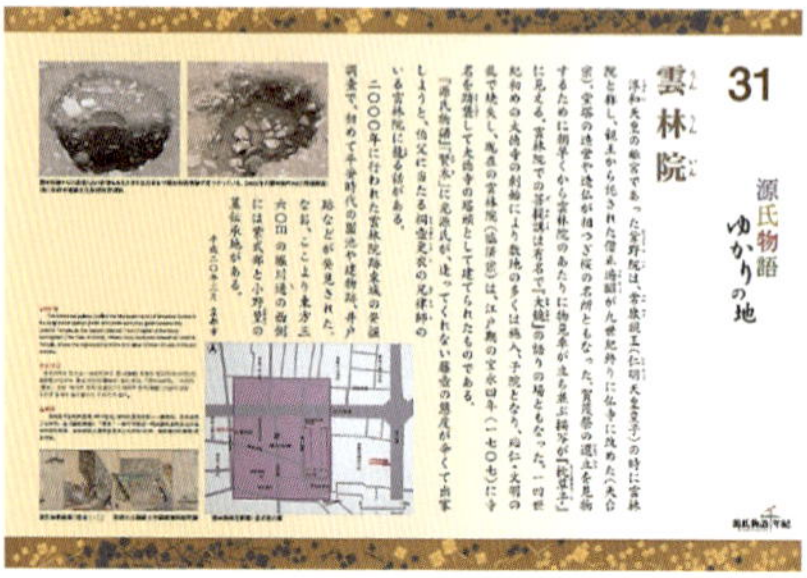
31
雲林院
源氏物語ゆかりの地

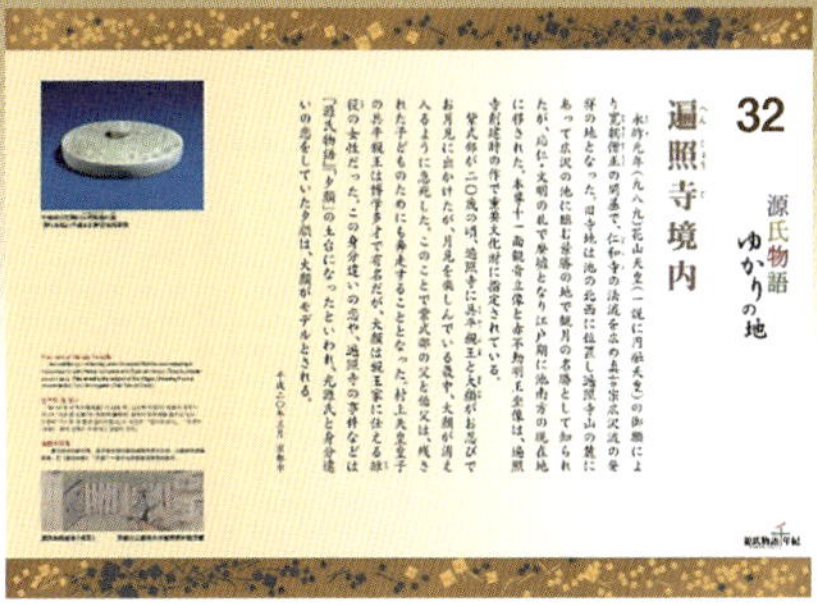
32
遍照寺境内
源氏物語
ゆかりの地

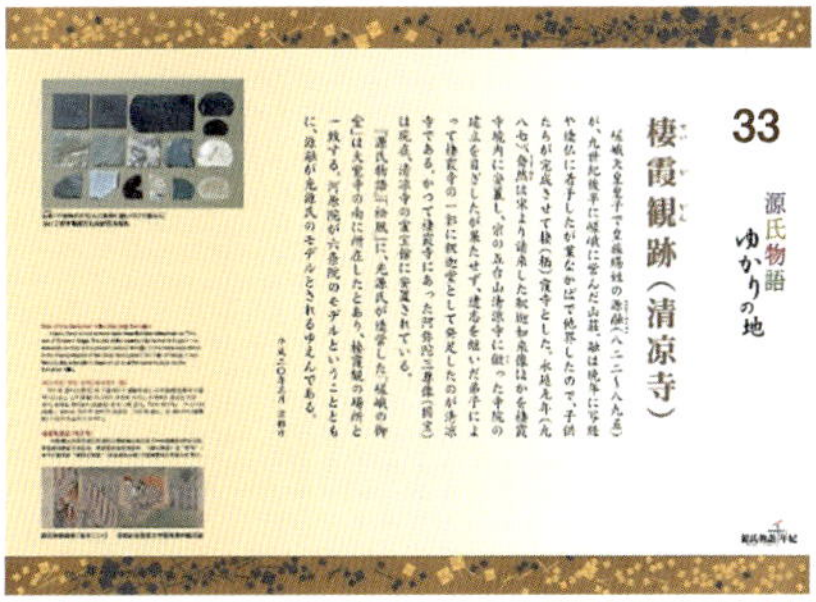
33
棲霞観跡(清凉寺)
源氏物語
ゆかりの地

34
野宮(野宮神社)
源氏物語
ゆかりの地

35
大堰の邸候補地
源氏物語
ゆかりの地

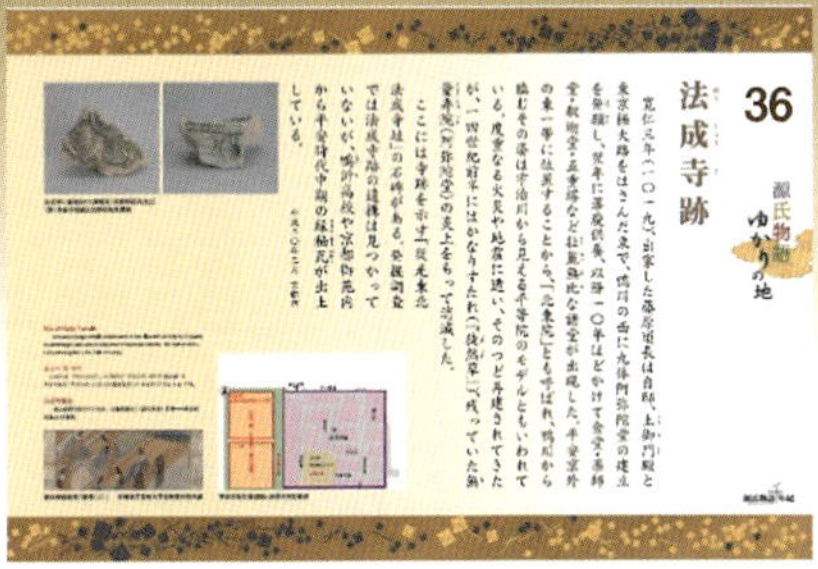
36
法成寺跡
源氏物語
ゆかりの地

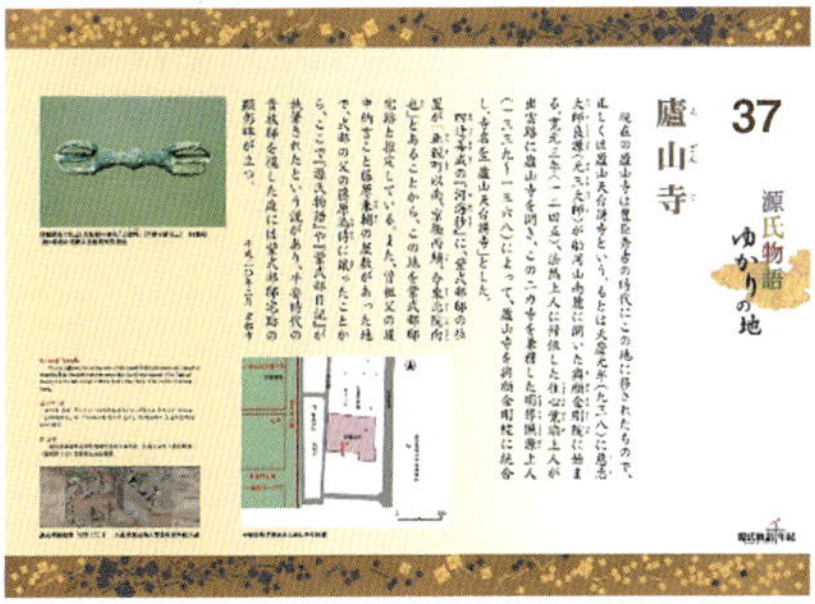
37
廬山寺
源氏物語
ゆかりの地

38
梨木神社(中川の家候補地)
源氏物語
ゆかりの地

39
鳥辺野
(鳥部野・鳥戸野とも書く)
源氏物語
ゆかりの地

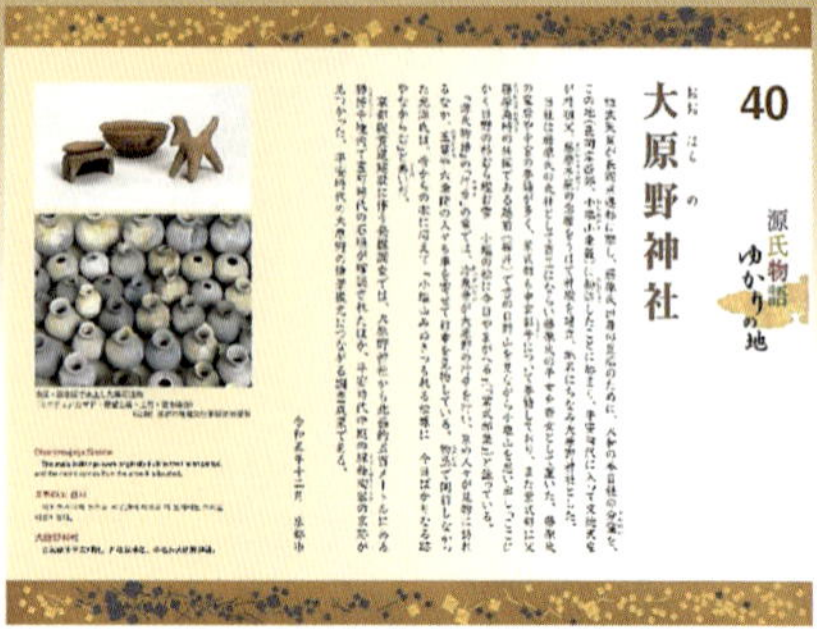
40
大原野神社
源氏物語ゆかりの地

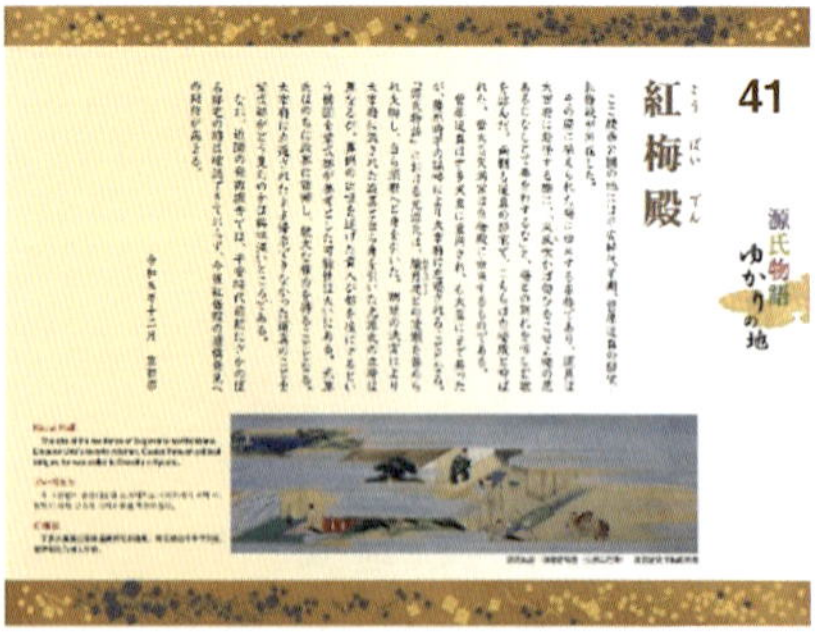
41
紅梅殿
源氏物語ゆかりの地

42
六条河原院
源氏物語ゆかりの地

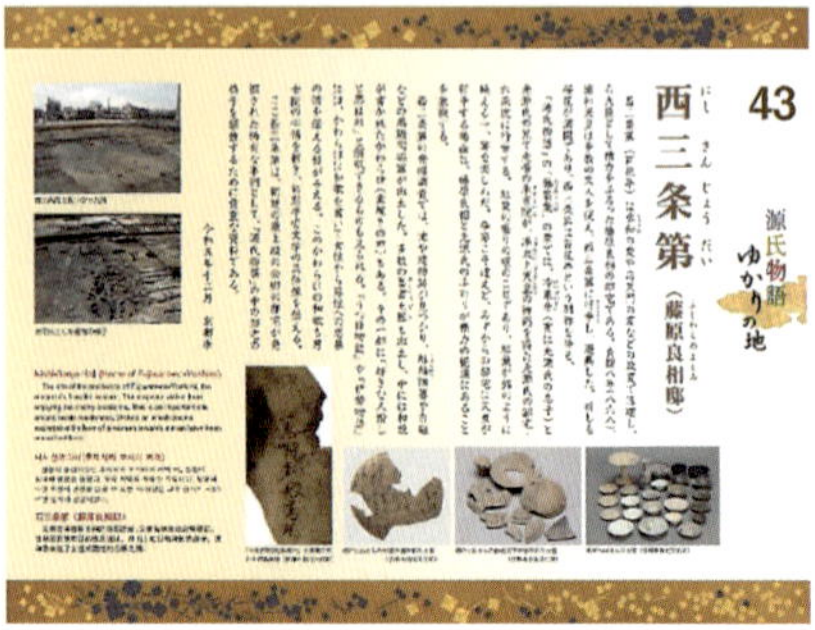
43
西三条第
（藤原良相邸）
源氏物語ゆかりの地

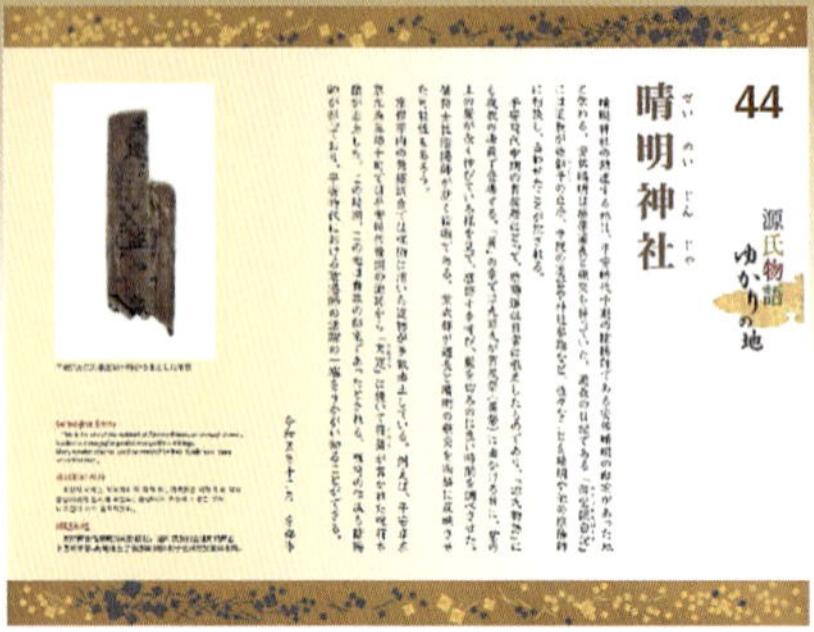
44
晴明神社
源氏物語ゆかりの地

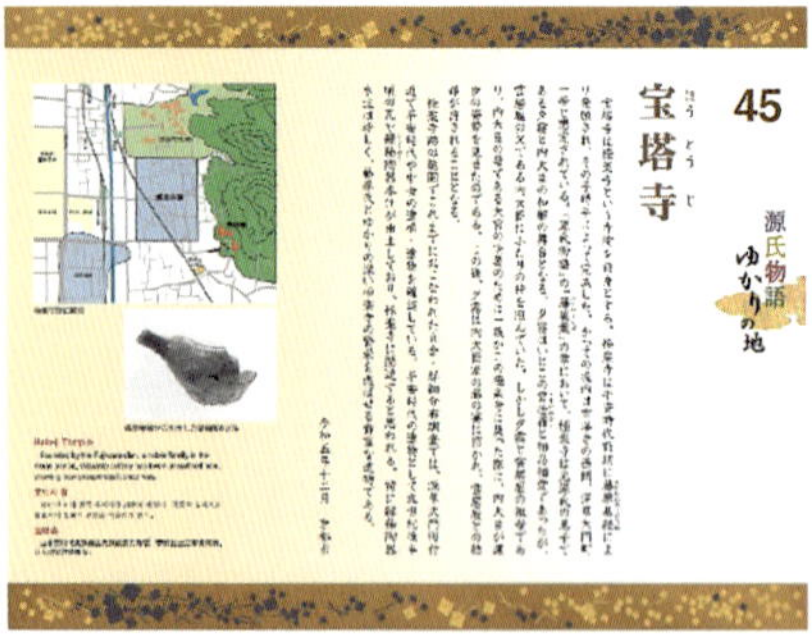
45
宝塔寺
源氏物語ゆかりの地

46
小野といふわたり
源氏物語ゆかりの地

47
松ケ崎
源氏物語ゆかりの地

あとがき

筆者は、一九七二年に大学を卒業後、鳥羽離宮跡調査研究所の調査員を経て、一九七四年から京都市の文化財保護課に勤務、二〇一〇年に定年を迎え、その間、一九八〇〜二〇〇六年の二六年間は、京都市埋蔵文化財調査センターに席を置いて奉職してきました。定年退職後は、二〇一五年まで京都市埋蔵文化財研究所と京都市考古資料館でお世話になり、その間、四〇年を超えて文化財保護に関する仕事に携わり、京都市内にある遺跡の発掘調査やその指導を最も長く担当してきました。そのほか、文化財保護課では、史跡・名勝・天然記念物・建造物や美術工芸、民俗芸能や祭りなどの伝統行事、世界遺産など、多岐にわたる仕事にも携わってきました。その中での経験は、二〇〇一年から非常勤講師を担当した京都女子大学の授業でもテーマとして取り上げ、二〇二三年まで講義を通して学生たちに伝えてきました。

本書のテーマである平安京跡は、埋蔵文化財の行政指導が始まった当初から、前例がない中で京都市の文化財保護行政の指針を構築しながら自らも調査を担当し、京都市内で行われた多くの発掘調査現場を見てきました。発掘調査現場からは次々と新たな発見が相次ぎ、遺構や遺物から解き明かされる新たな史実に感動し、中には歴史の教科書を書き換えるような大きな成果もあって、遺跡保存の大切さを実感しながら、その実現がきわめて難しいことも数多く経験してきました。

これまで、一番長く担当した埋蔵文化財に関しては、先述の「平安京跡周知への歩み」で述べたとおり、国庫補助による公費負担の発掘調査以外、原因者負担（受益者負担）と呼ばれる、調査費用と調査期間、報告書の作成を含めて、施主側に費用等の協力を求めて発掘調査を行う行政指導で、法的根拠も希薄なため、施主や設計事務所、不動産業者などとの間で、高額な調査費や調査期間についての折衝などの交渉がきわめて困難な業務も多々ありました。また、発掘調査期間や調査経費を巡って、調査担当機関と話し合いが上手くいかず、その他複数の調査機関に無理をいって調査を頼み込むこともあって、精神的に追い詰められることも数多く経験しました。しかし、誰かがその仕事を担当しなければ、貴重な遺跡は調査もされずに工事で破壊されてしまいます。それを防ぐために何とかしなければ、という一念から続けてきた仕事でもあり、さまざまな形でご協力いただいた多くの方々に改めて感謝申し上げたいと思います。本書は、一般的な歴史図書と違ってそのことも若干ですがふれてあり、これから文化財保護の仕事を担当される方には是非読んでいただきたいと願っています。

本書の主な内容は、これまで多く関わってきた京都市内の各時代の遺跡のうち、平安時代の平安京跡を中心としたものの中から、自ら調査したものや関係したものに絞り、遺跡の復元図を交えて書いています。掲載している遺跡復元図は、行政指導上で、申請に来られた設計事務所の方や施主に対して、埋蔵文化財がどうして大切なのか、なぜ調査が必要なのか、また、一般市民の方にも遺跡の実態を知っていただく目的で、一九八八年頃から個人的に作画したもので、これまで白黒図を含めて一〇〇枚以上描いてきました。描いた復元図は、博物館や資料館での展示やポスターのほか、歴史図書、教科書副読本、説明板や解説用レジュメ、テレビや新聞などのマスコミの報道などを含めて、数多く利用していただいています。

これまでの長きにわたる文化財保護の仕事の中では、京都市の文化財保護審議会などを通して、多くの著名な専門の先生方と出会い、親しくお付き合いをしながら、文化財保護にかかる多くのことを学びました。

中でも、仕事上の恩師である杉山信三先生は、京都市の平安京跡や西寺跡・六勝寺跡・鳥羽離宮跡・仁和寺旧境内などのほか、京都府下にある多くの遺跡調査を指導され、多大な業績を残されています。本書の中でも先生が調査を進めてこられた遺跡の一部を取り上げ、筆者もその中で多くを学ばせていただきました。また、古瓦研究を生涯の研究テーマとされ個人的にも親しく教えを賜った木村捷三郎先生とは、毎週決まった日の夜にお伺いし、深夜まで古瓦や古文書について多くの教えを賜りました。そのほか、建築史の村田治郎先生や福山敏男先生、庭園学の森蘊・村岡正両先生、歴史学の林屋辰三郎先生・上田正昭先生、考古学の小林行雄先生・角田文衞先生・樋口隆康先生、哲学の上山春平先生、美術史の武田恒夫先生、植物学の北村四郎先生など、皆さんすでに鬼籍に入ってしまわれましたが、各分野で大変お世話になり、多くを学んだことは、生涯の大きな財産でもあります。

最近のことですが、一九九四年頃から親しくご指導を賜っている歴史学の村井康彦先生は、二〇二〇年に『藤原定家『明月記』の世界』（岩波新書）を出版され、さらに昨年の二〇二三年十月には『古代日本の宮都を歩く』（ちくま新書）を出版しておられます。先生は九三歳というご高齢にもかかわらず現地へ足を運び、自ら写真を撮られ、現地主義にもとづく徹底した歴史研究に沈潜されながら執筆活動を続けておられ、歴史学に対する情熱とそのバイタリティーには驚くほかありません。村井先生が自らの行動で示される学問に対する真摯な態度は、私共も決して忘れてはいけないことだと思っています。

最後に、二〇二四年のNHK大河ドラマ「光る君へ」が放映されていますが、本書に書いた遺跡などもドラマの中で出てくるかと思われます。

そんな中で、全国でも文化財を最も多く抱える京都市における遺跡調査の成果や経験談を含めて、書き残す機会を与えていただいた吉川弘文館編集部の石津輝真氏には心から感謝を申し上げます。また、同社の矢島初穂氏や文選工房の佐藤康太氏にも出版まで大変お世話になりました。本書を執筆するにあたっては、京都市文化財保護課や京都市埋蔵文財研究所の職員の方々のほか、退職された方などから多くの協力を賜ったことを改めて感謝し御礼申し上げます。また、執筆の間、家事もほとんど手伝わず、仕事以外は自室に閉じ籠り、遅々として進まないことに文句一つも言わず、黙って見守ってくれた妻の幸代には、その間の詫びと心からの感謝を伝えたいと思います。

二〇二四年七月一日

梶川敏夫

著者略歴
一九四九年　京都府に生まれる
一九七二年　立命館大学理工学部基礎工学科卒業
元京都市文化財保護課課長、京都市埋蔵文化財研究所次長・京都市考古資料館館長
〔主要著書〕
『新版　よみがえる古代京都の風景』（山代印刷株式会社出版部、二〇二二年）

ビジュアル再現 平安京
地中に息づく都の栄華

二〇二四年(令和六)九月一日　第一刷発行
二〇二四年(令和六)十二月二十日　第二刷発行

著者　梶《かじ》川《かわ》敏《とし》夫《お》
発行者　吉川道郎
発行所　株式会社　吉川弘文館
郵便番号一一三―〇〇三三
東京都文京区本郷七丁目二番八号
電話〇三―三八一三―九一五一〈代〉
振替口座〇〇一〇〇―五―二四四
https://www.yoshikawa-k.co.jp/

組版＝文選工房
印刷＝藤原印刷株式会社
製本＝株式会社 ブックアート
装幀＝清水良洋

ISBN978-4-642-08457-4